edition suhrkamp 2776

Über Helmut Lethens Studie aus dem Jahr 1994 schrieb Lorenz Jäger in der *FAZ*, es handle sich um eines der literaturwissenschaftlichen Bücher, die »in ihrer Disziplin Epoche gemacht haben«. Am Beispiel von Autoren wie Bertolt Brecht, Ernst Jünger oder Helmuth Plessner zeigt Lethen darin, wie in der Weimarer Republik – nachdem Traditionen und Moral ihre orientierende Funktion eingebüßt hatten – Verhaltenslehren propagiert wurden, die auf einen Habitus der Härte und Kälte setzten.

In einem ausführlichen Nachwort zu dieser Neuausgabe erkundet Lethen die Resonanzen, auf die seine *Verhaltenslehren* in den knapp dreißig Jahren seit ihrem Erscheinen gestoßen sind, und untersucht, ob sein Schlüsselsatz »Die Kälte rührt vom Eindringen der Physik in die moralische Idee« (Ossip Mandelstam) noch von analytischem Wert ist.

Helmut Lethen, geboren 1939, lehrte bis 2004 Neueste Deutsche Literatur an der Universität Rostock. Von 2007 bis 2016 war er Direktor des Internationalen Forschungszentrums Kulturwissenschaften in Wien. Für *Der Schatten des Fotografen* erhielt er 2014 den Preis der Leipziger Buchmesse.

Helmut Lethen
Verhaltenslehren der Kälte

Lebensversuche zwischen den Kriegen

Suhrkamp

Der vorliegende Text folgt der Ausgabe: Helmut Lethen, *Verhaltenslehren der Kälte*. Frankfurt am Main: Suhrkamp Verlag 1994.

Dieses Buch wurde klimaneutral produziert.

Erste Auflage dieser Ausgabe 2022
edition suhrkamp 2776

Originalausgabe

Umschlag gestaltet nach einem Konzept von
Willy Fleckhaus: Rolf Staudt
Satz: Satz-Offizin Hümmer GmbH, Waldbüttelbrunn
Druck: C.H. Beck, Nördlingen
Printed in Germany
ISBN 978-3-518-12776-6

www.suhrkamp.de

Inhalt

IV. Die kalte persona in der neusachlichen Literatur
oder
Die Schatten fressen die Figuren, die sie werfen

V. Der Radar-Typ

VI. Die Kreatur

VII. Verlassenheit

Einleitung

> »Die Kältetendenz rührt vom Eindringen der Physik in die moralische Idee.«
>
> *Ossip Mandelstam*, 1930

I

In Augenblicken sozialer Desorganisation, in denen die Gehäuse der Tradition zerfallen und Moral an Überzeugungskraft einbüßt, werden Verhaltenslehren gebraucht, die Eigenes und Fremdes, Innen und Außen unterscheiden helfen. Sie ermöglichen, Vertrauenszonen von Gebieten des Mißtrauens abzugrenzen und Identität zu bestimmen.

Die zwanziger Jahre sind ein Augenblick tiefwirkender Desorganisation. Vertraute Orientierungsmuster der wilhelminischen Gesellschaft haben keine Geltung mehr. Drei Nachkriegsjahre mit immer wieder aufflackerndem Bürgerkrieg und die Erfahrung der Inflation werden in einer Phase der Stabilisierung von Wirtschaft und Politik aufgefangen, deren provisorischer Charakter den Zeitgenossen von beinahe allen Parteien eingeschärft wird. Unter der radikalen Intelligenz hat die Demokratie wenig Freunde. Man trifft auf viele Zeugnisse des Bewußtseins, zwischen Kriegen zu leben.

Es ist das Verhängnis der Republik, daß sie in einem Zeitraum improvisiert werden soll, in dem die Erfahrung mit dem Weltkrieg verarbeitet werden muß. Die »Schmach« der Niederlage erschwert die Überleitung der Kriegsgesellschaft in eine Friedensgesellschaft. 6 Millionen demobilisierte Deutsche müssen in zivilen Institutionen aufgefangen, 2,7 Millionen Kriegsinvalide versorgt werden.

Der Krieg hat die Einsicht der pessimistischen Anthropologie gefördert, daß der Mensch »von Natur aus« zur Destruktion neigt und die Zivilisation einen barbarischen Kern hat. In dieser Situation sind die Beiträge, mit denen sich der philosophische Anthropologe Helmuth Plessner in die politische Diskussion einmischt, Vorschläge zu einer Verhaltenslehre.

Eine Schrift aus dem Jahre 1924, Helmuth Plessners *Grenzen der Gemeinschaft. Eine Kritik des sozialen Radikalismus*, erlangte in den vergangenen Jahren besondere Aufmerksamkeit. Die Überschriften der Artikel, die ihr gewidmet wurden – »Vom Recht auf Maske«, »Souverän im Ausdruck«, »Die Grenzen der Gemeinschaft« –, sind ebenso programmatisch wie die Titel der Bücher *Die Sucht mit sich identisch zu sein* und *Der Betroffenheitskult*, die unter ihrem Einfluß geschrieben sind.[1] Gegenwärtig werden Maximen von Plessners Verhaltenslehre aufgegriffen, um sie gegen Einstellungen zu wenden, in denen man den Mangel an politischer Kultur in der Bundesrepublik verkörpert sieht: gegen den Kult der Aufrichtigkeit und Gesinnungsethik, gegen die Ideologie der unentfremdeten Leiblichkeit und die Klage über den Verlust einer authentischen Gemeinschaft. Alle Kombattanten haben sich von einem Argument überzeugen lassen, das Plessner in der *Verspäteten Nation* 1935 formulierte: Der Mangel an politischer Kultur rühre von dem historischen Unglück, daß der entscheidende adelig-bürgerliche Zivilisationsschub der Frühen Neuzeit in Deutschland in eine Epoche konfessioneller Kriege und wirtschaftlichen Niedergangs gefallen sei. Plessners Schrift von 1924 wird als kühnes Denkexperiment gewürdigt, mit der Aufwertung von Diplomatie, Takt, Zeremonie und Prestige das in Deutschland versäumte 17. Jahrhundert Europas nachzuholen, »in dem sich in der Angleichung von Adelsethos und Bürgersinn verhaltenssichere Führungsschichten der neuen westeuropäischen Nationalstaaten gebildet« hätten.[2] In der Tat findet man in Plessners Schrift eine für die Tradition deutschen Denkens ganz außerordentlich positive Haltung zur »Öffentlichkeit«. Traditionell negativ bewertete Merkmale wie Anonymität, Aufenthaltslosigkeit, Zerstreuung und Seinsentlastung werden von Plessner als Möglichkeitshorizont begrüßt, ohne den sich eine Existenz nicht auf spezifisch humane Weise verwirklichen kann. Er teilt zwar die Einschätzung der Öffentlichkeit als Mißtrauenssphäre, die Heidegger in *Sein und Zeit* beschreibt – »Das Miteinander im Man ist ganz und gar nicht ein abgeschlossenes, gleichgültiges Nebeneinander, sondern ein gespanntes, zweideutiges Aufeinander-aufpassen, ein heimliches Sich-gegenseitig-abhören. Unter der Maske des Füreinander spielt ein Gegeneinander« –, begreift diese agonale Sphäre aber als notwendige Umwelt, der ein Subjekt »zugerechnet« werden muß.[3] Gegen den Gemeinschaftskult preist er die Lebenskunst der Entfremdung. Es geht um die Erlernung von Techniken, »mit denen sich die Menschen nahe kommen, ohne sich zu treffen, mit denen sie sich von einander entfernen, ohne sich durch Gleichgültigkeit zu verletzen«.[4] Es gilt, die *Künstlichkeit* der Gesellschaftsformen als *natürliches* Milieu des Verhaltens zu erschließen, um die in der deutschen Kultur versäumte Verhaltenssicherheit zu gewinnen. Dann wird »die erzwungene Ferne von Mensch zu Mensch zur Distanz geadelt, die beleidigende Indifferenz, Kälte, Roheit des Aneinandervorbeilebens durch Formen der Höflichkeit, Ehrerbietung und Aufmerksamkeit unwirksam gemacht und einer zu großen Nähe durch Reserviertheit« entgegengewirkt.[5] Das zivilisierte Verhalten der Distanz bedarf nicht der Verwerfung einer »authentischen« Natur; denn *der Mensch ist von Natur aus künstlich!* Man kann die Radikalität dieses Grundsatzes von Plessners Anthropologie zu diesem Zeitpunkt nicht hoch genug veranschlagen. Künstlichkeit als genuines Medium humanen Verhaltens – das ist ein Axiom, mit dem das Polaritätsdenken der Lebensphilosophie über Nacht umgewertet wird. Die polare Spannung, in die eine ganze Epoche Triebregung und sozialen Zwang, unentfremdetes Sein und Verdinglichung, authentischen Ausdruck und verhaltene Konvention versetzt hatte, wird zwar nicht plötzlich aufgehoben, aber doch so gewendet, daß Entfremdungs-Kälte der »Gesellschaft« als Lebenselixier denkbar wird.

An dieser Stelle müßte man freilich eine deutsche Sonderbarkeit bemerken: mußte erst eine fundamentale *Anthropologie* entworfen werden, um Einverständnis mit zivilisatorischem Verhalten zu begründen? Sollte man sich in Ermangelung einer entlastenden Tradition mit einer Naturgrundlage versorgen? Ist der Hang zum »Exzentrischen« in Plessners Anthropologie etwa das Symptom der Aufholjagd, deren Notwendigkeit er so glänzend diagnostiziert? Wie kommt es, daß heute seine Anthropologie ganz selbstverständlich wie ein Kompendium nobler Verhaltensregeln gelesen wird?

II

Der Aktualisierung von Plessners Maximen möchte diese Arbeit mit dem Verfahren der Historisierung antworten – in der Gewißheit, wieviel diese dem aktuellen Handgemenge verdankt. Historisierung meint, daß ich den Habitus des Subjekts der Verhaltenslehre der Kälte im Umfeld seiner Handlungsmöglichkeit und im Horizont seiner »*vergangenen* Zukunft« rekonstruiere und daß ich den Aspekt der *Fremdheit* des Sinnzentrums, um das sich die Welt der »kalten persona« dreht, betone. Dabei sollen die ungeheuren Chancen, die in den Denkexperimenten der zwanziger Jahre liegen, nicht verdunkelt werden. Die Historisierung macht verständlich, warum sich die deutschen Spielarten der Verhaltenslehren der Distanz nie frei machen konnten von Anflügen des »Heroismus«, warum sie entweder mit der asketischen Haltung »selbstgewählter Unseligkeit« oder dem Amoralismus des Dandy-Soldaten aufgetreten sind – und warum sie das Sich-Einlassen mit dem Zivilisatorischen als Element eines »Kults des Bösen« begriffen, als sei ihre freundliche Verhaltenslehre eine »Inversion der Heilsgeschichte«, von der sie sich nur unter Schmerzen trennten.[6]

Die ersten beiden Kapitel verzögern ein wenig die Geschichte vom Schicksal der Verhaltenslehre der Kälte, die im III. Kapitel erzählt wird. Sie skizzieren Rahmenbedingungen der Verhaltenslehren der »Republik ohne Gebrauchsanleitung« (Alfred Döblin). Das I. Kapitel macht, mit einem Modell der »Schamkultur«, das in der kulturellen Anthropologie der dreißiger Jahre entwickelt wurde, Einstellungen der zwanziger Jahre verständlich. Die in diesen Jahren modische Polemik gegen die »Gewissenskultur« wird mit der Erfahrung der Niederlage im Krieg verknüpft. Die Aufmerksamkeit für die »Psychologie des Außen« des Verhaltens ist mit dem Wunsch verbunden, sich die »ungeheure Komplikation der verschuldeten Person« (Walter Benjamin) vom Hals zu schaffen. Das neusachliche Jahrzehnt erstaunt mit Bildern, die den Menschen als Bewegungsmaschine, seine Gefühle als motorische Gebaren und die Charaktere als Masken wahrnehmen. »Die Kältetendenz rührt vom Eindringen der Physik in eine moralische Idee.«[7] »Psychologismus« wird aus der Schreibweise entfernt. In ihm bekämpft man die Rückbindung des Menschen an eine Sphäre der Trägheit der Mentalität, die die Bummelei des deutschen Sonderweges mitverursacht haben soll. Entpsychologisierung schafft, hofft man, Agenten der Modernisierung.

Das II. Kapitel geht von der Beobachtung aus, daß auf Erfahrung sozialer Desorganisation ein verstärkter Hang zur Schematisierung antwortet.

Wenn stabile Außenhalte der Konvention wegfallen, Diffusion der vertrauten Abgrenzungen, Rollen und Fronten gefürchtet wird, antwortet die symbolische Ordnung mit einem klirrenden Schematismus, der allen Gestalten auf dem Feld des Sozialen Konturen verleiht. Alle Phänomene – vom Körperbau bis zum Charakter, von der Handschrift bis zur Rasse – werden klassifiziert. Merkwürdig genug dienen neue technische Medien wie die Fotografie hierbei als Definitions-Instrumente.

In diesem Jahrzehnt entwirft neusachliche Literatur drei Kunstfiguren: kalte persona, Radar-Typ und Kreatur. In den ersten beiden sehe ich symbolische Zaubermittel, mit denen sich die Zeitgenossen angstfrei in den Prozeß der Modernisierung einmischen wollen. Die aus dem Bild der kalten persona entfernte Angst kehrt freilich in der Gestalt der Kreatur wieder.

III

Plessners Anthropologie kann als Kompendium von Maximen zivilisierten Verhaltens aktualisiert werden. Das betrifft freilich nur ihre programmatische Seite. Unsere Überlegungen ließen sich von einem – leicht abgewandelten – Satz aus Büchners *Dantons Tod* leiten: Geht einmal den Verhaltenslehren der Kälte nach bis zu dem Punkt, wo sie verkörpert werden! Die Erfahrung dieses Unternehmens dämpft die Hoffnung, die sich an die Aktualisierung der Maximen jener Jahre im Kontext der deutschen Kultur knüpft. Denn während in rein theoretischem Rahmen zu Recht gewürdigt wird, daß Plessners Anthropologie »die Reflexionsfiguren des deutschen Idealismus in den Leib versenkt« habe[8], führt die Literatur des neusachlichen Jahrzehnts vor Augen, wie sich diese Versenkung der Reflexionsfiguren in der Körperwelt auswirkt. Die Intervention der Maximen einer zivilisationsfreundlichen Anthropologie geschieht selten spielerisch, nie komödiantisch, in der Regel unter großen Verlusten. Rührt das daher, daß in den Imaginationen der Körperwelt Gemeinschaftsideologien und Ursprungsmythen eine letzte Zufluchtsstätte gefunden haben, die nun stumm verteidigt wird? Rührt es schlicht von der Überforderung der menschlichen Konstitution durch den Habitus der Avantgarde? Dienen sich folgerichtig die Apparate der politischen Lager oder die »künstliche Masse« des Militärs an, um die natürlichen Mängel auszugleichen, weil sie als Institutionen die zauberhafte Eigenschaft haben, einerseits Reflexionsfiguren des deutschen Idealismus zu verkörpern und gleichzeitig die Wärme der Gemeinschaft zu verbürgen?

Ich hatte früher bei der Untersuchung des Kälte-Habitus der Weimarer Intelligenz selber auf eine Formulierung des deutschen Idealismus zurückgegriffen und in Anlehnung an Hegel den Grundsatz des Kälte-Kultes folgendermaßen formuliert: »Nicht das Leben, das sich vor der Kälte scheut und vor Verwüstung rein bewahrt, sondern das sie erträgt und in ihr sich erhält, ist das Leben des Geistes. Macht gewinnt der Geist nur, indem er der Kälte des Negativen ins Angesicht schaut, bei ihr verweilt.«[9] Die Literatur des neusachlichen Jahrzehnts konstruiert gleichsam ein Versuchsfeld, auf dem dieser Grundsatz und die durch ihn aufgeworfenen Fragen durchgespielt werden. In Walter Serners *Handbrevier für Hochstapler*, Bert Brechts *Lesebuch für Städtebewohner* und Ernst Jüngers *Der Arbeiter* werden die extremen Bedingungen, unter denen sich zivilisationsfreundliche Verhaltenslehren im Kontext der Republik »verkörpern« sollten, sinnfällig. Sie demonstrieren, was geschieht, wenn sich Anthropologie mit der Logik des Extrems verschwistert. In dieser Literatur treffen wir auf eine persona, die in chronischen Alarmzustand versetzt ist. Selbst in der komödiantischen Version der Verhaltenslehre von Serner wird Öffentlichkeit zur Fahndungsöffentlichkeit. So nimmt es nicht wunder, daß in der Literatur dieses Zeitraums unversehens als Kehrseite der kalten persona die »Kreatur« auftritt. Mit ihr wird der Anspruch auf eine selbstbestimmte Lebensführung aufgegeben.

IV

Neusachliche Verhaltenslehren nehmen als Form der Literatur eine Mittelstellung ein. Es sind Konzepte, die das Ziel verfolgen, das Bewußtsein für Unterschiede zu schärfen, Verhalten zu regulieren, Status zu sichern. Auf Bewegungsabläufe weisend, haben sie stark gestischen Charakter. Gleichzeitig sind es Selbstinszenierungen eines Lebensstils, erschöpfen sie sich narzißtisch in dieser Funktion oder werden von einer echolosen Umwelt darauf zurückgeworfen. Es sind oftmals verzweifelte Versuche der Wiederbelebung einer Rhetorik, die sich nicht auf einen stabilen Traditionsrahmen verlassen kann, und zugleich hellsichtige Diagnosen der Automatismen des Zusammenlebens, die sich in Deutschland eingebürgert haben. Die Verhaltenslehren der Zwischenkriegszeit (sie geben sich als solche selten zu erkennen, treten einmal in der

Maske der Anthropologie auf, ein andermal als Pädagogik einer Architekten-Schule) erhalten entscheidende Impulse aus Friedrich Nietzsches Moralistik. Sie haben Teil an der in ihr angelegten Tendenz der physiologischen Entzauberung einerseits sowie der Neigung zum Vergessen der physiologischen Bedingungen in Regeln der Vornehmheit andererseits. Sie sind darauf angelegt, den Dualismus von Körper und Seele zu überwinden, und zeigen untergründig seine angespannte Präsenz, sobald sie in die Sphäre des Politischen eindringen.

Es gehört zum Zeitkolorit dieser Verhaltenslehren, daß in ihnen Entdeckungen der Tierverhaltensforschung ebenso gegenwärtig sind wie Ergebnisse der Sprechaktforschung. Vom Krötenversuch Buytendijks bis zum Infusorienexperiment, auf das sich Arnold Gehlens Lob der Gewohnheit stützt – wenn die Geschichte als aussichtslos erscheint, versichert sich Anthropologie der Nicht-Geschichte der Natur.[10] Der Einfluß der theoretischen Biologie Jakob von Uexkülls auf das Denken der zwanziger Jahre ist erheblich. Das Nachdenken über Verhalten umkreist in diesen Jahren entgegengesetzte Bildfelder: von der Eidechse auf der Felsplatte bis zum Phantom des futuristischen Gerätemenschen.

In Plessners Konzept wird *Inszenierung* zur anthropologischen Kategorie. Die Literatur der Weimarer Republik, die dieser Inszenierung Raum bietet, zeigt aber nicht die »ungeheure Plastizität des Menschen«, wie Wolfgang Iser generell angenommen hat[11], sondern läßt schockartig die *Grenzen* der Inszenierung erfahren. Es kennzeichnet die Literatur am Ende der Republik, daß in ihr die Handlungsphantasien nicht auf moralischen Einspruch treffen, sondern auf den Widerstand der Körperwelt. »Erste Kalamität des Menschen: Sein Leib ist stur«, wird Günther Anders später resümieren.[12] Das Erkenntnismoment dieser Widerständigkeit dämmert den meisten Intellektuellen erst im Exil der dreißiger Jahre: die Ausklammerung der Moral in den neusachlichen Verhaltenslehren zielt letzten Endes auf die Preisgabe des Körpers. In den dreißiger Jahren wird der humanistische Horizont, der die Verhaltenslehre des 17. Jahrhunderts umhüllt und den ihre Aktualisierung in den zwanziger Jahren weggefiltert hatte, mühselig rekonstruiert.

Es war ein Glücksfall, daß ich zu Beginn meiner Arbeit in der Bibliothek der Universität Utrecht auf ein kleines Buch über *Gracíans Lebenslehre* stieß[13], das der Romanist Werner Krauss während seiner Haft in den Jahren 1943 bis 1945 geschrieben hatte. Seine Aktualisierung des *Handorakels* des spanischen Jesuiten aus dem Jahre 1647 ließ erkennen, warum man nach Vorbildern des modernen Subjekts im 17. Jahrhundert suchte und welche Folgen der reflektierend-physikalische Blick auf realitätstüchtiges Verhalten in der höfischen Wettbewerbsgesellschaft für den lebensphilosophisch getönten Begriff des Individuums hatte. Schließlich hatte Werner Krauss die Konstruktion von Graciáns »persona« mit der Idee des Widerstands aus Gründen der Moral verknüpft. Dem avantgardistischen Habitus der »Kälte« setzte er den Wert des »Maßes« entgegen. Mittlere Tugend verlangt höchste Geistesgegenwart. In ihr werden die Extreme nicht gelöscht, sondern im Sinne der Lebensmöglichkeit vermittelt. Der Ausgleich der Leidenschaften führt nicht zu fadem Kompromiß, sondern zur Leidenschaft des Ausgleichs im Dienste eines besonderen Interesses, das politisch, ökonomisch und moralisch bestimmt ist. »Diskrete Verwegenheit« und »besonnener Wagemut« – warum sollten sich die mittleren Tugenden nicht einbürgern?

Liegt es in der Natur der Sache, etwa in den Verhaltenslehren als virilem Genre, daß meine Abhandlung zu einem Männerbuch geraten ist? Schon Werner Krauss bemerkte die Tendenz des spanischen *Handorakels*, eine rein männliche Welt zu konstruieren, in der die Polarisierung der Geschlechter bis zum Verstummen der weiblichen Stimme getrieben ist. Er maß die Maximen des Jesuiten am Leitbild der französischen Moralisten, das sich »in der beständigen Rücksichtnahme auf die weibliche Partnerrolle« ausgeformt habe. Gemessen an diesem Leitbild muten neusachliche Verhaltenslehren spanisch an.

V

Die Arbeit wäre nicht ohne freundschaftliche Anregungen und Kritik zustande gekommen, die ihren Ausgang nahmen in Gesprächen mit Helga Geyer-Ryan, Hortense von Heppe und Heinz-Dieter Kittsteiner. Mein Dank gilt außerdem Inka Mülder-Bach, Regina Busch und Ulrike Baureithel, die die Entwürfe kommentierten; Carl Wege, Richard Faber, Rüdiger Safranski, Hans-Thies Lehmann, Joachim von der Thüsen und Bernd Weyergraf, mit denen ich sie später diskutierte. Ratschläge und Einwände, die die

Arbeit förderten, erhielt ich von Carrie Lee Asman, Friedbert Aspetsberger, Teja Bach, Jean-Luc Evard, Joachim Fischer, Dieter Hensing, Tony Kaes, Volker Kaiser, Reinhard Kapp, Martin Lindner, Crystal Mazur, Helga Moser, Manfred Moser, Peter Oesterreich, Klaus Rathschiller, Friedrich Rothe, Georg Scherer, Renate Schlesier, Nicolaus Sombart, Frank Trommler, Renate Voris, Waltraud Wende, Hannes Wendt, Ernest Wichner, Hubert Winkels, Heinz Wismann, Temilo van Zantwijk und Carsten Zelle. Karl-Heinz Barck war so freundlich, mir Zugang zum Werner-Krauss-Archiv in der ehemaligen Akademie der Wissenschaften zu verschaffen, in dem mir Horst F. Müller und Karin Preisigke geholfen haben. Meinen Kollegen Jattie Enklaar, Gregor Laschen und Peter Wessels danke ich dafür, daß sie die Arbeit mit ermöglicht haben.

Auf Einladung von Herbert Wiesner konnte ich einige Thesen der Arbeit im Literaturhaus Berlin vortragen. Winfried Menninghaus ermutigte mich, die Arbeit zu veröffentlichen.

Die Arbeit wurde im Rahmen des Forschungsprogramms des »Onderzoekinstituut voor Geschiedenis en Cultuur« an der Universität Utrecht geschrieben und wäre ohne die erstaunliche Hilfe Lilo Roskams nie fertig geworden.

Fast alle genannten Personen hatten starke Einwände gegen das letzte Kapitel, folglich das einzige, das kurz genug ist, um allein vertreten zu werden.

Maarssenbroek, den 19. April 1993

I. Abwehr der Beschämung – Habitus und Verhaltenslehre der »Sachlichkeit«

1. Nordbahnhof

Am 1. oder 2. November 1918 gegen elf Uhr vormittags wartete ein dreizehnjähriger Junge auf dem Wiener Nordbahnhof auf die Rückkehr seines Vaters von der Front. Ein eiskalter Wind, so erinnert er sich, blies über die Bahnsteige, als nach vielen Stunden ein Zug einlief. Unter den Militärpersonen, die dem Zug entsteigen, sieht der Junge einen Hauptmann mit einem schwerbeladenen Diener, der zur Eile angetrieben wird. Der Putzfleck – wie man in der k. u. k. Armee solche Diener nannte – habe, trotz Kälte schweißüberströmt, unter der Last den Kopf mit Mühe hebend, ununterbrochen »Melde gehorsamst, ich komm' schon« gemurmelt, als ihm plötzlich ein junger Soldat den Weg vertritt und mit den Worten »Kamerad, was rennst du so? Hast ja viel Zeit. Wir alle haben viel Zeit« die Koffer aus der Hand reißt. Durch stumme Zeichen warnt der Angesprochene vor seinem Offizier, der sich umblickt und einzugreifen droht. Als der Offizier näher kommt, bemerkt er, daß von der Kappe des jugendlichen Soldaten die kaiserlichen Kokarden entfernt und durch ein Bändchen mit den polnischen Nationalfarben ersetzt sind. Kaum noch entschlossen, auf dieses Zeichen der Meuterei gebührend zu antworten, will er, jetzt schon von den anderen umringt, die ihm die Mütze vom Kopf schlagen, zum Säbel greifen, als sein Diener mit einer behenden Bewegung die Lasten abwirft und, nun aufrecht, größer als sein Herr, diesem zwei schallende Ohrfeigen versetzt. Darauf, so der Erzähler, sei dem Hauptmann plötzlich aufgegangen, daß »etwas Unheimliches« geschehen sei, und er habe sich, da die Untergebenen ihm unberechenbar »wie Untiere in Alpträumen« erschienen, mit einem Sprung über die Gleise der Situation entzogen, vom Gelächter der Meuterer begleitet.[14]

Wenn diese Erzählung von der »blitzschnellen Metamorphose« auf dem Wiener Nordbahnhof sich zum Emblem verdichten ließe, so müßte seine Inscriptio lauten: »Natura facit saltus.« Da der Vorfall aber als Eingangsbild Manès Sperbers Reflexionen über die Gewalt vorangestellt ist, in denen gegen alle Strategien der Beschleunigung der historischen Gangart die Notwendigkeit der evolutionären Langsamkeit betont wird, versieht der Autor Jahrzehnte nach dem Vorfall seine Erinnerungen mit der Inscriptio »Natura non facit saltus«. Als »mythisches« Bild wird die Szene auf dem Nordbahnhof noch viele Jahre das Denken des jungen Sperber prägen: Institutionen erscheinen ihm als federleicht oder doch zerbrechlich wie gläserne Gehäuse. Ein Kind erwartet seinen Vater in der mehr oder weniger martialischen Montur des Kriegsheimkehrers und erlebt diesen Eklat – das prägt sich ein. An der Authentizität des Vorfalls läßt der Autor keinen Zweifel, er billigt ihm auch im Falle der fragilen k. u. k. Monarchie eine gewisse Geltung zu. Im übrigen aber räumt er dem Bahnhofs-Bild im Rückblick nur die Funktion eines kompensatorischen Tagtraums ein: von überkomplexen Verflechtungen entlastend, entrückt dieser in einen Raum, in dem die Gesetze der Gravitation aufgehoben sind und das Subjekt sich seiner Vergangenheit, die kompakt geschnürt wie ein Tornister auf seinen Schultern lastet, mit einer leichten Körperdrehung entledigen kann. Vergessen als »Gepäckerleichterung« – es ist eine Zeit, in der selbst der Wunsch, von der Schwerkraft der Mentalität befreit zu sein, im soldatischen Jargon formuliert wird.[15]

Verwandlungsakte, die sich in Sekundenschnelle vollziehen, lassen sich vom Gesichtspunkt verschiedener Wissenschaften aus betrachten. Es bieten sich die Geschichtswissenschaft, die Theologie, die Theaterwissenschaft und schließlich die Soziologie an, um den Fall auf dem Wiener Nordbahnhof zu erläutern:

Unter dem Einfluß der französischen Annales-Schule bezeichnen Historiker Tätigkeiten, die Menschen oft nacheinander wiederholen, als lang – und solche, die nur ein oder wenige Male vorkommen, als kurz.[16]

Vorkommnisse der courte durée, événements, zählen inzwischen in dieser Geschichtswissenschaft eher zu den exotischen Ereignissen mit geringem Erkenntniswert. Was interessiert, ist die Struktur langfristiger oder konjunktureller Verläufe. Ein Ort wie ein Bahnhof bietet ohnehin nicht den von der Zeit wenig abgenutzten Rahmen wie z. B. die Pyrenäen oder eine Flußschleife der Loire. Allerdings schleppt die Geschichtswissenschaft eine Kategorie mit, die auf das zitierte Vorkommnis angewandt werden könnte: den »historischen Augenblick«. Dieser Augenblick, so definiert sie, ist eigentlich ein »leeres Feld«, das vom Bewußtsein einer Zäsur durchkreuzt wird. Der historische Augenblick taucht, wie es heißt, »im Bewußtsein eines Beobachters auf und gleicht so dem Moment des Zusammenstoßes zweier Billardkugeln, der selbst keine materielle Eigenheit besitzt, sondern nur das Resultat komplizierter physikalischer Prozesse um ihn herum« ist.[17] Modelliert also erst der dramaturgische Gesichtspunkt des Beobachters die Situation zum historischen Augenblick?

Das Ereignis auf dem Nordbahnhof ist offensichtlich schon theatralisiert, ehe es von der Erinnerung des Augenzeugen neu arrangiert wird. Es ist bereits Wiederholung, als es in den Bewußtseinskreis des Dreizehnjährigen tritt. Darum kann das Publikum auf den Bahnsteigen in diesem Vorfall eine Farce – die genuine Kunst des Augenblicks, die von der Wiederholung lebt – erkennen und seinen Heidenspaß daran haben. Und da der Satz über die Farce im *18. Brumaire* einer der wenigen Sätze von Marx ist, den immer alle unterschrieben haben, da in ihm stets die jeweils anderen das Personal der Farce bilden, könnte man sich mit diesem Hinweis begnügen. Es bleibt aber ein dunkler Punkt, auf den das physikalische Gleichnis hinweist. Die zwei Billardkugeln, deren Aufeinandertreffen den historischen Augenblick konstituiert, die Subjekte der blitzschnellen Metamorphose also, verschließen sich uns. Ihre durch Anruf ausgelösten, abrupten Bewegungsabläufe sind im Schema von Stimulus und Reflex beschreibbar. Ihre innere Struktur hingegen erweist sich als dunkel; dennoch scheint das Gefüge der Reaktionen aller Betroffenen so sinnvoll, daß der Schluß naheliegt, auf diesem Bahnhof herrsche allgemeine Geistesgegenwart. Das Bild wirft Fragen auf, die sich nur beantworten ließen, wenn mehr über die psychische Disposition der Akteure bekannt wäre, z. B. die Frage, ob die Verwandlung reversibel ist, ob der Rebell also zum Putzfleck zurückverwandelt werden könnte – eine Frage, die dann über ein Jahrzehnt die Gemüter verschiedener Republiken beschäftigt hat und in diesem Buch in der Konfrontation von »kalter persona« und Kreatur lebendig bleibt.

Genau betrachtet ist das Bahnhofsbild differenzierter, als der Vergleich mit den Billardkugeln suggeriert. Die Differenzierung umfaßt allerdings nur den Offizier: ihm billigt der Erzähler eine Antenne für das »Unheimliche« zu, das er erfährt, als er unter dem gläsernen Gehäuse der Etikette unvermittelt das »Tierreich« der Rebellion erblickt. Während dem rohen Publikum – mit Ausnahme des Jungen, der auf seinen Vater wartet – das Makabre der Situation offensichtlich entgeht. Trotz dieser Fähigkeit zur Nuancierung, die dem Offiziersbewußtsein zugeschrieben wird, bieten Hauptmann und Diener keinen Eingriffspunkt für jene List, anonymen Prozessen eine psychische Disposition zuzuordnen, die als Dialektik von Herr und Knecht bekannt ist. Die Individuen haben – durchaus realistisch – nicht vor, für den Weltgeist die Kastanien aus dem Feuer zu holen.

Die Theorie vom »historischen Augenblick« kann uns das theatralische Moment verdeutlichen; sie läßt uns aber im Stich, wenn wir Aufschlüsse über die handelnden Personen erhalten wollen.

Was also, wird man hinsichtlich des Putzflecks fragen, was für ein Ding ist dieser Mensch?

Da das Verhalten in Ausnahmezuständen die individualpsychologisch orientierten Wissenschaften in Verlegenheit bringt, ziehen wir die Theologie zu Rate. Denn wie Carl Schmitt wußte: »Der Ausnahmezustand hat für die Jurisprudenz eine analoge Bedeutung wie das Wunder für die Theologie.«[18] Rasche Metamorphosen sind der Theologie in der Tat nicht unbekannt. Allerdings zeigt der Richtungspfeil der plötzlichen Erweckung, mit dem sie den Verwandlungsakt versieht, nicht dorthin, wohin der Putzfleck blickt. Das Licht der Offenbarung trifft von *außen* »wie ein Blitz« den einzelnen in einem Augenblick der »Krise menschlicher Inszenierungskünste«.[19] Da aber in einem solchen Fall die Souveränität des Menschen zu Fall kommt und danach mediatisiert erscheint, läßt sich das Modell der Offenbarung nur auf den Nordbahnhof übertragen, wenn man den Putzfleck zum Modell-Proleten stilisiert, der vom Geist der Revolte erleuchtet wird.

Uns interessiert, aufgrund welcher Anthropologie die Theologie von einem abrupten Einstellungswechsel ausgehen kann. Aufschluß bietet das Stichwort »Gewand« im *Reallexikon für Antike und Christentum*. Jahrhunderte, so erfährt man hier, herrschte ein Menschenbild, in dem ein radikaler Wechsel der Gesinnung sich schnell wie ein Kleiderwechsel vollziehen konnte. »Nachdem er den Verfolger abgelegt und den Apostel angezogen hatte«, heißt es vom bekehrten Paulus. Bekannt waren im Rahmen der Wiedergeburts-Metapher auch Redewendungen wie »den Soldaten aus- und den Sophisten anziehen«; »das Purpurgewand der Finsternis aus- und den neuen Menschen anziehen«.[20] (Die Ästhetik der Neuen

Sachlichkeit bevorzugt, wie wir sehen werden, in ihrem »Kult des Bösen« den umgekehrten Vorgang. Sie zieht mit Vorliebe das expressionistische Gewand des Neuen Menschen aus, um sich in Luzifers Mantel zu hüllen.)

Die Kulturgeschichte des modernen Gewissens erinnert daran, daß noch im 18. Jahrhundert derartiger »persona-Wechsel« zwar von der pietistischen Geistlichkeit von reumütigen Tätern gefordert und inszeniert wurde, zugleich aber für die Stadtbürger, die der Inszenierung mißtrauten, ein Gegenstand des Ärgers blieb, weil sie den Verdacht nicht los wurden, daß es sich hier um einen »bloß äußerlichen« Attitüden-Wandel handeln könne.[21] Die Pietisten, Vorläufer unseres »Langzeit-Gewissens«, begrüßen jede blitzschnelle Erweckung, plagen sich aber mit der Frage, wie diese auf Dauer gestellt werden könnte. Da sie erheblichen Wert auf *innere* Motivation legen, mißtrauen sie der *zu schnellen* Bekehrung der zur Hinrichtung verurteilten Personen der Unterschicht, die sie gleichwohl forcieren; sie können nicht ausschließen, daß diese von dem Wunsch beseelt sind, im weißen Kleid der Bekehrten zur Hinrichtung geführt zu werden. Die Vorstellung von einer komplizierten psychischen Selbststeuerung eines sogenannten inneren Kreiselkompasses (David Riesman), der den plötzlichen Wechsel der Einstellung aufgrund eines äußeren Stimulus erschwert, wenn nicht ausschließt, ist ein Produkt der bürgerlichen Neuzeit, das – wenn auch sehr oberflächlich – eine archaische Konstitution überlagerte und die Unterschichten nie ganz durchdringen konnte.

Verschiedene Arbeiten der historischen Anthropologie der dreißiger Jahre entdeckten das Phänomen eines vorbürgerlichen »Rationalitätstyps«, der – ohne Schuldgefühl – sein Verhalten von außen regulieren läßt. Norbert Elias rekonstruiert Bilder der mittelalterlichen Kriegergesellschaft, in der die psychische Apparatur der Selbstkontrolle kaum entwickelt, die Disziplinierung von Affekten immer mit der physischen Bedrohung von außen verbunden, das Leben auf »plötzlichere Umsprünge« eingestellt ist.[22] Diese Kriegergesellschaft brauchte freilich nicht archäologisch rekonstruiert zu werden, sie lag seit dem Weltkrieg in Heer und Freikorps vor der Tür. In diesen Institutionen, »künstliche Massen« nennt Freud sie, war der persona-Wechsel nichts Außergewöhnliches.

Auf der Suche nach Dokumenten des schnellen Einstellungswechsels des soldatischen Mannes trifft man auf Beschreibungen des Verhaltens von Männern, die in unserer Bahnhofsszene den subtileren Part spielen durften, der Offiziere.[23] Es handelt sich also nicht ausschließlich um ein Phänomen der Unterschicht, obwohl gerade die »Masse« für alle Arten der Gewissenlosigkeit aufzukommen hatte. Im Umschlag von der Förmlichkeit der Etikette zur Barbarei unterscheidet sich der Offizier nicht von der Mannschaft; ihm muß vielmehr der Umschlag vorbildhaft gelingen.

Psychoanalytische Erklärungen gehen nun davon aus, daß die Institution der Armee eine »kalte Kultur« inmitten der Industriegesellschaft bildet, die eine Art »Winterschlaf« der Ich-Instanzen bewirkt, welche für die psychische Selbststeuerung verantwortlich sind.[24] Da das selbstbestimmte Ich, das Kohärenz, Balance und Kontinuität verbürgen soll, gleichsam auf Eis gelegt ist, kann es zum schnellen Umschlag und zu den diskontinuierlichen Bewegungsabläufen kommen. Das Militär braucht Spezialisten für extrem schnelle Situationsveränderungen.

Wir sind über die Art des persona-Wechsels relativ gut unterrichtet, weil es ausreichend Offiziersliteratur gibt, in der die »Verhaltens-Dissonanz« als ästhetischer Reiz des »Grauens«, wie man damals sagte, inszeniert wird. Auf der Suche nach Gestaltungsmitteln brauchten die soldatischen Autoren nicht auf vorbürgerliche Quellen zurückzugreifen; sie trafen in der Schauerliteratur des 18. und 19. Jahrhunderts auf Bilder einer archaischeren Konstitution des Menschen, die den Effekt des Unheimlichen auslösen.[25]

Betrachtet man die proletarische Literatur der Zwischenkriegszeit, so wird man in seiner Erwartung enttäuscht. Sie liefert kaum Anschauungsmaterial für rasanten persona-Wechsel. Da ihre Figuren vielmehr in einem Mentalitäts-Lager ruhen, ist schneller Umschlag eher an die Gestalt des Verrats geheftet, oder er wird Randgruppen der Anarchie zugeschrieben. Statt dessen tritt die Gestalt des Funktionärs auf den Plan, der zwar zum Typus des Außen-Gelenkten zählt, zugleich aber ein Musterbild innerer und langfristiger Affektstabilisierung abgeben und die Kunst beherrschen soll, jede Änderung der politischen Linie mit der Haltung der Geradlinigkeit nachzuvollziehen.

Fündig wird man allerdings in der avantgardistischen Literatur. In den Jahrzehnten zwischen dem ersten futuristischen Manifest und Ernst Jüngers Schrift *Der Arbeiter* wird ein Typus entworfen, der Züge vorbürgerlicher Subjekt-Konstituierung aufweist.[26] Dieser *Rückgriff auf ein unterkomplexes Subjekt* unterscheidet die Avantgardisten von Modernisten wie Musil, Thomas Mann oder Hugo von Hofmannsthal, deren schwierige Subjekte den Beschleunigungsprozeß nur aus großer Ferne ertragen. Die Kunstfigur des unterkomplexen Subjekts wird magnetisch vom Militär angezogen. Ihr Auftritt erzielt weniger aufklärerische Effekte als eine Art Weckreiz. Zu besichtigen sind Gestalten, deren Geistesgegenwart darauf zurückzuführen ist, daß in ihnen »ununterbrochen eine elektrische Klingel läuft« (Ernst Jünger), die Maschinos der pittura metafisica und Konstruktionen des Prolet-Kults.

Es liegt nahe, an dieser Stelle die Ästhetik der »Plötzlichkeit« zu Rate zu ziehen, mit der Karl Heinz Bohrer Aspekte der dezisionistisch gestimmten Avantgarde erhellt hat.[27] Das »Zeichen plötzlich« erfährt nach Bohrer mit dem Ausgang des 19. Jahrhunderts eine Dramatisierung. Eine Generation von Nietzsche-Lesern konzentriert ihr Zeitbewußtsein auf den »gefährlichen Augenblick«, der – nicht mehr in kausale Erklärung eingebettet – als »Einbruch des Unverständlichen« zum ästhetischen Phänomen wird.

Bohrers Theorie der Plötzlichkeit auf die Bahnsteig-Szene zu übertragen hieße allerdings, an dieser drastische Manipulationen vorzunehmen. Der evolutionär gestimmte Sperber erfaßt die Szene im panoramatischen Blick. Um ein Dokument für eine Ästhetik des Schreckens herzugeben, müßte die Perspektive auf die Offizierswahrnehmung verengt werden. Diese läßt vergessen, daß das »Grauen«, das den Offizier befällt, nur eine Ingredienz der Farce bildet, die wiederum als Medium der Reflexion dient. Erst die Einkapselung des Blicks in eine Figur, die noch glaubt, Herr im eigenen Haus zu sein, ermöglicht es, im Phänomen der Rebellion eine »erschreckende Aufhebung des Realitätsprinzips« zu sehen.

So könnte man also die Anekdote gegen die Theorie der Plötzlichkeit ausspielen, um zu verdeutlichen, daß diese den Perspektivismus der selbstgewissen Akteure, die sie beschreibt, nur verdoppelt. Andererseits läßt sich von Bohrers Standpunkt aus auch ein Einwand gegen Sperbers Erinnerungsbild vorbringen: Es maßt sich eine epische Souveränität an, die nichts mit dem erschrockenen Augenzeugen von damals zu tun hat, sondern eine Szene der Faszination mit moralischen Kategorien nachstellt.

Vor allem aber müßte man vor dem Hintergrund des Geschwindigkeits-Fetischismus jener Jahrzehnte den Einspruch des jungen Soldaten neu würdigen. Er interventiert zwar plötzlich; aber er sagt: »Wir haben viel Zeit«, als ob die Zeit wie ein Raumvolumen einzuteilen sei. Erinnert man sich daran, daß Marx die Revolutionen als die Lokomotiven der Geschichte bezeichnete, so verwundert diese Intervention. »Wohin so eilig? Wir haben viel Zeit!« Im Gegensatz zu den Avantgardisten scheint der Soldat nicht von der Idee besessen, an der Spitze eines Zeitpfeils zu agieren. Er agiert vielmehr aus einem anderen, multinationalen *Raum*, und seine umstürzlerische Aktion beansprucht nicht, im Einklang mit dem Beschleunigungsschub der Modernisierung zu stehen. Beim Zerfall eines *politischen* Großraums spielt der nationale Raumfaktor eine entscheidende Rolle.

Eine Geschichtswissenschaft, sofern ihr Interesse sich heute um die Zentralkategorie der Wiederholung und des Raumes dreht, mißt Erzählungen vom Sprung nur novellistischen Charakter bei. Spöttisch bemerkt Fernand Braudel vom »Mythos« der Stoßkraft der Barbaren, daß sie lange antichambriert und wiederholt angeklopft hätten, bevor sie ins Haus der Hochkulturen eingedrungen seien. »Sie triumphierten nicht lange und wurden bald von den Räumen, die sie unterworfen zu haben glaubten, absorbiert.« Und dann, so resümiert er, »schlägt die Tür des eroberten Hauses wieder zu«.[28] Hat die europäische Avantgarde der Jahrzehnte 1910-1930 ein ähnliches Schicksal erlitten? Hat die Raumkategorie, mit der Braudel hier operiert, in der bürgerlichen Neuzeit überhaupt noch Geltung? Der Weltmarkt scheint heute der Großraum zu sein, der das von ihm selbst erzeugte Andere sich wieder einverleibt.

2. Dramaturgie der Beschämung

»Scham isoliert.«[29] Der akute Einbruch des Selbstwertgefühls, der den Offizier überfallen muß, rückt ihn in den Brennpunkt der Wahrnehmung einer teils feindseligen, teils indifferenten Menge. Zwei Grundempfindungen des Schamgefühls durchkreuzen, den Regeln der Soziologie der Scham zufolge, in diesem Augenblick sein Gemüt: die schrecklichen Gewißheiten, zugleich so exponiert wie diskriminiert zu sein. Scham ist die Reaktion auf die Wahrnehmung, in den Augen der Fremden degradiert zu sein. Dem Hauptmann widerfährt, im Rahmen der Kriegerkaste, der er zugehört, eine »Schande«.

Wer freilich schämt sich eigentlich in dieser Szene, die nur dem Offizier Schamgefühl zuschreibt?

Scham gehört zu den »dunklen Seiten der Lebenswelt, wo peinliches Schweigen sich über das Empfinden legt, in der eigenen Würde verletzt zu sein«[30], lehrt die Soziologie der Scham. Allerdings begleitet schallendes Gelächter die Flucht des Hauptmanns, während das obligate lähmende Entsetzen für den Jungen auf dem Bahnsteig reserviert ist.

In Sperbers Szene sind alle Bestandteile des Beschämungstheaters *sichtbar* vorhanden. Es kommt ohne viel Worte aus, seine Zeichen sind rückgebunden an agierende Körper.[31] »In der Schamkultur befindet das Subjekt sich in einem nie endenden Theaterspiel«, »in einer Szene von Projektion, Spiegelung und Rückspiegelung, das sich grundlegend vom Theater als Tribunal in der Schuldkultur unterscheidet«.[32] Attitüden, Gesten und Motorik sind in der Inszenierung der Scham auf dem Bahnhof oppositionell angeordnet: Ausschreiten und Blockieren, Aggression und Flucht, Degen und Hand, Panik und Seelenruhe, Souveränität und Unterliegen... Schattierungen sind entfernt, die Haltungen ändern sich schockartig, ohne Übergang vom Gebückten zum Aufrechten, vom Bedeckten zum Entblößten. Die beinahe stumme Konstellation der Macht ist holzschnittartig gezeichnet. Das Genre dieser Szene bleibt in der Perspektive des Erzählers denkwürdig schwebend. Vom Blickwinkel des »rohen« Publikums ist es eine Farce, vom Gesichtspunkt des Offiziers und der mit ihm Sympathisierenden hat die Situation tragische Züge, der Autor betont durch seine Zuschreibung des »Grauens« die Groteske. Jede Scham sucht ihr Genre. Die Farce ist ihre populärste Inszenierung.

Einer Soziologie der Scham könnte die Szene auf dem Nordbahnhof als Demonstrationsobjekt für das Funktionieren der externen Regulation des Sozialverhaltens dienen. Die Mechanik der Interaktion verläuft reibungslos; innere Steuerungselemente sind nicht wahrnehmbar, was das Verständnis der Szene keinesfalls beeinträchtigt. Im entscheidenden Augenblick gibt es kein Mißverständnis zwischen den Antagonisten. Dem Angehörigen der Kriegerkaste ist diese Art der Kommunikation im Ausnahmezustand zwar sowenig geläufig wie seinem Diener; beide reagieren jedoch automatisch in den reziproken Gesten ihres Standes. Der Hauptmann greift zum Säbel, der Putzfleck schlägt. Der Untergebene antwortet auf eine Art, in der in stabileren Zeiten der Offizier einen nicht satisfaktionsfähigen Beleidiger gezüchtigt hätte. Die Ohrfeigen des Dieners manifestieren den plötzlichen Tausch der Machtpositionen. Die Schande besteht im Gesichtsverlust des ehemaligen Befehlshabers. Vor diesem Publikum ist kein Ritual der Wiederherstellung der verletzten Ehre denkbar. Es ist eine so typische wie zufällige ungegliederte Ansammlung einer diffusen städtischen Massengesellschaft, die im Gelächter unversehens als homogen erscheint. Jetzt erst ist die Rede von einem Kollektiv-Subjekt: »die Meuterer«.

Teilte der Offizier nach der Ankunft des Zuges noch herrschaftlich – quasi wie ein Schneepflug – die Masse, so geschieht ihm in der Beschämung das Schändlichste. In seiner Niederlage wird er von der Fremdwahrnehmung unzähliger Zeugen überschwemmt und weggespült. Sein Habitus des unaufhaltsamen Schreitens wird gebrochen, der Kontrollblick, den er zurückwirft, unterlaufen; so wird er Objekt der demütigenden Inszenierung. Errötet der Junge stellvertretend? Diesen Anblick erspart sich der Offizier im Fluchtreflex!

Wie man weiß, ist diese Szene nur ein harmloses Vorspiel zu Beschämungen ganz anderen Kalibers. »Blamage« ist ein Schlüsselwort der Nachkriegswirren. Die Rache der Offiziere ließ nicht auf sich warten. Der blitzschnelle persona-Wechsel war reversibel, wenn auch die Systeme der Wiederverknechtung des Putzflecks langsamer arbeiteten. So lassen sich von den Kämpfen im Berliner Zeitungsviertel 1919 bis zu der Reichstagssitzung, auf der 1933 die Ermächtigungsgesetze beschlossen werden, Szenen grausamer Beschämung beobachten. Um die Scham zu überwinden, maskieren sich die Gekränkten in den neuen politischen Bewegungen. »In der Tat sind die Formen der Erniedrigung, die sich die maskierte Bande ungestraft leisten kann, unendlich vielfältig«, bemerkt Wurmser zu den Fastnachtaufzügen.[33] Es wird so etwas wie den Karneval des Faschismus geben.

»Statusinkonsistenzen«, lerne ich beim Soziologen, »sind Treibhäuser sozialer Scham.«[34] Wenn das zutrifft, dann wird die Weimarer Republik mit ihrer ständig drohenden Diffusion sozialer Grenzziehungen erhebliche Hitzegrade aufzuweisen haben. Wer diesem sozialen Klima der Beschämung entgehen und sich unterscheiden wollte, mußte Attitüden der »Kälte« einsetzen und sich eine Verhaltenslehre zulegen.

Das Selbstwertgefühl der »Mandarine«, die sich – wie der kleine Sperber in unserer Szene – beobachtend aus den Beschämungsmechanismen ausklinken wollten, hing dabei weitgehend davon ab, in welcher Schärfe sich ihr Selbstbild von dem Schreckbild der »Massen«, das sie pflegten, abhob.[35] Auf dem Nordbahnhof erleben wir diese in geduldiger Apathie und amorpher Gestalt. Die Initiative des Soldaten macht aus dieser Menge keinen »revolutionären Volkshaufen«, sondern ein Publikum für ein Schauspiel nach »vulgärem« Geschmack. »Gebärden statt Sein«, in dieser Unart wird Karl Jaspers 1931 ein wesentliches Kennzeichen der »Masse« erblicken.[36] Bei jedem Verinnerlichungsschub deuten die Erweckten wortreich und voller Verachtung auf den Unterschied zur sichtbaren Gebärdensprache der Umwelt hin. »Erlebnis statt Existenz, endlose Mimikry [...]« wirft Jaspers dem Dasein der Masse vor.[37] Im Gebärdenspiel, das ihr auf dem Bahnsteig geboten wird, kommt solche »Masse« auf ihre Kosten. Die Leser von Le Bons Massenpsychologie[38] werden, wie der Offizier, im Diener einen willenlosen Automaten, beherrscht von niederen Trieben und destruktiver Energie, erkennen und sich – wenn sie humanistisch gesonnen sind – mit dem Knaben identifizieren, der unfreiwillig in die Rolle eines Ethnologen gerät, der primitiven Wilden bei einem Beschämungs-Ritual zuschaut, während er auf den großen Vater wartet.[39]

3. Abschied von der »Gewissenskultur«

Zu den Sonderbarkeiten der Reaktionen auf den Ersten Weltkrieg gehört es, daß sich die schockierenden Erfahrungen der Materialschlachten nicht, wie es teilweise nach dem Zweiten Weltkrieg im Zeichen des Nürnberger Tribunals zu beobachten sein wird, in Ritualen einer »Schuldkultur« niederschlagen. Die Möglichkeit der Grausamkeiten der Kulturnationen und das Aussetzen des

»Gewissens« der einzelnen in den militärischen Formationen werden nicht in Formen der Introspektion ergründet und in Geständnissen erläutert, vielmehr wendet sich der Blick vom Komplex der »Schuldkultur« weg.

Vielleicht trifft sich in dieser Blickwendung eine marginale Künstlerbewegung wie der Dadaismus mit der Nachkriegsstimmung der einfachen Landser. Jedenfalls mehren sich jetzt die Anzeichen, daß eine periphere Strömung wie der Dadaismus eine weitverbreitete mentale Einstellung zum Ausdruck bringt, die nicht mehr gewillt ist, sich mit der inneren Geißel der »Schuldkultur« herumzuplagen. »Sämtliche Symptome des schlechten Gewissens (bim!), der Schuld (bam!), wie tiefes Erröten, Erbleichen, Stottern, unsteter Blick, Zwang zum Sprechen von dem, was verrät, etc. pp. Quatsch (...)«, liest man in Walter Serners dadaistischem Manifest aus dem Jahr 1920.[40] Helmuth Plessner warnt vor den fatalen Folgen, die die Überbetonung des Gewissens für die moralische Haltung habe.[41] Brechts »Bericht vom Zeck« beschreibt in der *Hauspostille* den internalisierten Plagegeist in katholisch-protestantischen Farben:

1

Durch unsere Kinderträume
In dem milchweißen Bett
Spukte um Apfelbäume
Der Mann in Violett.

2

Liegend vor ihm im Staube
Sah man: da saß er. Träg.
Und streichelte seine Taube
Und sonnte sich am Weg.

3

Er schätzt die kleinste Gabe
Sauft Blut als wie ein Zeck.
Und daß man nur ihn habe
Nimmt er sonst alles weg.

4

Und gabst du für ihn deine
Und anderer Freude her;
Und liegst dann arm am Steine
Dann kennt er dich nicht mehr.

5

Er spuckt dir gern zum Spaße
Ins Antlitz rein und guckt
Daß er dich ja gleich fasse
Wenn deine Wimper zuckt.

6

Am Abend steht er spähend
An deinem Fenster dort
Und merkt sich jedes Lächeln
Und geht beleidigt fort.

7

Und hast du eine Freude
Und lachst du noch so leis –
Er hat eine kleine Orgel
Drauf spielt er Trauerweis'.

8

Er taucht in Himmelsbläue
Wenn einer ihn verlacht
Und hat doch auch die Haie
Nach seinem Bild gemacht.

9

An keinem sitzt er lieber
Als einst am Totenbett
Er spukt durchs letzte Fieber
Der Kerl in Violett.

Die Krise der Gewissenskultur erzeugt das Verlangen nach den Äußerlichkeiten der »Schamkultur«. Dieses Motiv ist nicht neu, es konnte sich in der Nietzsche-Lektüre immer wieder stärken. Jetzt aber – nach dem Debakel der »Schuldkultur« im Weltkrieg – findet das Motiv günstige Dispositionen. Der Wunsch, sich die »ungeheure Komplikation der verschuldeten Person«[42], in die die Psychologie des 19. Jahrhunderts das Bild des Subjekts verstrickt hatte, vom Hals zu schaffen, äußert sich im neusachlichen Jahrzehnt in Bildern, die den Menschen als Bewegungsmaschine, seine Gefühle als »motorische Gebaren« und die Charaktere als Masken wahrnehmen. Das Verhalten des Menschen wird von sichtbaren Instanzen und externen Regeln gesteuert, sein »Selbst« bestimmt sich aus dem Geflecht der Fremdwahrnehmung. Der Lärm der Straße dringt ins Haus der Psyche. Benjamin notiert 1921:

Kein Begriff einer Außenwelt läßt sich gegen die Grenze des Begriffs des wirkenden Menschen definieren. Zwischen dem wirkenden Menschen und der Außenwelt vielmehr ist alles Wechselwirkung, ihre Aktionskreise gehen ineinander über (...) Das Außen, das der handelnde Mensch vorfindet, kann in beliebig hohem Maße auf sein Innen, sein Innen in beliebig hohem Maße auf sein Außen prinzipiell zurückgeführt werden (...)[43]

Die Gründe des Normwandels werden von kritischen Zeitgenossen auf verschiedene Faktoren zurückgeführt. Freud hatte schon 1915 in seiner Schrift *Zeitgemäßes über Krieg und Tod* über die *Enttäuschung* gesprochen, die von der Erfahrung herrührt, daß über Nacht die hohen sittlichen Normen der Kulturstaaten keine Geltung mehr haben und die Menschen »Taten von einer Grausamkeit, Tücke, Verrat und Roheit« begehen, »deren Möglichkeit man mit ihrem kulturellen Niveau für unvereinbar gehalten hätte«.[44] Diese Beobachtung hatte die Erkenntnis erleichtert, daß das Gewissen sein Entstehen äußerem Zwang und sozialer Angst verdankt, daß die Sittlichkeit, die es bewachen sollte, bei veränderter sozialer Konstellation »wie ein Gewand« abgeworfen werden kann und daß die Neigung zur Grausamkeit zu den elementaren Regungen des Trieblebens gehört: »Der Krieg läßt den Urmenschen in uns wieder zum Vorschein kommen.«[45]

Wenn aber das Gewissen nichts als die Internalisierung einer gewalttätigen äußeren Autorität ist, wenn das Über-Ich, das die Aggressionslust eindämmen soll, per Dekret wieder externen Instanzen wie der Heeresleitung übertragen werden kann, dann scheint es müßig, persönliche »Schuld« durch Versenkung in den Gewissenskonflikt zu suchen. Der Blick wird nach außen gelenkt, die Aufmerksamkeit richtet sich auf die Genese der sittlichen Norm und ihres Bewachungsapparats, des Gewissens, in der gewalttätigen Sozietät.

Freud hatte schon in dieser Schrift von 1915 – ausführlicher dann 1930 in *Das Unbehagen in der Kultur* – darauf hingewiesen, daß das »Gewissen«, dem in der »Schuldkultur« die Funktion eines inneren Regulators zugeschrieben wurde, das Resultat einer späten kulturgeschichtlichen Entwicklung ist. Die Einsicht Freuds, daß erst im Spätstadium der Kulturgeschichte die äußeren Autoritäten internalisiert werden, inspirierte die Kulturanthropologie der Zwischenkriegszeit.[46] Freuds Idee schärfte die Wahrnehmung der Ethnologen und leitete ihre Suche nach Gesellschaften in einem früheren Evolutionsstadium, in denen individuelles Schuldbewußtsein, das sich der Spannung zwischen dem gestrengen Über-Ich und dem ihm unterworfenen Ich verdankt, sich noch nicht ausgebildet hatte. Die amerikanischen Anthropologinnen Margaret Mead und Ruth Benedict fanden in ihren Feldforschungen derartige Kulturen »tatsächlich« und nannten sie »Schamkulturen«.

Obwohl in der Forschung nach dem Zweiten Weltkrieg deutlich geworden ist, daß sich die strikte Polarisierung von »Schuldkultur« und »Schamkultur« *empirisch* nicht halten läßt, bleibt sie als historisches Erklärungsmuster aufschlußreich. Die Polarisierung selbst ist als »Mythos« interessant, als Realität eines Wunsches, der eine Generation der kritischen Intelligenz in seinem Bann halten konnte. Die Konstruktion des *reinen* Gegensatzes kann dazu dienen, Aspekte der Kultur nach dem Ersten Weltkrieg neu sehen zu lernen.

Das ungewöhnliche Verfahren, Aspekte der Weimarer Kultur durch dieses Oppositions-Schema zu beleuchten, wird vielleicht plausibler, wenn man die andere, in dieser Epoche direkt ins Auge springende Dichotomie von »Kultur« und »Zivilisation« zur Verdeutlichung heranzieht.[47] Auch unter dem Gesichtspunkt dieser Opposition ist eine Verschiebung festzustellen; denn wenn es ein gemeinsames Merkmal der neusachlichen Intelligenz gibt, dann ist es ihre provozierende Entscheidung für den Zivilisationsbegriff.

Der in der deutschen Tradition entwickelte Kulturbegriff umfaßt den geistigen, künstlerischen, religiösen und moralischen Bereich in *scharfer Abgrenzung* gegen den ökonomischen und technischen Bereich. Der in der englischen und französischen Tradition favorisierte Zivilisationsbegriff umfaßt hingegen den Stand der Technik, Wissenschaft und Weltanschauung. Neben diesen menschlichen Leistungen erfaßt der Zivilisationsbegriff auch das *Verhalten*. Während des Krieges hatten die oppositionellen »Fanalbegriffe«[48] Kultur und Zivilisation das Selbstbewußtsein des nationalen Kollektivs stabilisieren sollen; Thomas Manns *Betrachtungen eines Unpolitischen* zählten zu den symptomatischen Pamphleten gegen den Zivilisationsbegriff. Von der »Kultur« aus wurden die negativen Urteile über Gesellschaften gefällt, die sich mit »nur-zivilem Verhalten« als Kulturideal zu begnügen schienen und damit Innerlichkeit, Authentizität und die Subtilitäten einer Wahrheit, die sich nicht im Verhalten zeigt, zu negieren schienen.

Die neusachliche Intelligenz geht von der Enttäuschung aus, die ihr die »Kultur« im Krieg bereitet hat, und betont die *Unzivilisiertheit* einer Kultur, die diesen Krieg führen konnte. Diese Wendung hat zum ersten einen ideologiekritischen Aspekt: sie enthüllt, in welchem Ausmaß sich »Kultur« der Gewalttätigkeit verdankt und welcher Grad der Barbarei in ihr zugelassen wird; zum zweiten enthält sie einen wissenssoziologischen Aspekt: sie konzentriert sich auf die funktionale Leistung der Kulturwerte in der Zivilisation.

Die neusachliche Wende von der Über-Ich-lastigen Kultur zur verhaltensorientierten Zivilisation bewegt sich jedoch innerhalb der polaren Spannung. Die übertriebene Begrüßung der »Zivilisation« demonstriert die ungebrochene Anwesenheit des deutschen »Kultur«-Komplexes. Das kommt in der hybriden Struktur des neusachlichen Jargons zum Ausdruck[49], die durch die Spannung zwischen beiden Polen charakterisiert bleibt, auch wenn der Kultur-Pol in einem forschen Akt der Formulierung durchgestrichen wurde:

> Radio, Marconigramm und Telephoto erlösen uns aus völkischer Abgeschiedenheit zur Weltgemeinschaft. Unsere Wohnung wird mobiler denn je: Massenmietshaus, Sleeping-car, Wohnjacht und Transatlantique untergraben den Lokalbegriff der Heimat.[50]

Die spezifische Energie, die Emil Fischer bei der Synthese von Traubenzucker führte, hält den stärksten humanistischen Leistungen die Waage.[51]

Die kleinste Tatsache aus dem Zusammenhang zwischen Charakter und Blutdrüsengleichgewicht öffnet mehr Anschauung von der Seele als ein fünfstöckiges idealistisches System.[52]

Beweis für die Richtigkeit einer Zeitung ist, daß man sie kauft.[53]

Wie einer sich bewegt, so ist der Sinn seines Lebens.[54]

Der heute wesenhafte, der merkantile Blick ins Herz der Dinge heißt Reklame.[55]

Die Beleuchtung der Wendung zu den zivilen Verhaltenscodices durch das Polaritätsschema von Schuld- und Schamkultur macht Faktoren sichtbar, die den historischen Akteuren im Nachkriegsdeutschland weniger bewußt waren als ihre Entscheidung für die »Zivilisation«. Auch hier gilt, daß die übertriebene Bejahung der Kultur der Äußerlichkeit das übermächtige Fortdauern der »Schuldkultur« nicht auszublenden vermag.

»Schamkulturen« wurden von der Anthropologie Kulturen genannt, in denen sich die Menschen konform nur verhalten in bezug auf Zwänge, die von der sozialen Umwelt auferlegt werden.[56] In diesen Gesellschaften spielt die Selbstachtung eine zentrale Rolle, Würde ist ihr Schlüsselwort; beides Kategorien, welche die Person an die Erwartung der Gesellschaft binden. Fremdbewertung, die sich in sichtbaren Handlungen manifestiert, tritt an die Stelle von Selbsterforschung; subjektive Motive haben für das öffentliche Urteil, das den einzelnen bei Fehltritten in tiefe Scham stürzt, kaum Geltung.

So problematisch die Entmischung von Schuld- und Schamkultur auch ist, sie führt zu einer lehrreichen Polarisierung. In dem folgenden Schema[57] ist sie so dargestellt, daß sich darin die Opposition kultureller Attitüden der zwanziger Jahre spiegelt:

Aspekte der Schuldkultur	*Aspekte der Schamkultur*
Aufmerksamkeit für die innere Stimme, die interne Kontrollinstanz	Aufmerksamkeit für die äußere Stimme, die externe Kontrollinstanz

Art der Überwachung: Introspektion	Das Auge der anderen
Form der sozialen Sanktion: Rituale des Tribunals, des Geständnisses und der Reue	Rituale der Ausgrenzung und der Wiedergutmachung
Gefühlte Sanktion: Gewissensangst	Soziale Angst
Normen internalisiert in individuellem Gewissen	Normen gesichert in Konventionen
Kriterium der Beurteilung: Verborgene Absicht oder unbewußtes Motiv	Sichtbarer sozialer Effekt
Ziel: gutes Gewissen	angemessenes Verhalten
Konzentration auf: der Öffentlichkeit verborgene Gewissensregungen und Triebneigungen	frei zu Tage liegende, an den Körper gebundene Zeichen

In diesem Polaritäts-Schema bildet die »Schamkultur« eine gläserne Konstruktion von Konventionen, in der die Fremdzwänge, die das Verhalten regulieren, sichtbar sind und die Person einer Dramaturgie der Selbstinszenierung folgt, die Achtung der eigenen Person in den Augen der anderen zu schützen.

Die »Schamkultur« scheint es dem Menschen zu erlauben, aus dem familiären Machtverband, dem ödipalen Dreieck von Vater, Mutter und Kind, das der Hauptgenerator des Gefühls der Verschuldung ist, auszuscheren und funktionsgerechtes Verhalten in einer »vaterlosen Gesellschaft« zu erlernen.

Diese »reine« Konstruktion hat kritische Geister des Interbellums in verschiedenen Varianten gefesselt, weil mit ihrer Hilfe der Fiktion des eigenmächtigen Individuums, welche von der »Schuldkultur« genährt wird, der Boden entzogen werden konnte; weil sie an die Genese der »inneren« Autorität aus der sozialen Gewalt erinnerte und weil in ihrem Rahmen eine »Person« auftrat, die die immensen Erfordernisse, welche die rapide Modernisierung an das bürgerliche Individuum herantrug, aushalten zu können schien.

Was uns heute als »mythische« Gestalt eines Wunsches anmutet, enthielt nach dem Weltkrieg sowohl kritisch-destruktive Züge als auch Elemente des Einverständnisses mit der notwendigen Anpassung an die Modernisierung. Die Vorstellung einer Gesellschaft jenseits der Gewissenskultur übte eine große Anziehungskraft auf neusachliche Schriftsteller aus, sie versprach die Realisierung ziviler Qualitäten. So kommt es zu überraschenden Korrespondenzen des Polaritäts-Schemas der Kulturanthropologen mit einem Schema wie dem, das Peter Suhrkamp und Brecht zur Begründung des epischen Theaters in den Anmerkungen zur Oper *Mahagonny* vorschlagen.[58] Brechts Orientierung am japanischen No-Theater, das sich selber einer Kulturtradition der Scham verdankt, liefert einen wichtigen Hinweis. In beiden Fällen richtet sich die Aufmerksamkeit auf den Fremdzwang der Konventionen, die als künstlich und tendenziell veränderbar erscheinen.

In der »Schamkultur« herrscht das »wahrgenommene Sein« (Bourdieu). In ihr sind die inneren Zeichen an den Körper zurückgebunden, Gefühle äußern sich in motorischen Gebärden, »Scham dokumentiert sich am Körper«[59], und die Person erscheint als Objekt der Fremdwahrnehmung. Diese Aspekte empfehlen die »Schamkultur« den neuen Medien:

> In Wirklichkeit braucht der Film äußere Handlung und nichts introspektiv Psychologisches. (...) Das Vonaußensehen ist dem Film gemäß und macht ihn wichtig. (...) Tritt der Mensch als Objekt auf, werden Kausalzusammenhänge entscheidend. Auch die großen amerikanischen Humoresken geben den Menschen als Objekt und könnten ein Publikum von lauter Reflexologen haben.[60]

Da dieser »sichtbare Mensch« (Béla Balázs) fotografierbar ist, können die einstmals dunklen Archive der Seele im Spiel der Gesten zur Domäne des Kinos werden.

Im Rahmen einer »Schamkultur« können die Künste sich direkt in die praktischen Deutungskämpfe um das »wahrgenommene Sein« einschalten.

Die Vorstellungen von der zivilisierten »Schamkultur« sind zwar ziemlich exklusiv, sie erlauben aber Einblicke in die Mechanismen der Massengesellschaft, die sich im exklusiven Rahmen angstfrei studieren lassen. Jaspers' bereits zitiertes Schreckensbild von der »Masse« (»Gebärde statt Sein«) wird aufgewertet. Die Massen haben in den Augen neusachlicher Artisten immerhin den Vorzug, daß ihr Sein wie ein aufgeschlagenes Buch der Gesten entzifferbar ist!

An diesem Punkt scheiden sich allerdings die Geister. Vergleicht man die Bilder der »Schamkultur«, die im deutschen Kontext entworfen werden, mit der Gelassenheit, mit der amerikanische Soziologen wie George Herbert Mead, David Riesman und Erving Goffman die Phänomene der Massengesellschaft registrieren, so fällt auf, daß die deutschen Schriftsteller die »Schamkultur« als Modell modernen Verhaltens in der Regel im Rahmen einer *»heroischen Welt«* präsentieren, deren Bewohner sie entweder im *Rückgriff* auf eine vorbürgerliche Anthropologie oder im *Vorgriff* auf einen futuristischen Gerätemenschen entwerfen. Die Leistung des »Amerikanismus« der zwanziger Jahre besteht darin, Phänomene der Massengesellschaft einerseits ohne das tragische Pathos des Verlusts des Subjekts und andererseits ohne die Heroisierung in Rück- und Vorgriffen wahrnehmen zu lehren und in der Darstellung der sittlichen Normen der Gesellschaft das Bewußtsein ihrer Genese aus sozialen Zwängen wachzuhalten.

Der für die deutsche Situation typische Zug ins Heroische hat zwei Gründe: in ihm arbeitet zum einen der von Nietzsche inspirierte Wille, nach dem die Menschen der Zukunft als »Barbaren« zu neuen Ufern der Kultur gelangen können, indem sie sich mutig auf eine ältere Stufe der Evolution zurückversetzen – um das Niveau der Zivilisation zu erlangen; zum anderen die Erfahrung, Held sein zu müssen, weil – da die Hoffnung auf die Schubkraft der Geschichte geschwunden ist – nichts mehr mit halber Kraft zu machen ist.[61] Auf diese Weise kam es dazu, daß die Neue Sachlichkeit, die nach dem aus ihrer Sicht noch in »Schuldkultur« verstrickten Expressionismus auf den Plan trat, Züge einer *»heroischen Schamkultur«* trug. Einer der Wahlsprüche dieser Kultur, der im Polaritäts-Schema zur Oper *Mahagonny* zu lesen ist, lautete: »natura facit saltus«.[62]

Daß jedoch ihre forschen Attitüden die »Schuldkultur« nur fadenscheinig überlagern, zeigt sich im zwieschlächtig sentimentalen Jargon der Neuen Sachlichkeit.[63]

4. Verhaltenslehren

Woran sollte sich nach dem Wegfall der Autoritäten des Kaiserreiches in der Weimarer Republik die Regulierung des Verhaltens ausrichten? War diese Situation nicht denkbar ungünstig für die Lancierung einer »Schamkultur«?

Merkwürdig genug bildete diese Zeit extremer Instabilität, Statusunsicherheit und agonaler Spannung ein gutes Pflaster für Entwürfe hochgradig artifizieller »Schamkulturen«. Der Verlust gesellschaftlicher Instanzen von unumstrittener Geltung wurde durch die Einführung von *Verhaltenslehren*, die in Zeiten des Normwandels in großer Zahl angeboten werden, ausgeglichen. Da in der Krise der Autorität die äußere Stimme, der man sich unterwerfen will, ausfällt und die innere Kontrollinstanz in Mißkredit geraten ist, haben die Verhaltenslehren die Funktion, als schriftliches Gehäuse externer Direktiven, Handel und Wandel der Einzelnen anzuleiten. Sie tauchen in verschiedenen Varianten auf: als Anleitung für die »Sachlichkeit« der wissenschaftlichen Attitüde oder Ratgeber für die Ehe, als Katechismus eines politischen Lagers oder als *Handbrevier für Hochstapler*, als Pädagogik der Architekten und Städteplaner, in Form einer Anthropologie, der lyrischen *Hauspostille* oder rechtsphilosophischer Grundsätze. In diesen Verhaltenslehren arbeitet der Wunsch nach der Maskierung, die in Situationen der Beschämung Schutz verspricht:

Die Maske verwandelt den auf beschämende Weise Bloßgestellten in einen schamlosen Darsteller, einen, der sich fürchtet, schwach gesehen zu werden, in jemanden, der gesehen und als starkes Wesen gefürchtet wird.[64]

Die Regeln der Verhaltenslehren haben die Funktion, im unübersichtlichen Gelände der Nachkriegsgesellschaft mit ihren ökonomischen Unsicherheiten und ihren gleitenden sozialen Schichtungen elementare Dinge *unterscheiden* zu helfen: Eigenes und Fremdes, Innen und Außen, Männliches und Weibliches. Sie sollen die Vermischung der Sphären verhindern, Formen der Expression und Spontaneität regulieren und die »Balance« der Person gewährleisten. Sie empfehlen Techniken der Mimikry an die gewalttätige Welt und legen alles darauf an, den Menschen in seiner schutzlosen Objektheit abzuschirmen. Sie versprechen, den Einzelnen weniger verletzbar zu machen, und raten Maßnahmen an, mit denen er sich gegen die Beschämungen, die das Kollektiv ihm bereiten könnte, immunisieren kann.

Verhaltenslehren üben strategisch angelegte Selbstinszenierungen ein; ihr Ziel ist das Training eines funktionalen Ich.

Die modernen Verhaltenslehren stellen den Versuch dar, die Effekte der sozialen Distinktion der Regie der Person zu übergeben und die Lebenskunst der Trennung und Vereinigung zur erlernbaren Technik zu machen. Dabei führen sie in zwei Paradoxe, die typisch für den Doppelcharakter der »Sachlichkeit« sind. Einerseits manifestiert sich in ihnen das Einverständnis mit dem Objektstatus des Menschen, andererseits halten sie trotzig an der Machbarkeit des Schicksals fest. Die Bejahung des Gangs der Dinge ist der verzweifelte Versuch einer neusachlichen Generation, sich in die Fremdsteuerung einzuschalten, um in der List des Einverständnisses an der Kraft des historischen Prozesses teilzuhaben und dadurch den Glanz der Täterschaft zu erneuern. Mit der strikten Befolgung der Regeln, die Unterscheidung versprechen, gibt die Person allerdings die Regie wieder aus der Hand. Während das Wesen der »Gewissenskultur« darin besteht, daß sich der einzelne, auch in Abwesenheit der äußeren Sanktionsmacht, normgerecht verhält, müssen die neuen Verhaltensregeln das Bewußtsein von der ununterbrochenen Anwesenheit der Kontrolle des Blicks der anderen wachhalten. Die Entlastung von Selbstverantwortlichkeit, die sie versprechen, droht durch das Gebot absoluter Wachsamkeit aufgezehrt zu werden. Wir werden sehen, daß die meisten Verhaltenslehren, denen wir begegnen, von der Stimmung eines »chronischen Alarmzustandes« grundiert sind. »Schamkulturen« waren nie für Einzelwesen eingerichtet; der Schritt in die entlastende Institution bot sich folglich an; denn außerhalb der Institutionen richten Verhaltenslehren nicht viel aus. Zwar suggerieren sie, daß sich der Einzelne mit ihrer Hilfe erfolgreich in das Machtspiel der Gesellschaft einschalten könnte, verhelfen dabei aber lediglich einem *Lebensstil* zu seinem Ausdruck. So werden sie, was sie partout vermeiden wollten: zu Dokumenten der *Expressivität* der »Sachlichkeit«.[65] Ist die »Neue Sachlichkeit« der zwanziger Jahre als scheiternder Versuch einer modernen »Schamkultur« zu begreifen?

Freilich, »Lebensstile trumpfen mitunter als Machtstile auf«.[66] Das schützte sie allerdings, wie der Fall Jünger zeigen wird, nicht davor, Ausdruckskunst zu sein (vgl. Kap. IV. G).

Freilich, es gibt mächtige Institutionen wie die katholische Kirche, in denen die Mechanismen der »Schuldkultur«, die der Protestantismus förderte, keine Geltung zu beanspruchen scheinen. Da dies gegenwärtig nur noch eine Legende aus vergangenen Zeiten ist, schützte sie Carl Schmitt nicht davor, das Dilemma seiner Verhaltenslehre in Form der protestantischen Klage ausdrücken zu müssen (vgl. Kap. IV. H).

In den dreißiger Jahren wurde die Beschreibung des großen Beschämungstheaters der sozialen Kämpfe in Elias Canettis *Masse und Macht* zu einem literarischen Höhepunkt geführt. Entlastet von den Zumutungen des politischen Eingriffs, gelingt Canetti im Genre des kontemplativen Essays die Schilderung eines Panoramas der stummen Konstellationen der Macht. Hier findet sich eine umfassende »Bedeutungsanalyse von Körperpositionen«[67], die auf den Beschreibungen der »Schamkultur« der Schriftsteller der zwanziger Jahre aufbauen kann. Canetti entziffert die Zeichensprache der Überwältigungen und Unterwerfungen. Aus Furcht vor der Berührung mit dem Fremden flüchtet der Mensch in die Masse; sie schützt vor Beschämung. Hier ist er entlastet von der Disziplin der Distanz. Er braucht keine persönlichen Trennungstechniken, die Vertrauens- und Unheimlichkeitssphären markieren. Das übernimmt die Masse, die gleichzeitig die Grenzen seiner Persönlichkeit immens ausdehnt. Canetti beschreibt Verhaltensformen in der Masse. Weit eher treffen seine Beobachtungen allerdings auf Mechanismen in »künstlichen Massen« (Freud) wie Heer und Partei-Apparaten zu. Wird dieser Aspekt vernachlässigt, so gerät sein Gestenbuch der Macht zu einem Kapitel der Naturgeschichte. Wir sehen Kreaturen am Werk, die dem Diktat ihres Leibschemas nicht entrinnen können.

Im Bild der Kreatur verblaßt der Anspruch der kalten persona, selbstbewußter Täter der Geschichte zu sein. Die Ahnung, einem blinden Schicksal zu unterliegen, ist Gewißheit und Grund ihres magischen Denkens. In diesem Buch soll gezeigt werden, wie schaurig nah die heroischen Bilder des selbstgewissen Subjekts, das mit seinen Parolen »Natura facit saltus« und »Distinguo, ergo sum« die Landschaft des Bürgerkriegs durchkreuzt, und die Bilder der Kreatur, deren Wahrnehmungs- und Handlungsradius vom »Leibschema« diktiert wird, beieinander liegen.

Was für ein zerrissenes Naturding ist der Mensch im neusachlichen Jahrzehnt?

II. Zirkulationstaumel und Schematismus

»Schönheit ist entweder als Resultante eines Kräfteparallelogramms oder sie ist gar nicht.«

Th.W. Adorno, *Funktionalismus heute*

Am 11. März 1932 erscheint in der *Frankfurter Zeitung* Siegfried Kracauers Skizze einer finsteren Passage unter den Gleisen beim Bahnhof Charlottenburg. Die Passanten legen diese Strecke mit größtem Unbehagen zurück, weil sich die aus zahllosen genieteten Eisenträgern bestehende Decke im Dämmerlicht wie ein Alpdruck allmählich immer tiefer herabzusenken scheint. Einige Dauerbewohner des Tunnels – ein Bäcker in Weiß, ein Bettler mit Ziehharmonika, eine alte Frau – bilden, von der Funktionalität der Unterführung absorbiert, nur noch Reliefs in den verrußten Backsteinmauern, während die Heimkehrenden oder Abreisenden – zielstrebig für sich, planlos als Menge – ihre Schritte beschleunigen.[68] Warum erfüllt den Beobachter diese kellerartige Passage aus Backstein, Eisen und Beton mit Grauen, obwohl er ihre Zweckmäßigkeit nicht in Zweifel zieht? »Es ist wohl der Gegensatz zwischen dem geschlossenen, unerschütterlichen Konstruktionssystem und dem zerrinnenden menschlichen Durcheinander, der das Grauen erzeugt«, vermutet Kracauer. Ihn schreckt das Aufeinandertreffen des kompakten Funktionsbaus mit der zersplitterten Menge, des Systems toter Stoffe mit dem lebendigen Chaos und – so können wir 60 Jahre später angesichts der gut erhaltenen Unterführung am Stuttgarter Platz ergänzen – des Anspruchs auf historische Dauer, den die Passage erfolgreich geltend macht, mit der Vergänglichkeit der Generationen, die hindurchgegangen sind.

Der Zeitpunkt der Beobachtung legt es nahe, die Skizze – will man sie nicht auf eine Klaustrophobie des Autors zurückführen – geschichtsphilosophisch aufzuladen. Als Sinnbild der »souveränen Gleichgültigkeit der Realgeschichte gegen die Forderung ihrer Sinnlogik« (Max Scheler 1926) reflektiert sie die Angst einer auf Dialektik eingestellten Intelligenz vor der undialektischen Grobheit der Geschichte. Wer auf die »Dialektik« des historischen Prozesses setzt, wird von Grauen erfüllt, wenn der Lauf der Dinge sich im sinnlosen Nebeneinander von funktionalem »System« und anarchischem Gemisch verliert.

Der Rückfall in Kinderängste beim Durchqueren einer kellerartigen Passage ist ein Moment des Unbehagens. Sie scheinen Kracauers »Grauen« kaum zu begründen. Rührt es daher, daß in seiner Wahrnehmung die Phänomene der Großstadt plötzlich wieder in »Konstruktion« und »Chaos« auseinanderfallen, die er lange Zeit in Bildern des pulsierend-urbanen Lebens hatte verschmelzen können? Eine Polarität, die der Autor in der Auseinandersetzung mit der Lebensphilosophie längst überwunden zu haben glaubte, tritt ihm als zwingende Macht der Objektwelt von außen wieder entgegen.

In der krassen Polarisierung der Skizze ist die Lokalfarbe des Jahres 1932 zu erkennen. Die Vision, in die die Skizze mündet: Kracauer wünscht sich »schönere Konstruktionen«, deren Baumaterialien »gewissermaßen auch aus Menschen« bestehen. Was kann er damit gemeint haben? Kristalline Gehäuse, »Phalanstere« im Sinne der französischen Utopisten, ein Jahrhundert zuvor? Aufmarschkolonnen? Welche »Ornamente der Massen« könnten es gewesen sein, die eine angstfreie Passage durch die Geschichte hätten versprechen können, weil sie die Aufhebung der Gleichgültigkeit zwischen metallischem System und organischem Lebenssinn zu verbürgen schienen?

1. Polarisierung: »persona« und Kreatur

Das Berlin der zwanziger Jahre ist ein »Brennpunkt der sozialen Desorganisation«.[69] Die vertrauten Orientierungsschemata der wilhelminischen Gesellschaft sind einer außerordentlichen Belastungsprobe ausgesetzt. Wird ein Machtgefüge durch sozialen Wandel nachhaltig erschüttert und läßt infolgedessen der Anpassungsdruck festgesetzter Lebensschemata plötzlich nach, so ist mit einem *Rückstoß* zu rechnen. Wo der konstante Druck von außen wegfällt, treten verstärkt Momente der ideologischen Stabilisierung in Kraft.[70] Ein Furor des Rasterns ergreift die Beobachter des sozialen Feldes. Alle Phänomene vom Körperbau bis zum Charakter, von der Handschrift bis zur Rasse werden klassifiziert. Wenn die stabilen Außenhalte der Konvention wegfallen und eine Diffusion der vertrauten Abgrenzungen, Rollen, Sozialcharaktere und Fronten gefürchtet wird, antwortet die symbolische Ordnung mit einem klirrenden Schematismus, der allen

Gestalten auf dem nebligen Feld des Sozialen wieder klare Konturen verleiht.

So erscheinen die zwanziger Jahre einerseits als Phase einer erhitzten sozialen Mobilität mit verschwimmenden Klassengrenzen und der Inflation alter Orientierungswerte; andererseits als das Jahrzehnt markanter Freund-Feind-Aufspaltungen und klarer Fronten.

Unterläuft Literatur in solchen Zeiten den Schematismus der öffentlichen Diskurse? Diese Erwartung wird von der Literatur der Neuen Sachlichkeit enttäuscht. Die Künste der Neuen Sachlichkeit antworten mit einem paradoxen Zug. Sie beantworten den Schematismus einerseits durch die Praxis der Affirmation der transitorischen Wirklichkeit der industriellen Lebenswelt, die noch zu keiner angemessenen symbolischen Repräsentation gefunden hat. Sie formulieren ihre Opposition gegen die Starrheit der alten symbolischen Ordnung, indem sie sich den Kräften der sozialen Desorganisation mimetisch angleichen, vor allem wenn diese die Form des kapitalistischen Marktes annehmen; »Einverständnis« heißt provozierend das Stichwort ihrer Unterwanderung. Andererseits antworten sie mit einer Logik der Überbietung; sie steigern den Schematismus bis zur Grenze tödlicher Starre, an der seine Fragwürdigkeit einsichtig wird.

Das Klima der Polarisierung hinterläßt seine Spuren in den Konzeptionen des Menschenbildes, die unter dem Stern der Neuen Sachlichkeit entworfen werden. Und umgekehrt gilt auch: ihre Gestalten leisten der Polarisierung Vorschub. Die Literatur dieses Jahrzehnts läßt die Bilder des »nackten Zeitgenossen« zwischen extremen Polen schwingen: zwischen Panzerung und Entblößung, zwischen ungehemmten Täterphantasien und Kreatürlichkeit zum Erbarmen. Man erblickt das Menschenkind als Medien-Idol und als Erdgeist, als vereinsamten Moralisten oder als Kollektivwesen, das sein Gewissen in sozialen Körperschaften entlastet. Wir sehen es in exzentrischer Unterschiedenheit von der Menge flanieren oder in der Anonymität eines soziologischen Typus versunken. Im neusachlichen Jahrzehnt erscheinen die »Photographiergesichter der Moderne« (Inka Mülder-Bach); in ihnen sind die Signaturen des Individuellen den Bedingungen der technischen Reproduktion angeglichen. So sind Ikonen eines gepanzerten Ich zu besichtigen, aber auch die vagen Konturen des soziologisch noch kaum ermittelten neuen Typus des Angestellten. Die

Figuren sind in plakativer Einfalt und in dialektischen Bildern zu finden: in ihnen zeigt sich das Subjekt bis zu dem Punkt gepanzert, wo es nur noch Leere birgt. Abwehr der und Lust an der Dezentrierung in eins.

Das Klima der Polarisierung ist paradoxerweise Ausdruck der Ideologie des »Lebens«, in deren Bann die Intellektuellen stehen.[71] Diese Weltanschauung geht davon aus, daß in der Tiefenperspektive ein Lebensstrom absolute Kontinuität verkörpert, wenn auch auf der Oberfläche starre Formen, widersprüchlich und diskontinuierlich, erscheinen. Das »Leben« ist seiner Struktur nach polar; diese Polarität meint keine mechanische Aufspaltung, keinen Dualismus, sondern ist vielmehr vergleichbar den beiden Polen eines Magneten, die gerade in ihrer Zweiheit eine untrennbare Einheit darstellen.[72]

Felix Weltsch hatte in den *Weißen Blättern* 1913/14 formuliert:

Das ureigentlichste Wesen des Menschen ist Polarität: Zweiheit und die Sehnsucht nach Einheit: Spannung des Gegensatzes und das Verlangen, diese Spannung zu überwinden (...) Die Spannung dieser beiden Pole gebiert jenen grausigen Abgrund, der sich zu Zeiten im Geiste des Menschen seiner Umwelt gegenüber auftut, jene unheimliche Fremdheit des Gegenstandes, das tiefe Erlebnis des ›Etwas-Anders-Sein‹ der Welt, das als Moment der höchsten Spannung der Pole zu irgendeiner Überwindung dieser Spannung treibt.[73]

Während sich aus solchen Aussagen des expressionistischen Jahrzehnts die Dynamik des Lebens als *»Schwingung«* zwischen den Polen bestimmen läßt, stellen wir fest, daß im neusachlichen Jahrzehnt zwar das »Polaritätsdenken« (Theodor Lessing) Konjunktur hat, die Pendelbewegung aber zwischen den Extremen stockt. Zumindest gehört es zum Habitus der kalten persona, die wir im nächsten Kapitel beschreiben werden, Grenzen zwischen den polaren Sphären zu ziehen, so daß die Anziehungskraft des Gegenpols nur untergründig wirkt. Hatte die Polarisierung zuvor noch zur Oberfläche des Lebensstroms gehört, so scheint sie – allmählich oder aufgrund des Kriegsschocks abrupt – auf »das Leben« zurückgewirkt und es im Kern entzweit zu haben. Jedenfalls wirkt die Kraft des ganzheitlichen Lebens in den neusachlichen Künsten so matt, daß an Synthese oder den Genuß der Schwingung zwischen den Polen nicht zu denken ist. Außerdem geht jetzt – im

Widerspruch zu der Idee der Ganzheit – vom Phänomen der radikalen Trennung ein großer ästhetischer Reiz aus. Der Gesichtspunkt der »polaren Ganzheit« des Lebens erklärt jedoch, warum sich in der neusachlichen Literatur so häufig oppositionelle Felder bilden. Jede Figur schleppt die Schatten ihres Gegenpols mit sich: der »eiskalte« Funktionär profiliert sich vor der »Wärme« der traditionellen Arbeiterkultur; die wärmebedürftige Kreatur bildet den Kontrast zu den »Gletschern« der Zivilisation. Der komplizierte Mann wird auf der Flucht durch eine Galerie von Frauenfiguren gezeigt. Die ruhelose »Asphaltliteratin« wird von seßhaften Horden umstellt... Der Polarisierungsdruck entmischt die Figuren in die mobilen Bewohner der kalten Systemwelt und die Ansässigen der Lebenswelt, in Trennungskünstler und Beharrungswesen, in Zerstreuung suchende »Gents« und klammernde Menschenkinder. Das neusachliche Arsenal von Menschenbildern lebt vom Kontrast: »Einerseits gläsern – andererseits blutig. Einerseits müde – andererseits Sprungschanzen. Einerseits archaisch – andererseits aktuell mit dem Hut aus der Bondstreet und der Krawattenperle aus der Rue de la Paix.«[74] Hatte der Phänotyp der modernen Literatur, den Gottfried Benn hier charakterisiert, die Widersprüche noch in einer Gestalt zusammengefaßt und an den Rissen der Gestalt die Gewalt der divergierenden Kräftefelder erkennen lassen, so zeigen die neusachlichen Figuren zwar die Narben des Kampfes, verhalten sich aber, als ob sie den Zwiespalt überwunden hätten. Wird ausnahmsweise einer Gestalt der Status eines problematischen Individuums zugebilligt, so zeigen die Romane dessen unausweichlichen Niedergang; wird sie als überlebensfähige entworfen, so sind aus ihr die Spuren der Individualität entfernt.

Wenn im folgenden die Kunstfiguren der »kalten persona« und des »Radar-Typs«, wie David Riesman ihn zwei Jahrzehnte später nennen wird, geschildert werden, so sehe ich in beiden Bildern symbolische Zaubermittel, die entworfen werden, um dem Menschen einen angstfreien Zugang zum Prozeß der Modernisierung zu erschließen und einen Freiheitsspielraum zu konstruieren. Es sind zugleich Entwürfe eines *»Lebensstils«*, in dem sich das Verhalten als Expression reflektiert und die Ausdrucksdimension der Gestalt sich im Verhalten erfüllen soll. Die aus der Figur der kalten persona entfernte Angst kehrt im Bild der »Kreatur« wieder. Das wiedergängerische Bild kennt eine uralte Überlieferung; es aber ohne Gnadeninstanz zu denken (selbst ohne die der Sozialfürsorge oder Therapie) stellt eine neue Herausforderung dar. Die eigenartige Aufwertung des Kreatürlichen in diesem Jahrzehnt, in dem im Zeichen der Sachlichkeit Varianten des Homo faber dominieren, bildet ein »Ausfalltor aus der Geschichte«.[75] Plötzlich rücken die »Natürlichkeitscharaktere« in den Blick und lenken die Aufmerksamkeit auf die Nachtseite des historischen Prozesses.

2. Verkehr als Wahrnehmungsmodell

Angesichts der extremen Polarisierung mag es verwundern, welchen Schauplatz die Neue Sachlichkeit zur Austragung der Konflikte entwirft. Zentraler *Topos* der neusachlichen Literatur ist der *Verkehr*. Dieser Topos verwandelt die Bewegungslehren der Avantgarde, ihr Richtungspfeil des Fortschritts weist jetzt in den Kreisverkehr. Der neue Topos führt die Mobilität der Kriegszeit in zivile Bahnen; als Stabilisierung und Neutralität zu Ende gehen, wird er militarisiert.

Vorläufig aber, in der ruhigeren Mittelphase der Republik, kann sich ein ziviles Pathos des Verkehrs behaupten, weil in ihm die funktionalistische Wahrnehmung mit dem Systemgedanken, die Aufwertung der Verhaltenslehre mit der Lust an urbaner Zirkulation verschmelzen. Als Helmuth Plessner 1924 die Vorteile des Lebens in der »Gesellschaft« gegen die Stickluft des Gemeinschaftskultes abhebt, beschreibt er das Medium der Existenz als »offenes System des Verkehrs zwischen unverbundenen Menschen«.[76] In dieser öffentlichen Sphäre muß die Überforderung des Menschen durch fundamentalistische Werte aufgegeben werden:

> In jeder Sphäre des Verkehrssystems muß dem Gedanken der restlos realisierbaren Ordnung die Gesetzlichkeit des reinen Wertes geopfert werden, denn das Medium, welches sein lauteres Licht ablenkt und trübt, ist die unüberwindliche Unverbundenheit des Menschen in dem Daseinsgebiet zwischen Familiarität und Objektivität.[77]

Die intersubjektiven »Verkehrssysteme« sind zwar mechanisch, verbürgen aber Distanz, d.h. Bewegungsfreiheit. Der funktionale Topos des Verkehrs verspricht, Abkühlung in die erhitzte Sphäre der Frontstellungen des Nachkriegs zu bringen. Daß er nicht als selbstverständlich gilt, sondern mit dem provokatorischen Reiz des »Fordismus« auftritt, bekunden auch die »Definitions« von Ezra Pound, die der *Querschnitt* im Januar 1925 veröffentlicht:

1. A good state is one which impinges least upon the peripheries of its citizens.
2. The function of the state is to facilitate the traffic, i.e. the circulation of goods, air, water, heat, coal (black or white), power, and even thought; and to prevent the citizens from impingeing on each other. (...)[78]

Die Auswirkungen des Topos sind erheblich: Der Verkehr verwandelt Moral in Sachlichkeit und erzwingt funktionsgerechtes Verhalten. Teilnahme am Verkehr ist ein Provisorium (das einen, im Gefühl der Freiheit, in die vorgeschriebenen Ströme einbettet). Kein Ort, an dem ein Mensch Wurzeln schlagen kann. Die Ausdrucksgebärden der Verkehrsteilnehmer sind nur als Gesten interessant. Die Geste ist ein Ausdruck im Lichte des Verkehrs! Seiner sachlogischen Evidenz kann man sich nicht ohne Risiko entziehen. Hier ist ein Schauplatz gefunden, auf dem jedes Zeichen Signal ist, das die Arten der Bewegung lenkt: stoppt, staut, freigibt, reguliert. Seine Ruhepunkte sind provisorisch: Wartesaal, Foyer, Zugabteil, U-Bahnhof, Lift, S-Bahnhaltestelle, Umschlagplatz, Depot, Großraumbüro. Unbehagen kommt auf, wenn fließender Verkehr plötzlich unterbrochen oder langwierig gestaut wird. Die Stockung ist auf eine Störung zurückzuführen, die technisch behoben werden kann. Daß der Verkehr um eine leere Mitte kreist, ist ganz in Ordnung, lenkt nicht ab. Der Verlust der Mitte wirkt vielmehr belebend; man kann sein Sinnen jetzt auf die Zirkulation selbst richten. Das neue Paradigma, das sich so entschieden gegen den Gemeinschaftsmythos der Lebensideologie wendet, verspricht schließlich Ungeheures: die Rückkehr zu »einer Art von vegetativem Leben« auf hochtechnologischem Niveau:

Hier wäre vor allem zu nennen das umfangreiche Eindringen rhythmischer Abläufe, sodann die Veränderungen, wie sie die hohen Geschwindigkeiten hervorrufen. Es gibt große Bezirke, wo man in steigendem Maß durch Schwingung und Reflex zu handeln beginnt; das gilt im besonderen für den Verkehr.[79]

Siegfried Kracauer beobachtet 1926 merkwürdige Formen der Kommunikation im Zeichen des Verkehrs. Im Grußaustausch zwischen »Taxameterchauffeuren und Verkehrsschutzleuten«, einer unscheinbaren Geste, sind die vertrauten Kategorien, mit denen man das Verhältnis von Staatsbeamten und Privatperson zu beschreiben pflegte, aufgehoben.

Kaum zu ermessen, wie flüchtig der Gruß sich vollzieht. Der Polizist ist mit schwierigen Armbewegungen beschäftigt, die er nach genau durchdachten Vorschriften ausführen muß. Der Chauffeur, er heiße A., hat seine Aufmerksamkeit zwischen dem Steuerrad und den amtlichen Bewegungen des Polizisten zu teilen.

In ihrem Gruß herrscht weder eine hierarchische noch eine kollegiale Beziehung, Kracauer betont vielmehr den vom System bewirkten Zusammenhang der Begegnung:

Was die Chauffeure mit den Schutzleuten verbindet, ist die dauernde Benutzung der Fahrdämme im Dienste der Allgemeinheit des *Verkehrs*. Zu seiner Aufrechterhaltung tragen diese Berufsgattungen mehr als alle anderen bei.

Mitte der zwanziger Jahre ist das kein Horrorbild; in den egalitären Freuden der Zirkulation (»Alles verkehrt miteinander, jede Schranke ist aufgehoben...«) klingt die Erleichterung, vom Schrecken der erstarrten Verhältnisse der wilhelminischen Gesellschaft befreit zu sein.[80]

Von »Verkehr« redend hat neusachliche Literatur das Grinsen der Zweideutigkeit mit einbezogen; nichts sollte dem funktionalistischen Blick entrinnen. Somit umfaßt der Terminus »Verkehrsromane« ein gut Teil ihrer Prosa, und man wird sowohl Kästners *Fabian* wie Bronnens *O. S.* von diesem Blickpunkt erläutern können. Die Bezeichnung »Verkehrsdramen« wirft ein Licht auf die Bühne neusachlichen Verhaltens, auf der die Kommunikation wie in den Dramen Ödön von Horváths, Marieluise Fleißers und Brechts auf eine grausame Art und Weise dem Paradigma des Verkehrs unterworfen wird.

Die Devise der Neuen Sachlichkeit »Statt Ausdruck – Signale, statt Substanz – Bewegung!« findet im Verkehr Spielraum und Milieu. Bis in den Lebensstil wird die Angemessenheit des Verhaltens am Verkehrsmodell gemessen. Die »Stromlinienform« ermöglicht, »Widerstände nicht durch vermehrte Kräftespannung sondern durch schmiegsame Anpassung an die Widerstandsart elegant und verhüllt zu überwinden«.[81] Vom Weltstadtplatz bis zum Wohnraum werden die Dinge dem Paradigma des Verkehrs als einem funktionalen »System der Bewegungen« (Hannes Meyer) unterworfen. Das Paradigma des Verkehrs zwingt zu einem funktionalistischen Vokabular der Beschreibung. Als der Berliner Stadtbaurat Martin Wagner sein Konzept für den Umbau des Alexanderplatzes verteidigt, gelingt ihm neusachliches Sprechen in optima forma:

Der Weltstadtplatz ist eine fast dauernd gefüllte Verkehrsschleuse, der »Clearing«-Punkt eines Adernetzes von Verkehrsstraßen erster Ordnung (...) Die Verkehrskapazität eines Platzes ist wiederum eine Funktion der Verkehrskapazität der auf den Platz einmündenden Verkehrsstraßen (...) Dem Fließverkehr auf dem Platz muß ein »Standverkehr« entgegengestellt werden, der die Konsumkraft der den Platz kreuzenden Menschenmassen festhält (Läden, Lokale, Warenhäuser, Büros usw.) (...) Ein Weltstadtplatz ist Haltepunkt und Durchgangsschleuse für den Fließverkehr.[82]

Zweckmäßige Tätigkeitsabläufe zwischen Arbeitstisch, Herdstelle und Vorratsschrank werden in Bewegungsdiagrammen festgehalten. Die Erleichterung der Arbeit geht mit Beschleunigung einher. Keine heroische Pose kennzeichnet den Verkehrsteilnehmer: Das »Gesicht des Leistenden soll unbewegt bleiben«, heißt es 1930. »Das moderne Lächeln hat unter anderem auch die Funktion, alle Innenspannung zu verhüllen. Die Dame am Autosteuer darf keinen Augenblick ihre von Anstrengung unberührbare Eleganz verlieren.«[83] Hatten die Avantgardisten noch »Entautomatisierung« der Wahrnehmung und des Verhaltens zu ihrem Ziel erklärt, so ist im Topos Straßenverkehr ein Ort ausgewählt, an dem reflexartiges Verhalten angebracht ist. Dies geht einher mit der Erkenntnis: »Der Menschenstrom wird auch von der Gewohnheit gelenkt. Die Macht, die sie ausübt, übertrifft die großer Umstürze.«[84] Am Modell des Verkehrs vergegenwärtigt man sich die Überlegenheit des überindividuellen Systems, das die Verhaltensformen dirigiert. Die triviale Beobachtung von Verkehrsampeln führt zu tiefreichenden Einsichten:

An den wichtigsten Straßenkreuzungen in Berlin wird der Verkehr bekanntlich durch bunte Lichtsignale geregelt. Das rote Sperrsignal weicht aber nicht gleich dem Grün, das die Straße freigibt, sondern verwandelt sich zunächst in ein leuchtendes Gelb. Dieses Gelb bezeichnet den Übergang vom einen entschiedenen Zustand in den anderen. Es ermahnt Passanten und Wagenlenker zur Aufmerksamkeit und befreit sie von allen Überlegungen, die der Zwang zur Rücksicht auf Menschen und Fuhrwerke bei einem plötzlichen Wechsel der Signale erheischte. Durch die Einschaltung des Zwischenlichts wird die Rücksichtnahme gewissermaßen objektiviert und die Initiative aus dem Menschen herausgesetzt.[85]

Polizisten werden von Hoheitsträgern zu »Funktionären des Verkehrs«; Inhalt und Typographie der Zeitungen richten sich danach, was in der S-Bahn zu entziffern ist, der Marktplatz der Zeichen und Symbole wird dem Verkehr angepaßt, die Menschen aufgeteilt in »Passanten« und »Chauffeure«, und der Figur, die sich gegen den Verkehrsstrom bewegt, wird der Sonderstatus des »Flaneurs« eingeräumt. Nicht nur »der Ingenieur« im allgemeinen, der *Fahrzeugingenieur* speziell wird zur Leitfigur.

Wenn Verkehr zum zentralen Topos wird, geht es Wesen, die Wurzeln schlagen wollen, nicht gut: Asphalt gilt als Voraussetzung des modernen Verkehrswesens. Die »Asphaltliteratur« ist ein Medium, das einerseits den Mobilitätstyp erfindet und gleichzeitig erfahren läßt, in welchem Ausmaß ein Mensch in diesem »System der Bewegungen« zum Störfaktor wird. In gewissem Sinne wirkt der zivile Verkehrs-Topos der Mittelphase moderierend: weder zu starke Panzerung noch völlige Dezentrierung sind verkehrsgerecht.

Der Angriff auf die Vorstellung der Republik als einem neutralen Verkehrsraum erfolgt von zwei Seiten. Carl Schmitt beklagt in der Tradition der Kulturkritik Rathenaus, daß im »Zeitalter des Verkehrs« die Gesellschaft nach dem Modell einer Fabrik gedacht werde, als »Betrieb, als das großartig funktionierende *Mittel* zu irgendeinem kläglichen und sinnlosen Zweck«, als ein System, das den einzelnen so vernichtet, »daß er seine Aufhebung nicht einmal fühlt«.[86] Die Marxisten, die mit dem Begriff »Verkehrsform« die Gesamtheit der Bedingungen der Produktion und des Austauschs in der Gesellschaft begreifen, nützen erstmal das Paradigma des Verkehrs, weil es eine Sichtweise fördert, die alle Vorstellungen auf ihren funktionalen Aspekt abtastet. So wird auch die Sprache auf die »Notdurft des Verkehrs mit anderen Menschen« zurückgeführt, sie gilt als das »praktische, und für andere Menschen existierende Bewußtsein«. Der Mensch ist gezwungen, seine Kräfte in den Formen des Verkehrs zu realisieren. Gleichzeitig brandmarken die Marxisten – vor allem unter dem Eindruck der lebensphilosophischen Aktualisierung der Schriften von Marx durch Georg Lukács – die Gleichgültigkeit der gesellschaftlichen Verkehrsformen gegenüber humanen Lebensansprüchen. Sie warnen vor der »Herrschaft der sachlichen Verhältnisse« über die Individuen und kommen zu dem Schluß, daß unter der Herrschaft des Privateigentums die modernen Verkehrsformen der Gesellschaft zwangsläufig zu »Destruktivkräften« werden.

Anfang der dreißiger Jahre entdecken auch die neusachlichen Schriftsteller die Nachtseiten des Verkehrs-Paradigmas. Die Bilder pulsierenden Lebens und rationaler Verkehrskonstruktion, die Mitte der zwanziger Jahre unter dem Stern der Neuen Sachlichkeit noch zusammengedacht waren, fallen wieder auseinander. Das lebensphilosophische Ideal des Fließens und das Zivilisatorische der Zirkulation von Ware, Arbeitskraft und Geld, die für einen Moment verschmolzen waren, spalten sich unversöhnlich auf. Kracauers Denkbild von der »Unterführung« führt diese Aufspaltung vor.

Bildet der Topos des Verkehrs die Fernstruktur der Modernisierung im Hintergrund, während die agonalen Bilder der Polarisierung, Panzerung und des Schematismus sinnfällig ihren Platz im Vordergrund behaupten? Dieses Jahrzehnt der Republik hat keinen geschlossenen Horizont, in dessen Rahmen homogene Bilder hätten entstehen können. Es bildet vielmehr einen Mischraum. In der Literatur der Neuen Sachlichkeit rückt für einen historischen Moment lang die Fernstruktur des zwar gleichgültig-zirkulierenden, aber zivilen Verkehrs in den Vordergrund. In ihr werden die Bilder der Panzerung und Polarisierung im »Zirkulationstaumel« (Klaus Heinrich) aufgemischt und der Schematismus der symbolischen Ordnung destabilisiert. Anfang der dreißiger Jahre beginnt die Militarisierung des Verkehrs-Paradigmas.

> Der Deutsche, welcher kriegerisch ist mit allen Abarten des Kriegerischen, wie Ehrgeiz, herausfordernder Haltung, Händelsucht, Todesverachtung, hält den Verkehr zunächst für einen kriegerischen Zustand,

bemerkt Arnolt Bronnen 1930.

> Er zieht in Untergrundbahnen, in Stadtbahnwagen wie in Transportzügen zur Front. Er späht nach verdächtigen Anzeichen feindseliger Gesinnung bei jedem Passanten, um sie sofort erwidern zu können.[87]

Die von Kracauer gewünschte Synthese von Menschen und Verkehrskonstruktionen wird in der Diktatur auf unheilvolle Weise realisiert.

Vorläufig aber, in der Mittelphase der Republik – der Zeit der »Tausch-Zynismen«, wie Peter Sloterdijk sie nennt –, modelliert der zivile Topos des Verkehrs die Menschenbilder. Wie nicht anders zu erwarten, lenkt er die Aufmerksamkeit auf die Äußerlichkeiten des sichtbaren Verhaltens: es dominiert die »Psychologie des Außen«.

3. »Psychologie des Außen«

Die Expressionisten hatten den Menschen mit zersplitterter Kontur porträtiert, als ob direkte Ausstrahlung eines Erregungszentrums die Peripherie der Leibesoberfläche fragmentiere. Im neusachlichen Porträt dagegen ist die Kontur geschlossen. Die Stirn beschirmt die Augen, die wie Richtscheinwerfer die Umwelt abtasten; die Berufsbezeichnung zirkelt den Aktionsradius ein, die Körper (meist bedeckt von einer soziologisch leicht entzifferbaren Montur) sind geprägt von Arbeit und Klassenzugehörigkeit, wie sie sich der wachsam sondierenden Wahrnehmung des Fremden darstellen. Dieser Blickwendung hatten die Dadaisten vorgearbeitet, die – statt den Kopf expressionistisch als freigelegtes Gehäuse von Ausdrucksenergien darzustellen – geöffnete Schädeldecken zeigten, in denen Zeitungspapier steckt; die Gehirne sind mit Print- und elektrischen Medien vernetzt. Im neusachlichen Jahrzehnt tritt eine Figur auf den Plan, die den Hut tief in die Stirn gezogen hat, weil ihre Ausdrucksdimension uninteressant geworden ist. Der Empörte, der mit freiem Blick und erhobenem Haupt sein Unbehagen »zum Ausdruck« bringt und den Gegner zur Rede stellt, wird zu einem »antediluvialen Wesen«, das sich der Parodie anbietet:

> Er ging die Straße hinunter, den Hut im Genick!
> Er sah jedermann ins Auge und nickte
> Er blieb vor jedem Ladenfenster stehen
> (Und alle wissen, daß er verloren ist!)
>
> Sie hätten ihn hören müssen, wie er sagte, er werde noch
> Mit seinem Feind ein ernstes Wort sprechen

Der Ton seines Hausherrn behage ihm nicht
Die Straße sei schlecht gekehrt
(Seine Freunde haben ihn schon aufgegeben!)

Er will allerdings noch ein Haus bauen
Er will allerdings noch alles beschlafen
Er will allerdings nicht zu schnell urteilen
(Ach, er ist schon verloren, es steht doch nichts mehr hinter ihm!).

(Das habe ich schon Leute sagen hören.)[88]

In der Neuen Sachlichkeit tritt der Mensch primär als ein agierendes Wesen auf den Plan. Die Kategorie des sozialen Handelns modelliert ihr Menschenbild. »Der Mensch«, so definiert Plessners Anthropologie, »muß tun, um zu leben. Ihm genügt nicht *eine* Tat, sondern allein die Rastlosigkeit unablässigen Tuns.«[89] Diese motorische Energie in die richtigen Bahnen zu leiten, bietet sich im Jahrzehnt der Ersten Republik manche Verhaltenslehre an. Ihr Schematismus trägt dafür Sorge, daß sich niemand im Zirkulationstaumel verliert.

Ins Zentrum neusachlicher Literatur rückt die Beobachtung von Bewegungsabläufen und Aktionsradien: Angriff und Verteidigung, Sturz und Aufstieg, Zirkulation und Austausch, Grenzübertritt und Einsperrung. Nicht Introspektion, Bewegung ist die Parole. Man weiß jetzt: »Wie einer sich bewegt, so ist der Sinn seines Lebens.«[90]

»Study ritual – not belief« (Malinowski) – die Methodik des modernen Ethnologen soll jetzt die avancierten Schreibweisen bestimmen; die Wahrnehmung des habituellen Verhaltens soll tieferen Aufschluß über die Mentalitäten der Gestalten geben als das Studium ihrer Glaubensbekenntnisse. Ein neues Medium verstärkt diese Wende. Der Film verspricht, der Wirklichkeit, die durch die Kultur der Druckerpresse unsichtbar zu werden droht, wieder zur »Sichtbarkeit« zu verhelfen.[91] Die Wendung der Aufmerksamkeit von den dunklen Familiendepots der Seele zu den Äußerlichkeiten der Handlung ging mit polemischen Ausfällen gegen »die Psychologie« einher, worunter die ganze Bandbreite von der Tiefenpsychologie bis zur kognitiven Psychologie verstanden wurde. Die Aufmerksamkeit, die der »seelische Radau« auf sich zog, habe, so hört man, die ganze physikalische Umwelt beinah unsichtbar gemacht.[92] Die Auseinandersetzung wird nicht gerade subtil geführt: »Das Privatschicksal, die Privatstellung der Persönlichkeit ist unwichtig. Psychologie ist Feigheit. Die Innenkehrung ist zur Außenkehrung geworden.«[93] Die rüde Formulierung ist geeignet, das Elementare dieser Wende eher zu verdecken als zu erschließen: Das »Es« des Unbewußten hat sich ins Außen verlagert. Die Ergründung der Steuerungselemente der Außenwelt ist die Umkehrung der Psychoanalyse. Die Straße dringt ins Haus der Psyche.

Welche Menschenbilder ergibt diese Wende?

Verfügt die Neue Sachlichkeit über eine Anthropologie, welche die Frage »Was für ein Naturding ist der Mensch?« auf eine besondere Art beantwortet? Unsere Untersuchung führte zu einer aufschlußreichen Enttäuschung: wir fanden keine Anthropologie, sondern – Verhaltenslehren.

III. Die Verhaltenslehre der kalten persona

»Das Äußere ein Earl, das Innere ein Paria.«

Gottfried Benn

Die historischen Avantgarden der Jahre 1910-1930 sind fasziniert von der Gestalt mit der einfachen Kontur. Frei von komplizierter seelischer Tiefengliederung, als »metallisierter Körper« von Organischem entlastet, tritt sie auf den Schauplatz. Gepanzert bewährt sie sich im »Kraftfeld zerstörender Ströme«.[94] Sie erzielt eine denkbar hohe Mobilität und ist wachsam, »als ob irgendwo im Körper ununterbrochen eine elektrische Klingel« liefe.[95] Öffentliche Gefühlsaufwallungen werden von ihr gemieden: in Zuständen der Erschöpfung bittet sie: »tragt mich in einen dunklen Schuppen, daß keiner sehe meine natürliche Schwäche« (so Charles Lindbergh in Brechts *Ozeanflug*).[96] Walter Serner sekundiert im *Handbrevier* lakonischer: »Wenn es dir schlecht geht, bemühe dich, es zu verbergen.«[97]

Die Gestalt mit der einfachen Kontur ist zwar »unterkomplex«, hat aber den Vorteil, entscheidungsfähig zu sein. Wozu sie sich entscheidet, bleibt erst einmal abstrakt; sie *will* mobil sein in einem Prozeß, in dem ihr Mobilität aufgezwungen ist. Die Literatur der Avantgarde entwirft ihr Bild und erkundet, wie sie in der organischen Körperwelt funktioniert.

1. Die Wiederkehr der »kalten persona« des Jesuiten Gracián

a. Die Bewegungslehre des Gefangenen

»Der Mensch hat eine Bestimmung: Leben, d.h. sich bewegen«, notiert im Jahre 1943 der Romanist Werner Krauss. Der Gelehrte wartet im Zuchthaus Plötzensee auf die Vollstreckung des Todesurteils.[98] »Ich fand mich in einer einzigartigen Situation«, berichtet Krauss später, »ohne jede Rücksicht auf die Wirkung bei einem realen oder gedachten Publikum mein ganzes Leben in die Gegenwart des Wortes nehmen. Schließlich begann ich eine wissenschaftliche Arbeit über Graciáns Lebenslehre, die mir einige schreckliche Stunden verkürzte.«[99] So erscheint über dem Zuchthaus »Fortuna«, die, wie der Häftling bemerkt, beim spanischen Jesuiten Gracián nicht blind ist, sondern »Luchsaugen« hat und intellektuell bezwungen werden kann.[100]

In äußerster Isolation rekonstruiert Krauss die Grundregeln einer militanten Lebensführung, die der spanische Jesuit in der Mitte des 17. Jahrhunderts entworfen hatte. Warum fesselt ein Kultbuch der barocken Verhaltenslehre wie Graciáns *Handorakel* von 1647 die Aufmerksamkeit des Inhaftierten?

Krauss erkennt in der Lebenslehre des Jesuiten eine Herausforderung zum intellektuellen Training im »Grenzgebiet zwischen Humanismus und Barbarei«. Gracián erscheint als Ratgeber für das Verhalten auf vermintem Gelände, auf dem man keinen Schritt tun darf, ohne vorher zu sehen, wo man den Fuß hinsetzt. *Moral* gibt in dieser Situation keinen Kompaß an die Hand. Inmitten allgemeiner Bedrohtheit, lernt Krauss bei Gracián, »reduziert sich die ganze Moral auf taktische Regeln«. Graciáns *Handorakel* verspricht Anleitung für Situationen, in denen das Dasein »bodenlos« ist und die Wahrheit sich »mit schweren Erkältungserscheinungen« in den letzten Winkel zurückgezogen hat.[101]

Die wenigen Stichworte der »Lebenslehre« mögen flüchtig andeuten, was den Widerstandskämpfer gereizt haben könnte, sich mit dem spanischen Jesuiten zu befassen. Über die Gründe seiner Gefangenschaft informiert lakonisch ein Brief vom 26. März 1946 an Erich Auerbach, der in Istanbul im Exil lebt:

Ich war auf Veranlassung des damaligen Dekans Träger (Dekan der Philosophischen Fakultät der Universität Marburg, H.L.), der mich los sein wollte, 1940 zur Wehrmacht eingezogen. Ad arma cucurri, und ich brachte es bis zum Gefreiten. Aber meine glanzvolle Laufbahn nahm ein jähes Ende, als ich wegen meiner Beteiligung an der Konspiration Harnack-Schulze-Boysen Ende 1942 verhaftet wurde. Im Januar 1943 verurteilte mich das Reichskriegsgericht mit unzähligen anderen zum Tode. Im Mai wurde ich, nachdem das Urteil rechtskräftig geworden war, nach Plötzensee zur Hinrichtung verschleppt. (...) Es gelang, eine Verschleppung zu erreichen und mit Hilfe eines Reichskriegsgerichtsrats (der nach dem 20. Juli 44 Selbstmord beging) meine Psychiatrisierung anzuordnen. Ich wurde von einem Gefängnis zum anderen geschleppt. Erst Ende 1944 wurde das Todesurteil aufgehoben und in eine Zuchthausstrafe verwandelt. Neue Gefahr durch die Gestapo, die mich dem militärischen Strafvollzug entziehen und nach Buchenwald überführen wollte. Meine Rettung war die überstürzte Räumung der Festung Torgau wobei ich unter Ausnützung des entstehenden Tohuwabohu in einem Lazarettzug flüchten konnte.[102]

In diesem historischen Rahmen wurde der Kommentar zu Gracián geschrieben.

Eine kleine Liste von 14 der 300 Verhaltensregeln des *Handorakels* soll die Gründe ihrer Attraktion genauer erklären helfen.[103] Die Zusammenstellung ist natürlich selektiv; die Kriterien der Auswahl sind durch die verblüffenden Übereinstimmungen mit den Verhaltensregeln der Distanz bestimmt, die in den zwanziger Jahren kursierten:

Die Hoffnung ist eine große Verfälscherin der Wahrheit: die Klugheit weise sie zurecht und sorge dafür, daß der Genuß die Erwartung übertreffe. (...) (Nr. 19)

Sich zu entziehen wissen. Wenn eine große Lebensregel die ist, daß man zu verweigern verstehe, so folgt, daß es eine noch wichtigere ist, daß man sich selbst, sowohl den Geschäften als den Personen, zu verweigern wisse. (...) (Nr. 33)

Denken wie die wenigsten und reden wie die meisten. Gegen den Strom schwimmen wollen vermag keineswegs, den Irrtum zu zerstören, sehr wohl aber, in Gefahr zu bringen. (...) (Nr. 43)

Nie aus der Fassung geraten. Ein großer Punkt der Klugheit, nie sich zu entrüsten. Es zeigt einen ganzen Mann von großem Herzen an: denn alles Große ist schwer zu bewegen. Die Affekte sind die krankhaften Säfte der Seele, und an jedem Übermaß derselben erkrankt die Klugheit, steigt gar das Übel bis zum Mund hinaus, so läuft die Ehre Gefahr. (...) (Nr. 52)

Scharfblick und Urteil. Wer hiermit begabt ist, bemeistert sich der Dinge, nicht sie seiner: die größte Tiefe weiß er zu ergründen und die Fähigkeit eines Kopfs anatomisch zu zerlegen. (...) (Nr. 49)

Die Daumschraube eines jeden finden. Dies ist die Kunst, den Willen anderer in Bewegung zu setzen. (...) Man muß auf die allererste Springfeder oder das primum mobile in ihm zurückgehen, welches aber nicht etwa das Höchste seiner Natur, sondern meistens das Niedrigste ist. (...) (Nr. 26)

Nicht abwarten, daß man eine untergehende Sonne sei. Es ist die Regel der Klugen, die Dinge zu verlassen, ehe sie uns verlassen. Man wisse, aus seinem Ende selbst sich einen Triumph bereiten. (...) (Nr. 110)

Sich an den Charakterfehler seiner Bekannten gewöhnen: eben wie an häßliche Gesichter. Es ist unerläßlich, wo Verpflichtungen uns an sie knüpfen. Es gibt erschreckliche Charaktere, mit welchen man nicht leben kann: jedoch ohne sie auch nicht. (...) (Nr. 115)

Nie sich beklagen. Das Klagen schadet stets unserm Ansehn. Es dient leichter, der Leidenschaftlichkeit anderer ein Beispiel der Verwegenheit an die Hand zu geben, als uns den Trost des Mitleids zu verschaffen: denn dem Zuhörer zeigt es den Weg zu eben dem, worüber wir klagen, und die Kunde der ersten Beleidigung ist die Entschuldigung der zweiten. (...) (Nr. 129)

Sich nicht mit dem einlassen, der nichts zu verlieren hat. Denn dadurch geht man einen ungleichen Kampf ein. Der andere tritt sorglos auf: denn er hat sogar die Scham verloren, ist mit allem fertig geworden und hat weiter nichts zu verlieren. (...) (Nr. 172)

Eine vorhergängige Verpflichtung aus dem machen, was nachher Lohn gewesen wäre. (...) dieselbe Gabe, welche nachmals Schuldigkeit wäre, wird, zum voraus erteilt, zur Verbindlichkeit des andern. (...) (Nr. 236)

Die Kunst, in Zorn zu geraten. Wenn es möglich ist, trete vernünftige Überlegung dem gemeinen Aufbrausen in den Weg: und dem Vernünftigen wird dies nicht schwer sein. Gerät man aber in Zorn, so sei der erste Schritt, zu bemerken, daß man sich erzürnt: dadurch tritt man gleich mit Herrschaft über den Affekt an: jetzt messe man die Notwendigkeit ab, bis zu welchem Punkt des Zorns man zu gehn hat. (...) (Nr. 155)

Nichts setzt den Menschen mehr herab, als wenn er sehn läßt, daß er ein Mensch sei. (...) Wie der zurückhaltende Mann für mehr als Mensch gehalten wird, so der leichtsinnige für weniger als Mensch. (...) (Nr. 289)

Vergessen können: es ist mehr ein Glück als eine Kunst. Der Dinge, welche am meisten fürs Vergessen geeignet sind, erinnern wir uns am besten. Das Gedächtnis ist nicht allein widerspenstig, indem es uns verläßt, wenn wir es am meisten brauchen, sondern auch töricht, indem es herangelaufen kommt, wenn es sich gar nicht paßt. (...) (Nr. 262)

In dieser Sammlung von Maximen fallen die Stichworte des Kults der »Sachlichkeit«: das Verbot des Rituals der Klage, die Disziplinierung der Affekte, die Kunstgriffe der Manipulation, die List der Anpassung, die Panzerung des Ich, die Verfahren des physiognomischen Urteils und die Reflexion des Verhaltens in einem Parallelogramm der Kräfte.

Viele dieser Ratschläge kann der Gelehrte in Plötzensee nicht befolgen. »Wenn ich dann mit gefesselten Händen über dieser Arbeit saß«, erinnert sich Krauss später an die Umstände seiner Gracián-Forschung in Plötzensee und Torgau, »begriff ich ... das Paradoxe meines Treibens.«[104] Vorläufig empfiehlt sich dem Häftling Krauss nur die Graciánsche Tugend der »retentiva«, der Verhaltenheit, und der »espera«, der Kunst des Hoffenkönnens – und die *List* in den Verhören, für die das *Handorakel* manchen Rat bereithielt: »Niemals spielt der Spieler die Karte aus, die der Partner vermutet«, rät Gracián, nicht ohne zu ergänzen: »und noch weniger natürlich die, die dieser ausgespielt haben möchte.«

Der Rückgriff auf das agonale Weltbild Graciáns und seine Klugheitsregeln ist, wie gesagt, nicht unvermittelt. Er entspricht einer Tendenz der Avantgarde im Europa der »Grabengesellschaften« (Marc Bloch) der Zwischenkriegszeit, ihrer von Nietzsche inspirierten Skepsis gegenüber jedem »organischen Trugbild der Persönlichkeitskultur«[105], die bei Gracián radikal in Frage gestellt wird. Eine frühe Tagebucheintragung des jungen Romanisten vom 12. November 1932 zeugt davon, in welchem Grade Krauss durch seine Lust am Proteischen für die Gracián-Lektüre disponiert war:

Werde, was Du nicht bist. Seit wann hat der Mensch, statt in der Änderung die Bedingung seines Daseins zu erkennen, den Grund seines Anderswerdens in dieses eigene Ich verlegt und sich zur Monade mit eigenen Werdegesetzen gemacht, die äußere Welt in einen Spielraum für seine Entwicklung verwandelnd. Die Unschuld des Werdens, wie Nietzsche anmutig lästert.[106]

Mich interessiert die Konstruktion des Subjekts der höfischen Verhaltenslehre, die von Krauss entworfen wird. Von dieser Konstruktion will ich eine Brücke zur philosophischen Anthropologie der zwanziger Jahre schlagen, um schließlich dem Schicksal der

Verhaltenslehren in neusachlicher Literatur nachzugehen. Es geht um nichts weniger als um das Experiment, den modernen Begriff des Subjekts zu entpsychologisieren.

Das in Graciáns Verhaltenslehre unterwiesene Subjekt verfügt über keinen inneren Kompaß, wenn es das lebensgefährliche Territorium betritt. Den inneren Regulator, das Gewissen, hat der Jesuit aus der Figur entfernt, es engt ihren Bewegungsspielraum ein. Gracián hat ein Subjekt im Visier, das der *äußeren Stimme* bedarf. Die »persona« Graciáns kennt weder die »weltlose Innerlichkeit« des bürgerlichen Individuums noch die protestantische des Gewissens. Zwar verlangt der Jesuit von der persona, wenn es nützt, in vorauseilendem Gehorsam den Forderungen der Institution zu genügen; das aber soll ihre Wachsamkeit verbürgen. Introspektion ist ihr Fall sowenig wie Gewissenserforschung. Wie vergewissert sie sich also ihrer Identität?

Hier entdeckt Krauss in Graciáns Verhaltenslehre ein Verfahren, das in den ersten beiden Jahrzehnten des 20. Jahrhunderts von George Herbert Mead und Helmuth Plessner als »Reziprozität der Perspektiven« definiert worden ist. Die »persona« findet ihre Identität in der Verschränkung der Perspektiven zwischen Ich und Alter ego.

Graciáns »persona« entwirft ein zweckmäßiges Bild von ihrer Identität in der Fremdwahrnehmung der mit ihr wetteifernden Subjekte. Da diese Mitwelt »immer unversöhnlich« ist, wirft ihr Spiegel dem Subjekt ein Bild realitätstüchtiger Selbsterkenntnis zu; denn es geht ums Überleben. Nur gespannte Wachsamkeit und die Bereitschaft, sich jederzeit aus Bindungen zu lösen, gewährleisten Mobilität. Darum darf sich die »vollendete persona« auch »auf keine Eigenschaft festnageln lassen«. Völlige Eigenschaftslosigkeit erhöht den Aktionsradius.

Graciáns »persona« ist ein Trennungskünstler (männlichen Geschlechts). Alle »Idyllen«, wozu die Leidenschaft verführen könnte, sind, so heißt es, als »Fallen« zu meiden, arkadische Stimmungen fallen sichtlich auf die Nerven, zu viel Besitz ist »in diesem Run ein lästiges Gepäck«, sagt Gracián nach Krauss. Denn: »Der Mensch hat eine Bestimmung: leben, d.h. sich bewegen.«

Es ist nur konsequent, daß das *Handorakel* davon abrät: »sich zu weitgehend zu individualisieren«.[107] Ein »authentischer« Zug des Charakters mag zwar in ruhigeren Zeiten der Aufrichtigkeit wie der Unterscheidung dienen – und es soll sogar Zeiten geben, wo diese Eigenschaft Prestige verschafft –, aber auf vermintem Gelände ist er eindeutig ein »Defekt«, vor dem Gracián warnt: »Sich individualisieren ruft nur unliebsames Aufsehen hervor!«

Wie sollte sich sein *Handorakel* nicht eignen für Zeiten der »Totalen Mobilmachung«?

Und wirklich tauchen die von Krauss rekonstruierten Maximen der höfischen Bewegungslehre in der Literatur der zwanziger Jahre wieder auf. Die extremste Version dieser Verhaltenslehre lautet jetzt:

Was immer du sagst, sage es nicht zweimal.
Findest du deinen Gedanken bei einem andern: verleugne ihn.
Wer seine Unterschrift nicht gegeben hat, wer kein Bild hinterließ
Wer nicht dabei war, wer nichts gesagt hat
Wie soll der zu fassen sein!

Verwisch die Spuren.[108]

Warum solche kühnen Assoziationen möglich werden, erklärt eine Rezension des Buchs von Krauss in der Zeitschrift *Romanische Forschungen* im Jahre 1950. »Wenn das Leben Kampf ist«, so lautet die Schlußfolgerung des ebenso beeindruckten wie irritierten Rezensenten, »so ist seine Moral die Wahl des erfolgreichsten Weges zum Triumph.«[109] Das Geheimnis der jesuitischen Spiritualität sei, Krauss zufolge, die Auffassung des Lebens als »Strategma«: die ganze Welt gewinnen, ohne Schaden zu nehmen an seiner Seele. Wenn jedoch das christliche Ziel seine Leuchtkraft einzubüßen beginne, käme es leicht zu einer »doppelten Buchführung des Gewissens«. Denn wenn jeder politische Weg zum Ziel recht sei, könnten Weg und Ziel schrecklich auseinanderfallen, die radikale Methodik der Politik bejaht werden, während das christliche Ziel, »auf einen fernen Altar gestellt, die Eigengesetzlichkeit des Weges nicht mehr« störe. So sei das Ziel austauschbar geworden, was unabsehbare Folgen habe:

Einem Marxisten müßte die Lektüre Graciáns zweifellos Vergnügen machen, schon darum, weil gewisse Formulierungen Graciáns ihn geradezu einluden, seine Lebenslehre aus ihrer »mystischen« Hülle zu befreien und ihren »nützlichen« Kern herauszustellen, wie der Prophet selbst es getan hat mit Hegels Dialektik.[110]

Daß diese Umfunktionierung möglich sei, hänge freilich mit der Theologie des Jesuiten zusammen, für den das Christliche keine ethische Intervention in den heillosen Wettbewerb, sondern die »Krönung« des Erfolgs der Tugendlehre bedeute.

b. Die Modernität des persona-Begriffs

Eine größere Herausforderung stellt heute Krauss' moderne Analyse des *persona*-Begriffs von Gracián dar. »Gracián's persona is faced with the ceaseless task of ›being somebody‹ in a hostile and competitive world«, schreibt ein amerikanischer Rezensent im Jahre 1949, der die Aktualität des Buches betonen will.[111] In Krauss' Überlegungen zur persona ist die Erfahrung eingegangen, daß das »Ich« ein »illusorisch Ding« ist.[112]

Als Marcel Mauss im Jahre 1938 die Entwicklung der Fundamentalkategorie »Person« von der Maskerade der in heiligen Dramen ausgefüllten Rolle bis zur individuellen Figur moralischen Werts verfolgte, hatte er nicht ausgeschlossen, daß diese Entwicklung nicht auch rückgängig gemacht werden könnte. »Wir haben große Güter zu verteidigen«, warnt er am Schluß seines Vortrags: »mit uns kann die Idee (des Individuums, H. L.) verschwinden.«[113] Genau besehen ist die Idee einer »unteilbaren, individuellen Substanz«, des autonomen Wesens mit moralischem Bewußtsein, zum Zeitpunkt seiner Abhandlung schon von verschiedenen Wissenschaften untergraben, ohne daß etwas anderes an ihre Stelle getreten wäre. Eines der reizvollen Spiele der europäischen Avantgarde im ersten Drittel des 20. Jahrhunderts hatte darin bestanden, die Stufenleiter der Herausbildung der »Person« in moralischem Verstande bis in die Zeit der »Masken-Zivilisation«[114] hinabzusteigen, in der sich der Mensch in Ritualen seine Person erstellt. Gerne übernahm man die – im übrigen zweifelhafte – Etymologie, der zufolge »persona« von »personare« abgeleitet wird: die Stimme des Schauspielers tönt durch die vors Gesicht gehaltene Scheibe, das Ich ist selbstmächtig erst im Bewußtsein dessen, was nach außen tritt.

Krauss braucht offensichtlich den Rückgriff auf den älteren persona-Begriff des spanischen Jesuiten, um eine Idee des wehrhaften »Rationalitätstyps« (Norbert Elias) zu gewinnen, eines »Ichs«, das einerseits nicht mehr in die lähmenden Ambivalenzen einer psychologisierenden Anthropologie verwickelt ist, aber gleichzeitig auch nicht dem »heroischen Amoralismus« Nietzsches zu frönen braucht.

Bei der Erläuterung des persona-Begriffs Graciáns kann Krauss sich von der neusachlichen Strömung tragen lassen: Selbsterkenntnis, Gewissenserforschung oder Reue werden als Verfahren, mit denen eine Person ihrer Identität innewerden könnte, ausgeschlossen. Das *Fremdverständnis* ist der Königsweg der Selbstgewißheit; denn – neusachliche Pamphlete hätten es nicht apodiktischer ausdrücken können: *»Der Weg des Wissens führt von außen nach innen.«* Krauss übernimmt das »emphatische Bild« der persona, das sein Lehrer Karl Vossler 1925 entworfen hatte, als er nach einem Begriff suchte, der dem Einzelnen ebenso gerecht werden sollte wie dem Kollektiv: »Von der Maske oder Larve, vom Leib oder Gesicht, kurz vom Äußerlichen des Menschen ausgehend, zielt (der Begriff »persona«, H. L.) auf unser innerstes, unveräußerliches Selbst. Man ist eine Person in dem Maße, wie man von der Rolle aus und durch Verwirklichung gerade dieser Rolle hindurch zu sich selbst kommt.« Auf Vosslers persona bezieht sich wiederum Karl Löwith in seinem Buch *Das Individuum in der Rolle des Mitmenschen* aus dem Jahre 1928. Hier definiert Löwith das Individuum »in der Seinsart der ›persona‹« als den Einzelnen, der wesentlich in mitmenschlichen Rollen existiert, »d. h. überhaupt von Grund auf an ihm selbst durch entsprechende *Andere* und formal fixiert«.[115] In der Evidenz der Fremdwahrnehmung steckt auch nach Krauss der Entwurf einer Mitwelt, in deren Medium sich die Affekte erst entwickeln können. Durch seine Existenz als persona ist der Antwortcharakter und die Angewiesenheit des Menschen im Verhältnis zu seinesgleichen festgelegt:

> Gracián vergleicht die Person mit dem Schwimmer, den die Gefahr des Ertrinkens seine Kunst gelehrt hat. Sie bedarf des weckenden Anreizes, – denn ihre Geltung entsteht erst im Eingehen auf Welt. Und außerhalb dieser Geltung hat sie keinen Bestand. Ihr Bestand ist in der unbedingten Beständigkeit ihres Verhaltens begründet.[116]

In einer kampfbetonten Situation ist diese Version der Anthropologie – in der ein Echo der Entwürfe von Scheler und Plessner, aber auch der Konzepte Vosslers, Heideggers und Löwiths aus den zwanziger Jahren tönt – von hoher Brisanz. Entscheidet sich der Kampf in der Mitwelt, die, wie gesagt, »immer unversöhnlich« ist, so muß die Aufmerksamkeit der Person sich auf ihre Repräsentation konzentrieren. Sie muß sich folglich – ein teuflischer Ratschlag – an den Wertgesetzen orientieren, von denen die Geltung abhängt. Die Folgen sind für die persona gravierend, weil unter diesen Umständen Sein und Schein nicht feindlich auseinandertreten und ihre Differenz ganz unerheblich werden kann, wenn es auf den Erfolg ankommt. Krauss führt diese Logik zu der Konsequenz:

Das Sein bedarf des Scheins. Was nicht erscheint, bleibt außerhalb der Geltung. Dem Sein geschieht kein Abtrag durch den Zuwachs des Scheins, der im Gegenteil seinen Gehalt verdoppelt.[117]

Das Verhalten nach den Gesetzen der »Wahrscheinlichkeit« ausrichten heißt jetzt, der Wahrheit durch den Schein Geltung zu verschaffen. Es ist nur konsequent, daß hierbei eine gewisse »Sachlichkeit« die Oberhand gewinnen kann; denn die Lebensklugheit gebietet oft, daß sich die persona wie ein Geschäftsmann verhält, der die Werte wie Dinge auf dem Markt »verrechnet«.[118]

Neben diesem Motiv, das einem Mann, der im Jahre 1900 geboren ist und dessen Studienzeit ins neusachliche Jahrzehnt fällt, nicht unvertraut sein konnte, fällt auf, daß Krauss mit Gracián eine Umwertung des Politikbegriffs vornimmt, die ebenfalls im Zeichen der zwanziger Jahre steht. Krauss betont, daß Graciáns Verhaltenslehre keineswegs als Brevier höfischer Spielregeln auf das Territorium des spanischen Hofes beschränkt bleibt. Der Hof ist für Gracián nur ein Modell, *»Sammelplatz des gefährlichen Lebens«* und *»reizvolles Versuchsfeld«* zugleich.[119] Das Höfische ist das umfassende Lebensgesetz, die Form der Verbindlichkeit »zwischen allem Kreatürlichen«, das sich in agonaler Situation befindet. Gracián löst – so folgert Krauss im Geist der politischen Theologie von Carl Schmitt – den Begriff des Politischen aus der eigenständigen Sphäre von Spezialisten der Staatskunst und macht das Politische zur Kunst der Unterscheidung, Grenzziehung und Verstellung, der jeder Kämpfende bedarf.[120]

Die Haltung der politischen persona kommt nicht ohne Heroismus aus – auch das ist ein Merkmal, das, wie wir sehen werden, die Aktualität des Jesuiten nahelegt. Hat sie auf dem Terrain des Hofes bis zur Erschöpfung gefochten, um sich zu behaupten, so kann sie sich keinesfalls ins bunte Treiben des Volkes mischen, um sich zu regenerieren, oder sich in eine geschichtsmächtige Bewegung des

Volkes einhängen. Sie muß sich unterscheiden. Gracián fürchtet das Volk, aus seiner intellektuellen Haltung springt kein Funke heimlicher Sympathie. »Das Volk tritt ihm wie eine schädliche und in ihrem Unverstand unbegreifliche Macht in den Weg.«[121] An dieser Stelle bekommt Krauss' Rekonstruktion der heldischen persona unheimliche Züge. Dieser Held soll sich behaupten, ohne Rückendeckung in der von Konkurrenz zerrissenen Aristokratie zu haben, ohne Zuflucht nehmen zu können in einer Geschichtsphilosophie, die seine Taten aus der Perspektive einer sinnvollen Progression aufwertet, und ohne Einbettung in Strömungen eines Volkes. Im fernen Spiegel des 17. Jahrhunderts werden plötzlich die Rahmenbedingungen der heroischen Attitüden im 20. Jahrhundert ansichtig: die Konstruktionen der Geschichtsphilosophie sind ruiniert, künstliche Apparate in Form von Parteien werden eingerichtet, weil weder Gruppensolidarität noch Selbstmächtigkeit der Geschichte angenommen werden kann, das »Volk« wird mißtrauisch beobachtet. In extremer Isolation von allen Mächten, an die sich einmal die Hoffnung auf »Geschichte« geheftet hat, tritt für den Jesuiten der theologische Rahmen in seine Geltung. Da die Vorbildhaltung des heldischen Menschen ihren Ansatz in der »Urkraft des Daseins« verloren hat, drängt sich die theologische Wende auf. Die heroische Haltung »bedarf einer Transzendenz, einer Einstrahlung übersinnlicher Kräfte, um sich in dieser Volksferne zu behaupten«.[122] Was bleibt von der heldischen Figur, wenn das Strahlungszentrum der Transzendenz erkaltet?

Als Werner Krauss, als Mitglied der »Roten Kapelle« zum Tod verurteilt, dies formuliert, orientiert er sich bereits an einer Strategie der »Volksfront«, obwohl seine Skepsis gegenüber der Haltung des Volkes zum Zeitpunkt seiner Verhaftung nicht unbeträchtlich gewesen sein muß, wie seinem Bericht über die Zettelklebeaktion zu entnehmen ist:

Sch.-B. (Schulze-Boysen, H.L.) hielt es für notwendig, fur den Zusammenhalt seiner Gruppe eine Aktion zu unternehmen, deren politische Tragweite er freilich selbst gering einschätzte. Es handelte sich natürlich nicht darum, durch Agitationsparolen propagandistisch zu wirken – wohl aber darum, der Bevölkerung das Gefühl zu geben, daß wir noch lebten und daß die Kräfte im Innern bereit standen. Zu den Vorbesprechungen war ein Vertreter der KPD als unverbindlicher Beobachter zugezogen worden. Rittmeister wurde gar nicht unterrichtet, da man seine Ablehnung von vorneherein kannte. Ich war am Abend der Vorbesprechung dienstlich verhindert und schickte Ursula Goetze zu Thiel, um meinen gleichfalls ablehnenden Standpunkt zu vertreten. Ich hielt den Augenblick für denkbar schlecht gewählt, im Hinblick auf die bevorstehende große Sommeroffensive gegen Russland, bei der mit großen Anfangserfolgen gerechnet werden mußte. Über meinen weiteren Einwand, daß der Einsatz für eine gleichsam nur symbolische Aktion zu groß und zu gewagt wäre, ging man hinweg mit dem Hinweis auf die schon gedruckten Zettel. Ein Abblasen der Aktion würde die Gruppe vollständig entmutigen. Nachdem dieser Entschluß einmal durchgedrungen war, erklärte sich Ursula, wie wir für diesen Fall verabredet hatten, daß wir uns der Gruppendisziplin fügen und die Aktion mitmachen werden.

Die Verteilung der Zettel übernahm Thiel. Wir verklebten in der Gegend des Sachsendamms in der Nacht vom 17. zum 18. Mai 1942 eine größere Anzahl von Zetteln. Die Angelegenheit erregte in Berlin großes Aufsehen. Aber alle Versuche der Polizei, die Spuren der Täter zu finden, blieben vergeblich. Wir waren zumeist in Wehrmachtsstellungen verborgen.[123]

c. *Verhaltenslehre der »Sachlichkeit«*

Wenn in einer historischen Situation die Horizonte der Orientierung einstürzen und der Bewegungsraum des Menschen unter extrem agonaler Spannung steht, schlägt die Stunde der Verhaltensregeln. Döblin nannte die Weimarer Republik »eine Republik ohne Gebrauchsanweisung«. Tatsächlich entstanden in ihrem Zeitraum eine Reihe von Verhaltenslehren von der Architektur bis zur philosophischen Anthropologie, von der Sexualität bis zum Theater. Jedes politische Lager hatte seinen eigenen Katechismus. Das desorientierte Subjekt bedurfte der »äußeren Stimme«, die sagte, wo es langging.

Auch Max Weber wartet in dieser Situation mit einem »Handorakel« auf. Seine berühmte Rede *Wissenschaft als Beruf* aus dem Jahre 1919 ist ein eindrucksvolles Gründungsdokument neusachlicher Verhaltenslehren[124], das zugleich deren Dilemma demonstriert. Denn was von dieser Rede als Funke übersprang, war weniger der Gedanke der Dialektik der Entzauberung oder des Polytheismus der Wertbereiche als der entschlossene *Habitus* dessen, der »rein der Sache dienen« will – auch wenn die »Sache« sehr vergänglich, die Kette des Fortschritts, in die sie eingereiht, »sinnlos« und ihre Verwertung dem »Schicksal« überlassen ist. Max Webers Ratschlag verpflichtet zur »Entzauberung« in dem trotzigen Bewußtsein, daß die Resultate der verschiedenen rationalen Wissenschaftsdisziplinen die dämonische Macht des Schicksals nicht aufzuheben vermögen. Der hier vorgeschlagene Denkstil prägt sich in einem markanten Habitus aus; weil die Hoffnung auf Evolution gescheitert ist, wird der Sinnlosigkeit in einer Attitüde die Stirn geboten, deren Ikone des »Nordpolfahrers« bei Nietzsche vorgeprägt war. Zu diesem Bild greift denn Weber auch, als er in seinem Vortrag über *Politik als Beruf* davor warnt, nach Heilsbringern Ausschau zu halten, und auffordert, den Forderungen des Tages gerecht zu werden:

> Nicht das Blühen des Sommers liegt vor uns, sondern zunächst eine Polarnacht von eisiger Finsternis und Härte, mag äußerlich jetzt siegen welche Gruppe auch immer.[125]

Webers Typus des Wissenschaftlers als kalte persona zeichnet sich durch sein Akzeptieren der harten Tatsachenwelt aus, in welcher alle Prinzipien relativ und alle Entwicklungen letztlich zufällig sind.[126] »Desillusionsrealismus« ist das Stichwort; Karl Mannheim wies darauf hin, daß diese Einstellung von Angst grundiert ist.[127]

Bei Weber finden wir die Signatur der neuen Sachlichkeit: »Gänzliche Illusionslosigkeit über das Zeitalter und dennoch ein rückhaltloses Bekenntnis zu ihm« (Benjamin). Er läßt für die Zunft der Wissenschaft nur ein Sittengesetz gelten: den *»Relativismus«* der verschiedenen Wertbereiche. Dieses Sittengesetz hat aber keine Entspannung der Haltung des Wissenschaftlers zur Folge, sondern ist der eigentliche Grund für seine angespannte Wachsamkeit, jede Spielart der Gesinnungsethik aus der Wissenschaft zu wehren und trotzig auf der »Plattform der Negativität« auszuharren.

Stellt sich diese Verknüpfung von rationaler Verhaltenslehre und heroischer Attitüde zwangsläufig ein? Zumindest entdecken wir hier eine Mißlichkeit der neusachlichen Verhaltenslehre, die wir später ausführlich im Fall von Helmuth Plessner darstellen werden. Wenn eine Verhaltenslehre für ihre Ratschläge weder einen sozialen Träger noch einen Handlungsraum findet, reduziert sie sich auf *Charakterologie*. Man dient der »Sache«, indem man den Habitus der Sachlichkeit annimmt.

Skeptische Schüler Max Webers mißtrauen bald dem Habitus der »selbstgewählten Unseligkeit«.[128] Sie stört der Überschuß an »Heroismus« in einem Gestus, der vermeidet, sich an einem eigentlichen Wert zu orientieren.

Verhaltenslehren haben in den zwanziger Jahren Konjunktur, werden aber als individuelle Lebensanleitungen auf den Wirkungsradius neusachlicher Expression reduziert oder vom Regelwerk der umgebenden Institutionen, Parteien und politischen Lager, die sie zu entlasten versprechen, überwältigt.

Wir treffen auf eine Generation von Intellektuellen, deren Lektüre der Schriften Sorels und Nietzsches, Marx', Le Bons und Kierkegaards die Erfahrungen von Krieg, Niederschlagung der Arbeiteraufstände und Inflation mitbedingt hatte. Sie waren nur allzu vertraut mit dem Gedanken, daß sich hinter jeder Institution des Legalen der »ursprüngliche Gewaltcharakter des Rechts« verberge, daß in den Gehäusen des Parlaments latent die nicht legitimierte Macht hause. Eine kleine Drehung des Rads der Fortuna genügte, um die »nackte«, d.h. die nicht mit den Insignien der Legalität geschmückte Gewalt aus den Kulissen des Rechtsstaats zu locken.

In diesem Denkrahmen wurde die Republik als »Erdbebenlandschaft« begriffen, und man kann plötzlich Rückgriffe auf Verhaltenslehren der gewalttätigen Welt des 17. Jahrhunderts beobachten. Gefragt waren »Methoden«, die – wie Werner Krauss formulierte – »ein systematisches Eingehen auf den Kampfcharakter des Daseins« versprachen.[129] In Graciáns kalter persona fand man die Gestalt eines mobilen Subjekts ohne seelische Tiefengliederung, dessen Bewegungsraum weder durch Interventionen der Moral noch durch die Stimme des Gewissens eingeschränkt wird. Verschmilzt diese Figur mit Nietzsches Idol des »intellektuellen Nomaden« und mit der Attitüde des Dandys oder erscheint sie – ein Kunststück der Weimarer Intelligenz – in der Montur des Soldaten, des Arbeiters oder des kommunistischen Kaders, so übt die kalte persona die größte Faszination aus.

In der Verhaltenslehre des Jesuiten, wie sie Krauss rekonstruiert, waren drei Motive vorgeprägt, die bei der Abgrenzung gegen Gesinnungsethik und Radikalität der expressionistischen »Söhne« eine entscheidende Rolle spielten:

– Radikale Expression sowie alle Diskursrituale der Entblößung, des Geständnisses und der Aufrichtigkeit galten der neuen »Sachlichkeit« als Torheit, als eine Form der freiwilligen Selbstentwaffnung, die, wie Gracián bemerkt hatte, keine andere Funktion haben könne, als die latente Bosheit der Feinde anzulocken. Ohnmacht hat in den zwanziger Jahren ihren diskreten Charme verloren. »Es wäre tölpelhaft zu glauben«, formuliert Carl Schmitt, »ein wehrloses Volk habe nur noch Freunde, und eine krapulöse Berechnung, der Feind könne vielleicht durch Widerstandslosigkeit gerührt werden.«[130]

– In Verhaltenslehren wie der von Gracián bekämpfte schon die lutherische Orthodoxie des 17. Jahrhunderts das Moment der »dissimulatio«, der Verstellung und »Maskierung«. Die lutherische Authentizitätsformel des privaten Heils war an die Zerknirschung des Herzens, den freien Ausdruck des Schmerzes und den Anruf des Gewissens geheftet. Die Kunst der Weltklugheit der Jesuiten vom Schlage Graciáns, ihre Diplomatie und Manier der Assimilierung fremder Kulturen waren »des Teufels«, ließen sie sich doch auf die Welt des Scheins ein. Die Neusachlichen witterten im Expressionismus und seinem Kult des »Schreis« die Tradition der lutherischen Authentizität. Sie entschieden sich für jesuitische Strategien, zeigten sich fasziniert vom Typus des Dandy-Soldaten und Graciáns Devise »Schein zivilisiert!«, um die traditionelle Arbeitsteilung zwischen der Kultur des privaten Heils und des öffentlichen Unheils aufzuheben.

– Gracián verzichtet auf die Klage über den Verlust einer »authentischeren« Gemeinschaft. Man wird in seinem *Handorakel* keiner Klage über die Entfremdung von einem »Ursprung« begegnen. Daß der Bewegungsspielraum seiner persona »restlos entfremdet« ist, wird als Bedingung hingenommen. Gracián hatte befunden:

Die Zeit hat sich weit von ihrem Ursprung entfernt. Es bleibt nichts übrig als so zu leben, wie man kann, statt so, wie man möchte. Man muß, was einem das Schicksal bescheidet, für besser ansehen, als was es einem verweigert.[131]

Krauss stimmt diesem Grundsatz in Plötzensee zu. Er ist ein gebranntes Kind; denn er hat einschlägige Erfahrungen mit den Ursprungsmythen der nationalsozialistischen Bewegung. In Widerspruch zu dieser Art Fundamentalismus modelliert er seine »persona« als wehrhafte Gestalt. Ihre Kardinal-Tugenden sind »Absolute Wachsamkeit« und List. Krauss grenzt die Verhaltenslehre Graciáns gegen alle Strömungen des Irrationalismus und der Verführung zur »Gemeinschaft« ab. In ihrem Brennpunkt steht ein Akteur als Trennungsspezialist par excellence. Der sinnfällige Effekt der Trennung ist »Kälte«.

d. »Kalte persona« als Feindbild

Wenn wir heute auf diese Figur zurückblicken, so stehen ihre Chancen denkbar schlecht. Wo immer die Wissenschaft in den letzten Jahrzehnten das »Subjekt im Panzer« in den Blickpunkt rückte, wurde die Szene zum Tribunal. Die Ungunst der Stunde spiegelt sich schon in meinem Terminus der »kalten persona«. Denn während der politisch-rhetorische Personbegriff eher technisch neutral eine Instanz der Selbst- und Fremdbeobachtung meint, macht das Kälte-Attribut deutlich, daß ihr Auftritt heute nicht mit freundlicher Resonanz rechnen darf. Vom Gesichtspunkt einer »Aufrichtigkeitskultur« macht die persona, die wir vorführen, einen horrenden Eindruck. Dieses negative Urteil kann sich einer langen Tradition versichern; es ist rousseauistisch gefärbt:

Kalten Temperaments und kalten Herzens agieren die comödiantischen Menschen, die allein aus dem Gehirn ihre künstlichen, reflektierten Empfindungen erzielen.[132]

Man erkennt sie an ihren »froids posés«; sie machen sich taub gegen den Herz-Ton der Klage, desensibilisieren sich gegen alles Authentische und sperren sich mit allen Raffinessen, den »cri de la nature« zum Ausdruck kommen zu lassen:

In rechter Zeit bringen sie, kalt und geplant operierend, die ihrem Willen stets gehorchenden Zeichen aus eigensüchtigen Interessen zum Einsatz.[133]

Gegenwärtig darf die Vorführung der kalten persona offenbar nur antiquarisches Interesse beanspruchen. Schon Krauss machte 1943 auf zwei offenkundige Mängel der Graciánschen Verhaltenslehre aufmerksam, die in den zwanziger Jahren bis ins Extrem gesteigert wurden und sie jetzt endgültig zu disqualifizieren scheinen:

– das Handorakel konstruiert eine rein männliche Welt, in der die Polarisierung der Geschlechter bis zum Verstummen der weiblichen Stimme getrieben ist;

– das Volk tritt in ihr nur »in der Rüstung einer Großmacht« auf, zu der sich der Einzelne immer in feindseliger Beziehung befindet. Nur gepanzert, nie karnevalesk.

Leicht ist das Urteil zu fällen, die kalte persona sei eine »Maskerade des virilen Narzißmus!«[134] Unter ihrem »Ichpanzer« verkümmerten, hört man, alle eigentlichen Qualitäten des Humanen, das ausschließlich an seiner Verletzbarkeit zu erkennen sei.[135] Der Krauss-Graciánsch-neusachliche Typus ist derart von Einwänden eingekesselt, daß er seines Lebens nicht mehr froh wird. Von welcher Anthropologie wird die Kritik ihrerseits gesteuert?

In den beiden letzten Jahrzehnten haben verschiedene Untersuchungen die Gestalt der kalten persona der zwanziger Jahre seziert und sind zu finsteren Ergebnissen gekommen. Die Untersuchungen reichen von Klaus Theweleits Psychogramm der Soldateska[136] und Michael Rohrwassers Diagnose des Funktionärs[137] bis zu Nicolaus Sombarts Erhellung des Carl-Schmitt-Syndroms[138]; von Carl Pietzckers Enthüllung von Brechts Herzneurose[139] bis zu Peter Sloterdijks Fund des depressiven Kerns des gepanzerten Ichs.[140] Diese Urteile sind durch die feministische Forschung erweitert und präzisiert worden. Sie entdeckte im Kältepanzer eine Variante der männlichen Selbstbespiegelungen, im Kult der »Sachlichkeit« und »Kälte« eine Kompensation der verlorenen Vaterinstanz und in den Verhaltenslehren der Diskretion die Arbeitsteilung der patriarchalischen Gesellschaft (Ulrike Baureithel)[141], die der Frau die Arbeit im Nähebereich zumutet, derweil sich der Mann der Distanz verschreiben darf (Claudia Szcesny-Friedmann).[142]

Ist die Gestalt der kalten persona von diesem dunklen Fond zu lösen? Verschwindet sie im Chor ihrer Gegner? Kann man einige ihrer Züge retten, ohne aus ihr eine luziferische Gestalt zu machen? Was ist der gemeinsame Nenner der Schreckbilder, von welchem Wunschbild der Anthropologie gehen sie aus und welche pragmatischen Einstellungen wären zu übernehmen?

Zweifellos zeugen die genannten Untersuchungen auch vom teils milden, teils ruppigen Klima des Verdachts in den beiden letzten Jahrzehnten. Schon 1923 hatte Otto Rank die Vermutung ausgesprochen, die merkwürdigen Kältekulte der Intellektuellen seien nur eine »heroische Kompensation« des Geburtstraumas, das durch den plötzlichen Verlust der Wärme symbiotischer Gemeinschaft entstehe. In allen Spielarten der kalten persona wird ein in der Triebstruktur wurzelndes Zwangsverhalten entdeckt. Das Lob der Kälte, das Einverständnis mit der Entfremdung, der Kult der Distanz und der Mut zur Entscheidung... die Eigenschaften der kalten persona erscheinen im Lichte der Freudschen Neurosenlehre als Krankheitssymptome. Ob Staats-Obsession oder Fetischisierung des Kollektivs, hinter beiden verbirgt sich, wie einer der Autoren enthüllt – die »tief verwurzelte Angst der Männer vor dem Weiblichen«.[143] Daher die zwanghafte Abgrenzung gegen Phänomene des Chaos und des Flutenden. Es handelt sich dabei keineswegs um eine individuell verschuldete Deformation des Einzelwesens. Die »Panzerung« ist vielmehr das Ergebnis eines zivilisatorischen Prozesses, der den Gedanken der Autonomie an den der Selbstdisziplinierung und »Abkühlung« der Affekte knüpfte. Die Eingrenzung des Ich ging, Theweleit folgt hier Norbert Elias, mit der Zentralisierung der Staatsmacht einher, so daß das autonome Ich so etwas wie »eine zentralisierte Staatsmacht im kleinen« wurde.

Fragt man nach dem Menschenbild, von dem aus heute die vernichtenden Urteile über das »gepanzerte Selbst«, das »Metall-Ich«, die »Bunker-Person« gefällt werden, so trifft man auf Stichworte wie »Entspannung«, »Abrüstung« und »Meditation«. In diesem Rahmen lagert ein Mensch, der in Einklang mit mäßigen Trieben lebt, sich alle »Täterillusionen« abgeschminkt hat und keine Notwendigkeit kennt, Körpergrenzen und Diskretionsräume zu markieren. Von keinem Diktat der Praxis behelligt, soll er sich dem »Unterlassungshandeln« widmen.

So wandert unversehens Diogenes von Sinope in die Bürgerkriegsszene der Weimarer Republik. Hier erfreut er sich seiner Organfunktionen und murmelt:

> Wo wir nichts getan haben, ist kein Tiger unterwegs, von dem abzusteigen schwerfiele; wer lassen kann, den schleifen keine verselbständigten Projekte hinter sich her; wer Enthaltungspraxis übt, gerät nicht in die Selbstfortsetzungsautomatik entfesselter Aktivismen.[144]

Pausieren die Machtspiele der Gesellschaft in dem Reservat »unentfremdeter Leiblichkeit«, das dieses Bild dem freundlichen Menschen einräumt? Ist die psychische Konstitution des Menschen in diesem Freiraum »tigerlos«?

2. Die Anthropologie des 17. Jahrhunderts im 20.

Vom Standpunkt einer therapeutisch gestimmten Anthropologie der siebziger und achtziger Jahre klingt das Leitmotiv der Verhaltenslehre der Kälte ziemlich schrill, zumal ihm die Melodie eines Gassenhauers unterlegt ist, wie den unnachahmlich subtilen Versen der *Ballade von der Unzulänglichkeit menschlichen Planens*:

> Der Mensch ist gar nicht gut
> drum hau ihm auf den Hut.
> Hast du ihm auf den Hut gehaut
> Dann wird er vielleicht gut.[145]

Von den frühen Pamphleten Dadas (»Der Mensch ist nicht gut, sondern ein Vieh«, George Grosz) bis zu Brechts *Flüchtlingsgesprächen* (»Der Mensch ist gut, das Kalb schmackhaft«) dröhnt der Spott der neusachlichen Intellektuellen auf die Idee der eingeborenen Güte, die aus dem Titel einer der erfolgreichsten Sammlungen von Erzählungen, Leonhard Franks *Der Mensch ist gut* (1919) sprach, durch die Räume der Republik. Robert Musil betrachtet die Güte im Lichte des Funktionalismus und kommt zu dem Schluß: »Denn ein guter Mensch macht die Welt nicht im geringsten gut, er bewirkt überhaupt nichts an ihr, er sondert sich nur von ihr ab.«[146] Den Menschen als ungefährliches Wesen zu betrachten galt, wie Carl Schmitt meint, als ein rührender Zug naiver Anthropologie oder als ein Symptom der Kinderkrankheit »Expressionismus« und vergleichbarer Radikalismen. Max Scheler sah nur noch Heil in einem energischen Akt der »Askese«, der die destruktiven Triebenergien unterdrücken und sublimieren sollte.[147] Helmuth Plessner warnt vor der dem menschlichen Wesen »einwohnenden Niedertracht«.[148] Sigmund Freud spricht ironisch von den guten Leuten, die die »Ubiquität« der Destruktionslust leugnen: »Denn die Kindlein, sie hören es nicht gerne, wenn die angeborene Neigung des Menschen zum Bösen, zur Aggression, Destruktion und damit auch Grausamkeit erwähnt wird.«[149] Bei Carl Schmitt findet sich das Diktum, daß jede »echte« politische Theorie, wie auch jede »echte« politische Anthropologie, davon ausgehen müsse, daß der Mensch von Natur aus ein gefährliches, ein »riskantes Wesen« sei.[150] Ernst Jünger spricht vom »schrecklichen Hohnlachen der Natur über ihre Unterstellung unter die Moral«.[151]

Der Rückgriff auf Denkmotive des 17. Jahrhunderts, die das

zerstörerische Potential der Triebnatur betont und Mittel ihrer Bändigung ausgeheckt hatten[152], ist in den zwanziger Jahren bei Avantgardisten jeder Couleur zu beobachten. In der Rechtsphilosophie, auf der Opernbühne und im gelehrten Traktat fesselt der »Tigersprung ins 17. Jahrhundert«.[153] Reizvoll war die Logik des Extrems. Die Gestalt des rohen »Wolfsmenschen«, die inmitten der Glaubenskriege auftritt, fasziniert ebenso wie der Schrecken, den die gegen ihn aufgewandte Staatsmaschine ausübt. Es ist die »Aura der Künstlichkeit«[153], die mit all ihrer Gewalttätigkeit den Naturzustand des Menschen in Schach zu halten verspricht, die die radikale Intelligenz anzieht, und, umgeben von dieser Aura, die Gestalt des gewissenlosen, auf äußere Stimmen angewiesenen Subjekts.

Benjamin beschreibt die »Katastrophenlandschaft« des 17. Jahrhunderts in Kategorien, die die geistige Situation nach dem Weltkrieg erfassen:

Das Jenseits wird entleert von alledem, worin auch nur der leiseste Atem von Welt webt und eine Fülle von Dingen, welche jeder Gestaltung sich zu entziehen pflegten, gewinnt das Barock ihm ab und fördert sie auf seinem Höhepunkt in drastischer Gestalt zu Tag, um einen letzten Himmel zu räumen und als Vakuum ihn in den Stand zu setzen, mit katastrophaler Gewalt dereinst die Erde in sich zu vernichten.[155]

Angesichts dieser Landschaft des Nihilismus bietet sich die Denkfigur der negativen Theologie an, die bei den Dialektikern des 20. Jahrhunderts eine entscheidende Rolle spielen wird: Da der Heilsweg in die Transzendenz verstellt ist,

vergräbt das deutsche Trauerspiel sich ganz in die Trostlosigkeit der irdischen Verfassung. Kennt es eine Erlösung, so liegt sie mehr in der Tiefe dieser Verhängnisse selbst als im Vollzuge eines göttlichen Heilsplans.[156]

Der philosophische Diskurs des 17. Jahrhunderts hatte die theologischen Annahmen einer inneren Kontrollinstanz des Gewissens untergraben und darauf aufmerksam gemacht, daß nur der grobe äußere Zwang der gesellschaftlichen Kontrollmechanismen und die wechselseitige Neutralisierung der Affekte ein gewisses Maß von Moralität erzeugen können.[157] John Locke war davon ausgegangen, daß in der menschlichen Seele keine natürliche Neigung zum Guten angelegt sei. Er hatte eine Seele angenommen, in der jede Instanz fehlt, die die finsteren Impulse wirksam in Schach halten könnte. Was an natürlicher Triebausstattung vorhanden ist, so bemerkte er, neige dazu, jede Moralität zu zerstören. Lohn und Strafe sind die äußeren Reiz- und Schreckmittel, die allein den moralischen Gesetzen Gehör verschaffen können. Auch Thomas Hobbes vertraut nicht dem inneren Zwang und verlagert die Kontrolle auf den Staat oder das die Vernunft des Staates antizipierende Subjekt. Carl Schmitt, der sich auf Hobbes beruft, betont, daß der Rückgriff auf die schwarze Anthropologie des 17. Jahrhunderts keinem Exotismus und keiner Lust an der Grausamkeit entspringt. Er entspricht vielmehr, so Schmitt, der »seinsmäßigen Wirklichkeit« des 20. Jahrhunderts. Mag das als ein Rückgang auf den »atavistischen Rest barbarischer Zeit« denunziert werden, die Nachkriegswirklichkeit läßt keinen anderen Schluß zu.[158]

In seiner Polemik gegen die fixe Idee der »eingeborenen Güte« enthüllt Schmitt einen gefährlichen Aspekt, der uns auf eine andere Spur führt. Denn die Rede von der »Güte« ist für Schmitt nicht nur ein Zeichen von Naivität und humanistischer Frömmigkeit, sondern, unweit alarmierender, ein Indiz des *Anarchismus*, der alle Pervertierungen des Guten dem Staate ankreidet, und zugleich ein Fähnchen der *Liberalen*. In beiden erkennt er Kräfte, die das Feld des Politischen untergraben wollen: die einen durch Auflösung des Staates, die anderen, indem sie den Staat zum Instrument des Marktes degradieren wollen. In beiden Kräften wittert er Energien der Aufweichung der klaren Grenzen. Dem widerspricht nicht, daß Schmitt sich in einer Art »autoritärem Liberalismus« (Hermann Heller) dem Industriekapital durchaus anzuschmiegen bereit ist.

Die Ersetzung des Kampfes durch das nicht enden wollende »Palaver« im Falle des politischen Liberalismus, das völlige Loslassen des institutionellen Halts und der Sturz ins Chaos im Falle des Anarchismus – gefürchtet werden verschiedene Modi der Auflösung, vor allem das vom Liberalismus angestrebte »Verschwimmen der feindlichen Elemente ineinander« (Lorenz von Stein), die »Durchdringung der entgegengesetzten Kräfte« im Medium parlamentarischen Austauschs. Das gepanzerte Ich bietet dieser Gefahr erstmal – die Stirn.

In Zusammenhang mit der Reaktualisierung der negativen Anthropologie des 17. Jahrhunderts im Dreißigjährigen Krieg der

Moderne (1914 bis 1945) steht auch die merkwürdige Wiederkehr der Klugheitsregeln, die in jenem katastrophischen Jahrhundert Konjunktur hatten. Nach dem Verlust der metaphysischen Außenhalte sucht man auf den Ruinen traditioneller Orientierungssysteme Selbststabilisierung in einem Codex der Lebensführung. Die Prinzipien, die Hobbes' Vernunftvorschriften zugrunde gelegen hatten, kehren in modernisierten Varianten wieder:

1. Befolge immer das System von Regeln, dessen Befolgung in allen Situationen den größten Vorteil für dich verspricht.
2. Befolge dieses System von Regeln auch in solchen Situationen, in denen ein Regelverstoß einen größeren Vorteil verspricht als regelkonformes Verhalten. (...)
3. Es ist unvernünftig, dieses Regelsystem auch dann zu befolgen, wenn seine allgemeine Nichtbefolgung den größten Vorteil, den seine Befolgung bei allgemeiner Beachtung für dich verspricht, in den größten Nachteil verkehrt.[159]

In der Sphäre der Gewalttätigkeit herrscht das Recht auf *Verstellung*. »Offenherzigkeit«, das hatte das expressionistische Jahrzehnt erfahren lassen, war ein untrügliches Indiz für Selbstpreisgabe. Das erklärt die Gunst der Stunde für das politisch-pragmatische Genre der Verhaltenslehren und der mit ihr verbundenen Rhetorik der Verstellung, deren Leistungsfähigkeit nach beinahe zwei Jahrhunderten Rhetorik-Kritik entdeckt wird. Im neusachlichen Jahrzehnt bahnt sich die Erkenntnis an, daß die Rhetorik des 17. Jahrhunderts den Konzepten des 18. Jahrhunderts weit voraus ist, »weil sie die Mittelbarkeit der Kommunikation, die Polyvalenz der Zeichen und die Opazität reflektiert«.[160] Freilich geht diese Entdeckung einher mit einer fatalen Unterschätzung der Modernität des 18. Jahrhunderts und seiner Entdeckung der »Geschichte«.

Neben dem Rückgriff auf die Idee der Notwendigkeit des äußeren Zwangs zur Kontrolle der gefährlichen Triebnatur und der Aktualisierung der stabilitätsfördernden Verhaltensregeln entfaltet ein drittes Moment aus der Denkwelt des 17. Jahrhunderts außerordentliche Anziehungskraft: es ist Hobbes' Einsatz der Physik als Begründungswissenschaft der Ethik und sein Entwurf des Menschen als Bewegungs-Maschine.[161] »Die Kältetendenz«, so erinnert uns Ossip Mandelstam 1930 in seinem Kommentar zu

Dante, »rührt vom Eindringen der Physik in eine moralische Idee.«[162] Hobbes' Wahrnehmung der Wirklichkeit ist physikalisch getönt, die Welt besteht aus sich bewegenden Körpern, mentale Prozesse sind als Elemente in dieses Bewegungssystem eingelassen. Subjektivität erscheint bei ihm als »Ding unter Dingen«, woraus sich eine gesteigerte Reflexivität des Verhaltens ergibt. Die Vernunft ist eine Art Ausgleichsapparat im Bewegungssystem Mensch, sie reguliert die Triebdynamik in Einklang mit der Staatsgewalt und bricht die Strebungen der Unmittelbarkeit.

Diese Aspekte einer vom Psychologisierungskult des 19. Jahrhunderts verschütteten Anthropologie wurden von den Avantgardisten begierig aufgegriffen; sie filterten auch noch die letzten Spuren des humanistischen Horizonts, in dem Hobbes' Anthropologie lagerte, heraus. Während heutzutage nicht ohne moralisches Entsetzen konstatiert wird, Hobbes habe soziales Handeln auf »reflektierte Gegenseitigkeit der Instrumentalisierung« (K.O. Apel) reduziert[163], so kann man sich kaum vorstellen, welch ästhetischer Reiz der Handlungsentfesselung von diesem wiederentdeckten Gesichtspunkt in den zwanziger Jahren ausging. Der Gedanke, jeder Akteur wisse, daß sein Gegenüber ihn selbstverständlich ebenso als Mittel für seine Ziele einspannen wolle, wie er selbst diesen zur Verwirklichung seiner eigenen Ziele zu gebrauchen beabsichtige, inspiriert Serner zu seinen Szenarien der Gangsterwelt und bildet das Konstruktionsprinzip einiger Stücke von Brecht. Hobbes blickt auf eine Welt, in der verschlossene Individuen miteinander um Machtvermehrung konkurrieren und durch keine konsens-seligen Verständigungsprozesse oder talking cures aus ihrer »privaten Opakheit« zu holen sind. Dieser Blick hat eine Generation von Avantgardisten, denen die Psychologie des 19. Jahrhunderts nur als Wegweiser in Ohnmacht und Handlungslähmung galt, vergnügen können.

3. Helmuth Plessners Anthropologie der zwanziger Jahre: Ein neusachliches Mantel- und Degenstück

»Dem radikalen Denken der Moderne«, befindet Peter Sloterdijk in der Schlußbetrachtung seiner Analyse des »Weimarer Symptoms« Zynismus, enthüllt sich am Selbst-Pol die Leere und am Welt-Pol die Fremdheit, und wie sich ein Leeres in einem Fremden »selbst« erkennen sollte, kann sich unsere Vernunft beim besten Willen nicht vorstellen.[164]

Helmuth Plessner konnte sich zu Beginn der zwanziger Jahre sehr wohl eine Form der Selbsterkenntnis vorstellen, die nicht den »Weg nach Innen«, den Sloterdijk im Sinne hat, einschlägt. Seine Einschätzung der geistigen Situation entspricht dem zitierten Diktum Sloterdijks: der Himmel der Metaphysik ist nach dem Weltkrieg »kalt und leer«. (»Vakuum« ist ein damals beliebter physikalischer Terminus, der den Zustand bezeichnen soll; »Vacuumcleaner« hatte man die Revolution von 1918 genannt.) Helmuth Plessner prägt für diese Desillusion einen Satz, den viele seiner Zeitgenossen unterschrieben hätten:

»Von Überwölbungen ist nichts zu erwarten, außer, daß sie einstürzen.«[165]

Wo sich kein bergender Himmel über den einzelnen wölbt und die moderne Gesellschaft in ihrer »maßlosen Erkaltung« schreckt, da lockt als Zufluchtsort »das Ideal einer glühenden Gemeinschaft«, bemerkt Kracauer[166], der wie Plessner vor der panischen Flucht in die Geborgenheit warnt. Plessner entwirft eine Verhaltenslehre für die »Kühle der Gesellschaft«. Seine Schrift *Grenzen der Gemeinschaft. Eine Kritik des sozialen Radikalismus* erscheint 1924.[167]

Mit der Kombination der Begriffe »Gemeinschaft« und »Radikalismus«, die der Titel in einem Atemzug nennt, nimmt sich Plessner eine Kernzone der deutschen Ideologie vor. »Gemeinschaft« galt in diesen Jahren als ein Kampfbegriff gegen »Gesellschaft«, er meinte den Rekurs auf einen verlorenen »ursprünglichen und natürlichen Zustand« der *Einheit*, den Ferdinand Tönnies schon 1886 in Opposition zur Zerstreuung in der Sphäre der Zivilisation begrifflich konstruiert hatte.[168] Auch die Soziologie der zwanziger Jahre maß dieser Unterscheidung erheblichen analytischen Wert zu. Theodor Geiger erkannte in der »Gemeinschaft« die regulative Vorstellung von jener fabelhaften symbiotischen »Seinsform, darin ich mich mit anderen ungesondert weiß«.[169]

Mit dem Terminus »Radikalismus« greift Plessner jede Weltanschauung an, die sich von der Überzeugung leiten läßt, »daß ein Rückzug auf die Wurzeln der Existenz« not tue.

Den Wunschbildern der »ungesonderten Einheit« und den Therapien der Radikalität setzt Plessner seine Verhaltenslehre der Distanz entgegen, die von dem anthropologischen Grundsatz ausgeht, daß die Existenz jedes Menschen von Geburt an gebrochen sei. »Deshalb ist der Mensch ›von Natur‹ künstlich und nie im Gleichgewicht.«[170]

Wie ist das Schreckbild der »Gemeinschaft« bei Plessner konstruiert? Welches Wunschbild gesellschaftlichen Verkehrs entwirft er, und von welcher Anthropologie geht er aus?

Plessners Schrift wird von einem Polaritäts-Schema gesteuert, das in einer langen ikonographischen Tradition die Bilder der »Gemeinschaft« an den Wärme-Pol, die der Gesellschaft an den Kälte-Pol lagert; denn »Gesellschaft« gilt in diesem dualistischen Schema als Sphäre der permanenten Trennungen.[171] Plessner entschließt sich – mit den Bildmarken der Polarisation zu reden – zum »Weg in den Gletscher« der Gesellschaft (Theodor Lessing). Auch auf dem »Gletscher« gilt es, Contenance zu wahren.

Er versteht zwar die Motive, sich mit einer »wärmenden« Vertrauenssphäre zu umgeben, sieht den Mangel der Gemeinschaftsideologie aber in folgenden Faktoren:

– »Gemeinschaft« hegt die Illusion der Überwindbarkeit der Gewaltmittel in ihrem Innern. Sie verschleiert die lebenserhaltende Funktion der Differenzen zwischen den einzelnen, verdunkelt die internen Feindseligkeiten und die Notwendigkeit von Mißtrauenssphären, die sie nach außen projiziert. »Gemeinschaft« vergißt zu gern, daß sie im Rahmen der technischen Verkehrsformen der Gesellschaft funktioniert und sich nur im lebenserhaltenden Kontrast definieren kann.

– Ruinös wirkt der Fundamentalismus des Gemeinschaftsgedankens auf den einzelnen. Der »Purismus« seiner Wertlehre reißt die »Körpergrenzen« des einzelnen nieder. Sein Kult der »Echtheit« ist mit dem Terror verschwistert; seine Forderung nach »Authentizität« beruft sich auf Substanz, die nirgends zu holen ist.

– Der Kult des »Eigentlichen«, dem die Gemeinschaft einen zentralen Platz einräumt, gilt, so befindet Plessner, einem Phantom, das, »im Licht« einer Verhaltenslehre betrachtet, sich in nichts auflöst.

In vielen Passagen interveniert Plessners Schrift direkt in die zeitgenössische Szene von Kunst und Literatur. Vor allem, wenn er in ihr die Symptome eines Aufrichtigkeitskults aufspürt, gegen den sich seine Verhaltenslehre richtet:

Industrialismus ist die Verkehrsform, Expressionismus die Kunst, sozialer Radikalismus die Ethik der Taktlosigkeit. Der Schrei nach körperlicher Hygiene, der schon mit Oberlicht und gekachelten Wänden zufrieden ist, passt trefflich zu einer Kunst, die ohne Umstände auf das Wesentliche losstürzt, zu einer Moral der rücksichtslosen Aufrichtigkeit und des prinzipiellen sich und andern Wehetuns.[172]

Die Inszenierung von »nackter Ehrlichkeit« oder »eruptiver Echtheit« duldet Plessner in keinem zeitgenössischen Design, weder in dem neusachlichen der Innenräume der Bauhaus-Architektur »mit Oberlicht und gekachelten Wänden« noch vor expressionistischer Kulisse. Der Raum der Hygiene ist dem Kälte-Pol, die »rücksichtslose Aufrichtigkeit« dem Hitze-Pol angelagert. Plessners Schrift richtet sich gegen alle Formen des unvermittelt Direkten, er plädiert darin für die mäßigen Temperaturen und das gebrochene Licht, für alle Spielarten in Kunst und Literatur, die von der Bloßstellung des Intimen entlasten und Techniken zur Regulierung der Distanzen einüben.

Hiermit greift Plessner nicht nur Motive der Soziologie Georg Simmels auf und übernimmt die Wende gegen die »Gesinnungsethik« im Gefolge Max Webers, seine Schrift schließt auch direkt an Manifeste der Avantgarde an, die – offensichtlich in Reaktion auf die Horden-Erfahrung des Weltkriegs und die Vehemenz der Gemeinschaftsideologien, die auf den Zerfall der alten Ordnung antworten – Lehren der Distanz entwerfen. So hatte man 1923 in einem Manifest des ungarischen Kunst-Theoretikers Ernö Kallai lesen können:

Der Konstruktivismus ist a-ethisch... Letzten Endes gibt es keinen weiseren Humanismus als den, der mit regelmäßig organisierter Gewähr davor schützt, daß wir uns fortwährend am Innenleben des anderen stoßen... Lieber sollten wir uns darum bemühen, daß jeder Mensch genug freien Raum um sich erhält, der ihn von seinem lieben Nächsten trennt. Dies bedeutet für jeden mehr frische Luft, Bewegungsmöglichkeit, unvoreingenommene Offenheit und – glücklicherweise – weniger Monumentalität, Heroismus und tragisches Ethos.[173]

Wir werden jedoch sehen, daß Plessner die von Kallai aufgezählten Vorteile der antiheroischen Haltung seinem Konzept nicht integriert, sondern aus der Lehre der Distanz die Möglichkeiten einer pathetischen Existenz entwickelt. Diese Tendenz wird in seiner

Schrift *Macht und menschliche Natur* aus dem Jahre 1931 riskante Formen annehmen.

Vorläufig aber ist, wie man den bisher zitierten Sätzen entnehmen kann, Plessners Schrift von 1924 ein seltenes und kostbares Dokument einer Kultur der Distanz, die in der Geschichte der bürgerlichen Kultur in Deutschland einen schweren Stand hat.[174] Es ist ein frühes Manifest gegen die »Tyrannei der Intimität«, der 50 Jahre später der amerikanische Soziologe Richard Sennett den Kampf ansagt.[175] Plessner teilt die Aversion gegen den Kult des Authentischen mit Walter Benjamin, der in der Formlosigkeit des Ehrlichen einen »faktisch und sittlich unhaltbaren Anspruch« erblickt und zu dem Urteil kommt, daß sich der Hang zum »schrankenlosen Alles-Heraus-Sagen« nicht selten bei Personen findet, die »auch äußerlich unreinlich sind (Vegetarier-Typus)«, gegen die er den gepflegten Typus des Diplomaten wohlwollend abhebt.[176] Plessners Essay ist zudem ein Beitrag zur Geschichte der Künstlichkeit der Authentizitäts-Formeln, deren historische Variabilität er – wie Lionel Trilling – hervorhebt.[177]

Wie Sennett betont Plessner, daß der Kult des authentischen Ausdrucks mehr Leiden schaffe als behebe:

Aufrichtigkeit ist keine Richtschnur einander fremder Personen (...) Nach kurzem Zusammenprall müßte sich Weltraumkälte zwischen sie legen.[178]

Freilich, Sennett trauert dem Verlust der Wärme der Öffentlichkeit nach, die er restituieren will; Plessner dagegen will ihre reflexive Kälte zum Medium lebenspendender Grenzziehungen machen. Sennett orientiert sich am öffentlichen Dialog des 18. Jahrhunderts, während Plessners Theorie die Atmosphäre des französischen Klassizismus des 17. Jahrhunderts atmet.

Gegen die angeheizten Bilder einer geschlossenen »Gemeinschaft« als einer »ungesonderten Einheit« setzt er das Bild der »Gesellschaft«, die er relativ formal definiert. Sie ist ein »offenes System von Verkehrsformen« einander fremder Menschen, durch »Wertferne« gezeichnet, von Gewalt und Feindseligkeit grundiert, aber mit wachsenden »Spielmöglichkeiten« für den einzelnen versehen. In diesem System tritt der Mensch niemals in Rohform, sondern immer schon in einer Rolle auf, in der er sich in der Interaktion mit den Fremden definiert. Um die Reibungsfläche mit den anderen zu verkleinern, muß der einzelne ein funktionierendes Gleichgewicht zwischen Vertrauens- und Mißtrauenssphären schaffen. Bei diesem Unternehmen entlasten ihn »Zeremoniell« und »Prestige«, »Diplomatie« und »Takt«, die für den Ausgleich von »Distanz und Nähe«, »Objektivität und Familiarität« sorgen. Es bedarf der virtuosen Handhabung von »Spielformen, mit denen sich die Menschen nahe kommen, ohne sich zu treffen, mit denen sie sich von einander entfernen, ohne sich durch Gleichgültigkeit zu verletzen«.[179] Es geht um die Einhaltung der »mäßigen Entfernung«, von der Schopenhauers berühmtes Gleichnis von den frierenden Stachelschweinen spricht.[180]

Stark ist laut Plessner, wer die Spielregeln (das einzige »Sittengesetz« der Gesellschaft) beherrscht, sich also auf die »Künstlichkeit« ihrer Formen einläßt. Alle Techniken, die »aus der Intimität zur Distanz« führen, wirken zudem entlastend. Mit Takt im privaten und Diplomatie im staatlichen Bereich angewandt, vermehren sie die persönliche Macht.

Virtuosen bringen es schließlich zu einer aristokratischen Eleganz, die schon die kalte persona Graciáns ausgezeichnet hatte:

> Die erzwungene Ferne von Mensch zu Mensch wird zur Distanz geadelt, die beleidigende Indifferenz, Kälte, Rohheit des Aneinandervorbeilebens durch die Formen der Höflichkeit, Ehrerbietung und Aufmerksamkeit unwirksam gemacht und einer zu großen Nähe durch Reserviertheit entgegengewirkt.[181]

Ich komme erst *nach* dieser Lesart von Plessners Grenz-Schrift als Verhaltenslehre auf die anthropologischen Grundsätze von 1924 zu sprechen, weil diese hier als Ableitungen eines bestimmten Habitus erscheinen. Seine Direktiven sind nicht unbedingt Konsequenzen einer naturwissenschaftlich orientierten Anthropologie, obwohl Plessner auch schon 1924 auf Zoologie, Medizin und Paläontologie zurückgreift, um seine Verhaltenslehre als Resultat der naturwissenschaftlich begründeten Konstitution »des Menschen« darzustellen. Ist diese Annahme richtig, dann hätten wir es in Plessners Hauptwerk *Die Stufen des Organischen und der Mensch* mit der Naturalisierung einer exzentrischen Verhaltenslehre zu tun.

Die Grundsätze seiner Anthropologie von 1924 lauten lapidar: Der Mensch ist von Natur aus künstlich. Er wird in einer »exzentrischen« Position zu seiner Umwelt geboren und bedarf der Künstlichkeit einer zweiten Natur, des kulturellen Kontextes, den er um sich webt, um überhaupt leben zu können. Weil er sich nur in dieser Künstlichkeit realisieren kann, wird die *Geschichte* als Prozeß, in dem der Mensch fortlaufend Sachstrukturen entwikkelt, denen er sich aussetzt, zum Medium und Richtmaß seiner Existenz.[182] Die Erkenntnis der *künstlichen Bedingungen* und Formen des menschlichen Wesens wird für die Entwicklung der Anthropologie weitreichende Folgen haben; Gehlen wird später aus dem Grundsatz, daß der Mensch »von Natur aus ein Kulturwesen« ist[183], seine Institutionenlehre entwickeln. In Plessners Frühwerk lassen sich die Faktoren, die im Künstlichkeits-Axiom verschmolzen sind, von Nietzsche-Motiven bis zum Technikkult, noch als selbständige Elemente studieren. Hier wird deutlich, in welchem Ausmaß das Künstlichkeits-Axiom dem Polaritätsdenken der Lebensphilosophie[184] verhaftet ist, wenngleich plötzlich ihr Schreckbild der Entfremdungs-Kälte positiv besetzt wird. Ein Seitenblick auf die große Vermittlerfigur, Georg Simmel, mag das verdeutlichen.

Simmel war von einem *tragischen* Grundwiderspruch des »Lebens« ausgegangen:

Das schöpferische Leben erzeugt dauernd etwas, was nicht selbst wieder Leben ist, etwas, woran es sich selbst wieder totläuft, etwas, was ihm einen eigenen Rechtsanspruch entgegensetzt. Es kann sich nicht aussprechen, es sei denn in Formen, die etwas für sich, unabhängig von ihm, sind und bedeuten. Dieser Widerspruch ist die eigentliche und durchgehende Tragödie der Kultur.[185]

In Simmels Sätzen zeigt sich die Denkstruktur einer Epoche, die Triebregung und sozialen Zwang, schöpferisches Leben und Konventionen des Ausdrucks, unentfremdetes Sein und Verdinglichung in polare Spannung versetzt. Plessner gehört zu den Denkern, die die »Tragik« dieses Widerspruchs aufheben wollen, indem sie dem Polaritätsdenken eine überraschende Wendung geben: Ausschließlich im Medium sozialen Zwangs können sich Triebregungen human entfalten, nur Konventionen verbürgen menschlichen Ausdruck. Freiheit muß sich im entfremdeten Raum der Gesellschaft realisieren. Es geht ihm darum, die entwickelten geschäftlichen, geselligen und großstädtischen Verkehrsformen in ihrer menschlichen Dignität anzunehmen.[186] Die Reichweite dieser Umpolung der Werte im Rahmen der Lebensphilosophie erscheint zwar im Rückblick enorm, über der Bewunderung dieser unter dem Stern der Neuen Sachlichkeit vollzogenen Umwertung darf allerdings nicht vergessen werden, wie gering ihr Echo unter den deutschen Mandarinen blieb und welche Verwerfungen die Anspannung eines Ansatzes, der sich in Deutschland nicht in eine kulturelle Tradition einbetten konnte, in der Theorie Plessners selber zur Folge hatte.

Vier Jahre später wiederholt Plessner den Grundsatz der Künstlichkeit in Anlehnung an Max Scheler in seinem Hauptwerk in der klassischen Formulierung: »Der Mensch lebt also nur, wenn er ein Leben führt.« Er verwirklicht sich in sozialen Figurationen, die das natürliche Medium seiner Existenz bilden. Zu früh aus dem Nest geworfen, bedarf er der eigens bewerkstelligten Umwelt, um zu überleben:

Existenziell bedürftig, hälftenhaft, nackt ist dem Menschen die Künstlichkeit wesensentsprechender Ausdruck seiner Natur. Sie ist der mit der Exzentrizität gesetzte Umweg zu einem zweiten Vaterland, in dem er seine Heimat und absolute Verwurzelung findet. Ortlos, zeitlos, ins Nichts gestellt, schafft sich die exzentrische Lebensform ihren Boden. Nur sofern sie ihn schafft, hat sie ihn, wird sie von ihm getragen. Künstlichkeit im Handeln, Denken und Träumen ist das innere Mittel, wodurch der Mensch als lebendiges Naturwesen mit sich in Einklang steht.[187]

Daraus ergeben sich die Bedingungen für die Psyche. Alle ihre Äußerungen sind den Gesetzmäßigkeiten der Künstlichkeit (wir würden heute sagen: der symbolischen Ordnung, der Öffentlichkeit und der Institutionen) unterworfen; »vermittelte Unmittelbarkeit« ist das Los des Menschen. Das Psychische muß sich im fremden Medium verlieren, um zu sich zu gelangen. Daß dieses »fremde« Medium auch als »zweites Vaterland« beschrieben wird, relativiert freilich den Anspruch der Fremde, die zurückgewonnen werden soll, und enthält eine Ausschlußklausel, die uns später interessieren wird.

Im Zentrum von Plessners Anthropologie findet man also die Grundsätze, die lückenlos an sein Handlungskonzept anschließen und seine Verhaltenslehre der Distanz begründen: Die Direktheit und Authentizität, die die Gemeinschaftsideologie der Seele abverlangt, ist gegen ihre Natur. »Im Indirekten zeigt sich das Unnachahmliche des Menschen.«[188]

Die Psyche braucht den Einsatz von Gewaltmitteln zur Herstellung einer Schutzzone des Abstands, in der sie sich entfalten kann. Grenzziehungen erweitern den reflexiven Spielraum. »In Nichts kann der Mensch seine Freiheit reiner beweisen als in der Distanz zu sich selbst.«[189]

Plessners Verhaltenslehre zählt zu den angenehmen, die »gemeinschaftsverlangenden und distanzierenden Mächte des Leibes« ausbalancierenden Dokumenten einer neuen »Sachlichkeit« der jungen Generation. Man möchte in seiner Grenz-Schrift eines der seltenen zivilisationsfreundlichen und zivilen Dokumente der deutschen Kulturgeschichte begrüßen. Denn wie freundlich nimmt sich in seiner Anthropologie, deren spätere Konturen hier mit denkwürdigen Verzeichnungen deutlich werden, ein Phänomen aus, das in der deutschen Kultur so umkämpft ist: die *Grenze* als Bedingung der Möglichkeit des lebendigen Körpers. Später wird man in ihr den Kern seiner Anthropologie erkennen:

> Wie alle Dinge, hört auch das Lebendige am ›Rand‹ auf, aber konstitutiv für Lebewesen ist sein ›hautnahes Verhältnis zu seinem Rand‹. Im abkammernden und zugleich aufschließenden ›Grenzübergang‹ ist ein Lebewesen vom Zentrum aus gegen eine korrelierende Umgebung gestellt: ›positioniert‹. Somit ist das Lebendige in seiner ›Grenze‹ genuin in den ›Doppelaspekt‹ von Innen und Außen, Subjekt und Objekt, Leibsein und Körperhaben gestellt.[190]

So besonnen, wie es im Rückblick klingt, ist freilich das Prinzip Grenze im Jahre 1924, wie wir sehen werden, noch nicht definiert. Wie bei einigen anderen Intellektuellen dieses Jahrzehnts, Siegfried Kracauer, Bertolt Brecht, Herbert Jhering, Erich Engels, Walter Benjamin, Ernö Kallai, Paul Tillich, Karl Mannheim u. a., erfährt die Anonymität der »Öffentlichkeit« in Plessners Konzept eine Aufwertung als notwendiges Medium, in dem das Leben in all seinen Schattierungen von Fremdheit und Vertrautheit »fluktuieren« kann. Verblüffend genug – und vielleicht durch die gemeinsame Herkunft von Kierkegaard, aus der Lebensphilosophie oder der Tradition der Kulturkritik zu erklären –, zählt Plessner bei der Charakterisierung der Öffentlichkeit alle Merkmale auf, die Martin Heidegger wenig später in der Sphäre des »Uneigentlichen« sichtet: Abständigkeit, Seinsentlastung, Aufenthaltlosigkeit, Zerstreuung und Entwurzelung – um sie im Gegensatz zu Heidegger aufzuwerten. In all den genannten Erscheinungen begrüßt Plessner den *offenen Möglichkeitshorizont* der Existenz. Die Betonung des Reflexiven der Spielformen der Konvention entlastet den gesellschaftlichen Austausch der Individuen von fundamentalistischen Ansprüchen. Die Abkehr vom Komplex der »machtgeschützten Innerlichkeit« (Thomas Mann) und die Aufhebung der Arbeitsteilung zwischen einer Sphäre des privaten Heils der Kontemplation und des öffentlichen Unheils der Taten schlagen ein neues Kapitel auf, in dem das »Wesen« des Menschen im Horizont seiner Handlungsmöglichkeiten gesucht wird. Kein Zweifel, Plessner entwirft eine neue, in der »Sachlichkeit« der Humanwissenschaften begründete Authentizitätsformel. Diese löst das Kriterium der »Echtheit« des Ausdrucks von den Rahmenbedingungen der Ohnmacht, Zerknirschung, Unbewußtheit und Handlungslähmung und bindet sie an die Reflexion realitätstüchtigen Verhaltens.

Aber tiefe Risse in Plessners Konzept, Verwerfungen seiner Argumentation und politische Anspielungen machen darauf aufmerksam, daß sich die Haltungen, die Plessner vorschlägt, nicht in eine kulturelle Tradition einbetten können, sondern die Anstrengung des Hochleistungssports fordern. Man merkt mitunter, mit welcher Brachialgewalt Plessner »Reflexionsfiguren des deutschen Idealismus in den Leib versenkt«.[191] Sie geben die Angst als einen elementaren Beweggrund preis, zeigen die Intervention des Ästhetischen in seine anthropologischen Elementarsätze und lassen erkennen, wie tief die Kernzone seiner Wissenschaft in das Reich der Vätergeneration eingesenkt ist, um sich gegen den Vitalismus der Jugendbewegung, die die Väter vergessen wollte, abzugrenzen. Es ist bezeichnend für Plessners Begriff des Politischen in den zwanziger Jahren, daß sich in den beiden Schriften von 1924 und 1931, mit denen er direkt in ideologische Auseinandersetzungen eingreifen will, schlagartig die Polarisierung der Lebenssphären, des Vertrauten und des Fremden, verschärft. Sein zentraler Begriff der »Grenze« bezeichnet jetzt nicht länger eine Zone des Austauschs. Vielmehr tritt nun eine hochreflexive Person auf den Plan, die über ein Ich verfügt, das sich nach Innen scharf gegen das Unbewußte des Leib-Seins abgrenzt. Sie scheint ihren Leib vergessen zu müssen, damit sie ihren Körper kunstgerecht vorführen kann. Die Aufgabe der Bewachung der Grenzziehung, mit der das Ich sich seiner Identität vergewissert, versetzt es in einen chronischen Alarmzustand.

Man hat bemerkt, daß Plessners Axiom der »exzentrischen Positionalität« des Menschen auf dem Begriff der Grenze beruht.[192] Die »Souveränität« der Plessnerschen persona wird permanent durch die »naturale Ausstattung« des Menschen herausgefordert, die ihn in »Grenzsituationen« führt, die offensichtlich nicht ohne die Bravour der Grenzsetzung zu bestehen sind.[193] Plessners Bühne gleicht einem hellerleuchteten Fechtsaal, in dem sich die Combattanten und ihre Gegenspieler treffen. Der Saal ist geschlossen; durch keinen Türspalt können dunklere Triebwelten (oder grobschlächtige Repräsentanten der Ökonomie) einströmen. Aber auch dieses Bild ist schief. Die elementare Gefahr droht weder von einem Außen noch vom Gegner; der Fechter schleppt sie mit sich. Je greller das Licht im reflexiven Handlungsraum ist, um so schärfere Konturen nimmt der innere Schatten, den das Subjekt wirft, an. »Wo der Lärm um Narzißmus herrscht«, bemerkt Léon Wurmser, »ist Scham immer schweigend präsent.«[194]

Denn warum darf der einzelne die Arena der Öffentlichkeit – nach Art der Väter – »nur mit Rüstung« betreten? Plessner nennt das Motiv mit wünschenswerter Klarheit: »Alles Psychische, das sich nackt hervorwagt«, sagt er, »trägt das Risiko der Lächerlichkeit.«[195] Das ist das Risiko, das der zu jedem Risiko entschlossene Mann nicht eingehen darf. Denn es geht um die »Würde«, die nur im Panzer des Ich gewährleistet ist. Es liegt nahe, hierin eine »Maskerade des virilen Narzißmus« zu erblicken. Da Plessner aber in der »Maskerade« das Lebenselixier der Existenz in der Öffentlichkeit und im Narzißmus ein notwendiges Element der reziproken Bewußtheit des Ich im fremden Spiegel begrüßt, zudem ein Mehr an Virilität in Abgrenzung zur Jugendbewegung und zum Debakel des geschlagenen Kriegers durchaus wünscht, kann er der Kritik mit einer eleganten Bewegung ausweichen. Es fragt sich auch, welchen Erkenntnisgewinn dieser Verdacht bringen würde. Die Enthüllung bietet sich heute – zugegeben – als ein Punkt der kritischen Überlegenheit an. Von hier aus läßt sich die Konstruktion des männlichen Duellsubjekts Satz für Satz im Lichte der Freudschen Neurosenlehre »demaskieren«. Produktiver scheint es mir, die Furcht vor der Bloßstellung erst einmal in ihrer inneren Logik zu begreifen. Denn die Enthüllung, die ihre Selbstgewißheit im verborgenen Subtext rettet, begibt sich der Selbstaufklärung, die mit mehr Geduld aus der Logik des Textes gewonnen wird, insofern er auch die Selbstgewißheit des Enthüllens erschüttert.

Um die Logik zu verdeutlichen, erschließen wir *vier Lesarten* des Satzes:

»Der Mensch ist von Natur aus künstlich.«

In der Krise der »Lächerlichkeit« erläutert Plessner das »zerreißende Prinzip« von Leib und Geist, um das seine Anthropologie kreist. Auf den ersten Blick mag es so scheinen, als ob der Grundsatz seiner Anthropologie »Der Mensch ist von Natur aus künstlich« mit einem Geniestreich das Problem des Dualismus gelöst habe; es gibt demnach keine separate Naturseite des Körpers, die instinktive Ebene des Menschen ist mit der kognitiven verklammert, und Sinneswahrnehmungen sind ein durch und durch artifizielles reflexives Produkt: »die Sinne selbst sind geistvoll strukturiert«[196]: Das ist jedoch nicht der Fall. Im Rahmen seiner Verhaltenslehre nimmt sein Grundsatz nämlich die imperative Form einer Regel an: Der Mensch sei von Natur aus künstlich! Die *erste Lesart* entdeckt im Elementarsatz der Anthropologie ein Gebot.

Plessner konstruiert ein Subjekt, das in einem Balanceakt gegenläufige Strebungen der Seele ausgleichen muß: deren »Zeige- und Offenbarungstendenz« muß ständig mit ihrer »Scham- und Verhüllungstendenz« konterkariert werden. Mißlingt das und kommt es folglich zu einer »ungehemmten Affektäußerung«, tritt Psychisches also »nackt« (d.h. unter Mißachtung der Schutzkonventionen der symbolischen Ordnung, die die Öffentlichkeit vorschreibt) in Erscheinung, so ist es gnadenlosem Gelächter ausgeliefert. Die Würde der persona ist verletzt. Sie muß sich schämen. Plessner hat aus den Niederlagen von Gesinnungsethik und expressionistischer Politik gelernt, daß das bürgerliche Publikum nicht die säkularisierte Instanz der Gnade ist, der man sich ohne Schaden in kreatürlicher Ohnmacht ausliefern darf. Das »ungehemmte Sich-Loslassen der Seele in den Ausdruck hinein« kann unter Umständen tödlich sein; immer aber ist es lächerlich. Die Gründe dafür sucht Plessner auf verschiedenen Ebenen. Derlei Hemmungslosigkeiten wirken zwangsläufig genant,

– weil das Subjekt in ihnen den höchst individuellen Ausnahmezustand einer Erregung erfährt, während die beobachtenden Fremden darin vor allem den gattungsmäßigen Normalfall des Animalischen wahrnehmen. Die symbolische Ordnung hält zudem für derart unbezwinglichen Expressionsdrang fadenscheinige Sprachkonventionen bereit, so daß »Kitsch« dabei herauskommt.

Das Mißverhältnis zwischen dem Anspruch auf Einzigartigkeit und Klischee löst nach Plessner dann den peinlichen »Kitzel« des Lächerlichen aus;

– weil die mit jeder Leidenschaft einhergehenden Potenzphantasien in komischem Kontrast zur absoluten Schutzlosigkeit des leidenschaftlichen Subjekts stehen;

– und weil jede Leidenschaft des Zwangs der Form bedarf, um in der Öffentlichkeit eine gute Figur abzugeben.

Plessners Vorschrift der Künstlichkeit soll das Subjekt vor Peinlichkeiten schützen.

In der Lächerlichkeits-Abwehr wird Plessners Anthropologie mit einem Ruck in das Beschämungs-Theater der Weimarer Republik zurückgerissen, aus dem sie sich herauswinden wollte.

Léon Wurmser schlägt eine phänomenologische Definition der »Schamangst« vor, die uns in Plessners Anthropologie als elementare Gefahr vor Augen geführt wird. Danach ist sie eine »Angst, die durch plötzliche Bloßstellung hervorgerufen wird und die Gefahr verächtlicher Zurückweisung signalisiert«.[197] »Alle Augen scheinen auf den Beschämten zu starren und ihn wie mit Messerstichen zu durchbohren.«[198] Die Reaktionen der Betroffenen reichen von der leisen Ahnung der fatalen Folgen bis zur Panik, denn man weiß, daß man nach der Bloßstellung durch Prozeduren der Beschämung bestraft werden wird. Die vorsorgende Scham, die die Grenze der Intimität bewachen sollte, um Bloßstellung zu vereiteln, hat in dieser Grenzsituation nicht ausgereicht. Sie, die den Kern der Identität behüten sollte, hat versagt. Die Folgen sind schrecklich; denn die »Furcht und das Grauen vor der Lächerlichkeit« sind im tiefen Grunde »die Furcht vor Verlassenwerden«.[199]

In der Angst vor der Lächerlichkeit durchkreuzen sich in Plessners Anthropologie zwei gegensätzliche Momente. Einmal soll die Gefahr der Bloßstellung abgewehrt werden, um den identischen Kern des reflektierenden Einzelwesens intakt zu halten, gleichzeitig muß sich aber dieses isolierte Wesen in die Obhut des zwingendsten Verbots der Entblößung begeben, das menschliche Kollektive kennen und unter tyrannischen Vorsorgemaßregeln einzuhalten suchen. Die Furcht vor der Lächerlichkeit ist einer der wichtigsten Stabilisierungsfaktoren »primitiver Völker«[200], sie muß die Dauerhaftigkeit von Institutionen garantieren. In der Furcht vor dem Verlassensein treten bei Plessner also zwei Faktoren mit Macht in den Vordergrund, die seine Grenz-Schrift weitgehend entfernt hatte. Intersubjektivität und Institution, die im Konzept der »natürlichen Künstlichkeit« keine Rolle spielten, haben unvermittelt ihren einschüchternden Auftritt. Erst in einer Situation der beschämenden Isolation wird bemerkt, daß sie im Konzept nicht vorgesehen waren. Um so schrecklicher ist ihre Wirkung.

Die *zweite Lesart* des Künstlichkeit-Axioms betont sowohl einen rückwärtsgewandten Aspekt als auch den Aspekt der kühnen Neuerung. Plessner markiert mit seiner Grenz-Schrift einen Einschnitt zum Aufrichtigkeitskult einer expressionistisch gestimmten Jugend. Er bricht mit den Konventionen der Jugendbewegung in einem *Rückgriff* auf Nietzsche und Elemente des Ästhetizismus der Jahrhundertwende.[201] Von Nietzsche übernimmt Plessner die Kunst der Unterscheidung, die unter »Vornehmen« gelten solle:

– Die Sorgfalt im Äußerlichen, insofern diese Sorgfalt abgrenzt, fernhält, vor Verwechslung schützt.
– Der frivole Anschein in Wort, Kleidung, Haltung, mit dem eine stoische Härte und Selbstbezwingung sich vor aller unbescheidenen Neugierde schützt. (...)
– Immer verkleidet: je höherer Art, um so mehr bedarf der Mensch des Inkognitos. Gott, wenn es einen gäbe, dürfte, schon aus Anstandsgründen, sich nur als Mensch in der Welt bezeigen. (...)
– Die Lust an den Formen; das In-Schutz-nehmen alles Förmlichen, die Überzeugung, daß Höflichkeit eine der großen Tugenden ist; das Mißtrauen gegen alle Arten des Sich-gehen-lassens, eingerechnet alle Preß- und Denkfreiheit, weil unter ihnen der Geist bequem und tölpelhaft wird und die Glieder streckt. (...)[202]

Plessners soziologische Entdeckung der »Rolle« als Schutzmedium ist von Nietzsches Anspruch geprägt, daß jeder tiefe Geist eine »Maske« brauche; seine Anthropologie kreist um dessen Paradox: »Nur in der Maske ist der Mensch ganz echt.«[203] Oscar Wildes Devise »Der Mensch ist am wenigsten er selbst, wenn er in eigener Person spricht. Gib ihm eine Maske, und er wird die Wahrheit sagen« hallt als Echo durch Plessners Verhaltenslehre der Distanz. Die Pflicht, die der Dandy sich auferlegt, »im Leben so künstlich zu sein wie möglich«, wird bei Plessner zum Basiselement der Anthropologie – was entweder darauf schließen läßt, wie gründlich der Ästhetizismus die Bedingungen der Existenz in der Moderne durchschaut hat, oder, in welchem Ausmaß ein Hauptwerk der philosophischen Anthropologie der zwanziger Jahre unbewußt vom Ästhetizismus des Fin de siècle gesteuert wird.

Wie schon in der Furcht vor der Lächerlichkeit, so zeigt sich auch in der *Maskentheorie* der Grenz-Schrift ein Dilemma der Plessnerschen Anthropologie. Geht diese einerseits davon aus, daß das Wesen des Menschen *von Natur aus* in einer »vermittelten Unmittelbarkeit« bestehe, so sieht sie sich andererseits genötigt, das Risiko eines Rückfalls in Unmittelbarkeit vor Augen zu führen. Infolgedessen hat Plessners Maskentheorie zwei Aspekte: die Maske zählt zu den künstlichen Mitteln, die gesellschaftliches Leben erst ermöglichen, und die Maske schützt vor Bloßstellungen und adelt die Seelen einer erlesenen Schar. Die erste Version der »Maske« wird sich später unter dem Namen »Rolle« in der Soziologie einbürgern. Ihre Begründung findet sich schon in der Grenz-Schrift von 1924: Jeder Verkehr zwischen Menschen bedarf eines »künstlichen Mittels«[204], das die Abstände zwischen den Personen reguliert. Die Maske gehört zur Gebärdensprache der Öffentlichkeit, gehört zu Zeremoniell und Prestige.

Der Mensch verallgemeinert und objektiviert sich durch eine Maske, hinter der er bis zu einem gewissen Grade unsichtbar wird, ohne jedoch völlig als Person zu verschwinden.[205]

Ein Mensch, der sich in der Öffentlichkeit realisieren will, »muß spielen«, um in seiner besonderen Funktion »repräsentativ« zu wirken. Das öffentliche Spiel verlangt die Maske. Die »Maskiertheit der öffentlichen Menschen«[205] hat aber nicht nur die Funktion einer technischen Verkehrsform, sondern sie verbirgt eine prekäre Substanz, die nicht schutzlos der Öffentlichkeit ausgeliefert werden darf.

»Der Mensch in der Rüstung«, so Plessner, »will fechten. Eine Form, die unangreifbar macht, hat stets zwei Seiten, sie schutzt nach innen und sie wirkt nach außen (...).«[207] Nach innen hemmt die Form der Maske die »Neigung zum Entblößen«, nach außen wirkt sie als »offizielle Physiognomie«.[208] Sie verbirgt alle Ausdruckselemente der »eruptiven Echtheit«, die die Gefahr der öffentlichen Beschämung nach sich ziehen.

Daß die Maske nach innen und außen nicht nur schützen, sondern auch wirken könnte, wird von Plessner nicht übersehen, vielmehr begrüßt, denn die Seele soll schließlich lernen, in der »kalten Luft« der Diplomatie zu atmen. Nur mittels der Maske kann der Mensch seine Freiheit im Reich der Künstlichkeit beweisen.

Man sieht, wie im Laufe der Argumentation Entdeckungen der Anthropologie, Sollens-Vorschriften einer Verhaltenslehre und Elemente des Ästhetizismus der Jahrhundertwende verschmelzen:

> Zum Grundcharakter des Gesellschaftsethos gehört (...) die Sehnsucht nach den Masken, hinter denen die Unmittelbarkeit verschwindet.[209]

Gleichzeitig löst Plessners Künstlichkeits-Axiom die Anthropologie aus der Klammer des Kulturpessimismus und ermöglicht ihren Anschluß an den Modernisierungsschub, der die Neue Sachlichkeit in seinem Bann hält. Denn das Reich der Künstlichkeit hat sich auf Technik und ihre Medien verschoben; das Duellsubjekt wird Ingenieur. Der Technikkult besetzt den Ort der Künstlichkeit und schiebt die Person aus ihrem exklusiven Fechtsaal in einen Raum, in dem es vom Summen der elektrischen Medien, dem Lärm der Rotationsmaschinen, den Signalen des modernen Verkehrssystems und den Machinationen der Macht umgeben ist. Die Bilderwelt der Neuen Sachlichkeit führt das Axiom der Künstlichkeit in bizarre Konsequenzen: in Brechts *Fatzer*-Fragment liest man: »dieser tank hat uns das zweite mal geboren«; im Hauptmann-Manuskript von *Mann ist Mann* heißt es vom Helden, er werde eines Tages auf die Kohlenschiffe zuschwimmen, um in die großen Städte zu gelangen: »denn er hat keine Eltern«; und in Bronnens *Ostpolzug* von 1926 vernehmen wir: »geboren im sechsten Stock, gesäugt mit Kondensmilch« – Aldous Huxleys *Schöne neue Welt* läßt grüßen.

Alle Fälle der Bloßstellung, die Plessner durchspielt, zeichnen sich dadurch aus, daß eine Grenze nicht scharf genug bewacht wurde, so daß die Person plötzlich in schutzloser Objektheit den Blicken der anderen unterworfen ist und »ohnmächtig« nur noch ihre Kreatürlichkeit ins Feld führen kann. Das aber macht – nach Plessner – keinen »Sinn«. Denn »Sinn« erkennt Plessner in einer agonalen Situation ausschließlich der Stärkung des entschlossenen Selbst zu. Seine ganze Aufmerksamkeit richtet sich darauf, Situationen zu vermeiden, in denen ungehemmte Affektäußerungen »Unsinn« sind, weil sie die Person öffentlich schutzlos zeigen und folglich schwächen. Plessner konzentriert sich auf die Vermeidung von Entblößungssituationen – in den Diskursritualen des Geständnisses, die er bei den Expressionisten wahrnimmt, sieht er folgerichtig die Kontrastfolie zu seiner Verhaltenslehre.

Plessners Aufmerksamkeit entgehen freilich die Situationen, in denen der Auftritt *mit* Rüstung unfreiwillig komisch wirkt, in denen ungerüstet zu sein angemessener wäre und die soldatische Montur zum Indiz des heroischen Unsinns wird, weil sie die Ambition aufrechterhält, sinnvoll zu sein. Daran scheiden sich die Geister. Die Fixierung auf Situationen, in denen nur das gepanzerte Ich dem Fluch der Lächerlichkeit zu entgehen scheint, ist symptomatisch für die neusachliche Intelligenz der Republik. Hierin sind auch die Anschlußstellen der Konzepte Carl Schmitts zu suchen.

Das Bild des deplazierten Mannes mit Rüstung blieb den dadaistischen Experimenten mit der Blamage oder der psychoanalytisch orientierten Enzyklopädie der Beschämung von Magnus Hirschfelds *Sittengeschichte des Weltkriegs* überlassen. Manchmal erscheint ein solcher Kriegsheld in der Komödie. Hier sieht man den habituell auf Unangreifbarkeit Bedachten in einer Situation, in der er sich nichts sehnlicher wünscht, als sanft ergriffen zu werden, aber an der ehernen Verhaltensregel der Distanz zu scheitern droht, wenn nicht die Initiative der Abrüstung von einer Frau ausginge wie in Hofmannsthals *Der Schwierige*.[210] Wenn das gepanzerte Ich sich zur Echtheit »entschließt«, wird es unweigerlich – sentimental. Das wird die Erkennungsmelodie der Neuen Sachlichkeit.

Die Frage, warum Plessner der Ausweg einer komischen Sicht auf die kalte persona verwehrt ist, führt uns auf eine *dritte Lesart* seines Grundsatzes. Es ist erstaunlich, daß sich Plessner in seiner Anthropologie der zwanziger Jahre nicht auf Johann Gottfried Herders Begründung der philosophischen Anthropologie beruft, obwohl in dessen Theorie die wesentlichen Elemente des Künstlichkeits-Axioms schon formuliert sind: »Als nacktes, instinktloses Tier betrachtet, ist der Mensch das elendste der Wesen«, heißt es in Herders *Abhandlung über den Ursprung der Sprache* aus dem Jahre 1772[211]:

Das instinktlose, elende Geschöpf, was so verlassen aus den Händen der Natur kam, war auch vom ersten Augenblicke an das freitätige, vernünftige Geschöpf, daß sich selbst helfen sollte und nichts anders als konnte. Alle Mängel und Bedürfnisse als Tier waren dringende Anlässe, sich mit allen Kräften als Mensch zu zeigen (...)[212]

In Herders Schrift ist sowohl die Theorie der »Umwelt«, die Jakob von Uexküll entwickeln wird, vorgeprägt als auch die Lehre der »künstlichen« Sphäre, in der sich der Mensch von Natur aus als Mensch realisieren muß. »Aus der Mitte seiner Mängel« (die freilich nur bestehen, sofern man ihn an der tierischen Ökonomie mißt) entfaltet das »verlassene« Menschenkind seine »Besonnenheit«, mit der es sich seine Welt, seine »Sphäre der Bespiegelung« schafft.[213]

Während Arnold Gehlen 1940 in seinem Hauptwerk *Der Mensch. Seine Natur und seine Stellung in der Welt* Herder als Vorgänger ausführlich würdigt und zu dem Schluß kommt, daß die philosophische Anthropologie »seit Herder keinen Schritt vorwärts« getan habe (»Sie braucht auch keinen Schritt vorwärts zu tun, denn dies ist die Wahrheit«)[214], wird man in den hier kommentierten Schriften Plessners die Würdigung des Vorgängers vergeblich suchen.[215] Es ist zwar spekulativ, über die Gründe für die Abwesenheit der Herderschen Theorie in Plessners Konzept nachzudenken, doch scheint mir die Feststellung zulässig, daß Plessner im Rückgriff auf Herder die so typischen Verwerfungen, Schroffheiten und Dualismen seiner Theorie hätte vermeiden können. Plessners Sphäre der Künstlichkeit ist von Anbeginn sowohl von der *agonalen* Situation der Gesellschaft geprägt, die eine »Rüstung« als Grundausstattung der menschlichen Sphäre nahelegt, als auch von der Gefahr einer Enthemmung des Trieblebens alarmiert, das der Disziplinierung bedarf. Das bringt seine Theorie in größere Nähe zur negativen Anthropologie des 17. Jahrhunderts. Er folgt hiermit übrigens der Tendenz der zwanziger Jahre, die Modernität des 18. Jahrhunderts zu unterschätzen.

In der moralistisch-typisierenden Literatur des 17. Jahrhunderts finden wir den Plessner-Typus, der »ohne jede menschliche Schwäche oder Lücke, in unausgesetzter, vernunftbeherrschter Wachsamkeit den aus kalter Überlegung gefaßten Plan, der zur Rolle... gehört, folgerichtig durchführt«.[216] Erich Auerbach machte darauf aufmerksam, daß dieser »Typus« in Molières Komödien der Katastrophe des Lächerlichen ausgesetzt ist. Molière sucht zwar das »Instinktive«, »Enthemmte« und »Sadistische« der individuellen Figur, aber er sucht es nur um seiner Lächerlichkeit willen. Keinesfalls ist es »typisch« für die »Natur« des Menschen. Das »Natürliche« ist für das französische Publikum des 17. Jahrhunderts (La cour et la ville) eingebettet in die Vorstellung eines zwanglosen Sich-Einfügens in die geltenden Konventionen; es ist ein Erzeugnis von »Kultur und Hochzucht«, das den »Verkehr« *zwischen* den Menschen reguliert, Abstände verbürgt und die Unberührbarkeit der persona sichert.[217] Wir beobachten bei Plessner diese Konstruktion der erhabenen persona. Sein »Duellsubjekt« entfaltet sich in extremer Isolation von der Sphäre des volkstümlich Instinktiven, das er der Lächerlichkeit überantwortet. Körperliche Intaktheit ist sein Merkmal, wie es das der tragischen Figuren war. Die Allianz mit dem moralisch Bösen erhöht ihre Erhabenheit. Während jedes Zeichen der körperlich-kreatürlichen Hinfälligkeit von der Figur entfernt ist, gehört der Tod, als Ereignis hohen Stils, zum Pathos der modernen persona. Konnte das Publikum des 17. Jahrhunderts in solchen Figuren aber noch eine »authentische« Übereinstimmung des gesunden Menschenverstands, des Natürlichen und Wahrscheinlichen erblicken, so müssen sie dem modernen als »exzentrisch« erscheinen, was freilich nicht ausschloß, daß sie, wie die Figur des Stoßtruppführers in Ernst Jüngers *In Stahlgewittern*, als Teil einer »künstlichen Masse« auf den Plan traten.

Plessner verbaut sich den komödiantischen Ausweg. Sein Phantasma des Duellsubjekts bleibt im Banne historischer Vorbilder, die die »feminine« Lösung nicht zulassen. Das führt uns zur *vierten Lesart* der Devise. Plessners Idol ist Bismarck, dessen Mut zu riskantem Zupacken er preist, dessen Amoralität im Wagnis der Entscheidung für ihn »luziferischen« Reiz ausstrahlt und dessen Verachtung der Gesprächskultur des Bürgertums er teilt. Bismarck erscheint ihm als Dezisionist reinsten Wassers, der sich – im Gegensatz zum Typus des demokratischen Politikers – nicht »den Luxus der Gewissensharmonie eines Rentiers« leistet. Schon Spengler hatte den Fürsten als »letzten spanischen Politiker« gefeiert. Bismarck dient Plessner als Schirmherr gegen jede Form der politischen Empörung: »›Entrüstung ist kein politischer Begriff‹, schrieb Bismarck einem räsonnierenden Assessor an den Rand des Aktenstückes«, bemerkt er mit vollem Einverständnis.[218] Es nimmt daher nicht wunder, daß Plessner sich schon in dieser Schrift von 1924 auf Carl Schmitt beruft. Während dessen *Politische Romantik* ihn mit Argumenten gegen Gesinnungsethik und jede Art Fundamentalismus versieht, übernimmt er aus der *Politischen Theologie* den Souveränitätsgedanken, den er – mit einem vom Blickpunkt Schmitts aus gesehen »romantisierenden« Zug – auf das Individuum überträgt. Zur Logik dieser Argumentation gehört die Gebrauchsanweisung, die Plessner seiner Schrift mit auf den Weg gibt. Er hat keineswegs eine Verhaltenslehre für intellektuelle Stadtnomaden oder gar für die Masse der einzelnen im Sinn, wie es meine Lesart der Grenz-Schrift als Manifest der Neuen Sachlichkeit zeitweise suggeriert hat. Er publiziert vielmehr mit seiner Schrift einen Ratgeber, der das »Ethos der Herrscher und Führer« stärken soll. Der Rest wird dem dunklen Schema der Unterdrückung unterworfen: »Die Mehrzahl bleibt unbewußt, nur so dient sie.«[219]

Allerdings hat Plessner in seinem Konzept einen Ort ausgespart, an dem der Mensch sich ohne Risiko fallen lassen darf. Es ist ein privater Ort jenseits des zu jeder Ehrverletzung bereiten Publikums. Den Ruhepunkt dieses Reservats bildet eine Gestalt, die nicht den Rang der kalten persona hat und nicht zu den Combattanten zählt. Sie ist bis zu diesem Zeitpunkt in Plessners anthropologischer Arena noch nicht aufgetreten. Es ist die Frau. Im »Gnadengeschenk« ihrer Liebe ist das Sich-los-Lassen des Mannes ausnahmsweise zugelassen. Die Frau selbst ist aus dem Fechtsaal der Subjektkonstitution ausgeschlossen. Außer in diesem kurzen Seitenblick auf sie als Gnadeninstanz kommt sie nur noch in einer einzigen Zeile in Plessners Verhaltenslehre vor. Hier siedelt er sie auf tieferer Stufe außerhalb der Machtsphäre des Lebens an und begnügt sich mit der Bemerkung, daß sie »nach dem Wort der Romantiker bei sich bleibende Natur« sei.[220] Aus der Sphäre der Künstlichkeit verbannt, verbürgen die Frauen, wie schon im 18. Jahrhundert, die erste Natur, weil sie im »zweiten Vaterland« der symbolischen Ordnung ihre Identität nicht realisieren können.[221] Mit dieser Ausschlußklausel bietet sich die vierte Lesart des Elementarsatzes an: »Der *Mann* sei von Natur aus künstlich.« (Ist es eine Konsequenz dieses Grundsatzes oder entspricht es der Konvention der Gelehrtenmemoiren, daß seine Mutter in Plessners Rückblick auf seine Initiation in die Gelehrtenrepublik nicht vorkommt?) Das Kind wird als organisches Bündelchen auf die

Bühne des Vaters gelegt; die Mutter ist von Anbeginn abwesend, wenn sie nicht, in den Kulissen des Fechtsaals zusammen mit der Geliebten harrend, für die Regenerierung des müden Kriegers zu sorgen hat.[222] An diesem Punkt läßt sich auch leicht die große Ähnlichkeit mit dem *Handorakel* des Jesuiten Gracián erklären. Vergleicht man beide Dokumente mit den französischen Moralisten oder den Conduct books im England des 17. Jahrhunderts oder gar mit den Elegien John Donnes, so springt das deutsche Defizit ins Auge.

Die intellektuelle Avantgarde des Zeitraums 1910-1930 liebte den Rückgriff auf vor- und außerbürgerliche Kulturen. So begegnen wir in Plessners Grenz-Schrift einem Mantel- und Degenstück der *Schamkultur*.[223] In ihr erlebt das Ich »das Kollektiv der anderen als argusäugigen Kontrolleur«, die Instanz des Publikums hat sich tief in sein Inneres eingegraben. Plessners persona ist unablässig einem imaginären Theater der Rivalität ausgesetzt. Nicht das Gewissen, die Verachtung durch das Publikum ist höchste Strafinstanz.[224] Darum betont Plessner die Sehnsucht nach den »Masken« als einem »Sicherungsfaktor« menschlicher Würde. Nur die Maske verleiht letzten Endes Stärke auf der Bühne der Schamkultur.

Liest man die Schrift von den *Grenzen der Gemeinschaft* als ein Manifest der Neuen Sachlichkeit, so scheint sie eine These zu bestätigen, die Peter Gay in seiner Analyse der Weimarer Kultur herausarbeitete. Er erkannte in der Neuen Sachlichkeit die Wiederkehr der Väter.[225] Sein Urteil wird inzwischen von der feministischen Forschung gestützt, die im Kult der »Sachlichkeit« eine Kompensation der Vaterlosigkeit erkennt.[226] Wir werden sehen, daß dieses Urteil zwar auf eine Reihe von programmatischen Äußerungen zutrifft; daß es jedoch den Prozeß verkennt, den einige Werke mit dem steinernen Gast veranstalten. Die Reaktivierung der Schattenseiten der Vätergeneration und ihr Vergleich mit den Unmittelbarkeitsansprüchen der Jugendbewegung geschehen in literarischen Texten, denen wir uns im Kapitel IV zuwenden werden.

4. Andere Menschenbilder des neusachlichen Jahrzehnts

»Kennen Sie aus der Physik das sogenannte Leidenfrostsche Phänomen?« fragt Alfred Döblin 1931 den idealistisch gestimmten Studenten Hocke. »Es besteht darin, daß ein Tropfen auf einer heißen Platte frei über dieser Platte tanzt. Wenn dieser Tropfen denken würde, würde er, sagt der Materialist, sich frei – wie Sie – vorkommen und stolz Lieder singen von seinem großen Vermögen, entgegen der Schwerkraft über die Platte zu tanzen.«[227]

Mit dem Hinweis auf die physikalische Merkwürdigkeit will Döblin einerseits seine materialistischen Zeitgenossen parodieren und gleichzeitig der Blauäugigkeit seines studentischen Plagegeistes, der auf Autonomie des Willens besteht, eine Lehre erteilen:

Ich erkenne die Gewalt der Ökonomie, das Bestehen von Klassenkämpfen an. Ich erkenne aber nicht an, daß Klasse und Klassenkampf, diese wirtschaftlichen und politischen Erscheinungen, nach »physikalischen«, dem menschlichen Zugriff entzogenen Gesetzen verlaufen. Denn es sind an diesen Erscheinungen Menschen beteiligt, wir Menschen als Akteure und, wenn man so sagen kann, als Passeure, als Treiber und Getriebene. Wir Menschen sind nicht nur beteiligt an den Erscheinungen, sondern Klasse und Klassenkampf sind Lebenserscheinungen des sozialen Wesens »Mensch«. Und vielleicht kann nicht jeder die wirtschaftlichen Theorien in ihrer Abstraktheit kontrollieren (...), aber vom Menschen, vom Einzelwesen und dem sozialen Wesen ist doch einiges bekannt. Zum Beispiel, daß wir mit Werten arbeiten, mit Urteilen, Vorstellungen, daß ferner elementare Instinkte hinter uns stehen. Damit zeigt die Ökonomie, besonders aber die »Geistigkeit«, die immer so etwas nach schöner langweiliger Literatur aussah, plötzlich ein anderes Gesicht, sie hat Zähne, ja sie beißt, sie ist da, und zwar auf unsere Art. Der Ökonomist stellt in überspannter Strenge »Wirkliche Verhältnisse« und »Bloßen Willen« gegenüber; aber er verwischt, daß Wille zu den wirklichen Verhältnissen gehört. Die wirtschaftlichen Abläufe mögen Gesetzmäßigkeiten haben – heute Krisenzyklus, Krisenverlauf –, aber die menschliche Art, zu reagieren, Urteile zu fällen, ihre spezifische gesellschaftliche Art, Werte zu haben und sie anzuwenden, zu praktizieren, ist an diesen Gesetzmäßigkeiten im ökonomischen Verlauf beteiligt, steckt in diesen Gesetzmäßigkeiten der Ökonomie drin. Diese Taschenspielerei! Der Marxmißbraucher macht aus der Ökonomie einen Fetisch, ein Ding wie das »Schicksal«, dann jagt man damit in Schrecken und Ohnmacht. Die Menschen fallen in Ohnmacht vor – sich selbst. Man ist es selbst, dessen Schicksal da abläuft. So lähmt man durch Bilder, Personifikationen, Wortfetische.[228]

Döblin will die fatalen Unvereinbarkeiten im Denken der zwanziger Jahre zum Ausgleich bringen, die Klassenkampftheorie mit der Biologie verknüpfen, wertfreie Wissenschaft mit politischer Entscheidung, Ergebnisse positivistischer Einzeldisziplinen wie Anatomie, Medizin und Tierverhaltensforschung mit gesellschaftlichen Projekten. Kurz er will politische Strategien an die Frage der Anthropologie »Was ist der Mensch für ein Ding?« koppeln. Welche Politik kann dem Menschen konstitutionell zugemutet werden, auf welchem biologischen Sockel kann das Projekt der Modernisierung ruhen, wie werden wünschenswerte Projekte durch die Trägheit der Mentalitäten verformt, an welche Triebstruktur schließen ökonomische Mechanismen an? Im Einklang mit den Ergebnissen der philosophischen Anthropologie seines Jahrzehnts erkennt Döblin, daß zur Klärung dieser Fragen das Schema des »Leib-Seele-Dualismus« durchbrochen werden müßte.

Vor der Folie der philosophischen Anthropologie des Jahrzehnts läßt sich das spezifische Gewicht des neusachlichen Menschenbildes genauer bestimmen, die Kunstfigur des »unterkomplexen« Subjekts erneut beleuchten.

In unserem Überblick sind die anthropologischen Strömungen, die den Menschen als Triebwesen definieren, nur schwach repräsentiert. Das täuscht darüber hinweg, daß die Psychoanalyse in den zwanziger Jahren eine einflußreiche Strömung wird. Zwar hat sie keine institutionelle Macht, ist aber als Skandalon so präsent, daß Schlüsselbegriffe wie »Komplex«, »Verdrängung« und »Fehlleistung« in den neusachlichen Jargon einwandern[229] und Dramen wie die von Ferdinand Bruckner mit ihrer populären Version der Psychoanalyse Publikumserfolge werden. Der Großteil der neusachlichen Autoren zeichnet sich jedoch durch Abwehr der Psychoanalyse aus. Sie greifen selbst die technischen Bilder der Psyche, die diese Wissenschaft ihnen zuspielt, Bilder einer psychischen Apparatur der Aufladung und Regulierung, des Ventils der Träume und Aggressionen, der gestauten Energiequanten etc., nicht auf. Nicht das Modell Dampfmaschine, das Freud als Bilderreservoir gedient hatte, sondern der Rückgriff auf das ältere Modell des Räderwerks der Uhr und der Sprung in das neueste Modell des Elektrizitäts-Feldes prägen die neusachliche Vorstellung der Psyche.

In ihrer Literatur dominiert die »Psychologie von außen«. Max Weber hatte die beiden Blickrichtungen miteinander verglichen: Wenn man vom »Erwerbsstreben« eines Unternehmers redet, dann kann man das »von innen« tun und in ihm eine Leidenschaft, ein Interesse oder sonst eine seelische Kraft mit eigener Geschichte erkennen. Oder »von außen« – dann ist »Erwerbsstreben: die Einstellung, die jedem von der Gesetzlichkeit des Betriebs aufgenötigt wird, der in einem solchen Betrieb verantwortlich handelt, wenn dieser unter Konkurrenz steht«.[230]

In der Literatur der Neuen Sachlichkeit sind beide Aspekte aufgespalten. Die Verlagerung der Aufmerksamkeit auf die motorisch-funktionalen Seiten des Handelns läßt die Autoren – wenn sie sich nicht mit der Black box begnügen – oft in Ansichten vom »Instinkt« zurückfallen, ein Rückfall, dessen Reiz sie in Erinnerung an Nietzsches Aufwertung des »Barbarischen« legitimieren. Der marxistische Terminus der »Charaktermaske« betont dagegen die ökonomischen »Triebkräfte« des inkriminierten Subjekts.

Döblin läßt keine schroffe Abwehr der Psychoanalyse erkennen. Seine Argumentation ähnelt in manchen Zügen den Ausführungen, die Max Scheler 1927 unter dem Titel *Die Stellung des Menschen im Kosmos* veröffentlicht.[231] Die Front, gegen die sich Scheler in der Hauptsache richtet, bilden freilich nicht die »Materialisten« (die Marxisten unter ihnen findet Scheler in ihrer Konzeption des Menschen ausgesprochen idealistisch), vielmehr gilt seine Polemik vor allem den modernen Varianten der Dekadenzlehre. Wie diese hat Scheler die neuesten Resultate von Biologie, Paläontologie und Tierverhaltensforschung verfolgt und ihre »desolaten« Ergebnisse akzeptiert: der Mensch zeichnet sich gegenüber der Tierwelt durch Instinktschwäche, Triebüberschuß und Organprimitivität aus. Aufgrund dieser Erkenntnisse behaupten Scheler und Plessner die »Sonderstellung« des Menschen, die in seiner Weltoffenheit besteht. Hatten die Forschungen Jakob von Uexkülls experimentell nachgewiesen, daß Tiere in einem artspezifischen und unzerbrechbaren Umweltgehäuse leben und daß ihre angeborenen instinktiven Bewegungsschemata durch Umwelt-Signale ausgelöst werden, so stellt Scheler heraus, daß sich der Mensch umweltfrei verhalten, sich vom »Leibschema« lösen kann, weil er über Geist verfügt. Der Geist hält gleichsam den Triebmächten Ideen »als Köder« vor, um sie mit Leben zu füllen und verwirklichen zu lassen. Gegen die mächtige Strömung, die im Geist einen »Widersacher der Seele« (Ludwig Klages) sieht, betont Scheler das Konzept der »Sublimierung«. Alle von der modernen Physiologie und Biologie festgestellten »Defizite« bilden nämlich die Grundlage für das »konstitutive Nein zum Triebe«, mit dem der Geist den Menschen erst zu dem gesellschaftlichen Wesen macht, das er ist.

In diesem theoretischen Entwurf wird zwar gezeigt, in welchem Ausmaß der Mensch physiologisch bedingt ist, aber auch, daß dem Naturding »Mensch« in letzter Sekunde das Vermögen zur Negation eingebaut wird, die »Askese des Willens«, die schon in Max Webers Konstruktion den Motor der Modernisierung abgeben sollte. Ist auch Schelers Anthropologie eine Verhaltenslehre? Max Scheler stirbt 1928. Thomas Mann wird die Denkfigur dieser Anthropologie in seiner Novelle *Mario und der Zauberer* in der Gestalt des Herrn aus Rom in ihrer begrenzten Widerstandskraft zeigen. Im Zeitalter der »Massenpsychose« ist eine »Askese des Willens« nicht nur ohnmächtig, sie zieht, so die Logik der Geschichte, das Verderben geradezu magnetisch auf die verneinende Person. Trifft das zu? Auf die »Kellner«, wie geschichtsphilosophisch man sie auch immer auflud, war kein Verlaß. Es beginnt das deutsche Kapitel des Widerstands als innere Verneinung.

Der zweite, uns inzwischen vertraute große Entwurf der Anthropologie, Helmuth Plessners Buch *Die Stufen des Organischen und der Mensch* (1928), das bis heute im Schatten von Schelers Werk blieb, weist größere Nähe zum Relationismus der Neuen Sachlichkeit auf. Sätze, die sich auf Plessner berufen könnten, wie »Der Mensch ist ein Ensemble von Funktionen« oder »Der Mensch ist von Natur aus künstlich«, gehören zu den neusachlichen Gemeinplätzen, die, wenn sie erst einmal kursieren, so frech wie haltlos provozieren sollen. Plessner bietet die anthropologische Fundierung für die schwebende Konstruktion der kalten persona. Er löst das Bild des Menschen sowohl von der herrschenden Vorstellung des innen-geleiteten Subjekts im Horizont humanistischer Werte als auch vom Bild eines Wesens im Banne des Trieblebens. In Plessners struktureller Analyse wird die exzentrische Lebensstruktur des Menschen zum Schlüssel der Erkenntnis:

Die konstitutive Gleichgewichtslosigkeit (...) und nicht erst die Strömung eines ursprünglich normal, harmonisch gewesenen und wieder harmonisch werden könnenden Lebenssystems ist der »Anlaß zur Kultur«.[232]

Unter Hinweis auf die Ergebnisse der naturwissenschaftlichen Forschungen über das »Naturding Mensch«, die auch Scheler hinzugezogen hatte, schließt Plessner auf die Notwendigkeit des Menschen, zu handeln, um sich zu dem zu machen, was er ist: Der Mensch lebt also nur, wenn er ein Leben führt.

Hier knüpfen seine Überlegungen an ein Motiv der Neuen Sachlichkeit an: der Mensch verwirklicht sich in sozialen Figurationen, die das Medium seiner Existenz bilden; Ursprungsmythen der »Gemeinschaft« dürfen vergessen werden, der Mensch »zivilisiert« sich mit dem Balanceakt, zu dem ihn seine »konstitutive Gleichgewichtslosigkeit« von Anfang an zwingt.

Die neusachliche Anthropologie legt mit diesem Konzept nicht nur Einspruch gegen die Ursprungs-Mythen der kursierenden Dekadenz-Geschichten ein; sie stemmt sich ebenfalls gegen die These der Entsublimierung als Rückgewinnung von Vitalitätsenergien jenseits der Künstlichkeiten der Gesellschaft. In Plessners Entwurf kann sich »das Leben« nur in gesellschaftlichen Zusammenhängen realisieren. In den Haltungen der »kalten persona«, die die Spielregeln des Balanceakts als Lebenskunst preist, und in der Neigung des »Radar-Typus«, die künstliche Welt der Medien als zweite Natur zu akzeptieren, ist der Reflex der neusachlichen Anthropologie zu finden. In ihr klingt der heimliche Appell, den Versuch zu wagen, im Verkehr des Zivilisatorischen sich zu bewegen zu lernen, statt in der Tradition der Kulturkritik dem Phantom eines authentischeren Ursprungs nachzutrauern (ein Phantom, das freilich von den Massenmedien künstlich verbreitet wird); die Literatur der Neuen Sachlichkeit weist mit ihren Typen der kalten persona und des Radar-Menschen, mit ihrer Aufmerksamkeit für den Handlungsaspekt, ihren Verhaltenslehren und ihrer Aufwertung der Zivilisation erstaunliche Korrespondenzen mit Plessners Anthropologie auf, die den reflexiven Typus privilegiert und die »Kreatur« aus ihrem Gesichtsfeld verdrängt. Man findet in ihrem Umkreis Allegorien der exzentrischen Existenz und bizarre Legenden der Parole »Der Mensch ist von Natur aus künstlich«. Ein Beispiel dafür ist der Mythos vom »kalten Kinde«, den Brecht und Benjamin in Einklang mit behavioristischen Tendenzen der kommunistischen Pädagogik eine Zeitlang pflegen: ohne den Mantel der bürgerlichen Familienideologie sei das proletarische Kind schon im Mutterleib den kalten Winden des Klassenkampfes ausgesetzt. Das disponiere es zu Klassenbewußtsein, zu frühem Wissen, daß ein Leben, dem schon vor der Geburt Geborgenheit fehlte, im Kälteraum des Klassenkampfes geführt werden müsse. Wärme ist für ein solches Lebewesen – wenn überhaupt – nur im Kollektiv zu haben. Auch in dieser Legende steckt die neusachliche Erkenntnis, daß der Mensch – zwar nicht von Natur aus, sondern durch soziale Gewalt gezwungen – exzentrisch sei.

Die feministische Kritik an der neusachlichen Anthropologie verdeutlicht die Elemente des Männerkults, von der sie geprägt ist. In dem Maße, in dem virile Sachlichkeit das Moment der notwendigen Trennung und bewußten Handlungsführung in außersymbiotischen Bereichen betont, droht das Bild der »Mutter« in Geschichtslosigkeit zu versinken oder im Naturkreis der »Kreaturen« einzugehen.

> Gut ist die Vergeßlichkeit!
> Wie sollte sonst
> Der Sohn von der Mutter gehen, die ihn gesäugt hat?

heißt es in Bertolt Brechts *Lob der Vergeßlichkeit*.

Wer sich allein in der Künstlichkeit des »zweiten Vaterlandes« als souveränes Wesen findet, wie Plessners Verhaltenslehre fordert, muß seinen realen Ursprung vergessen. Erst wenn das »zweite Vaterland« in den Krisen der Institutionen zu zerbrechen droht, werden die Phantome des mütterlichen Ursprungs zu Hilfe gerufen. So sieht man in den neusachlichen Romanen am Ende der Republik Männer, deren selbstgewisse Lebensführung unter die Räder eines nicht mehr beherrschbaren Getriebes, des Sach-Systems, geraten ist, zu Frauen zurückkehren, die ihrerseits in die Geschichtslosigkeit der Natur einrücken.[233] Erst die neusachlichen Schriftstellerinnen zeigen uns dann Frauen, die sich ihrerseits eine exzentrische Lebensführung aneignen, um zu überleben. Da sie einen Strich durch den Projektionsraum des neusachlichen Mannes machen, der damit die Kompensationsmöglichkeiten, die das Frauenbild ihm in seinem »zweiten Vaterland« bot, verliert, lenken sie beträchtlichen Haß auf sich. Marieluise Fleißer hat das Szenarium beschrieben.

5. Der Gesichtsverlust des »Ausdrucks« und die Rückkehr der Körper-Rhetorik

> »Wie man weiß, hat Rodin eines Tages einen Mann ohne Kopf gemacht: einen Mann, der schreitet. (...) Das Einfachste, was sich von ihm sagen läßt, ist, daß Rodin zu dem Körper eben kein Kopf eingefallen ist, der gepaßt hätte und mitgeschritten wäre. Weiter jedenfalls läßt sich die Einfachheit nicht treiben. Dieser Schreitende will nichts ausdrücken (...) Man braucht nur an die zu denken, die am Krieg teilgenommen haben: ihre Motive waren so unterschiedlich und unbeständig wie die Wolken am Himmel; aber das macht nichts; der Körper war bereits unterwegs.«
>
> *Alain*, 28. Mai 1921[234]

Die Verschiebung der Aufmerksamkeit auf die Beobachtung des »Verhaltens« hat für die Psychologie der zwanziger Jahre weitgehende Folgen.[235] Die Kategorie des »Ausdrucks« als Form eines *inneren* Erlebnisses erfährt eine dramatische Abwertung. Wenn die »Augen der Anderen« zu der Instanz werden, mit deren Hilfe sich das Selbst seiner Identität vergewissert, so werden die Verfahren aufgewertet, die nur die Gegebenheit als wissenschaftlich erfaßbare »Tatsache« akzeptieren, die zumindest von zwei Beobachtern gleichzeitig wahrgenommen und schließlich gefilmt werden kann. Im Niedergang des »Ausdrucks« als Abdruck einer seelischen Erregung wird ein Prozeß rückgängig gemacht, der seit der Sattelzeit der Authentizität im 18. Jahrhundert die deutsche Kultur beherrscht hatte. Sind wir im neusachlichen Jahrzehnt Zeugen der Wiederkehr der Rhetorik sichtbaren Verhaltens, der Physiognomik und Pathognomik?[236]

Sowohl in den Verhaltenswissenschaften, die in Gestalt der Ethologie und Sozialpsychologie in Deutschland sehr zögernd – oft unter der Fahne des amerikanischen Behaviorismus oder der russisch-sowjetischen Reflexologie (Pawlow und Bechterew) – ihren Einzug halten, als auch in den soziologischen Theorien des

Handelns, die von Max Weber ausgehen, rücken die der unmittelbaren Beobachtung entzogenen, nur durch Introspektion zu erschließenden Motive des Handelnden aus dem Feld der empirisch feststellbaren »Tatsachen«. Auch Max Scheler knüpft an das Konzept der Verhaltensforschung an; allerdings nicht ohne sich entschieden von ihrer physiologischen Reduktion im Behaviorismus abzusetzen. Er übernimmt »Verhalten« als einen »psychophysisch indifferenten Begriff«, der das deskriptiv »mittlere« Beobachtungsfeld definiere, von dem die Sozialwissenschaften jetzt auszugehen hätten.[237] In diesem Zugriff werde, so Scheler, die Beschränkung auf subjektive Introspektion umgangen und die Reduktion des Handlungsfeldes auf das Reiz-Reaktion-Schema vermieden.

Wenn die Beweggründe des Subjekts nur aus dem beobachtbaren Verhalten erschlossen werden können, verliert der »Ausdruck« in dem Maße an Gewicht, als er nicht als Handlungsmoment bestimmt werden kann. Das hat zur Folge, daß die mit dem Namen »Ausdruck« bezeichneten Phänomene entweder aus der wissenschaftlichen Analyse ausgeklammert oder als Formen des Verhaltens neu definiert werden müssen. In verschiedenen Wissenschaften ist jetzt die Einbindung des Ausdrucks in das Feld der Handlung und der Gebärden zu beobachten, etwa in der »Ausdruckstheorie« des Psychologen und Sprachtheoretikers Karl Bühler.[238] In einer Anthropologie, die restlos auf Handlung abstellt, wie die Arnold Gehlens, hat schließlich die »reine« Ausdrucksgebärde keinen Platz mehr.[239] Im Topos des »Verkehrs« wird jeder Ausdruck zum Signal. Mit der Ächtung des »Ausdrucks« geht der Versuch einher, Ambivalenz zu vermeiden.

a. *Karl Bühlers Handlungstheorie des Ausdrucks*

> »Wer weiß, was auszudrücken übrig bliebe, wenn man den Menschen der Fiktion, der Maske und des Rollenspiels in jeder Form entwöhnen könnte.«
>
> Karl Bühler, *Ausdruckstheorie*, 1933[240]

Die Grenz-Schrift von Plessner demonstriert den Schock, mit dem der Sprung in die Verhaltenswissenschaft für einen auf Innerlichkeit orientierten Kulturbegriff des Bürgertums verbunden war.

Ein Vergleich mit Bühlers »Dogmengeschichte der Ausdruckslehre«, die 1933 veröffentlicht wurde, soll Plessners Polemik gegen den Kult der Expression schärfere Konturen verleihen.

Karl Bühlers Buch steht im Zeichen der Wiedergewinnung der Körper-Rhetorik; es beginnt mit Beobachtungen zur Gebärdensprache des Kinos und endet mit dem Abdruck von Quintilians Abhandlung über den rhetorischen Gebrauch von Mimik und Gesten. In seinem historischen Rückblick entfaltet Bühler ein Panorama der lexikographischen und physiologischen Erklärungen der Ausdrucksbewegungen im 18. und 19. Jahrhundert, von der Physiognomik und Pathognomik Lavaters, Goethes und Lichtenbergs bis zur Psychophysik Wilhelm Wundts. Bei diesem Überblick hebt Bühler die theoretischen Elemente hervor, die seinem Vorhaben, eine »Grammatik« der Ausdruckslehre zu entwerfen, entgegenkommen.

Den Ausgangspunkt bildet hierbei ein Grundsatz, der uns als Gemeinplatz des neusachlichen Jahrzehnts inzwischen bekannt ist:

Man muß ein Lebewesen in seinem Aktionsraum vor sich haben, um den Bewegungen dieses Lebewesens ablesen zu können, wie und wohin es sich wendet. (...) das kann der Behaviorist, welcher die Reaktionen eines Tiers oder Kindes in gegebener Versuchssituation beobachtet, wir können es auch in den natürlichen Lebenssituationen, unter denen wir Tiere und Mitmenschen mit verstehendem Blick verfolgen. Nur einer kann es nicht, oder es fällt ihm zumindest schwer, das Gesehene in *seiner* wissenschaftlichen Sprache schlicht und einfach zu fixieren; und dieser eine ist der Innenschauer, welcher dem Erlebnis als solchem abzulesen versucht, was man im Grunde doch nur mit nach außen gerichteten (körperlichen) Augen sehen kann.[241]

Vom Gesichtspunkt der Handlung aus rückt die Schauspiellehre, die Johann Jakob Engel 1785/86 unter dem Titel *Ideen zu einer Mimik* veröffentlichte, in den Mittelpunkt von Bühlers historischer Betrachtung, weil hierin jeder Ausdruck als »Handlungsinitie« begriffen und in der Form der Selbstinszenierung entfaltet wird.

Erstaunlicherweise widmet Karl Bühler der Figur des »Innenschauers« das ausführlichste Kapitel seines Buches; denn er schätzt den Repräsentanten dieses in wissenschaftlichen Verruf geratenen Verfahrens, Ludwig Klages, wenn es um Erlebnisanalysen geht, und rühmt ihn als Graphologen. Die Konzentration auf Klages rührt auch daher, daß Bühler mit diesem seine Kritik an den Reduktionen des Behaviorismus ebenso erläutern kann wie seine elementaren Einwände gegen die Psychophysik Wundts. Bühler betont, daß Klages im Gegensatz zu den aktuellen Strömungen der experimentellen Psychologie (»Der Ausdruck wird schwindsüchtig im Laboratorium, wenn man ihn an Versuchspersonen, die im Lehnstuhl sitzen und mit Puls- und Atemschreibern armiert sind, erzeugen will.«[242]) den Aspekt der Ganzheit nie aus den Augen verliert. Bühler fordert seine Kollegen auf, den Gelehrten, der vom Gesichtspunkt der »exakten« Wissenschaft als Obskurant verachtet wird, als Herausforderung ernst zu nehmen. Um seine positivistisch eingestellten Fachkollegen zu provozieren, ernennt Bühler Klages zum »ersten konsequenten Relativitätstheoretiker des Ausdrucks«[243], weil er noch die unauffälligste Ausdrucksbewegung in ihrer Beziehung zur Ganzheit erläutere.

Bühlers Einwände gegen die Ausdruckstheorie von Klages sind dann allerdings von so grundsätzlicher Art, daß sein Lob dagegen verblaßt. Klages geht nämlich von der Existenz des »unverfälschten« Ausdrucks als »reiner Wallung« aus, der sich unabhängig von physiologischen Vorgängen wie von exogenen Reizen entfalten kann: Der Zorn ist der Ausdruck eines Vernichtungsdrangs, die Furcht der Ausdruck zur Flucht sowie das Staunen der des Drangs zur Orientierung. Während die Handlung stets ein singuläres Ziel kennt, hat nach Klages jede Körperbewegung eines Affektausdrucks ein generelles Ziel. »Ich kann z. B. einen Feind, eine Fliege an der Wand oder eine Institution vernichten wollen, die Wut aber enthält eine generelle Intention aufs Vernichten schlechthin.«[244]

Um den »reinen Ausdruck« zu erschließen, muß Klages ihn von drei Beimischungen befreien:

– Alles, was einmal den Weg über das *Bewußtsein*, über das nachdenkliche Einsetzen eines Mittels für einen intendierten Zweck genommen hat, wird von Klages aus dem Reich des reinen Ausdrucks ausgeschlossen.

– Alle Ausdrucksbewegungen, die in historische oder ethnisch bedingte *Konventionen* eingebunden, also variabel sind, können nicht als »echte Wallungen« angesehen werden.

– »Spontane« Bewegungen, die sich einem *Lernprozeß* verdanken oder nur den *Reflex* auf einen *äußeren Stimulus* bilden, können ebensowenig den Rang des »Ausdrucks« beanspruchen wie Gesten, die der intentionalen *Kommunikation* dienen.

Echter Ausdruck steht nach Klages nie unter dem Diktat des Willens; dieser muß vielmehr als »universale Hemmtriebfeder« von der Ausdrucksbewegung entfernt werden, will man sie in ihrem Ursprung erkennen, wie Klages es an folgendem Beispiel illustriert:

Wenn den Zerstörungsdrang des Zornes ein Faustschlag ›entlädt‹, so ist er weder gegen den Tisch noch gegen sonstige Dinge gerichtet, sondern er zielt auf den Eindruck des Widerstandes, weil nur am anschaulich Widerstehenden das Brechen, Zerstören und Überwinden *erlebt* werden kann. Der Zustand des Zornes, artlich Vernichtungstrieb, erfüllt sich im Brechen von Widerständen, und das ihm anheimgefallene Ich vollführt die Bewegung als zu ihr getrieben und daher ganz ohne Rücksicht auf den erregenden Anlaß. Die Ausdrucksbewegung ist immerdar ohne Zweck, in den meisten Fällen aber sogar zweckwidrig, wie ja das Beispiel vom Schlag auf den Tisch mit dem Nebenerfolg des fallenden Tintenfasses enthüllte. Nehmen wir das zum Anlaß, den Antrieb der Wallung ›*blind*‹ zu nennen, so dürfen wir aber nicht übersehen, daß er nichtsdestoweniger *sinnvoll* sei. Mit dieser Einschränkung können wir formeln: die Willkürbewegung zielt auf ein Vorgesetztes, die Ausdrucksbewegung folgt einem Anreiz des Eindrucks.[245]

Ludwig Klages trennt den Willen vom Ausdruck mit einem »reinen Schnitt«.[246] Danach sind alle Willkürbewegungen Bewegungen, die vom Willen gehemmt worden sind: »Was ist das Zielen eines Schützen anderes als Hemmung der Arm- und Körperbewegungen, als genauestes Innehalten einer erfaßten Richtung?«[247] Alle Ausdrucksbewegungen nehmen im Zeichen der »Sachlichkeit« den Charakter von Willkürbewegungen an, *Hemmung* einer generellen »Wallung« ist ihr Kennzeichen, weil in ihr die Intentionalität der Handlung überwiegt. Man vergleiche damit die reine Ausdrucksbewegung eines fünfjährigen Kindes, das sich auf dem Weg zum Bäcker allerlei Abschweifungen erlaubt, dessen Weg nicht »kanalisiert« ist, oder die Handlungen eines freigelassenen jungen Hundes, der sich im Gelände verliert, während sein Besitzer sich geradlinig an die vorgenommene Wegstrecke hält. »Ertrinkt« das Tier nicht gleichsam »in seiner Ausdrucksbewegung«? fragt Klages. Die reine Ausdrucksbewegung, folgert Bühler, besteht für Klages also in »zielfreiem Gewoge«, nicht ohne spöttisch hinzuzufügen: »wenn die Wogen vorüber sind, ist jedenfalls äußerlich nichts erreicht, sondern alles beim alten geblieben«.[248]

Der Gegensatz zu Plessners Einstellung zum Ausdruck ist, wie wir bald sehen werden, erheblich. Während uns aber der Vergleich mit Ludwig Klages' Ausdruckstheorie darauf aufmerksam macht, welche Dimensionen des zweckfrei Spielerischen Plessner ausschließt, erinnert uns Klages' Ächtung des Schauspielerischen, der Maske und aller Elemente der Selbstinszenierung daran, an welchen rastlos ausgrenzenden Fundamentalismus das unverfälschte Gefühl, der »reine Ausdruck« gebunden bleibt und welcher extremen Formdisziplin er gleichwohl unterworfen wird.

Karl Bühlers Kritik an der Ausdruckstheorie von Klages ist gelassen und von den Resultaten der neueren Tierverhaltensforschung ebenso geprägt wie von den Einsichten der russisch-sowjetischen Reflexologen. Zum Beispiel des Wütenden bemerkt er trocken:

Der zornkochende Mensch schlägt gelegentlich rein entladungsdurstig mit der Faust auf den Tisch; das ist wahr. Mag sein, daß Analoges auch einmal im Tierleben vorkommt; doch die Substanz des tierischen Benehmens ist *verkannt*, wenn man es in Parallele stellt mit derartigen menschlichen Affektausbrüchen, wobei das Tintenfaß umfällt. Denn *erstens* kommt es mir fraglich vor, ob die Tintenfässer im Lebensraum der freien Tiere ebenso regelmäßig wie beim Menschen gerade dort stehen, wo sie der Zornige am wenigsten brauchen kann. Und *zweitens* müßte eine Häufung ernster Schädigungen bei derartigen Affären die Lebenstüchtigkeit jedes Lebewesens entscheidend herabsetzen. Unser eins und zwei hängen innerlich zusammen und die Untersuchungen über das tierische Leben haben gezeigt, wie sie zusammenhängen, wie das Tier es vermeiden lernt, sich ernsten Schädigungen auszusetzen. Klages hat zwar die alte, schon von den Stoikern proponierte Formel aufgenommen, das den Wallungen folgende Benehmen der Tiere sei ›blind‹, aber ›nichtsdestoweniger sinnvoll‹; allein er hat es unserem Erraten anheimgestellt, wie er sich die Harmonie des subjektiv Sinnvollen mit den objektiven Lebenserfordernissen eigentlich vorstellt.[249]

Mit dem Kriterium der »objektiven Lebenserfordernisse« erinnert Bühler an den Gesichtspunkt, nach dem sich im neusachlichen Jahrzehnt Wissenschaft und Künste gerichtet hatten. Im Gegensatz zu Klages betont er die Verflechtungen des Ausdrucks mit Sprach-Konventionen, seine physiologische Konditionierung und Abhängigkeit von Faktoren der Sozialisation, ohne die Möglichkeit eines kreativen Spielraums menschlicher Ausdrucksmöglichkeiten auszuschließen. Gern greift Bühler als ehemaliger Mediziner auf Ergebnisse der Physiologie, Anatomie und Reflexologie zurück, um die Theorie des Nichtgelerntseins alles rein Ausdrucksmäßigen zu widerlegen. Wenn Klages versichert, daß sich der echte Ausdruck »ebenso unmittelbar« einstelle, »wie mit dem Wechsel der Nahrung (...) die Verdauungsvorgänge des lebendigen Leibes wechseln«[250], weist Bühler darauf hin, daß die Pawlowschen Dressurversuche bewiesen haben, in welchem Ausmaß auch der Spielraum der inneren Sekretion und der Verdauung konditioniert ist:

Dressierbar sind die Speichel- und Magendrüsen, dressierbar sind also nach dem von Klages selbst vorgeschlagenen Vergleich vermutlich in einem gewissen Ausmaß, das erst bestimmt werden muß, auch die mimischen Ausdrücke.[251]

In Zukunft werden die empirischen Wissenschaften, so hofft Bühler, größere Klarheit über die neuro-humorale Steuerung der Affekte schaffen. Das Klima des »Desillusionsrealismus« bildet den modernen Kontext, aus dem heraus Bühler die Ausdruckstheorie von Klages als ein – wenn auch an Ganzheit orientiertes, so doch archaisches – Relikt einer Geisteswissenschaft behandelt, die glaubt, die Entdeckungen der Naturwissenschaft ignorieren zu müssen, um das Bild der »reinen Wallung« nicht physiologisch zu verunklären.

Bühler argumentiert aber auch bereits von einem neueren Stand der Künste, die ihn mit Anschauungsmaterial für die Gebärdensprache der Zeitgenossen beliefern, wenn er bemerkt, daß sowohl Film und Theater als auch der »Stil des kultivierten Lebens« es neuerdings *vermeiden*, »pathetische« Ausdrucksbewegungen zu zeigen, und statt dessen verhaltene Gesten, indirekte Zeichen und gebrochene Stimmungen bevorzugen. Er stellt fest, daß der aktuelle Lebensstil, den er wohl auch auf seinen Amerikareisen hatte studieren können, alle Arten der Zurschaustellung von Gebärden unterläßt, die »als selbstzwecklich ausdruckhaltig und darum losgelöst vom sachbezogenen Handeln und vom sachlich darstellenden Sprechen hervorgebracht« werden.[252] Auf diese Weise tritt die soziale Funktion der mimischen Bewegungen als Kommunikationsmittel in den Vordergrund. »Gebärden statt Sein« – wir erinnern uns an das Verdikt von Karl Jaspers über die Daseinsform der

»Massen« – haben alle Sektoren der Kultur ergriffen. Bühler richtet seine Aufmerksamkeit auf die Funktion der Ausdrucksbewegungen im sozialen »Verkehr«; seine »Semiotik der Affekte«[253] untersucht das intersubjektive »Spiel« der mimischen Bewegungen, des wechselseitigen Ansprechens und Antwortens.[254] Noch die flüchtigsten Ausdruckserscheinungen haben in jeder Alltagssituation auch ein »dramatisches Moment«, in dem sie an die mimischen »Organe der Kontaktpartner« gebunden bleiben.

Im Gegensatz zu den Ausdruckstheoretikern aus der Medizin oder der Psychophysik, denen das Theater verdächtig geblieben war, ist für Bühler die Grammatik der »illusorischen Gebärden«, die er in den Lehren für Schauspieler studiert, von großem wissenschaftlichen Wert, weil er das Moment der *Selbstinszenierung* in der Kommunikation hoch veranschlagt. Die »Ubiquität der Maske« in der Frühgeschichte des Menschen ist für ihn nicht nur Indiz für eine magische Geisteshaltung, sondern provoziert ihn auch zu der Frage,

> was denn die starre Maske als Aktivposten im Requisiteninventar des Schauspielers bedeutet, was durch sie geboten und was hintangehalten wird. Das Gebotene muß damals wertvoll, das Hintangehaltene nicht erstrebenswert gewesen sein; denn daß die Maske nichts als ein historisches Relikt und das durch sie Hintangehaltene unentdeckt gewesen wäre, ist von vornherein unwahrscheinlich.[255]

In seiner Aufwertung der Maske trifft sich Bühler durchaus mit Plessners Verhaltenslehre, wenn Bühler auch, im Gegensatz zu Plessner, die intersubjektive Funktion der Maske betont.

Karl Bühler erörtert in seinem Buch auch eine Problematik, die uns später im Zusammenhang mit der Wahrnehmungstheorie von Ernst Jünger beschäftigen wird. Sie betrifft den Einsatz der neuen technischen Medien im Dienst einer experimentellen Ausdruckspsychologie. Bühler glaubt, daß in den Experimenten, deren Resultate Philipp Lersch 1932 unter dem Titel *Gesicht der Seele* veröffentlichte, der Film vorbildlich angewandt wurde. Lersch filmte Versuchspersonen, die nichts davon wußten, bei Testarbeiten für eine lebenswichtige experimentelle Persönlichkeitsprüfung und kam zu einer systematischen Analyse der Mimik der Augen, der Koordinaten von Lidspalte, Blickrichtung und Blickbewegung. Auf Lerschs »Photogrammen« ließen sich die Blickrichtung an der »Stellung des Augapfels im Koordinatensystem seiner knöchernen Höhle« genau messen und die »expressiven Valenzen des Augendeckelspiels« mit dem gesamten Habitus der Person vergleichen. Lerschs Verfahren litt jedoch an einem Mangel, den der Einsatz der neuen Medien in der Regel mit sich brachte – er *isolierte* die Phänomene. Zwar gehört das Isolieren – wie Bühler betont – zum sachgemäßen Vorgehen »im Haus der Wissenschaft«, doch gleichzeitig droht die Wissenschaft durch ein Verfahren, mittels dessen sie sich der Wissenschaftlichkeit vergewissern will, ihr Phänomen zu verfehlen. Lersch operiert mit der Schere. Er schneidet aus dem Filmstreifen prägnante Einzelbilder aus und setzt die Schere wiederum an, um das Gelände um die Augen von dem Gelände von Mund und Nase zu trennen. In diesem Fall hält Bühler das Isolationsverfahren für gelungen, weil die Selektion die »fruchtbaren Momente« des Mienenspiels erfaßt habe, die auch noch die »Sukzessionsgestalten« der Ausdrucksbewegung repräsentieren.[256] So gelinge es ihm, der physiologisch erklärten schlitzförmigen Verengung der Lidspalte in bestimmten Situationen eine expressive Grundvalenz (des aktiven Bewältigens z.B.) zuzuordnen.

Die Körper-Rhetorik verliert sich in einem technisierten Raum, der nicht mehr dem entspricht, für den Quintilians Abhandlung über den Gebrauch von Mimik und Gesten gedacht war. In den Schriften Walter Serners und Ernst Jüngers läßt sich beobachten, wie das Eindringen der technischen Geräte, die zur Beobachtung von Ausdrucksbewegungen eingesetzt werden, diese zu konditionieren beginnt.

b. Plessners Ausgrenzung der Expression

Es ist bereits bemerkt worden, daß Plessner sich 1924 in eine Frontstellung gegen den »Expressionismus« gedrängt sah. Mit dieser Bezeichnung charakterisierte er einmal den Fundamentalismus der radikalen Bewegungen mit ihrem Kult der »Eigentlichkeit«, die Haltung der von Max Weber kritisierten »Gesinnungsethik« oder die unkonventionellen Manieren der Jugendbewegung. Sein Begriff ist diffus, läßt sich aber auf ein gemeinsames Moment zurückführen: alle von ihm genannten Bewegungen oder Haltungen der Expression sind durch einen Mangel gekennzeichnet. Sie gelten als Zeichen für einen Zustand, in dem Ohnmacht, Fassungslosigkeit und Entgrenzung verschmelzen. An sie heftet sich die Erinnerung an eine Niederlage, als deren Symptom der »Expressionismus« galt. Mit dieser Einschätzung steht Plessner nicht allein. »Im Grunde ist die Reaktion des Expressionismus weit eher pathologisch als kritisch gewesen«, liest man bei Walter Benjamin. »Er suchte die Zeit, in der er entstanden ist, zu überwinden, indem er sich zu ihrem Ausdruck machte.«[257] In allen Varianten des »Expressionismus« entdeckt Plessner Erscheinungen, die aufgrund ihrer Geste der Selbstentwaffnung tief in die riskante Zone des »Lächerlichen« hineinragen, in der der Leib schutzlos dem Angreifer ausgeliefert und die Verlassenheit des Geschöpfes der Preis seiner »Expression« ist. Folgerichtig kann der Drang zur ungebrochenen »Expression« in Plessners Anthropologie kein Indiz des humanen Sinns sein, vielmehr grenzt er mit dieser Kategorie das Tierreich von der Humanwelt ab:

Direkt und echt im Ausdruck ist schließlich auch das Tier; käme es auf nicht mehr als Expression an, so bliebe die Natur bei den elementaren Lebewesen und ersparte sich die Gebrochenheit des Menschen.[258]

Wer also, so die Logik, die »echte Expression« zum Kultwert erhebt, läßt die Grenze zum Animalischen verschwimmen, beraubt sich ohne Not seiner Schutzmittel der Distanz und gerät in die Sphäre der Lächerlichkeit.

In Plessners neusachlicher Verhaltenslehre von 1924 ist die militante Frontstellung gegen »alles Ausdrückliche, jede eruptive Echtheit« angesagt.[259] Denn sein Handorakel schreibt vor, daß Unwahrheit, die schont, besser sei als Wahrheit, die verletzt. Es geht ihm um die »Hygiene größtmöglicher Schonung«.[260]

Die Axiome seiner Anthropologie sind uns inzwischen vertraut. Wir müssen sie zergliedern, um die strategischen Momente seiner Verhaltenslehre womöglich von seinen elementaren Grundsätzen abzulösen.

Zu diesen gehört, daß der Mensch auf Künstlichkeit angewiesen ist, um sich zu realisieren; daß jede psychische Äußerung in ihrem Vollzug durch das Medium der symbolischen Ordnung geformt ist; daß also alles Psychische der kulturellen Vermittlung bedarf, »um zu sich zu gelangen«. Plessner hält es für reinen »Terror«, der Psyche im Rahmen der Gemeinschaft »Unmittelbarkeit« vorzuschreiben; hierin kann ihre »Authentizität« *nicht* verbürgt sein: »Die Seele erträgt die von der Gemeinschaft geforderte Direktheit des Ausdrucks nicht«![261] Auch das Herz verlangt nach Distanz, dekretiert er nach Art der höfischen Verhaltenslehre, um im Sinne von Nietzsches Gedanken über den Schauspieler fortzufahren: auch die Seele atmet »nicht ohne die kalte Luft der Diplomatie, ohne die Logik der Öffentlichkeit«.[262]

Diese Argumentation wirft allerdings eine Frage auf: Wenn der Mensch »von Natur aus künstlich« ist, warum müssen »Gewaltmittel« eingesetzt werden, um der »rohen« Psyche den Weg des geringsten Widerstandes in den Ausdruck hinein zu verstellen? Warum schleicht sich an der Nahtstelle der riskanten Spontaneität der Dualismus von Geist und Trieb wieder in seine Anthropologie ein?

Plessners Forderung nach einer zivilisatorischen »Hygiene der Seele« unterstellt offenbar, daß triebrohe Energie der künstlichen Kanalisierung bedarf. Während Scheler den gleichen Tatbestand registriert und aus ihm die Aufgabe der »Sublimierung« folgert, wird er bei Plessner zum Ärgernis, zur Bedrohung durch Aussetzung der Balance und Gefahr der Blamage. Die »Gewaltmittel«, die an die Stelle des direkten Ausdrucks treten, heißen: taktisches Lavieren, konventionelle Maske, diplomatische Balance – eine Reihe von Manieren, die er unter dem Titel *»Verhaltenheit«* zusammenfaßt. Horcht man diesem Wort nach, so erkennt man, daß in ihm die Selbstreflexion des Verhaltens zur Richtlinie der psychischen Äußerungen wird. Zum Hof seiner Bedeutungen gehört eine Skala von Techniken der Verlangsamung, des Lustaufschubs und des selbstdestruktiven Verhaltens des Atems (Diogenes soll so freiwillig aus dem Leben geschieden sein). Vom Dämpfen des »eruptiven« Gefühls bis zum Ersticken – es bleibt ein Akt der Geistesgegenwart, den Plessner von seinem »praktischen Okkasionalisten« fordert. Das Lächeln ist die Mimik der Verhaltenheit, mit ihm vermeidet man »die Extreme der affektgeladenen Grimasse«.[263] Der Effekt ist angenehm: sehr gedämpfte Geräusche in Plessners Fechtsaal (die Horde brüllt in weiter Entfernung).

Durch dieses Konzept der Verhaltenheit geht ein merkwürdiger Riß, der wiederum mit der Sonderstellung, die Plessner der Frau einräumt, zusammenhängt. »Es ist nicht gut«, sagt er zum wiederholten Male, »restlos in einer Expression aufzugehen« – um dieses Diktum mit einem Vergleich zu illustrieren, der seine ganze Theorie der Künstlichkeit widerrufen würde – wenn er sich nicht, nun im Sinne des 18. Jahrhunderts, auf die (jugendbewegte) Frau bezöge:

Der Schrei nach korsettloser Tracht verdient nur bei sehr guten Figuren ein Echo zu finden. Warum sollte es im Psychischen anders sein?[264]

Daß es in Fragen der Psyche, die sich ausschließlich im Künstlichen realisieren soll, eine von Natur aus »gute Figur« geben könne, hatte Plessner in seiner Verhaltenslehre des Mannes kategorisch abgestritten.

Bereits ein Jahr nach der Veröffentlichung der Grenz-Schrift finden wir in Plessners kurzem Beitrag zur »Deutung des mimischen Ausdrucks«[265] eine gemäßigtere Haltung, die gleichwohl weitreichende Konsequenzen für die Weiterentwicklung der Ausdruckstheorie haben sollte. Die Spuren des Dualismus sind verwischt, das Pathos der Abgrenzung gegen die Gefahren des »Expressionismus« fehlt. Vielleicht verdankt er den pragmatischen Zug dem niederländischen Zoologen Buytendijk, der als Mitautor zeichnet. Dessen Krötenexperiment bildet den Ausgangspunkt der neuen Überlegungen, die einen weiten Bogen bis zur Ausdruckstheorie von Klages spannen. Es geht Plessner jetzt um die Gesamtheit eines Bewegungsbildes: Er erkennt im Ausdruck den Zusammenhang der wechselnden inneren Zustände und der Feldstruktur der Umgebung. Als Entfaltungsraum des Ausdrucks entdeckt er die »Zwischensphäre« der »Mitwelt«; in ihr wird das »Spiel von Funktionen« im Verhalten von Mensch zu Mensch offenbar. In dieser Schicht des Verhaltens, der Sphäre der »Gegenseitigkeit der Körperleiber untereinander«, entwickelt sich die Formensprache der Psyche. Sie hat weder ihren Ursprung in einem »mimischen Uralphabet«, wie Klages vermutet, noch kann sie mit Kategorien der zweckmäßigen Tätigkeit erklärt werden. Sie ist vielmehr ein Element des »intersubjektiven Miteinanders«. Plessner betont in dieser Schrift zwar radikaler die Wende zur Außenkehrung als in der Grenz-Schrift, vermeidet aber jede Dramatisierung. Die »Binnenlokalisierung des Psychischen im Leibe«, heißt es schließlich lakonisch, »wird als unsinnig durchschaut«. Ausdrucksbewegungen gehören zur Formensprache des Verhaltens, die verständlich sind, wenn man die *Situation* kennt, in der sie geäußert werden. Während sich in *Grenzen der Gemeinschaft* noch Bürgerkriegsatmosphäre bemerkbar machte, zeichnet sich sein neuer Beitrag durch besonnene Konzentration auf die *»dritte Sphäre«*, die Sphäre entspannt mitmenschlichen Verhaltens, aus.

In Schelers Buch über die *Stellung des Menschen im Kosmos* aus dem Jahre 1928 treffen wir dagegen auf eine generelle Aufwertung des naturhaften Ausdrucks. Gegen Darwin, der im Ausdruck einen »Inbegriff atavistischer Zweckhandlungen«, das Rudiment einer praktischen Gebärde, deren kommunikativer Sinn verlorenging, erkannt hatte, wertet Scheler den Ausdruck als »Urphänomen des Lebens«.[266] Er ist schon im Pflanzenreich anzutreffen, erhält aber erst unter Tieren und Menschen die Funktion der Verständigung. Der menschliche Ausdruck ist nicht vom »Leibschema« diktiert, er hat nichts Instinktives. Zwar bezieht die Ausdruckswelt ihre Energie aus der Triebwelt, sie hat aber immer schon einen »intellektuellen Einschlag«, ist leibgebunden und gleichzeitig Dokument des Tatbestands, daß sich der Mensch zur Welt »fernstellen« kann. Das hat zur Folge, daß man Ausdrücke der Triebwelt keineswegs umstandslos auf physiologische Zustände zurückführen kann. So wie Triebhandlungen des Menschen für Scheler das absolute Gegenteil von Instinkthandlungen sind, da sie, ganzheitlich betrachtet, sinnlos verausgabend sein können, ist das »Lustprinzip« nichts Ursprüngliches, sondern die Folge »assoziativer Intelligenz«, ein Dokument der Isolierbarkeit des Triebes aus dem instinktiven Überlebensverhalten. So kommt Scheler zu dem Schluß, daß der Zustand, den man nach Nietzsche den »dionysischen« nennt, nichts mit elementarer Wildheit zu tun habe, sondern auf einer komplizierten Willenstechnik der Entsublimierung beruhe. Im menschlichen »Ausdruck« sind Momente des Neinsagenkönnens zum Trieb verwoben. Im Ausdruck trifft der »Korridor des Bewußtseins« mit dem »Korridor der äußeren Reizung« zusammen; diese Schaltstelle wird von der Triebwelt mit Energie versorgt.[267]

Die Frage der »Echtheit« des Ausdrucks – im Sinne seiner Unvermitteltheit – stellt sich in Schelers Konzept also nicht. Er kennt auch nicht die rigide Verhaltensdirektive, die bei Plessner das Sichloslassen in den Ausdruck untersagt, weil es in die Katastrophe der Lächerlichkeit treiben könnte. In Schelers Anthropologie herrscht nicht der chronische Alarmzustand, in den Plessners Grenz-Schrift sein Geschöpf versetzt, um den Trieb auf keinen Fall formlos zum Ausdruck kommen zu lassen. Scheler weiß, daß die militante Negation der Triebe nur das Gegenteil des Bezweckten bewirkt, und rät im Gegensatz zu Plessner zur Duldung des Risikos, lächerlich zu sein. Er setzt auf die Lehre vom »Nichtwiderstand gegen das Böse«, die Spinoza in seiner Ethik empfohlen hatte, weil die Triebwelt nur in ihrem Ausdrücklichwerden zu bearbeiten ist. Die Vernunft ist unfähig, die Leidenschaft zu regeln, es sei denn, daß sie – kraft Sublimierung – selbst zu einer Leidenschaft werde.[268] In Schelers Augen wäre es also nicht nur widervernünftig, sondern kontraproduktiv, wie Plessner ein Verbot über den »eruptiven« Ausdruck zu verhängen.

c. Konventionen des Schmerzes

> »Niemals kann ein Mensch, dessen Arme in Höchstspannung des Wegstemmens versetzt sind, gleichzeitig den Mund zu lautem Schreien öffnen; einfach deshalb, weil er einen durch hohen Expirationsdruck prall gespannten Brustkorb als festen Halt für die Armaktionen braucht.«
>
> *Charles Bells Lösung des Rätsels von Laokoon im Jahre 1806*, zit. n. Bühler

Die Kritik des »Ausdrucks« ist nicht nur auf den Einfluß des Behaviorismus, die Konzentration auf das Beobachtungsfeld des Verhaltens und den allgemeinen Kampf gegen den Psychologismus zurückzuführen, in ihr arbeitet auch ein Gedanke, den diese Generation bei Nietzsche hatte finden können. Das wird deutlich, wenn man untersucht, warum die Kritik des Ausdrucks, wie sie sich bei neusachlichen Schriftstellern findet, fast ausschließlich als Kritik des *Ausdrucks des Schmerzes* vorgebracht wird. Die Erfahrung des Krieges hatte widersprüchlich extreme Ausdrucksbewegungen des Schmerzes ausgelöst; die Eindämmung des Schmerzes durch Ausbildung des Kältepanzers von Ehre, Tapferkeit, Ruhm und Härte und der metaphysischen Sinngebung des Leidens – und daneben der unvermittelte, »naive Ausdruck von Schmerz und Leid«, der den Schmerz als Schmerz gelten läßt.[269] Max Scheler hatte 1916 im plötzlichen Ablegen des Kältepanzers einen humanen Ausweg erkannt. Unmittelbar neben dem gepanzerten Ich war jetzt die Gestalt des schutzlos Ausgelieferten zugelassen: »Der so lange verhaltene Schrei der leidenden Kreatur durchtönt wieder frei und herb das All.«[270] Die Aufspaltung der Bilderwelt des Schmerzes in die Ikone des Kriegers und die Ikone der Kreatur will Plessner rückgängig machen, indem er die von Scheler aufgegebene Disziplin der Verhaltenheit wieder zum Ideal erhebt, die

Ikone der Kreatur verhängt und somit den Blicken der Öffentlichkeit entzieht.

Im Zeichen der Neuen Sachlichkeit untersucht man in den zwanziger Jahren die Konvention des Schmerzausdrucks und seine soziale *Funktion*. Ein Gedanke Nietzsches wird aktualisiert: »Jeder Leidende nämlich sucht instinktiv zu seinem Leid eine Ursache; genauer noch, einen Thäter«, schreibt Nietzsche in seiner *Genealogie der Moral*. Er sucht jedenfalls zunächst nicht »in« seinem Leib, sondern in der Welt »außerhalb« dieses Leibes.

Aus der Perspektive der Evolution muß solches Verhalten natürlich als überaus »vernünftig« qualifiziert werden: schließlich wird jene Gattung überlebensfähiger sein, die ihre »Schmerzen« primär als Indikatoren für »äußere« Gefahrenquellen ansieht, um sich erst später möglichen »inneren« Ursachen zuzuwenden.[271]

Die Schriftsteller der Neuen Sachlichkeit heften ihr Augenmerk auf die soziale Konstellation, in der der Schmerz seinen Auftritt hat. Daß das Leiden als »reine Wallung« eine adäquate Form in der Literatur finden könnte, ist ein Gedanke, der Brecht zum Spott reizt:

> Man sagt auch, der oder jener Dichter hat Schlimmes erlebt, aber sein Leiden hat einen schönen Ausdruck gefunden, insofern kann er sich bei seinen Leiden bedanken, sie haben etwas zuwege gebracht, sie haben ihn gut ausgedrückt. Als er sie formulierte, hat er seine Leiden verwertet, sie wohl auch zum Teil gemildert. Die Leiden sind vergangen, die Gedichte sind geblieben, sagt man pfiffig und reibt sich die Hände. Aber wie, wenn die Leiden nicht vergangen sind? Wenn sie ebenfalls geblieben sind, wenn nicht für den Mann, der gesungen hat, so doch für die, welche nicht singen können?[272]

Der Schmerz äußert sich immer im Rahmen von Konventionen, so daß schwer zu sagen ist, in welcher Form der Schmerz seinen »echten« Ausdruck findet. Karl Bühler vergleicht zwei Attitüden des Schmerzes, ohne zu entscheiden, welche von beiden das Echtheitssiegel verdient:

> Der sogenannte primitive Mensch in Schmerz und Trauer bricht in laute Klagen aus, zerreißt sein Gewand und bringt sich selbst mit eigener Hand Verletzungen bei; das alles in wesentlich denselben Lebenssituationen, wo der Mensch von heute stumm bleibt, einen Trauerflor um den Rockärmel legt und wohlgeordnet seinen Dienst versieht.[273]

Für die schroffe Ablehnung des Ausdruckskults finden wir in den programmatischen Äußerungen der Schriftsteller vor allem drei Begründungen:

– Der »Schrei der Kreatur« rechnet immer noch mit einer Instanz im All oder der Republik, die ihn zur Kenntnis nimmt. Beim Expressionisten Rudolf Leonhard hatte man 1920 lesen können:

Denn das Wort ist nicht Mittel der Mitteilung, sondern des Ausdrucks, ist Ausdruck selbst (...) Es ist ein Schall aus der tiefsten Einsamkeit, und das Wunder der Übertragung liegt nicht im Munde, sondern am Ohre. Heiligstes Geheimnis, daß wir gehört und verstanden werden.[274]

Der Ausdruck des Schmerzes besitzt die Qualität eines Appells, ist also in erster Linie doch Mitteilung und nicht der solipsistische Akt, der er zu sein vorgibt. Eingebettet in die Konventionen des »Bittgangs«, rechnet er mit einem Ort der Gnade.

Im Topos des »Schreis der Kreatur« war im Expressionismus die Krise des Mediums der Schrift erläutert worden. Denn da die Konventionen der Schrift den Anspruch, den Schrei *unverstellt* abzubilden, nicht erfüllen konnten, hatten die Expressionisten die Deformation der Form vorangetrieben, um einerseits dem »ursprünglichen« Laut einen Weg zu bahnen und andererseits die Unangemessenheit der künstlichen Zeichen zu reflektieren.

Im neusachlichen Jahrzehnt glaubt man, das Dilemma des älteren Ausdrucks-Mediums, der Schrift, durch den Rückgriff auf Techniken des physiognomischen Blicks unterlaufen zu können. Jetzt aber wird im Zeichen des »Kamera-Auges« dem neuen Medium der Fotografie ein Anspruch zugemutet, den man in der Kritik des Expressionismus grundsätzlich abgewiesen hatte: die Unmittelbarkeit hatte ihr unschuldiges Medium in der Technik gefunden. Die Physiognomie der Schreienden war fotografierbar, der schriftlose Schrei kam aus dem Radio, unmittelbar – wie Musik.

– Jeder Ausdruck hat einen performativen Aspekt; das lernen die Schriftsteller von den Leitdiskursen, an denen sie sich neuerdings orientieren:

Wenn die Bankleute sich zueinander ausdrücken oder die Politiker, dann weiß man, daß sie dabei handeln; selbst wenn der Kranke seinen Schmerz ausdrückt, gibt er dem Arzt oder den Umstehenden noch Fingerzeige damit, handelt also auch, aber von den Lyrikern meint man, sie gäben nur noch den reinen Ausdruck, so daß ihr Handeln eben nur im Ausdrücken besteht und ihre Absicht nur sein kann, sich auszudrücken.[275]

Brecht ersetzt die Kategorie des »Ausdrucks« im epischen Theater durch die der »Geste«, die er – ähnlich wie Plessner – als »Ausdruck im Lichte einer Handlung« definiert. In der Geste werden die abstrakten Zeichen der Verständigung wieder an den Körper zurückgebunden. Grenzte das Zeichen den Körper aus, so stellt ihn die Geste wieder ins Zentrum; durch die Geste wird das Zeichen zurück an den Ort und den Moment seiner Produktion geführt (Carrie Asman). Die Gefahr dieser Rückbindung besteht allerdings darin, daß der Körper unter der Regie des Zeichens so verwüstet wird, daß nur noch Ruinen übrigbleiben, denen ein allegorischer Sinn beigelegt wird.

– Man entdeckt die Rückwirkungen der vorgeschriebenen und ritualisierten Ausdrucks-Konventionen auf die Emotionen. Die schon ältere Entdeckung der Ausdruckspsychologie, daß motorische Bewegungen Emotionen erzeugen, daß das Weinen nicht nur von der Trauer rührt, sondern die Trauer auch durch Weinen hervorgebracht wird, erfährt unter dem Einfluß des Behaviorismus neue Aktualität.[276] Die Technik, Affekte mechanisch zu erzeugen, wandert vom Theater auf den Markt und der Reklame aufs Theater. Ein neues Feld der philosophischen und soziologischen Reflexion wird erschlossen; es gilt, die Konventionen der »symbolischen Interaktion« als Medium des Ausdrucks zu beschreiben, um den historisch variablen Kern des Ausdrucks zu entdecken. In der Kritik des »Ausdrucks« verbündet sich Ideologiekritik mit der Suche nach dem verborgenen Machtzentrum, dem sich der »Ausdruck« verdankt. Benjamin entdeckt im poetischen Zeichen der Allegorie nicht nur die »Konvention des Ausdrucks«, sondern zugleich den »Ausdruck der Konvention«: »Ausdruck der Autorität mithin, geheim der Würde ihres Ursprungs nach und öffentlich nach dem Bereiche ihrer Geltung«, wie er es für das Barock formuliert.[277] In den zwanziger Jahren kann freilich keine Autorität die Würde eines »Ursprungs« behaupten.

Der funktionalistische Blick, dem der »Ausdruck« in den zwanziger Jahren im Zeichen der Neuen Sachlichkeit unterworfen wird, verringert dessen existentielles Gewicht. Wird der Mensch als ein »auf Aktion gestelltes Wesen« (Plessner) aufgefaßt, so rückt der pragmatische Aspekt der Ausdrucksgebärde ins Zentrum der Aufmerksamkeit. Wer hierin eine »Verflachung« fürchtet, den weist der Funktionalismus der Neuen Sachlichkeit auf den Zugewinn einer Weite des Handlungsraums hin. Die Vorstellung »seelischer Tiefe« wird daraufhin untersucht, inwiefern sie mit einer Verkleinerung des Aktionsfeldes verbunden ist. Dem mobilen Subjekt, das der Neuen Sachlichkeit vor Augen steht und das der traditionellen Einstellung als »flach« gilt, soll es gelingen, die Tiefe des Handlungsraums so zu erschließen, daß die Ursachen für die »Tiefe« der Ausdruckswelt des Schmerzes aus der Welt geräumt werden können. So hockt selbst im »barbarischen« Feldzug gegen den »Ausdruck« ganz unscheinbar ein menschenfreundlich subversives Element. Allerdings kommt es kaum zum Zug.

Die Kritik des »Ausdrucks« erschließt den neuen Reflexionsraum der Soziologie der symbolischen Formen. Der »Ausdruck« verliert den Anspruch, ungefilterte Ausstrahlung eines Erregungszentrums zu sein, den er bei Klages noch hatte. Scheler betont den »intellektuellen Einschlag« des Spontanen; Plessner bemerkt, daß jeder Ausdruck den Regelmäßigkeiten der symbolischen Ordnung unterworfen ist, sobald er in Erscheinung tritt. Karl Bühler beschreibt den Ausdruck in seiner Konditioniertheit zwischen physiologischen Zuständen und äußeren Reizen im Handlungsfeld der Kommunikation. Kracauer betont das Vermögen der Kamera, die Konventionen der Ausdruckskunst zu unterlaufen, um das unbewußte »Naturfundament« im Einfrieren der Geste sichtbar zu machen. Brecht erkennt den intersubjektiven Zeichencharakter des Sichausdrückens und knüpft hieran weitreichende Konsequenzen. Die Zeichen der Mitteilung sind an Konventionen gebunden, und diese Konventionen unterliegen Gesetzmäßigkeiten der »Klasse«, der »Öffentlichkeit«, der »Medien« und des »Marktes«. Diese Faktoren bilden die verdunkelte Rückseite des Ausdrucksspiegels, seine Dinghaftigkeit und seinen Warencharakter. Die anonyme Rückseite des intentionalen Spiegels bildet aber kein Verhängnis. Wissenschaften und Künste des neusachlichen Jahrzehnts trauen es sich zu, Licht in die Dunkelheit der Verdinglichung zu bringen. Mit dieser Selbstgewißheit rücken sie in einen historischen Prozeß, der bald neue Authentizitätsformeln des Schmerzes erfordern wird. In den dreißiger Jahren wendet man sich der naturgeschichtlichen Rückseite des Ausdrucksspiegels zu.

6. Plessner–Schmitt. Assoziation und Dissoziation

Helmuth Plessner radikalisiert in der Endphase der Republik die politischen Elemente seiner Theorie.[278] Die Neigung zur »Verhaltenheit«, die 1924 seine Ratschläge gemäßigt hatte, wird aufgegeben. Jetzt schärft die Atmosphäre der »Entscheidung« die praktischen Kanten seiner Anthropologie. Hielt er es 1924 noch für ein »Verbrechen, statt der Logik des Spiels die nackte Gewalt anzuwenden«, so lenkt seine Verhaltenslehre jetzt in die Bereiche einer politischen Anthropologie, die die physische Tötung des Fremden – vorläufig der begrifflichen Klarheit des »Politischen« zuliebe – mit einbezieht. In seiner Schrift von 1931, *Macht und menschliche Natur*, lehnt Plessner sich jedenfalls ohne Reserve dem *Begriff des Politischen* von Carl Schmitt an, der daraufhin seinerseits in der zweiten Auflage der Broschüre auf Plessners Arbeit als adäquate anthropologische Grundlegung seiner Theorie verweist.[279] Die Affinitäten der neuen Schrift – in der die zentralen Begriffe von 1924 wie »Balance«, »Ausgleich«, »Spiel«, »Takt«, »Verhaltenheit« und »Diplomatie« verschwinden oder randständig werden – zu Carl Schmitts Ausführungen sind erstaunlich: Plessner geht inzwischen davon aus, daß man in einer »Epoche, in der die Diktatur eine lebendige Macht ist«, nicht mehr naiv in den Kategorien des klassischen Liberalismus über Politik nachdenken kann. Politik bedeutet, so Plessner, Kampf um die Macht, und die Aufgabe des Anthropologen besteht darin, herauszufinden, inwieweit dieser Wille zur Macht zum Wesen des Menschen gehört. Er stellt fest, daß die agonale politische Sphäre keine dem Menschen zufällige, äußerliche physische Daseinslage ist, daß vielmehr die »urwüchsigen Lebensbeziehungen von Freund und Feind« zu seinen anthropologischen Bestimmungen gehören.[280] Gegen Max Scheler und Martin Heidegger gewandt, denen er vorwirft, Möglichkeitsbilder des »eigentlichen« Menschseins zu entwerfen[281], will seine Anthropologie den Menschen als ein »Zurechnungssubjekt« der gewalttätigen Welt begreifen.[282] Wer, wie die genannten Rivalen, die philosophische Anthropologie zwischen die Pole des Sprungs in die Eigentlichkeit und die Seinsvergessenheit des »Man« spanne, aktualisiere nur den lutherischen Riß zwischen einer privaten Sphäre des Heils der Seele und einer öffentlichen Sphäre der Gewalt.[283] Demgegenüber besteht Plessner auf dem Gedanken, daß der Mensch als ein von Geburt an auf Künstlichkeit angewiesenes Lebewesen sich nur in der Sphäre des »Man« realisieren kann. Er äußert den Verdacht, daß die durch politischen Indifferentismus glänzenden Wesenslehren wegen ihrer Versenkung in die Eigentlichkeit die Gewalt erst recht anlocken. Daher fordert er die Politisierung der Anthropologie, die verhindern soll, daß der Anthropologe hinterrücks von der Politik erwischt wird.

Die theoretische Allianz von Plessner und Schmitt, ihr Austausch von Argumenten und Respektbezeigungen, dauerte ein Jahrzehnt – nach '33 wurde die Episode von Plessner der Vergessenheit anheimgegeben, in den Jahrzehnten nach '45 wurde das Kapitel der Liaison, das tieferen Aufschluß über das Schicksal der Intelligenz der Weimarer Republik hätte geben können, nicht aufgeschlagen. Während die Korrespondenzen von Walter Benjamin und Carl Schmitt inzwischen Gegenstand weitläufiger Forschung sind, blieb die Untersuchung der Affinitäten von Plessners Frühschriften und Carl Schmitts Staatstheorie außenseiterischen Anstrengungen jüngerer Forscher überlassen.

Verblüffend ist, daß sich alle drei Genannten zum Zeitalter des Barock hingezogen fühlten. Das »Bühnen- und Schauplatzgefühl der politisch Handelnden des 17. Jahrhundert«[284] stellte für sie offenbar ein Extrem an Repräsentation dar, das sie fasziniert hat. Ins Auge springt zudem ihre Kombination des neusachlichen Handlungskonzepts mit der Ästhetisierung des »Bösen«. »You must give the Devil his due«, schreibt Plessner als Motto über die Einleitung seiner Grenz-Schrift von 1924. Beiläufig bemerkt er den »luziferischen« Reiz, der von dezisionslustigen Männern ausgeht. Das Motiv, *mit dem Teufel zu pokern*, führt unmittelbar zu einem Grundsatz, den die Neue Sachlichkeit mit den politischen Verhaltenslehren des 17. Jahrhunderts teilt. Sobald die Hoffnung auf eine heilsgeschichtliche Erlösung geschwunden ist, sucht das politische Subjekt sich in das Räderwerk der Gewalt einzuschalten. Der Kult des Bösen ist eine Inversion der Heilsgeschichte.[285] Schon 1649 konnte man lesen: »Dann einer / der unter den Fuchsen und Wölfen wohnet / muß auch mit ihnen heulen.«[286] Max Weber hatte den Grundsatz 1919 in seiner Abgrenzung zur leidenschaftlichen Ungeduld der Jugendbewegung unter das Motto gestellt: »Bedenkt, der Teufel, der ist alt, so werdet alt, ihn zu verstehen.«[287] Er betonte die Notwendigkeit, sich in die Voraussetzungen und faktischen Züge des Gegners zu versenken und sie zu studieren, um ihre Reichweite abschätzen zu können, statt seine Macht durch »Entrüstung« oder »Flucht« zu stärken. Plessner sekundiert in seiner Grenz-Schrift mit der neusachlichen Devise »Mit der Wirklichkeit rechnen heißt mit dem Teufel rechnen«.[288] Benjamin betont, daß das geduldige Studium des faszinierend Bösen auch seinen Mangel zutage fördern kann: »Luzifer ist schön... Das Schöne drückt vom Bösen aus, daß es eine höchste Totalität ist, die ihm fehlt.«[289] Schmitt, Plessner und Benjamin träumen die amoralischen Bewegungsträume der zeitgenössischen Avantgarde, die sich in rechtlosen Räumen ergeht, sich gegen das Sekuritätsbewußtsein der Neutralität richtet und das Bewußtsein der Gefahr kultiviert. In ihren Köpfen ist die Lektüre von Kierkegaard und Sorel, Nietzsche und Lenin, Schopenhauer und Hobbes merkwürdige Amalgamierungen eingegangen. Seltsame Korrespondenzen verlaufen quer durch die politischen Lager.

»Luzifer« mag ihr Erkennungszeichen gewesen sein – der wie ein Blitz aus dem Himmel gefallene Engel erhebt auch als Fürst der Finsternis immer noch den Anspruch, »Lichtbringer« zu sein.[290] Auch wenn Denker wie Plessner und Schmitt sich mit dem Machtgedanken arrangieren, wollen sie Teil der Aufklärung bleiben. Diese Denkfigur hat in Deutschland kaum eine Tradition.

1932 gibt Schmitt zu erkennen, daß Plessners Anthropologie, wegen ihrer »wagnisbereiten« Wirklichkeitsnähe in der Konstruktion des Menschen als riskantes Wesen und ihrer »positiven Beziehung zur Gefahr, dem ›Bösen‹ näher sein dürfte als dem Guten«.[291] Auf den Moment der Entscheidung »aus dem Nichts« kommt es beiden an. Ohne sichere Naturbasis und metaphysisches Dach ist das Einzelwesen auf eine unabschließbare Serie von Entscheidungen angewiesen, um ein aktives Leben führen zu können und darin seine Identität zu sichern. Freilich, Schmitt verfügt über eine stabile Verankerung. Er hat sein metaphysisches Dach im Katholizismus, und seine Entscheidung lehnt sich immer an den Grundpfeiler der »gesunden Wirtschaft im starken Staat« an. Wie auch Max Weber bleiben beide dem wirklich unstrittigen Dogma des liberalen Zeitalters verhaftet, das auf der Annahme beruht, daß Produktion und Konsumtion, Preisbildung und Markt ihre eigene Sphäre haben, die weder von Weltanschauung noch Ethik und schon gar nicht von der Politik gesteuert werden sollte.[292]

Schon in Plessners Grenz-Schrift sind Argumentationsfiguren zu finden, denen sich die Freund-Feind-Formel von Schmitt aus dem Jahre 1927 leicht anschließen konnte. In *Macht und menschliche Natur* baut Plessner seine These von der exzentrischen Position des Menschen in Richtung auf eine politische Anthropologie aus: Der Mensch muß – man weiß inzwischen, Plessners Einzelwesen muß im Gegensatz zu Schmitts Figuren alles selbst besorgen, nichts wird ihm, obwohl es naheläge, von Institutionen abgenommen – seine »einheimischen Sphären«, die ihm nicht von Natur gegeben sind, der »offenen Fremde« fortwährend abtrotzen. So erobert er sich ein Gebiet »zwischen« der schon zur heimischen Zone gemachten Lebenswelt und einer »unheimlichen Wirklichkeit«, der feindseligen Fremde.[293] In der psychophysischen Dynamik der Grenzziehung (die mit dem Degen gezogene Linie des Duellsubjekts) zwischen dem vertrauten Kreis und der unvertrauten Fremde erblickt Plessner die ursprüngliche Wesensverfassung des Menschen. Beschreibt er hier das Drama der Assimilation?

Da die Sphäre der Vertrautheit nicht »von Natur« begrenzt ist, droht sie in jedem Augenblick wieder von der Unheimlichkeit kolonisiert zu werden. Dagegen schützt nach Plessner kein Humanitätskonzept. Was aber dann? Daß sich Plessner auf Schmitt beruft, heißt in diesem Fall, daß beide sich in der Notwendigkeit der Gewalt, die die Grenzziehung verlangt, einig wissen. »Wenn das Anderssein des Fremden im konkret vorliegenden Konfliktfalle die Negation der eigenen Art Existenz bedeutet«, hatte Schmitt festgestellt, so muß die »reale Möglichkeit der physischen Tötung« mit einbezogen werden.[294]

Dieses Extrem, das in Schmitts Schrift von 1927 den Grenzfall markiert, ist keineswegs der Verdichtungspunkt der Übereinstimmung beider Denker. An ihm läßt sich auch die Weichenstellung, an der die Theorien wieder auseinanderdriften, demonstrieren. Der »Relativismus« der Vertrautheitssphären, den Plessner betont, sein Ziel, den Ethnozentrismus der Kultur zu durchbrechen, und seine Aversion gegen die Stilisierung der »Gemeinschaft« zur naturhaften Vertrautheitssphäre lassen die Möglichkeit der Kollison im Rückblick leicht erkennen. (Man möchte gern mehr, als seine Vorlesungsreihe über die »Verspätete Nation« dazu sagt, von Plessners Reaktion erfahren, als er erkennen mußte, wie reibungslos im ersten Stadium der Diktatur sich der Schmittsche Dezisionismus, dem er selbst so lange anheimgefallen war, mit der Gemeinschaftsideologie grob, aber effektiv verknüpfen ließ.)

Blendet man jedoch den Extremfall aus (eine Operation, die zwar für jede Retrospektive, die sich durch die Todeszone des Dritten Reiches hindurcharbeiten muß, schwierig ist, aber den Möglichkeitscharakter der Theorien vor 1933 erhellt und die teleologische Fatalität, mit der man sie behaftet, von ihnen nehmen könnte), so erkennt man das dynamische Gemisch der Affinitäten auf einem abstrakteren Niveau der Schmittschen Definition: »Die Unterscheidung von Freund und Feind«, formuliert Schmitt 1927, »hat den Sinn, den äußersten Intensitätsgrad einer Verbindung oder Trennung, einer Assoziation oder Dissoziation zu bezeichnen.« Der politische Feind ist weder moralisch, ästhetisch noch ökonomisch negativ zu fassen. »Er ist eben der andere, der Fremde, und es genügt zu seinem Wesen, daß er in einem besonders intensiven Sinn existenziell etwas anderes und Fremdes ist.«[295] Schmitts Begriff des Feindes bezeichnet einen Intensitätsgrad des unbewußten Getrenntseins und der bewußten Trennung.[296] Auf diesem Abstraktionsniveau ergeben sich die Querverbindungen zur Anthropologie.

Intensitätsgrade der Trennung übten auf die Intelligenz der Republik einen so großen ästhetischen Reiz wie »die Kälte« aus. Für die persona Plessners, die sich fortwährend im Spiegel des Fremden als potentiellem Feind ein Bild ihres realitätstüchtigen Selbst zuspielen läßt (eine Figur, für die das Spiegelstadium der Identitätsfindung nie abgeschlossen ist), eröffnet Schmitts Theorie die Möglichkeit, sich aus dem Bannkreis der Vereinzelung zu lösen, das isolierte Gebiet des Distinguierten zu verlassen, um Einzug auf staatspolitisch relevantem Terrain zu halten. Vor größerem Publikum will Plessner jetzt die notwendigen Entscheidungen mit einem anthropologischen Rahmen versehen.

Daß ihm das im Gegensatz zu Schmitt mißlingt, ist nicht nur äußeren Umständen geschuldet. Die einzige ausführliche Arbeit, die bis heute diesem Fall gewidmet ist, kommt zu der Schlußfolgerung, daß die Staatstheorie Schmitts die »kongeniale Ergänzung« von Plessners Anthropologie sei.[297] Diesem Urteil kann ich nicht zustimmen. Wenn Schmitts Theorie des Politischen als »Operationalisierung von Plessners anthropologisch übersetzter Gegenwartsanalyse«[298] gelesen wird, so verdunkelt das ihre anderen Möglichkeiten. Dennoch ist es erhellend, die beiden Entwürfe in ihrem politischen Kontext »als *einen* Text zu lesen«, um durch die behauptete Identität beide Denker aus der »Denksperrzone« zu holen. Wenn außerhalb dieser Zone die Möglichkeit ihrer Identität zugelassen wird, sind auch die individuell abweichenden Konturen der beiden Theorien leichter rekonstruierbar. Denn während sich Plessners Theorie um den »Mythos des Einzelnen« dreht, rückt ins Zentrum der Konzepte von Schmitt der Staat.

Vielleicht hätten beide Denker noch im Jahre 1932 energisch bestritten, daß ihre Theorien auf der Bühne des historischen Prozesses auseinandergezerrt werden könnten. Sie haben einander wohl beide äußerst selektiv gelesen. Der Keim der Aufspaltung ist 1931 in Plessners Orientierung am Historismus Diltheys und eindringenden Erkenntnissen der Psychoanalyse angelegt. Unter Verweis auf Sigmund Freud definiert Plessner nämlich schon 1931 das »Fremde als das Eigene, Vertraute und Heimliche im Anderen und darum das Unheimliche«[299] – eine Definition, der sich Schmitt erst nach dem Zweiten Weltkrieg in Erinnerung an Theodor Däublers Formel »Der Feind ist unsere eigene Frage als Gestalt« nähert. Während Plessners Definition des Fremden eine biologische Fixierung kategorisch ausschloß, konnten in Schmitts formale Matrix der Freund-Feind-Relation jederzeit willkürliche Substanzen eingetragen werden. Plessner dagegen übernimmt vom Historismus die Relativität aller Grenzziehungen, wenn er konstatiert:

> Die Kulturgeschichte zeigt eine unablässige Verlagerung des Unheimlichkeitshorizontes und korrelativ dazu der Sphäre der freundlichen Vertrautheit, so daß der Gestaltwandel der Freund-Feind-Relation nur geschichtlich zu erforschen ist.[300]

War es Diltheys Relativismus, der verhinderte, daß Plessner die Vertrautheitssphäre eines »Volkes« absolut setzte, war es seine Aversion gegen die »Gemeinschaft«, die der Staatsrechtler instrumentalisieren wollte? Da Plessner nicht von einer ontologisch fixierbaren, sondern von einer im Machtspiel variablen Grenzziehung ausging, konnte er schon aus theoretischen Gründen Carl Schmitt nicht folgen, als dieser definitiv 1933 als Kriterium des »Freundes« »Artgleichheit« in die Matrix eintrug. In seinem »Haßverhältnis gegenüber dem Gesetzesbegriff« (Raphael Gross) als Kennzeichen des Judentums, das alle Kommentare Schmitts zur Verfassungslehre in den zwanziger Jahren prägte, war diese antisemitische Wende allerdings schon angelegt gewesen.[301] Artgleichheit war nun ein für allemal die mit Macht angereicherte

Substanz der Schmittschen Vertrautheitssphäre, die infolge der Rassenpolitik zur Mißtrauenssphäre Plessners werden mußte. Ein weiteres Indiz, an dem sich bereits 1924 sowohl Gleichgesinntheit als auch die Möglichkeit der Trennung ablesen lassen: Beide waren sich in der Verehrung der Gestalt des Großinquisitors aus den *Brüdern Karamasow* einig.[302] In der Tat galt Dostojewskis unheimliche Gestalt schon im 19. Jahrhundert als Inbegriff des Machiavellismus und damit einer »jesuitischen Politik«. Langsam aber verschiebt sich in der politischen Semantik die Konnotation des Jesuiten auf die des »Juden«.[303] Hier werden sich dann die Wege der »kalten personae« auf eine Weise trennen, die ihr Spiel der Definitionen nicht vorgesehen hatte. Schmitt darf noch eine Weile – als »Kronjurist des Dritten Reiches« – »Jesuit« sein. Helmuth Plessner fällt aus Gründen der Rassenpolitik der Diktatur, die jetzt den Unheimlichkeitshorizont des vertrauten Reiches biologisch markiert, in die Sphäre des Feindes. Er ist gezwungen, über die Türkei in die Niederlande zu emigrieren. Da sich ihre Lebenswege so trennten, hat man ihre frühen Affinitäten kaum wahrgenommen.

Als Plessner 1959 seine Schrift über die *Verspätete Nation* neu herausgibt, ordnet er in einer Anmerkung den Dezisionismus Carl Schmitts und die Anthropologie Heideggers einer Strömung zu, die nach einer Formulierung Benjamins durch ihre »Ästhetisierung der Politik« dem Faschismus Vorschub geleistet habe.[304]

Sein Schüler Christian Graf von Krockow hatte ein Jahr zuvor die erste bündige Forschungsarbeit über den Dezisionismus von Schmitt, Heidegger und Jünger publiziert. Von Krockow, der aus der Grenz-Schrift von 1924 die Kritik am Gemeinschaftsradikalismus und aus *Macht und menschliche Natur* von 1931 das »Prinzip der Unergründlichkeit« des Geschichtlichen zitiert, erwähnt die Verflechtungen der Plessnerschen und Schmittschen Konzepte nicht. Nur indirekt läßt sich aus der Einleitung erschließen, worin er die entscheidende Differenz der beiden gesehen haben mag: Es war laut von Krockow in der Folge Nietzsches nicht nur denkbar, sondern auch konsequent, sich einen Menschen vorzustellen, der alle transzendenten Normierungen abwirft, um sich dem Risiko seiner je eigenen Entscheidung zu stellen. Das allerdings erhöht die »Last der Existenz« aufs äußerste. »Denn nach Abwurf aller autoritativen Bindungen fände der Mensch sich, normativ gesehen, in ein ›Nichts‹ gestellt.« Von Krockow rekapituliert die geistige Situation, wie Plessner sie 1924 erfahren hatte, um hieran einen Gedanken zu knüpfen, der eine humanistische Rettung des Dezisionismus als Möglichkeit offenläßt:

Sofern die Menschlichkeit des Menschen durch das Hineingestelltsein in die Entscheidung bezeichnet wird, brächte der äußerste Schritt vielleicht so etwas wie die Humanität als Lebensform – aber es ist die schwere Frage, ob eine solche Lebensform überhaupt möglich und tragbar sein kann.[305]

Ist bis zu diesem Punkt noch ein freier Austausch der Argumente von Plessner, Heidegger und Schmitt im Rahmen eines humanistischen Horizonts denkbar, so zeigt der nächste Schritt die notwendige Trennung der Denker. Von Krockow hat schon durch seine Rede von der »Last der Existenz« angedeutet, daß »der Mensch« unter permanentem Entscheidungsdruck konstitutionell überfordert ist und nach *Entlastung* sucht. Schmitt und Heidegger ergreifen diese Möglichkeit, indem sie sich in eine Entscheidung einhängen, die auch ohne ihr Zutun über sie verhängt wird, und entfliehen so der Last, sich »aus dem Nichts« entscheiden zu müssen.

Helmuth Plessner entschied sich zum gefährlichen Weg ins entbehrungsreiche Exil. Allerdings war das keine Dezision.

7. Die Historisierung der Verhaltenslehren

Plessners Verhaltenslehre zielt auf die Partizipation des einzelnen an der realen Macht. Er zeichnet ein Individuum, das in hochgradig reflexiver Wachsamkeit im Ausgleich zwischen der Begrenzung seiner Körperlichkeit, der Entgrenzung seines Gemeinschaftsverlangens und der Dissoziation der Feindsphäre seine Identität finden soll. Wo findet man den sozialen Träger für dieses Konzept in der Weimarer Republik? In den politischen Lagern wird man sie nicht leicht finden.

Spontan fallen literarische Beispiele ein. Die Gestalt des »Hochstaplers« in Walter Serners *Handbrevier* etwa oder das Bild des »Stoßtruppführers«, das Ernst Jünger entwirft. In Jüngers Konstruktion findet man die von Plessner verlangte angespannte Wachsamkeit. Hier ist ein metallisches Subjekt entworfen, dessen Geistesgegenwart nie nachläßt, »als ob ununterbrochen eine elektrische Klingel in ihm abliefe«. In dieser Figur des »maschino«

sind Elemente des Ästhetizismus, die Abgrenzung von der Horde, das Pathos der Entscheidung aus dem Nichts, der Abwehr oder Kolonisierung des Fremden unter »erkaltetem« Himmel in ihrer militärischen Variante verschmolzen. Auch in Jüngers Figur sind die Steuerungsmechanismen der sozialen Institutionen ausgeblendet, die Einlagerung in soziale Kollektive minimalisiert. Auch auf Jüngers Bühne glänzen ökonomische Motive durch Abwesenheit. Das Scheinwerferlicht richtet sich auf ein seltenes Exemplar: das souverän handelnde Subjekt, das in einer Kette von Duellsituationen seine Geistesgegenwart unter Beweis stellt – aber über kein Bewußtsein darüber verfügt, in welchem Ausmaß es durch Determinanten der Ökonomie mediatisiert und seiner Triebwelt unterworfen ist. Diese fabelhafte Gestalt des einzelnen war offensichtlich eine Schlüsselfigur des Imaginären, die das Publikum der Republik in Bann hielt. Wo aber war sie institutionell verankert, in welcher Montur trat sie auf den Plan der Politik? Die rechten wie die linken Gemeinschaftsideologien bildeten die Wärmesphären, in denen das Kälte-Idol im Panzer ausgebrütet wurde.

Plessner versuchte zwar, durch die Veröffentlichung seines Traktats über die Anthropologie des Machtsubjekts in den *Fachschriften zur Politik und staatsbürgerlichen Erziehung* eine Transmission seines Konzeptes in die staatlichen Institutionen zu bewirken, doch wahrscheinlich war Carl Schmitt der einzige, der die Konsequenzen des komplizierten Textes wahrnahm und in seine Machttheorie integrierte. Ist aber der Verhaltenslehre des Grenz-Subjekts die soziale Trägerschaft entzogen, so bleibt von ihr nur *Charakterologie*! Es bleibt also letzten Endes ein Lebensstil, der als Machtstil entworfen worden war.

Das Schicksal der Aktualisierung der höfischen Verhaltenslehre der Distanz ist mit ihrer Todesbahn in den Dezisionismus nicht abgeschlossen. Wir werden ihre merkwürdige Transformation im Kapitel über den »Radartypus« in einer anderen sozialen Schicht weiter verfolgen. Ihre heroische Aktualisierung scheint allerdings Ende der zwanziger Jahre erschöpft zu sein.

In den dreißiger Jahren beginnt, durch die Diktatur politisch abgeschnitten vom realen Entfaltungsraum ihrer Aktualisierung, die *Historisierung* der höfischen Verhaltenslehre im Exil.

Norbert Elias, der wie sein Lehrer Karl Mannheim erst einmal in die Niederlande ausgewichen ist, sucht in seinen kulturhistorischen Studien nach einem anderen Typus des Subjekts. Er findet einen »Rationalitätstyp«, der in Vergessenheit geriet, weil er einerseits von der berufsbürgerlichen Ratio und andererseits vom Typus des innengeleiteten Subjekts der protestantischen Ethik überrollt worden war. Elias findet den Sehnsuchtstypus eines »Daseins in der Distanzierung« in der höfischen Gesellschaft. Dort ist er – vom bürgerlichen Psychologisierungskult des 19. Jahrhunderts verschüttet – zu finden.[306]

In einer Welt ohne Sekurität orientiert sich der vorbürgerliche Rationalitätstyp an Verhaltensregeln, die ihn Nähe und Distanz taxieren lehren. Er muß sich auf einem Terrain bewegen, auf dem jeglicher »Freilauf des Gefühls« mit sozialem Untergang oder Degradierung bestraft wird. Der an Plessner erinnernde anti-expressionistische Impuls ist auch in Elias' Rekonstruktion des höfischen Verhaltens nicht zu überhören:

Eine Affektentladung ist in ihrer Dosierung schwer kalkulierbar. Sie deckt das wahre Empfinden des Betreffenden in einem Maße auf, das, weil nicht berechnet, schädlich sein kann; sie spielt den Gunst- und Prestigekonkurrenten vielleicht Trümpfe in die Hand. Sie ist schließlich und vor allem ein Zeichen von Unterlegenheit; und das ist gerade jene Lage, die der höfische Mensch am meisten von allen fürchtet. Der Konkurrenzkampf des höfischen Lebens zwingt so zu einer Bändigung der Affekte zu Gunsten einer genau berechneten und durchnuancierten Haltung im Verkehr mit den Menschen.[307]

Mit der erzwungenen Historisierung der dreißiger Jahre ist eine doppelte Bewegung der Kritik eingeleitet: das selbstkritische Einbekenntnis, daß die Wirklichkeit dem »Rationalitätstypus« den Boden entzogen hat und ihn nur im Widerstand denkbar macht, verbündet sich mit der Erkenntnis, daß die historische Rekonstruktion die Spur seiner humanen Möglichkeit wiederentdecken kann, die seine Aktualisierung ausgelöscht hatte. Dieses Verfahren steht in direktem Widerspruch zu der Tendenz, die in Horkheimers und Adornos *Dialektik der Aufklärung* zum Zuge kommt. Während hierin der strukturelle Zusammenhang von Zivilisation und Barbarei als Notwendigkeit gezeichnet wird, hält Norbert Elias an dem Gedanken der humanen Möglichkeit des Prozesses der Zivilisation fest, um nicht in eine Zivilisationskritik zurückzufallen, die den Prozeß der Barbarisierung eher beschleunigt als gehemmt und die Lähmung der Weimarer Intelligenz gefördert hatte. Wenn Elias damit den Gestus des Einverständnisses mit der Zivilisation – das Kennzeichen neusachlicher Intelligenz während der Republik – auch fortsetzt, so führt er doch gleichzeitig die psychosozialen Kosten der Zivilisation auf: »Im Laufe dieses Prozesses«, warnt er, »wird das Bewußtsein weniger triebdurchlässig und die Triebe weniger bewußtseins-durchlässig.«[308] Als Kehrseite der Zivilisierung entdeckt er – wie später David Riesman – eine psychosoziale Dauerangst.[309]

Fern von den dramatischen Entscheidungen in der Endphase der Republik und ohne den Praxisdruck der Mobilmachung können jetzt Werner Krauss, Norbert Elias, Erich Auerbach, Ernst Kantorowicz und andere Erforscher der höfischen Gesellschaft die verdrängte Dimension der Verhaltensregeln freilegen. Sie entdecken den Horizont des Humanismus, der schon in Graciáns *Handorakel* für die Beimischungen der Güte und Tugenden des Maßhaltens gesorgt hatte, die im avantgardistischen Jahrzehnt zuvor entfernt worden waren. Zwar fanden sie in Deutschland keine politische Landschaft mehr, in der sich der Rationalitätstyp hätte entfalten können, aber sie fanden einen Text-Raum der Geschichte, der von seiner Möglichkeit zeugte.[310]

Es gehört zu den makabren Zügen der deutschen Geistesgeschichte, daß die Avantgardedenker erst zu einem Zeitpunkt darangingen, den verschütteten Horizont des Humanismus zu rekonstruieren, als das Exil weitgehend Handlungslähmung über sie verhängte. In den Jahrzehnten der Avantgarde hatten sie zu ihrem Nachteil die Modernität des 18. Jahrhunderts verkannt. Der Historismus, das Feind-Phantom, der große Gegenspieler der pathetischen Jahrzehnte, wurde jetzt wieder als Medium der Erinnerung an humanistische Prinzipien gebraucht. Jetzt konnte auch Gracián in allen seinen Dimensionen gelesen werden, neben dem Machismus und dem Fetisch der Mobilität konnten seine Beachtung der freundlichen Sanftmut und der Großherzigkeit der Seele, der Tugend der Introspektion zur rechten Stunde und der Wert der Treue gewürdigt werden. Krauss erinnerte in Plötzensee und Torgau an diese Seiten des Jesuiten.

Als Erich Auerbach im Oktober 1947 erstmals auf *Graciáns Lebenslehre*, die soeben bei Klostermann in Frankfurt am Main erschienen und ihm von Krauss zugesandt worden war, reagiert, weist er auf ein Verdienst hin, das bisher unerwähnt geblieben ist. Er schreibt:

Mir fällt eben ein Blatt mit Notizen in die Hand, die ich mir ganz zu Anfang der Schiffsreise (nach Amerika, H.L.) bei der Lektüre Ihrer Schriften gemacht habe, und wenn ich nicht irre, habe ich Ihnen noch nichts darüber geschrieben. In meiner Erinnerung (...) verblaßt alles neben dem Graciánbuch, dessen Dichte und Reichtum mir dauernd gegenwärtig sind. Nicht nur die Gestalt Graciáns selbst, sondern alle Verhältnisse und Verbindungen, die Sie aufdecken und knüpfen, etwa über die höfische Sphäre oder den Maßbegriff, sie sind mir aufs höchste interessant und sollen auch für meine eigene Arbeit fruchtbar werden.[311]

In Krauss' Kapitel über Graciáns »Maßbegriff« ist das Klima der humanistischen Wende der dreißiger Jahre besonders spürbar. Krauss betont hierin den Wert der mittleren Tugend. Dieser Mittelwert ist kein Durchschnittswert, der Ausgleich der Gegensätze geschieht nicht im Kompromiß. Vielmehr erfordert er die »außerordentliche Leistung der zusammengefaßten Geisteskräfte«; denn in ihm werden die Extreme nicht gelöscht, sondern vermittelt. In dieser Mitte finden riskante Balanceakte statt, und der Person werden Leistungen abverlangt, deren Forderungen fanatischen Seelen paradox erscheinen mögen: »diskrete Verwegenheit« und »besonnener Wagemut«.[312] Die Kunst des Gleichgewichts gelingt freilich nur *»Ausnahmenaturen«*, die wissen, daß sie einen extremen Affekt weder »stoisch-asketisch« abtöten[313] noch hemmungslos ausagieren, sondern durch eine andere Leidenschaft neutralisieren sollten. Das zähmt zwar nicht die eigenmächtige Wildheit des Affekts, beugt ihre Wucht jedoch in eine andere Richtung. Dieser Ausgleich der Leidenschaften führt nicht zu einem Durchschnittswert, sondern zur Leidenschaft des Ausgleichs im Dienste eines besonderen »Interesses«, das politisch, ökonomisch und moralisch bestimmt sein kann.[314]

In Ernst Jüngers Tagebüchern des Zweiten Weltkriegs wird man eine vergleichbare Wendung von der Logik des Extrems zur Tugend des Maßes feststellen. In der erzwungenen Kontemplation nimmt der Bann der Geschichtsphilosophie, in dem seine Phantasien der Mobilmachung entstanden waren, ab, das Interesse für das *Menschenmögliche* wächst. Die Annäherung an die Tradition der französischen Moralistik erinnert Jünger an feste humane Einsichten zu Zeiten, da diese bewußt in Frage gestellt sind.[315] In seinen *Kaukasischen Aufzeichnungen* notiert er am 1. Januar 1943 drei Vorsätze:

Als ersten »Mäßig leben«, denn fast alle Schwierigkeiten in meinem Leben beruhten auf Verstößen gegen das Maß.
Zweitens: »Immer ein Auge für die Unglücklichen«. Dem Menschen ist die Neigung angeboren, das echte Unglück nicht wahrzunehmen, ja mehr als das: er wendet die Augen von ihm ab. Das Mitleid hinkt nach.
Endlich will ich das Sinnen auf individuelle Rettung verbannen im Wirbel der Katastrophen, die möglich sind. Es ist wichtiger, daß man sich würdig verhält. Wir sichern uns doch nur auf Oberflächenpunkten eines Ganzen, das uns verborgen ist, und gerade die Ausflucht, die wir ersinnen, kann uns umbringen.[316]

Auch Werner Krauss macht die Beschränkungen der Lebenslehre Graciáns im Vergleich mit den französischen Moralisten deutlich. Sie liegen neben der bereits erwähnten Distanz zum Volke, das Gracián als »Widerkraft« befehdet und dem er nur in voller Rüstung gegenübertritt, in der »männerbündischen« Einkapselung der persona.[317] Aus der Lebenslehre Graciáns sind die »Widerfahrnisse der Liebesleidenschaft« entfernt, die Psychologie der Geschlechter ist für ihn kein Thema. Hierin entdeckt Krauss den schärfsten Kontrast zu seinem Leitbild des Menschen bei den französischen Moralisten, das »sich in der beständigen Rücksichtnahme auf die weibliche Partnerrolle ausformt«.[318]

Dennoch hebt Krauss hervor, daß sich die humanistische Tugend des Maßhaltens in Graciáns Lebenslehre wohltuend gegen die fanatischen »Haltungen« seiner Zeit abhebt. Er kannte den verheerenden Glanz der kalten persona, dem er Graciáns Ratschlag Nr. 266 entgegenhalten konnte:

Nicht aus lauter Güte schlecht sein: der ist es, welcher sich nie erzürnt. Diese unempfindlichen Menschen verdienen kaum, für Leute (personas) zu gelten. Es entsteht nicht immer aus Trägheit, sondern oft aus Unfähigkeit. Eine Empfindlichkeit, bei gehörigem Anlaß, ist ein Akt der Persönlichkeit: die Vögel machen sich bald über den Strohmann lustig. (...)

Auf der Suche nach der Anthropologie der Neuen Sachlichkeit trafen wir auf Verhaltenslehren; nach sozialen Trägern des vorgeschriebenen Verhaltens uns umsehend, wurden wir auf die Charakterologie der Lehrer und ihre Vorschläge zum Lebensstil verwiesen.

Was geschah mit den Charakterköpfen in der Literatur, in welchen Testraum schickte sie die Entwürfe des Lebensstils der »Sachlichkeit«?

IV. Die kalte persona in der neusachlichen Literatur oder Die Schatten fressen die Figuren, die sie werfen

1. Die Unterwanderung des Souveräns

Der Schmerz der Trennung und die Sehnsucht nach Fusion – zwei Quellen der ästhetischen Faszination – werden in der Ära der Ersten Republik in extreme Ferne voneinander gerückt.[319] Die bürgerliche Kultur der Schattierungen und gemischten Temperaturen weicht einer Ästhetik der Entmischung, der Polarisierung aller Lebenssphären, der Faszination der »scharfen« Grenzziehung und klaren Kontur. Die Fähigkeit, Verschwommenheiten, d.h. das Phänomen der fließenden Grenzen, wahrzunehmen, ist im Politischen so verdächtig wie im Ästhetischen. Die Kunst der schrecklichen Vereinfachung ist nicht nur attraktiv, weil sie entlastend, sondern vor allem, weil sie schrecklich ist. Reizvoll scheinen im neusachlichen Jahrzehnt die »äußersten Intensitätsgrade einer Verbindung oder Trennung« (Carl Schmitt). Unter dem Stern der »Sachlichkeit« dominieren Szenarien der Trennung. Es regiert die Ausdruckswelt des Schmerzes – unter Verzicht auf die Diskursrituale des Geständnisses und der Klage, die im expressionistischen Jahrzehnt entwickelt worden waren. Verschiedene Spielarten des Trennungskults sollen kühle Freiräume in den überhitzten Ballungszentren der Metropole schaffen; Attitüden der »Kälte« sorgen für Distinktion in dem »Treibhausklima«, das infolge der »Statusinkonsistenzen« herrscht.[320] Wir treffen jetzt auf das Lob des Nomadentums, die Verhaltenslehre der Distanz, die Aufwertung der sozialen »Eiszeit«, das Einverständnis mit der Entfremdung, den Reiz der statistischen Entzauberung, die Rhetorik des Vergessens, den Behaviorismus der Wahrnehmung… Rituale, Gesten und Lebensstil schreiben sich als Spur der Trennung in die Welt der Fusionen ein: in die Vorstellungsräume der Geburtserinnerungen, der Hoffnung auf einen geschlossenen Lebenszyklus, des Verlangens nach Vertrautheitssphären, des Lobs der Wärmezonen und des Hangs nach Ursprungsmythen. Die Aufspaltung in die extremen Sphären von Schmerz und Fusion ist verhängnisvoll, weil sich um beide Pole politische Lager bilden und festschreiben. Die Trennungsspezialisten sammeln sich im linken Lager – es gibt nicht nur Ursprungs-, es gibt auch Trennungsmythen. Die Verteidiger des Verschmelzungswunsches rühren sich im rechten; nur wenige, wie die von der Avantgarde befehdeten modernistischen Schriftsteller der älteren Generation – Thomas Mann oder auch Robert Musil –, lassen die Vermischung der Motive zu. Man findet in der Republik so selten die Entspanntheit des Relativismus, die das Einverständnis mit der notwendigen Trennung als Korrektiv wirksam sein läßt, wie sie die Rückbesinnung auf die Natalität und den Wunsch nach Ganzheit als Korrektiv der Entfremdung begrüßt. Statt dessen herrscht in der Literatur der Avantgarde die Logik des Extrems. Der Blick auf die politischen Implikationen der Polarisierung verdeutlicht, zu welcher Eindimensionalität des Menschenbildes die Weimarer Kultur der Entmischung führt. Gleichzeitig verdunkelt die Aufspaltung der Sphären ihre wechselseitige Bedingtheit; Trennungsszenarien und Fusionstheater schöpfen ihre Energien aus der gegenseitigen Negation, und sie bilden füreinander den Unheimlichkeitshorizont, ohne den sie zerfallen würden.

Während im Reich des Imaginären Gestalten der Eindimensionalität und der plakativen Einfalt als Kristallisationspunkte der radikalen Entmischung einen eigenartigen Reiz ausstrahlen, bieten sich Institutionen an, die Entmischung rückgängig zu machen. Sie versprechen, den Wunsch nach Fusion mit dem Wunsch nach Trennung zu kombinieren. Carl Schmitt findet mit der Freund-Feind-Formel den genialen Schlüssel zur Kombination von Vertrautheits- und Fremdheitssphären. Das Pathos des »Distinguo, ergo sum«, das seine Freund-Feind-Formel ausstrahlt, hält den Mythos des isolierten einzelnen aufrecht, während die Konsequenz der Formel ihn unter das staatliche Dach des Freundes-Kollektivs rettet. Paul Tillich formuliert 1932 die unheimliche Dynamik, in der sich Trennungswunsch und Fusionsbegehren durchdringen und in der nationalsozialistischen Bewegung ihr Strombett finden. »Der Ruf nach Gemeinschaft«, bemerkt Tillich in seinem Buch *Die sozialistische Entscheidung*, »enthält gleichsam die Forderung, vom Sohn her die Mutter zu schaffen und den Vater aus dem Nichts zu rufen.«[321]

Bei der Untersuchung der theoretischen Konstruktionen der »kalten persona« begegneten wir verschiedenen Versuchen, »den Vater aus dem Nichts zu rufen«. Man dürfte in der Literatur sehr eindimensionale Figuren erwarten, wenn sie sich nur an diese Parole hielte; das kaum verhohlene Begehren, »die Mutter zu schaffen«, verleiht ihnen jedoch eine gewisse Plastizität. Die Figuren werfen einen Schatten, der das Programm, das sie nicht ohne Pathos verkünden, zu tilgen droht.

Auf dem Feld des Ästhetischen mit seiner Rückbindung des heroischen Zeichens der »Sachlichkeit« an die Körperwelt werden viele Attitüden der Selbstgewißheit untergraben. Auch der Dezisionismus entgeht nicht dem Beschämungstheater der Republik. Das läßt sich an dem Schicksal des Souveränitätsgedankens im Trauerspielbuch von Walter Benjamin illustrieren.

Während Plessner den Souveränitätsgedanken aus Schmitts *Politischer Theologie* auf das Individuum überträgt und sein »Duellsubjekt« konstruiert, benutzt Walter Benjamin die Landschaft des barocken Trauerspiels, um die angemaßte Allmacht zur Schau zu stellen und den Fürsten im grellen Scheinwerferlicht der Bühne im »Stande seines armen Menschenwesens« vorzuführen.[322] Benjamin betont neben der Kreatürlichkeit die »Entschlußunfähigkeit der Tyrannen«[323], der zwar »in stoischen Redensarten« unverdrossen seine Souveränität hervorkehrt, aber der jähen Willkür des »jederzeit umschlagenden Affektsturms« ausgesetzt ist, so daß er sich unversehens in der Rolle des Märtyrers wiederfindet. Der Effekt ist die »dismantling of the sovereign, who is split into an ultimately ineffective if bloody tyrant, and a no more productive martyr«.

Die Einführung des Souveränitätsgedankens in die Welt des Trauerspiels resultiert aber nicht nur in dieser Enttäuschung, deren Logik dem Satz des Gefangenen Mercier in Büchners *Dantons Tod* zu folgen scheint: »Geht einmal euern Phrasen nach, bis zu dem Punkte, wo sie verkörpert werden.« Die Pointe ist schrecklicher. Denn Benjamin weist im barocken Trauerspiel die Gestalt an, die, mit allen Attributen der kalten persona geziert, »ganz Verstand und Wille«, den Schlüssel für das Schicksal in ihren Händen hält. Dezision ist ihr Metier: Es ist der Intrigant, der versucht, die grundsätzlich unkontrollierbaren Mechanismen der Leidenschaft, der die anderen ausgesetzt sind, in sein Kalkül einzubeziehen.

Folgt man dieser Version des Schicksals des Schmittschen Souveränitätsgedankens im Trauerspielbuch, so wird der Strahlenkranz des Dezisionisten demontiert, und übrig bleibt ein »Ränkeschmied«. So berührt Benjamin den Extremismus der politischen Anthropologie seiner Zeitgenossen zwar, bringt ihre Selbstgewißheit aber auf die schiefe Ebene seines Trauerspiels.[324] Auf dieser erzeugt sie erst »Schwindelgefühl«, um dann mit allen anderen Insignien der Herrschaft auf den Ruin zuzutreiben.

Noch an einem anderen Punkt läßt sich das Schicksal der Konstruktion des einsamen Fechters in der ästhetischen Imagination verfolgen.[325] Plessners hochreflexive Person erfreut sich, wie wir sahen, des fabelhaften Vermögens, ein »Ich« zu besitzen, das sich »scharf« gegen das Unbewußte des Leib-Seins abgrenzen kann. Es steht unter dem Diktat, seinen Leib vergessen zu müssen, um seinen sozialen Körper elegant vorzuführen. Die Bewachung der Grenzziehung, mit der das Ich sich seiner Identität vergewissert, versetzt es in gespannte Aufmerksamkeit. Versagt die Wachsamkeit, droht Blamage. Vor dieser hat sich die Ästhetik Benjamins nicht zu fürchten. Obwohl auch für ihn die Welt der »Schamkultur« mit ihrer Selbstverständlichkeit von Distanz und Ehre große Anziehungskraft besitzt, verraten seine Schriften das Bemühen, »die Strenge des Ich im Rausch zu lockern«.[326] Sie befragen die Literatur nach Einblicken in Zonen, die das souveräne Ich vergeblich der Vergessenheit anheimgeben möchte.

Weil aber die vergessenste Fremde unser Körper – der eigene Körper – ist, versteht man, wie Kafka den Husten, der aus seinem Innern brach, »das Tier« genannt hat. Er war der vorgeschobenste Posten der großen Herde.[327]

Die Souveränitätslehren von Schmitt und Plessner sind schließlich, wie wir sahen, verwoben in die Welt der Väter. Ihre Beispiele für Entscheidungen aus dem normativen Nichts suchen beide grundsätzlich in dem – sei es staatlich, sei es kirchlich – sanktionierten Raum der Altvorderen. Plessners gegen die Jugendbewegung gerichtete Verehrung des Fürsten Bismarck wurde erwähnt, Schmitts fortwährendes Seufzen über die »Abwesenheit des Vaters« soll das Bild ergänzen. »Der Gesetzespositivismus«, klagt Schmitt mit unverkennbarer Angstlust noch nach dem Zweiten Weltkrieg, »tötet seinen Vater und verspeist seine Kinder.«[328] Die Lektüre von Freuds Studie über Moses läßt ihn erkennen, daß die »Jahwe-Religion« eine »Mythik des Vaterfraßes« enthält.[329] Überall aber, wo die Gestalt des Vaters angegriffen wird oder sein Platz leer ist, wittert er die Nähe des Anarchismus.

Dezisionistisch gestimmten Vätern ist kein Ehren-Platz in Benjamins Schriften eingeräumt. Vom frühen Essay *Metaphysik der Jugend* bis zu seinen Kafka-Studien spricht die Lust an der Destruktion der Väterwelt. Hieß es in ersterem:

Täglich nutzen wir ungemessene Kräfte wie die Schlafenden. Was wir tun und denken, ist erfüllt vom Sein der Väter und Ahnen. Eine unbegriffene Symbolik verknechtet uns ohne Feierlichkeit,

so erfährt man über Kafkas Gestaltung der Machthaber:

Furchtbarer sind sie nirgends als wo sie aus der tiefsten Verkommenheit sich heben: aus den Vätern.[330]

Die geharnischten Gestalten, die Benjamins Interesse wecken, sind im Gegensatz zu den Idolen von Plessner und Schmitt nicht Figuren, die sich im Strahlenkranz der Souveränität sonnen, sondern unter der »jähen Willkür eines jederzeit umschlagenden Affektsturms [...] wie zerrißne, flatternde Fahnen sich bäumen«, weil nicht die Selbstgewißheit des Gedankens, sondern »physische Impulse« sie bestimmen.[331] Benjamins Bühne bringt die kalte persona auf die schiefe Ebene.

Im Bann der »totalen Mobilmachung« hat die neusachliche Literatur verschiedene Bilder der »kalten persona« entworfen. Allerdings haben die Artisten mit Vorliebe sich selbst in der Pose der »kalten persona« stilisiert. Auf ihren Selbstporträts sieht man die Künstler mit gnadenlos sondierendem »kalten Blick« in der Haltung von Nietzsches »Nordpolfahrer«. (Der Nietzsche-Leser Otto Dix porträtiert sich in dieser Pose, George Grosz rühmt sich seines »Packeis-Charakters«.) Maximen wie: die Wahrnehmung müsse alle moralischen Kriterien »auf Eis« legen, um die nötige Schärfe zu gewinnen; die Erkenntnis müsse »kalt« sein, sonst werde sie, wie Benn meint, »familiär«, lassen ahnen, welche Anziehungskraft vom Habitus der kalten persona ausging.

Es gehört zum »Desillusionsrealismus« dieser Zeit, daß auch dieser heroische Habitus der Kälte physiologisch unterwandert und in seiner Ambivalenz ansichtig gemacht wird. Karl Bühler macht in seiner *Ausdruckstheorie* darauf aufmerksam, daß die physiologischen Grundlagen der Physiognomie des konzentriert Spähenden in experimentellen Untersuchungen erschlossen werden können. Philipp Lersch hatte z.B. die physiologischen Prozesse rund um den kalten Blick – die senkrechte Stirnfalte, die Fixierung der Blickbewegung und die verengte Lidspalte – anatomisch beschrieben, in Photogrammen festgelegt und phänomenologisch gedeutet.[332] Senkrechte Stirnfalten hatten nach Bühler seit dem griechischen Altertum alle Ausdruckstheoretiker beschäftigt, weil sie als Symptom von Zorn, Gram und Konzentration zugleich begriffen wurden.[333] Lersch gelingt eine Präzision, indem er *erstens* in der Tradition von Darwin auf die Funktion der Stirnfalten als Augenschutz vor blendendem Licht und vor dem Blutdruck vom Gehirn her hinweist und *zweitens* betont, daß sie das Ergebnis einer »aktiv-antagonistischen Spannung, in welche der muskuläre Randapparat um das Auge« versetzt wird, sind:

Diese Konzentration der psychischen Kraft auf die Verarbeitung irgendeines sinnlich wahrgenommenen oder gedachten Gegenstandes im Sinne einer Anpassung an die Lebensintentionen des Individuums ist es, was wir bei einer phänomenologischen Betrachtungsweise überall da als gegeben annehmen müssen, wo uns der mimische Akt der vertikalen Stirnfaltung oder eine dauernde mimische Spur dieses Akts begegnet.[334]

Bühler findet den Rückschluß plausibel, daß überall, wo wir auf senkrechte Stirnfalten treffen, eine Konzentration der psychischen Kraft vorliegt.

Zur Gesamtheit des Ausdrucks gehören außerdem die Blickrichtung und die Symptome der Lidspalte. Denn der unter dem Dach der Stirnfalte so und so gestellte Augapfel will eine bestimmte Lidspalte zum Herausschauen und mitbeteiligte Augenbrauen. Im Fall des kalten Blicks ist die Fixationsbewegung der Augapfelmuskulatur durch ein Interesse gesteuert. Der Impuls zur schlitzförmigen Verengung der Lidspalte ergeht zugleich an den inneren Augenringmuskel, welcher das Oberlid herabdrückt und das Unterlid hebt, und wieder an den Augendeckelheber. Ohne den Zusatzimpuls an diesen wird die Lidspalte vollkommen verschlossen; mit ihm aber bleibt eine wechselnd enge Spalte offen, und es entsteht das bekannte Bild des weitgehend abgedeckten Auges. Diesem physiologischen Impuls rechnet Bühler, Lersch folgend, eine »expressive Grundvalenz« zu:

Was nun die psychologische Deutung des abgedeckten Auges betrifft, so ist es ohne weiteres einsichtig, daß sich in der Tendenz zur Innervation des Augendeckelhebers ein Wille zur Aufrechterhaltung des apperzeptiven Kontaktes mit der Umwelt auswirken muß.[335]

In Situationen, in denen die Person menschlichen Partnern gegenübersteht und sich das Kontaktgeschehen Auge in Auge mit ihnen vollzieht, schützt das leichte Zukneifen der Lidspalte vor dem Eindringen des Blicks der anderen. Sie sollen nicht lesen können, was in den Augen des Beobachtenden zu lesen ist. Fällt das spähende Auge der anderen weg und konzentriert sich der Betrachter auf das Gesehene mit verengter Lidspalte, so will er es *bewältigen*. Auf Situationen, die optische Konzentration verlangen, reagiert der Mensch – wie Sehtiere im behavioristischen Experiment – mit dem Habitus des *Angriffs*. Bühler findet hierfür die angemessenen Metaphern:

Die Blickpatrouillen eilen voraus oder kehren um, der Kopf und dann erst die Heeresmasse ›Rumpf‹ folgen nach.[336]

Der scharfe Blick kündet von einer gewissen Aktionsbereitschaft. Er sondiert die Umwelt mit Absichten, mißt und berechnet, was er zu überwältigen sucht, und wehrt gleichzeitig alle Einmischungen des störend Intersubjektiven ab. Im Gegensatz zum Habitus des Kontemplativen, dessen Auge »auf den Dingen ruht« und sie in ihren vagen Horizonten beläßt, rastert der scharfe Blick die Umwelt und präpariert sich gleichsam die wahrgenommenen Gegenstände zum Verzehr. Der kalte Blick gehört so zum Habitus des »aktiven Bewältigers«, des »Zupackenden«, der sich zugleich vor Kontakten abschirmt.

Ist es leicht, die Spur der »kalten persona« im Selbstporträt der Künstler, ihren Theorien der Wahrnehmungsschärfe und ihrer Charakterologie zu entdecken, so ist es schwieriger, sie als Figur in ihren Werken zu finden. Die Ursache hierfür liegt darin, daß es in der Weimarer Republik keine sozialen Strukturen gab, in denen sich diese Figur hätte entfalten können – mit Ausnahme der marginalen Räume von Literatur und Kunst, in denen die »kalte persona« als Figur der *Expression* geduldet wird. Damit ist sie allerdings in eine Entfernung von den Machinationen der Macht gerückt, die die Neusachlichen gerade verringern wollten. Hier – am Rande – steht sie als Machtskulptur im Blickfang einer Öffentlichkeit, die sie als ästhetisches Phänomen wahrnimmt, was die Artisten wiederum kränkt, weil nicht ernst genommen wird, daß sie eigentlich ins Machtzentrum eindringen wollten. Nicht ohne Hektik suchen sie deshalb nach Anschlußstellen an soziale »Kälteapparate« und finden sie in der kommunistischen Partei, im Heer und Freikorps. Es ist wie in der katholischen Kirche: die Väter treten auf im Namen der Mutter Kirche. Sie müssen nicht aus dem Nichts gerufen werden; denn sie belagern schon die Republik.

Die Marxisten gehen sowieso davon aus, daß die individuellen Züge des bürgerlichen Helden (die kalte persona eingeschlossen) nur Maskierungen der gesellschaftlichen Triebkräfte sind, die dem Helden selbst verborgen bleiben. Sofern solche »Charaktermasken« auf der Bühne und in der Literatur auftreten, interessiert sie ihr Klassen-Code, der den Bewegungsablauf der Figuren steuert. Sofern die kalte persona jedoch im Typus des Funktionärs erscheint, wird sie als Gestalt gewürdigt, die einen heißen Draht zur Zentrale der Partei hat.

Sucht man in der Literatur nach dem Typus, in dem Plessners Duellpersönlichkeit, negative Anthropologie und die Verhaltenslehre der Distanz verschmelzen, so trifft man auf Gestalten sehr unterschiedlicher Provenienz. Man wird bemerken, daß sich in dieser Wunschfigur ein aristokratisches Ressentiment gegen den Citoyen mit einem plebejischen Haß auf den Bourgeois mischt. So taucht die kalte persona in verschiedenen Mischungsverhältnissen auf.

Ob der Habitus der kalten persona heute noch Anklang findet, hängt vom Neigungswinkel der Ästhetik ab. Vom Blickpunkt der siebziger und achtziger Jahre, in denen der Literatur der Anspruch auf Therapie zugemutet wurde, verfielen alle Variationen des Subjekts im Panzer vernichtender Kritik. Kein Zweifel – der Habitus der kalten persona gilt nicht nur als degoutant, sondern auch als ungesund, auch wenn man damit, wie Ernst Jünger, 98 Jahre wird.

Da dieses Buch für eine Mischkultur plädiert, in der Ichstärke und produktive Regression, Trennungskünste und Provisorien der Fusion, zeitweilige Panzerung und ihre Preisgabe, klare sowie verschwimmende Konturen, Unterscheidungsvermögen und Zerstreuungsfähigkeit sich vermitteln, zeigen wir die acht Porträts, die folgen, mit freundlicher Skepsis.

Der Umschlag des Bildes von der selbstgewissen kalten persona in die Verlassenheit der Kreatur, der schließlich nicht ohne Anteilnahme vorgeführt wird, muß nicht – in Plessners Kategorien – als »Katastrophe der Lächerlichkeit« erfahren werden. Wenn schon die Geschichte kein Komödienlicht auf unsere Gestalten wirft, so könnten sie doch als Grotesken lehrreich sein.

2. Rahmengeschichten

Begriffe wie »Typus«, »Ikone« und »Charaktermaske« lenken die Aufmerksamkeit auf die statischen Konturen der Porträts. Die Literatur entwirft indessen ihre Menschenbilder im Rahmen von Experimenten, die, im Stil der Zeit, als »Demontage« oder »Montage« bezeichnet wurden und selten komisch waren wie in diesem Fall:

> Reden Sie nichts von Gefahr!
> In einem Tank kommen Sie nicht durch ein Kanalgitter:
> Sie müssen schon aussteigen.
> Ihren Teekocher lassen Sie am besten liegen
> Sie müssen sehen, daß Sie selber durchkommen.
>
> Geld müssen Sie eben haben
> Ich frage Sie nicht, wo Sie es hernehmen
> Aber ohne Geld brauchen Sie gar nicht abzufahren.
> Und hier können Sie nicht bleiben, Mann.
> Hier kennt man Sie.
> Wenn ich Sie recht verstehe
> Wollen Sie doch noch einige Beefsteaks essen
> Bevor Sie das Rennen aufgeben!
>
> Lassen Sie die Frau, wo sie ist!
> Sie hat selber zwei Arme
> Außerdem hat sie zwei Beine
> (Die Sie nichts mehr angehen, Herr!)
> Sehen Sie, daß Sie selber durchkommen!
>
> Wenn Sie noch etwas sagen wollen, dann
> Sagen Sie es mir, ich vergesse es.
> Sie brauchen jetzt keine Haltung mehr zu bewahren:
> Es ist niemand mehr da, der Ihnen zusieht.
> Wenn Sie durchkommen
> Haben Sie mehr getan, als
> Wozu ein Mensch verpflichtet ist.
>
> Nichts zu danken.

Die Panzerung, die das Subjekt sich anschafft, um zu überleben, kann im nächsten Augenblick zu einer gefährlichen Belastung werden. Die Ratschläge, die man in Brechts *Lesebuch für Städtebewohner* findet, sind zwar paradox; es kommt aber – so die Logik – darauf an, sich von paradoxen Ratschlägen nicht lähmen zu lassen. Nicht Zielstrebigkeit, sondern Wendigkeit ist die Parole, und der Radar-Typ, mit dem hier gerechnet wird, ist bereit, mit der kriegerischen jede »Haltung« aufzugeben. Die gesellschaftlichen Rahmenbedingungen, welche die innengeleitete Orientierung ermöglichen sollten, sind in der Welt des *Lesebuchs* zerstört: Vertragssysteme haben keine Geltung mehr, Gewalt wartet nicht an der Peripherie des Gemeinwesens, sondern prägt den Alltag; von fairem Wettbewerb kann keine Rede sein, für den Konsum fehlt Geld, Peer-Groups sind nicht in Sicht. Auf die kleinste Größe reduziert, wird nicht einmal der Wunsch erfüllt, »Kreatur« sein zu dürfen. Am Ende der Stufenleiter der Reduktion bleibt ein Körper, der durch alle Typologien fällt. Für einen Moment scheint, wie in dem Gedicht *Verwisch die Spuren*, nichts übriggeblieben als ein abstraktes Bewegungsprinzip, ein Energiequantum der Negation, das keine Dialektik nährt; wenn's hochkommt, ein Objekt der Tierverhaltensforschung. Nach der Entfernung der Substanz wird Brecht dieses Etwas geschichtsphilosophisch aufladen. Bevor es aber als Prolet auftritt, vergnügt es uns als Slapstick-Figur.

Die Literatur dieser Zeit spielt solche Schwundstufen der Existenz durch, um den Schrecken zu bearbeiten, der entsteht, wenn ein älterer Charakter-Typus sich von einem Zivilisationsschub überrollt fühlt. Der gefürchtete Prozeß geht nicht lautlos vonstatten. Über dem Feld des Umbruchs leuchten wie Neonschriften neusachliche Parolen wie:

Der Prozeß führt durch das Ornament der Massen mitten hindurch, nicht von ihm zurück. (Kracauer)

Der Mensch wird nicht wieder Mensch, indem er aus der Masse herausgeht, sondern indem er hineingeht in die Masse. (Brecht)

Unter der Licht-Schrift dieser Konzepte, in der Körperwelt, die die Geschichten des Stürzens und Überrolltwerdens, der Gleichschaltung oder Isolation entfalten, geht es nicht ohne Schrecken zu. Joseph Roth räumt ein:

So ein Gleisdreieck von machtvollen Dimensionen wird die zukünftige Welt sein. Die Erde hat mehrere Umformungen durchgemacht – nach natürlichen Gesetzen. Sie erlebt eine neue, nach konstruktiven, bewußten, aber nicht weniger elementaren Gesetzen. Trauer um die alten Formen, die vergehn – ähnlich dem Schmerz eines Antidiluvialwesens um das Verschwinden prähistorischer Verhältnisse.[337]

Um so wichtiger scheint es, den Prozeß der »Montage« *angstfrei* vorzuführen, wie Brecht es in *Mann ist Mann* versucht. Die Geschichte der Korrekturen dieses Stücks zeigt freilich den hektischen Versuch, den frisch montierten Helden mit jeweils neuen Anschlußstellen zum richtigen Kollektiv zu versehen.

Wer im neusachlichen Jahrzehnt Geschichten erzählen will, trifft auf eine Reihe von Rahmen-Geschichten über die Modernisierung, die sich als zwar grobe, aber entlastende Verlaufsform anbieten. Da empfiehlt sich Max Webers Erzählung von der *Entzauberung*, in der sich die Idee vom Wachstum der rationalen Machbarkeit der Welt mit dem Empfinden zunehmender Ohnmacht verbindet. Neu sind die Geschichten, die ihr *Einverständnis* mit dem nicht umkehrbaren Prozeß der Entfremdung bekunden, die für Beschleunigung der Modernisierung plädieren und ausloten, ob »der Mensch« diesen Prozeß überhaupt aushalten kann. Solche Geschichten sind spektakulär, gehören aber zu den Randerscheinungen der Republik. Man darf sie von Dadaisten, vom Brecht-Kreis, Bauhaus-Architekten, Asphalt-Literaten, Bronnen und Ernst Jünger erwarten. Weit einflußreicher ist in diesem Jahrzehnt die *Dekadenz-Erzählung*. Diese sieht in allen Stadien der Entzauberung der ursprünglichen Gemeinschaft »Phasenfolgen eines sicheren Todesweges«[338], von »warmen« Ursprungslandschaften in die »Gletscher« der Zivilisation. Alle zivilisatorischen Neuerungen gelten ihr als Anzeichen des Vitalitätsverlustes.

Max Scheler beobachtet dagegen Mitte der zwanziger Jahre den epochalen Prozeß der *»Entsublimierung«*.[339] Sportkult und Triebpsychologie, die Aufwertung des Kindes und die »Lust an primitiver mythischer Mentalität« sind seine Indizien. Scheler registriert eine Bewegung des »Rücklaufs der Sitten« der einst von Europa kultivierten Völker, eine *»Gegenkolonisierung«*, in der »Barbareien« aufgewertet werden. Auf die Arbeits- und Erwerbsaskese der Vätergeneration sei mit der Jugendbewegung als Gegenschlag die »Revolte gegen die einstige Sublimierung« erfolgt;

auch der Weltkrieg sei ein solcher Aufstand gewesen. Scheler ist skeptisch; er rechnet damit, daß die Entsublimierung zwangsläufig ein Moment der Dekadenz-Bewegung bleibt, solange sie die Vernunft ausgrenzt. Wo immer sie auftritt und in welche Ideen und Wertungsformen sie eingehüllt ist, sie bleibt – wie die reflektionsgebundene Sucht zum Primitiven, Kindhaften, zur »zweiten« Naivität – an sich ein Zeichen des Alters und der »vitalen Ermüdung«. Das Rückgängigmachen der Sublimierung ist für Scheler ein Vorgang, der sich über den Zeitraum vom Jugendstil bis zu den faschistischen Bewegungen erstreckt. Die Kulturindustrie der Neuen Sachlichkeit begreift er als integralen Bestandteil des Aufstands gegen die Techniken der Sublimierung, die im Zeitalter der Innen-Lenkung entwickelt worden waren.

Entzauberung – Dekadenz – Entsublimierung: drei Namen für Erzählungen der gesellschaftlichen Entwicklung, denen der Name des *Fortschritts* hinzugefügt werden muß. Die Fortschrittserzählungen hatten ihre stabilen Lager in den politischen Organisationen der Arbeiterschaft.

Die vier Namen stehen für Rahmenmodelle, die sich den Erzählern für ihre Geschichten anboten. In den neusachlichen Geschichten werden Entzauberung und Entsublimierung zusammengedacht. Im Rücklauf der Sitten werden die Möglichkeiten des Fortschritts erkundet. Asphalt-Existenzen, die im Dekadenz-Schema als »Deserteure des Lebens« abgeschrieben waren, werden als »Nomaden« aufgewertet. Diese Umwertung will nicht schmerzfrei gelingen; selbst das Lustspiel dieser Jahre (*Mann ist Mann*) kommt nicht ohne Krieg aus. Die Legende von der Entzauberung als »sicherem Todesweg« begleitet noch den komödiantischen Umbau des neusachlichen Typus. Krieg, Kalkgrube, Fememord, Selbsttötung, Attentat, soziale Degradierung, Zur-Ware-Werden – das gehört in das deutsche Szenarium, in dem die Modernisierung des Subjekts durchgespielt wird. Horváth läßt eines seiner Volksstücke damit beginnen, daß eine Frau ihren Körper der Anatomie anbietet. Nur als Leiche ist sie in der Zirkulation der Waren und Körper zugelassen. Christopher Isherwoods neusachliche Figurine Sally Bowls taucht als angelsächsischer Fremdkörper in die Todesschatten der deutschen Szenerie ein.

Entzauberung, Dekadenz, Entsublimierung, Fortschritt – nicht einmal die Summe dieser Geschichten ergibt den historischen Verlauf, der sich uns aus der Retrospektive darstellt. Denn all diese

Geschichten konstruierten eine Zukunft, die sich mit dem Zeitraum der dreißiger und vierziger Jahre, in dem sie sich realisieren sollte, nicht deckt. So nimmt es nicht wunder, daß sich die neusachlichen Geister letzten Endes von der Wirklichkeit hintergangen fühlten. Diese Verbitterung erklärt die Anziehungskraft der »Dialektik der Aufklärung«, welche Ende der dreißiger Jahre die verschiedenen Erzählungen von Entzauberung und Dekadenz, Entsublimierung und Fortschritt in Denkfiguren des Paradoxons mischt.

3. Porträts

A. Talleyrand oder der Zynismus

Daß Franz Blei seinen Roman *Talleyrand oder der Zynismus* von 1932 seinem katholischen Freund aus den Tagen der Boheme widmet, könnte als kulturgeschichtliche Kuriosität gelten. Der Freund ist inzwischen ein renommierter Staatsrechtler, der 1932 als Prozeßvertreter des Reiches den »Preußenschlag« juristisch verteidigt. Bleis Widmung lautet: »Für Carl Schmitt in Freundschaft und Verehrung«.[340]

Die Widmung ist allerdings auch eine kleine Infamie. Denn Bleis Roman über den Zynismus läßt den zukünftigen preußischen Staatsrat als Mängelwesen erkennen. Mit Talleyrand als »Musterbeispiel des vollendeten Politikers«[341] klärt der Roman über den substantiellen Mangel des neueren Machiavelli auf: der Franzose ist »kein Heraufgekommener, sondern ein Hineingeborener«[342], seine aristokratische Attitüde des Ressentiments gegen den Citoyen nicht angemaßt. In Bleis Gestalt des Talleyrand kehren alle Leidenschaften und Triebe wieder, die Schmitt aus seinem politischen Subjekt als Dezisionsapparat verdrängt hatte. »He is not exactly of a criminal disposition«, zitiert Blei mehrfach den amerikanischen Gesandten, »though certainly indifferent between virtue and vice.«[343]

Auf den ersten Blick fallen indessen die Übereinstimmungen des Romans mit den Parolen der politischen Anthropologie der zwanziger Jahre ins Auge. Wie Schrifttafeln hängen die Axiome von Hobbes' *Leviathan* über der Szenerie, wenn auch im neusachlichen Wortlaut Bertrand Russells: »Die Menschen tun das Gute, soweit man sie zwingt, es zu tun, und das Schlechte, soweit man nicht die Macht hat, sie dran zu hindern.«[344] Talleyrand weiß, daß der Erfolg des politischen Handelns von der »klugen Kanalisation der Triebe und Laster« abhängt.[345] Die Idee der »eingeborenen Güte« wird vom Autor lächelnd abgetan. Sie gilt als ein Element der politischen Romantik und wird, Schmitt folgend, der »Diskutierenden Klasse«, der Bourgeoisie, zugeschrieben. Diese mag in den Parlamenten ein Forum für ihr unendliches Palaver gefunden haben; dem echten Politiker mit seinem Instinkt für diktatorische Maßnahmen geht das unentschlossene Bürgertum auf die Nerven. Der genuine Machtmensch nämlich »tritt ab, wenn die Diskussion darüber die Zeit überschreitet, die er für solche Unterhaltungen zur Verfügung stellt«[346], so Blei im Geiste von Schmitts Parlamentarismuskritik. Die meisten programmatischen Schmittartigkeiten hat Blei der Einleitung anvertraut; doch wird man sehen, daß sich sein Held kaum auf den Linien des Reißbretts von Schmitts Programm bewegt.

Im Schmittschen Sinn sind allerdings auch einige Charakterzüge des Helden: die Impassibilité, mit der Talleyrand die Intervention des moralischen Urteils aus seinen politischen Überlegungen ausschließt; die Abneigung gegen jede Art Fundamentalismus, den er verdächtigt, Humanismus und Terror zu verschwistern. Das »Politische« beansprucht auch bei Blei »keine Substanz«, es spielt sich im Raum »des Bedingten« ab und ist von jeder Sphäre des »Eigentlichen« abgespalten.[347] »Die sittlichen Begriffe der Wahrheit und Lüge relativieren sich, wo sie sich in die fiktive Konstruktion des Politischen begeben«, liest man. Zustimmend zitiert Franz Blei die Charakteristik, die Balzac dem Fürsten in *Père Goriot* gewidmet hat:

> Es gibt keine Prinzipien, es gibt nur Ereignisse, es gibt keine Gesetze, es gibt nur Umstände.[348]

Wenn immer das Politische sich nicht aus substantiellen Werten herleitet, sich die Handlung am Effekt orientiert und Prinzipien zu Funktionswerten werden, man also »im Bodenlosen« operiert, kommt es auf stabile Verhaltenslehren an. So auch im Falle Talleyrands. Die Wurfbahn seiner Lebenszeit wölbt sich über einer sozialgeschichtlichen Landschaft, die von Erdbeben erschüttert wird. Die Stabilität dieser Wölbung verdankt sich der erstaunlichen Flexibilität des Bischofs Talleyrand und – was keineswegs im Widerspruch dazu steht – seinem relativ starren Verhaltenskodex, an den er sich auch in riskanten Situationen hält.

Die Sprüche von Talleyrands »Handorakel« sind über das ganze Buch verteilt. Blei spricht von Talleyands »allgemeiner Apparatur des Verhaltens«[349], die Spontaneität überflüssig macht und manchen Genuß verbürgt. Das Regelwerk ist nicht originell, Talleyrand hält sich an so manchen »Cortegiano« und Machiavelli, er kennt die französischen Moralisten und die Graciánischen Sprüche:

Etwas zu verlangen vermeiden, von dem man weiß, daß es einem schon die pure Notwendigkeit einbringen wird.

Keinerlei Eile, obzwar sie not täte, merken lassen, wohl sie aber bei anderen hervorrufen.

In wichtigsten Augenblicken sich das Air des Gleichgültigen geben.[350]

Mit diesen Regeln traktiert Talleyrand Ludwig XVI., das Direktorium, Napoleon, den Wiener Kongreß und Ludwig XVIII. Die »Apparatur« seiner Verhaltenslehre ersetzt erfolgreich das Gewissen und erweist sich als ebenso sicherer Kompaß in der Erdbebenlandschaft von Revolution und Restauration wie, nebenbei gesagt, die Orientierung an der Finanzbourgeoisie. Kann man bis zu diesem Punkt noch einen Einklang von Schmitts Polemik gegen die politische Romantik mit Plessners Verhaltenslehre der Distanz und mit Bleis Talleyrand-Bild feststellen, so trennen sich die Wege unversehens, wenn Blei die Antriebskräfte seines Helden erläutern muß. Jetzt trifft er zwangsläufig auf Faktoren, die in der Konstruktion der Dezisionisten verdunkelt waren: die »Lust an den Weibern« und eine ungewöhnliche Geldgier. Was Schmitt in der Theorie rigoros wegfiltern wollte, als er seine Dezisionsmaschine entwarf, Ökonomie und Gier, rückt hier ins Rampenlicht. Die »Weiblichkeit« wird von Blei nicht nur als Talleyrands Lebenselixier, sondern auch als das Geheimnis seiner diplomatischen Erfolge ausgewiesen. Es kann den Bischof Talleyrand nicht kränken, daß seine Freundin Madame de Staël ihn in einem Roman als Frau porträtiert. Die Grenzen zwischen Diplomatie und amourösen Abenteuern sind fließend, der »Feminismus seines Wesens«[351] beeinflußt günstig die Karriere, und sein Esprit läßt den verkrüppelten Fuß vergessen.

Das grenzt – aus dem Blickwinkel des gepanzerten Ich der zwanziger Jahre – ans Wunderbare. Hier ist ein politisches Subjekt zu besichtigen, das nicht das Risiko fürchtet, als würdelos zu erscheinen, sobald es »ohne Rüstung« auftritt. Das den Vorwurf der »Feigheit« achselzuckend quittiert, weil – wie Gracián wußte – »ein schöner Rückzug auch was wert ist«. Wir begegnen in Bleis Roman also einer für das Politikverständnis der Dezisionisten unmöglichen Figur. Der Habitus des galanten Politikers hat keine Heimat in der deutschen Kultur gefunden, der Ächtung des Komödiantischen fiel auch die proteische Figur des Politikers zum Opfer. So faszinierte er nur in seiner »eisernen« Variante. Plessners Fechter und Schmitts Dezisionsfigur waren – auf dem Papier – Wesen ohne ökonomisches Interesse. Bleis Talleyrand gibt sich einer »ungezügelten Geldgier« hin. Geld ist für ihn »eine spirituelle Macht«[352], sie hat die Börse und den Markt als Forum und gilt als gleich ursprünglich wie seine Lust am galanten Spiel. Bedenkt man, daß dieses Subjekt sich durch einen empörenden Mangel an Sekundärtugenden auszeichnet – es rühmt sich seiner Faulheit, pflegt seine Levée gegen Mittag zu inszenieren und betrachtet die Langsamkeit als eine politische Kardinaltugend –, so wird man bemerken, daß sich aus dem Bild Talleyrands das stereotype Bild eines anderen politischen Subjekts herausschält, dem Schmitts Haßliebe gilt: das Bild des jüdischen Politikers vom Format Disraelis.[353]

Vergleicht man diese Gestalt mit der Konstruktion des wehrhaften Subjekts, das Schmitt, Jünger oder Plessner entwerfen, das mit dem Pathos des Einzelkämpfers auftritt und sich gleichwohl dem Kollektiv andient, so fällt auf, daß Talleyrand etwas fehlt, was für die drei wehrhaften Deutschen essentiell ist: Haltung. »Haltung«, die auf Dauer gestellte Entscheidung, das war gegen Ende der Republik ein Zauberwort. Talleyrands Zynismus lehrte: mit Haltung ist nicht zu überleben.

Was ist in dem historischen Zeitraum, den Talleyrand durchquert, das Schicksal der »schnelleren« Politiker mit ihrer Fähigkeit zur Dezision, die plötzlich aus dem Nichts des Augenblicks heraus entsteht? Franz Bleis Seitenhieb gegen den zukünftigen »Kronjuristen des Dritten Reiches« ist unmißverständlich: Napoleon wird als ein Mann beschrieben, der »das Debakel der revolutionären Errungenschaften mit einer Form des totalen Staates zu überwinden« suchte.[354] Blei knüpft den Schmittschen Terminus an den schnellen Napoleon: das Konzept mag vielleicht als Provisorium seine Dienste tun, doch seine Tage sind gezählt. Am Vorabend des Dritten Reiches knüpft Blei die Idee des totalen Staates an das Fiasko des schnellen Temperaments. Die Charaktermaske des zukünftigen Terrors ist im Roman einer Figur überantwortet, der auf Bleis Bühne eine Statistenrolle eingeräumt wird. Der »taktlose Fouché« taucht nur am Rande auf. Dort soll er demonstrieren, daß sich Sittenstrenge und Grausamkeit auf eine »kleinbürgerliche« Art vermischen. Immerhin zeichnet sich dieser Typus durch eine höhere Affinität zum »gespenstischen Abstraktum der politischen Kanzleien, das man Staatsraison nennt«, aus; er empfiehlt sich daher der modernen Bürokratie.[355] Fouché mangelt es zwar an dem Glamour einer kalten persona vom Formate Talleyrands – er repräsentiert vielmehr die Banalität des Bösen, die sich leichter institutionalisieren läßt –, aber seiner Gestalt gehört die Zukunft. Stefan Zweig zeichnet 1929 Fouchés Physiognomie in einem Gaslicht, das allen Farbstoff aus der Haut entfernt, so daß der Ruf des Polizeiministers als »Reptiliennatur« bestätigt wird. In Zweigs Bildnis des »politischen Menschen« Fouché, dessen Fähigkeiten durch Exerzitien Loyolas geschult wurden, treten die grausamen Züge der kalten persona in ein grelles Licht:

Die Nerven beherrschen ihn nicht, die Sinne verführen ihn nicht, alle seine Leidenschaft lädt und entspannt sich hinter der undurchdringlichen Wand seiner Stirn. Er läßt seine Kräfte spielen und lauert dabei wach auf die Fehler der andern; er läßt die Leidenschaft der andern sich verbrauchen und wartet geduldig, bis sie sich verbraucht haben oder in ihrer Unbeherrschtheit eine Blöße geben: dann erst stößt er zu. Furchtbar ist diese Überlegenheit seiner nervenlosen Geduld; wer so warten kann und so sich verbergen, der kann auch den Geübtesten täuschen. (...) Diese Kälte also des Blutes bedeutet Fouchés eigentliches Genie. Sein Körper hemmt ihn nicht und reißt ihn nicht mit.[356]

Schon bald nach dem Erscheinen von Franz Bleis Roman, von dem 3000 Exemplare gedruckt wurden, entsteht eine politische Konstellation, in der sich Bleis Widmungsfigur eine Zeitlang als rechtsphilosophischer Souffleur der konkurrierenden Fouchés betätigen wird.

Den Gegenpol zum aristokratischen Typus der kalten persona bildet der Hochstapler. Auf Herkunft kann er sich nicht berufen – wird seine »eigentliche« aufgedeckt, verliert er seine soziale Existenz. So bewegt er sich auf einem Gelände, auf dem die Wirklichkeit des sozialen »Ursprungs« ihm Fallen stellt. Wir betreten eine Welt, in der es nur eine Todsünde gibt: die Unaufmerksamkeit. Das Leben des Hochstaplers ist die Als-ob-Existenz par excellence, in der der Erfolg von der virtuosen Anwendung des Verhaltenskodexes einer fremden Klasse abhängt. »Schein zivilisiert«, hatte Gracián befunden. Der Hochstapler macht sich seinen Vers darauf: Schein ist profitabel. In Übereinstimmung mit den höfischen Verhaltenslehren verkündet Serners Maxime Nr. 422:

Wo immer du auch seist, sage dir dieses: »ALLES WAS UM MICH HERUM VORGEHT, KANN AUCH GESPIELT SEIN.« Dann wirst du gesund bleiben und es dir wohl ergehen auf Erden.

Und Nr. 325 macht deutlich, daß wir es im *Handbrevier* mit einem Manifest gegen den Kult der Aufrichtigkeit zu tun haben:

Der Unterschied zwischen virtuoser Verstellung und Echtheit ist unermeßlich klein. Du kannst jene dir nur durch intensive Übung aneignen, durch die du wiederum die Fähigkeit ausbildest, Echtheit zu erkennen. Vermagst du es aber gelegentlich trotzdem nicht, so verzichte auf jede Verstellung (das große Gelotter!) und sprich, was du nicht darstellen darfst.

Die »teuflische« Überquerung der Grenzlinie von Authentizität und Künstlichkeit ist das Merkmal von Serners Schreibbewegung. Was er in seinem *Handbrevier* vorschreibt, demonstriert er in seinen Kriminalgeschichten: auch das elementare Gefühl schließt die Möglichkeit nicht aus, eine »nützliche Fiktion« im Sinne Vaihingers zu sein.[357] Theodor Lessing betont 1925 in seiner Rezension von Serners Kriminalgeschichten, daß es die Leistung des Autors ist, Leidenschaften so darzustellen, daß der Leser letzten Endes nicht unterscheiden kann, ob sich die Figuren etwas vormachen oder »wirklich einander erlebten«. Lessing erkennt die Schärfe von Serners diagnostischem Blick darin, daß er die »Durchquerung echter Flutungen und Sprünge des Gefühls mit gemachten und gespielten Sensationen« in undurchdringliches Dunkel hüllt, daß die Anmaßung der klaren Unterscheidung von unbewußt »primitiven« Ausschweifungen und »gewollten« Handlungen angesichts von Serners Ganoven und Gangsterbräuten scheitert. Denn es ist unmöglich, auseinanderzuhalten,

wo die Wahrheit des Affektlebens aufhört und wo seine Gespieltheit beginnt. Wenn einmal ein Stück Natur durchbricht, so wird es sofort von diesen eisigkalten Lebensspielen ausgebeutet, ausgedeutet, ausgeläutet. Oft sind ihre Exzesse kalte Heuchelei; stehen aber doch unter dem Druck unbewußter echter Exzesse; ein ander Mal bricht aus einer Art Kokainlähmung der Seele etwas Letztes hervor.[358]

Als ob Serner am Hochstapler Plessners Anthropologie illustrieren wollte: es gibt kein »Kernselbst«; die verschiedenen Maskierungen haben nicht nur die Funktion, ein substantielles Selbst aus Gründen des Opportunismus einer Situation anzupassen, sondern bieten auch die Möglichkeit, »das andere der jeweiligen Rolle zu sein«.[359]

Ja, das gewiß Begehrenswerte, sich als den zu halten, der man ist, wäre geradezu fatal, wenn es sich in *einer* Rollengestalt verdichtete, und zwar nicht allein wegen der dadurch bewirkten Beschränkung, sondern mehr noch, weil es den Rollenwechsel ausschließen würde.[360]

Man wird verstehen, daß der Typus des Hochstaplers in einer Situation, die als »bodenlos« erfahren wird, das große Publikum faszinieren konnte; er hatte seinen Auftritt auf dem Theater und im Film, im Kriminalroman und der Massenpresse. In der exzentrischen Gestalt des Hochstaplers wird sichtbar, wie fragil die Strategien der Distinktion in einer Gesellschaft sind, in der das Geld als großer Nivellierer herrscht und der Markt vor allem die Biegsamkeit der Haltung honoriert.

Im Hochstapler tritt das Ideal der Autonomie der Person nur noch in der Virtuosität zutage, mit der die Person die Masken wechselt. Er will sein, was er für die anderen zu sein scheint; wird er es, verliert er den Rest seiner Autonomie, die im Spielraum der Differenz liegt.

In manchem Zug seines Verhaltens gleicht der Hochstapler dem Autodidakten, wie ihn die Soziologie beschreibt: er besitzt von Haus aus kaum kulturelles Kapital, lernt an Vorbildern und ist voller Angst, entdeckt zu werden.[361] Das große Publikum freut sich über die Techniken, mit denen es ihm gelingt, die distinguierte Klasse mit ihren eigenen Verfahren der Distinktion zu täuschen. Zugleich kann in der Gestalt des Hochstaplers die Gefahr vergegenwärtigt werden, über Nacht auf die niedrigste soziale Stufe zurückzufallen.

Walter Serners praktischer Teil des *Handbreviers für Hochstapler* erscheint 1927.[362] In ihm mischen sich der dadaistische Kult der Indifferenz und Nietzsches Maskentheorie mit der ironischen Anspielung auf das neusachliche Gebot, praktisch einzugreifen. Die Form ist Graciáns *Handorakel* entlehnt, was schon die Zeitgenossen erkannten.[363] Serners Brevier zählt 591 Regeln, die in 13 Lektionen aufgeteilt sind; über den Tonfall unterrichtet Ratschlag Nr. 338:

> Sprich lieber konventionell als prinzipiell, wenn du Zeit, lieber plaudernd als informatorisch, wenn du Kraft gewinnen willst.

Vorgetragen werden die Maximen mit unbewegter Miene vergleichbar der Buster Keatons: das Buch ist ein Ratgeber für bereits Ruinierte.

> Dich duldet man, weil man dich nicht ruinieren kann,

beruhigt Ratschlag Nr. 116. In der Tradition Dadas ist das Brevier ein Vademekum für den »Balanceakt über dem Abgrund des Mordes, der Gewalt und des Diebstahls« (Hausmann).[364]

Der im *Handbrevier* empfohlene Habitus macht uns auf ein wichtiges Glied in der Kette der Tradition der kalten persona aufmerksam: es ist die Figur des Dandys. Schon in diesem Typus des 19. Jahrhunderts ist das Lob der Entfremdung als Lebenskunst, sind Gewissenlosigkeit und Diskretion ebenso anzutreffen wie die Fetischisierung der Affektkontrolle, die Behandlung der Natur und Triebwelt als Maschinenwesen und die peinliche Vermeidung aller Beziehungsfallen.[365] Obwohl die exklusive Gestalt des Dandys im 20. Jahrhundert als anachronistisch galt, finden sich einzelne Züge seines Habitus merkwürdigerweise schon während des Weltkriegs inmitten einer Künstlergruppe. Im Dadaismus, einem Laboratorium der Beschämung, werden die Attitüden der Gleichgültigkeit, des »amerikanischen Buddhismus«, eingeübt, die für Serners Hochstapler habituell geworden sind. Hier hatte man versucht, sich im Kult der peinlichen Entblößung immun zu machen gegen jeden Zugriff der Macht, der das Subjekt beschämen soll. Schon vor den Berliner Dadaisten hatte Serner den Ritus der

Selbstbeschämung bis in die Sprache reichen lassen (»Jedes Wort ist eine Blamage«) und dem Selbstbewußtsein nur eine Chance gegeben: Es *muß* sich zuvor blamiert haben. »Schwer blamiert. Entsetzlich blamiert. Ganz maßlos blamiert. So grauenhaft blamiert, daß alles mit blamiert ist (...).«[366]

Die Bedingungen für den modernen Dandy sind allerdings prekär. Sein Verhalten wird nicht durch Assimilation an eine ranghöhere Gesellschaftslage der Aristokratie erleichtert. Die Disziplinierung der Affekte bedarf unausgesetzten »Trainings«, dem eine der Lektionen gewidmet ist. In ihr übt sich die persona in Distanzstrategien. Ihr Habitus besteht darin, wie man heute sagen würde, »cool« zu sein. Das Gesetz, dem die persona folgt, lautet in der Lieblingssprache der Neuen Sachlichkeit: »First one must master all those elements of self and situation whose unmastered presence constitutes the condition of embarrassment. These include spaces, props, equipment, clothing, and body ...«[367] Also lauten die Regeln der Balance:

Von Zeit zu Zeit sind Exzesse nötig. Nach zwei Monaten ununterbrochener Regelmäßigkeit hat dein Körper es satt. Gib ihm einen kurzen, aber heftigen Sturm. (Nr. 320)

Zeige niemals deinen Haß. (Versteckter Haß stärkt zudem.) Wird die Zahl deiner Feinde zu groß, zeige Verachtung; das wird sie, deren Haß mehr Neid enthält, annehmen lassen, daß es gefährlich wäre, deinen Haß zu wecken. Dort aber, wo du ihn zeigen müßtest, lasse ihn mit der Tat zusammenfallen. (Nr. 337)

Deine Anaesthesie für Lob und Tadel mag noch so endgültig geworden sein, die Gefahr eines Rückfalls besteht immer. (...) (Nr. 349)

Hast du plötzlich nicht mehr die Kraft, zu lügen, so sei wenigstens grausam. (Nr. 344)

In der Welt des Breviers hat keine Authentizitätsformel Geltung. In diesem Spiegelkabinett geht es um »impression management« (Erving Goffman), d.h., es kommt darauf an, in den Augen der anderen den *Eindruck* des Authentischen zu hinterlassen. So befremdlich und gewissenlos dieser Gedanke dem Angehörigen einer »Schuldkultur« erscheinen mag, für den Bewohner einer »Schamkultur« ist er zur Notwendigkeit geworden. »In the case of shame«, lesen wir bei Agnes Heller, »the authority is social custom – ritual, habits, codes or rosters of behaviour – represented by the ›eye of the other‹.«[368] Den Umstand, Objekt fremder Blicke zu sein und in diesem Status seine Spielmöglichkeit zu entfalten, nutzt Serners Hochstapler aus. An diesem Punkt, an dem das Ich-Ideal der Autonomie sein Fiasko fürchtet, setzt seine Dramaturgie der Selbstinszenierung an. Vorsichtshalber ist der Hochstapler mit einem »Handspiegelchen« ausgerüstet, mit dem er sein Mienenspiel testen kann, bevor er es einsetzt. Mitunter ist es ratsam, kurz aufs Klosett zu eilen, um »einen Gesichtsausdruck zu probieren« (Nr. 328). Da der Unterschied zwischen Verstellung und Echtheit in diesem Bewegungsraum »unermeßlich klein« ist, entscheidet der voraussehbare Effekt darüber, welcher Ausdruck als authentisch gelten soll. Serners Geschöpf bewegt sich in einem Raum, in dem der Fern-Sinn des taxierenden Auges ficht:

Übe vor allem täglich dein Auge, indem du dich vor den Spiegel stellst. Dein Blick muß lernen, still und schwer auf einem anderen zu liegen, sich rapid zu verschleiern, zu stechen, zu klagen. Oder so viel Erfahrung und Wissen auszustrahlen, daß dein Gegenüber dir erschüttert die Hand reicht. (Nr. 323)

Der Spiegel dient dem Selbststudium des Schauspielers. Für die Art seiner Selbstwahrnehmung gilt, was schon vom barocken Verfechter der Verhaltenslehre erwartet wird:

Der im Spiegel auf die eigene Physiognomie gerichtete Blick hat den Blick der anderen in sich aufgenommen.[369]

Es ist plausibel, daß es dem Schauspieler nichts nützt, sich vor den »Spiegel des Gewissens« zu stellen, wie es eine »Schuldkultur« von ihren Angehörigen außerhalb der Bühne verlangt. Serners Subjekt verachtet, wie es sich für eine kalte persona gehört, die Psychoanalyse. An deren Stelle treten diätetische Regeln:

Iß wenig Fleisch (nie fettes), aber viel Obst, Salate und grüne Gemüse. Atme oft tief, bade nur zweimal wöchentlich (zehn Minuten lauwarm) (...) (Nr. 316)

Für melancholische Stimmungen empfiehlt Serner selbstsuggestive Sprachseufzer wie »Teremtete« – auf dem Grunde der Seele scheinen die Sprachspiele Dadas zu wandern.

Es ist das Pech der Dandy-persona, die in die Neue Sachlichkeit rutscht, daß sie, unbewaffnet und ohne soldatische Physiognomie, ihr wahres Gesicht nicht öffentlich zeigen darf:

Könntest du als das Monstrum von Gleichgültigkeit, das du bist, auch optisch erscheinen, wärest du nach einem Spaziergang von zehn Minuten tot. Kein Mensch könnte dich auch nur eine Sekunde aushalten, ohne mit beiden Fäusten sich auf dich zu stürzen. (...) (Nr. 108)

Als Werner Krauss die Graciánische Verhaltenslehre rekonstruierte, entdeckte er, daß »Hochstaplermoral« in dem »Riesenreich, in dem Habsburgs Sonne unterging«, als eine Art »Versorgungsmoral« eine häufig anzutreffende Überlebenstechnik war.[370] Die von Serners *Handbrevier* angeleitete persona bewegt sich auf tertiärem Sektor. Sie wird präpariert für Situationen im Hotel, Bahnhofslokal, Post- und Telegraphenamt, in öffentlichen Verkehrsmitteln und privatem Verkehr. Dort beherzigt sie vor allem die Grundregel:

Bist du in einen falschen Schein geraten, so bekämpfe ihn dadurch, daß du in einen anderen falschen Schein dich begibst (...) (Nr. 245)

»Man gelte nicht für einen Mann der Verstellung, obgleich sich's ohne solche heutzutage nicht leben läßt«, hatte schon Gracián geraten. Serners 591 Ratschläge schließen an das agonale Weltbild des Jesuiten – mit modernen Requisiten ausgestattet – an. Wenn seine persona sich nicht in der Welt der neuesten Medien mit großem Geschick bewegen würde, wäre sie verraten und verkauft:

Bilde dir nicht ein, daß Telephongespräche, die du von deinem Hotelzimmer aus führst oder in der Hall, keine Ohrenzeugen haben. (Nr. 132)

Lerne so zu telegraphieren, daß es chiffriert aussieht, ohne es zu sein. Und umgekehrt. (Nr. 558)

Banknoten, die private Zeichen tragen, lehne ab und wechsle sie sofort. (Nr. 576)

Gehe nicht zu Masseusen, es sei denn, du willst dich massieren lassen. Andernfalls kann es dir widerfahren, bei dieser Gelegenheit beobachtet und photographiert zu werden. (...) (Nr. 433)

Halte jedes Ohr, das in Hörweite ist, für ein feindseliges. (...) (Nr. 444)

Im Hotelzimmer tue Wichtiges nur sehr leise und bei verhängtem Fenster. (Nr. 452)

Bleibe oft vor Ladenspiegeln stehen. So kannst du bequem beobachten, was hinter dir vorgeht. (Nr. 478)

Serners *Handbrevier* und Brechts *Lesebuch für Städtebewohner* schlagen ein neues Kapitel der Stadtliteratur auf. Nichts erfahren wir in den Brevieren über Dekor, Lokalkolorit, Fassaden, Plätze, Häusermeer oder Geräusche, sofern sie keine Orientierungsfunktion haben. Die Stadt wird vielmehr als ein besonderes Terrain des Verhaltens ausgestellt.[371] Das Auge taxiert mögliche Widerstände, es ist ein taktisches Organ und ein gelernter Physiognom. Das Ohr alarmiert und hat die spezielle Aufgabe, die Tonstärke der eigenen Stimme zu bewachen, um sie, wenn nötig, zum Flüsterton herabzudämpfen. Alle Sensorien sind nach außen gestellt: Horchen, Sondieren, Wittern. Neue Medien wie Telephon, Telegraph und Börsenkurier spielen Serners Figur die entscheidenden Informationen zu. Die Sprache erhält die Funktion eines vorgeschobenen Kundschafters, der sondiert, welchen Bewegungsspielraum die Person, die sich verdeckt hält, auf feindlichem Gebiet erobern könnte. Eine Spiegellandschaft mit einem Wesen, das mit Reflex- und Greifsensorien ausgerüstet ist. Freilich liegt die Vermutung nahe, daß ein Hochstapler wie Serners persona niemals zu Ende geboren wird.

Es versteht sich, daß der von Serner vorgeführte Gentleman in der Tradition unserer Verhaltenslehren Trennungsspezialist sein muß. Jedes symbiotische Verhältnis, auf das man sich – wenn auch nur provisorisch – einläßt, stellt eine Falle dar. Das Äußerste an Verbindlichkeit ist eine »Wilde Ehe«, für die Serner in der Gaunersprache die Bezeichnung »Collage« findet. Auch hier sorgt Ratschlag Nr. 213 für Distanz:

Wohne mit deiner Geliebten nicht zusammen. Allenfalls in demselben Haus.

Die Familie wird nicht nur als Form der Geselligkeit und Reproduktion ausgeschlossen, sie wird in Ratschlag Nr. 359 auch als Ort der Herkunft ausgelöscht:

Das Blutsband ist eine Erfindung. Nicht nur, weil stets lediglich die Mutter gewiß ist. Mit dem Nabelschnitt ist alles aus.

Obwohl Serners Hochstapler unvergleichlich flexibler ist als Plessners Mann der Dezision, wird ihm geraten, die Gefahr des Lächerlichen sorgfältig zu kalkulieren. Das *Handbrevier* kennt den einzigen Ort und die Person, an dem und gegenüber der man die Umwelt und sich selbst dem Spott ausliefern darf:

Alles läßt sich lächerlich machen. Obliege diesem Vergnügen jedoch nur mit deiner Geliebten, deren Leidenschaft für dich dadurch noch wachsen wird. (Jede Frau ist eine versteckte Anarchistin.) Männern gegenüber unterlasse es: deine Kreaturen lähmst du dadurch; und deine Gesellschafter werden dich bald lächerlich finden. (Nr. 102)

Wo Plessner freilich einen Ort der »Gnade« suchte, an dem sich das müdgefochtene Ich auskurieren darf, fühlt Serner sich in der Gesellschaft der Anarchistin (ein Schreckbild im Universum des Duellsubjekts) wohl – sie wird ja nicht nur Anarchistin sein.

Serners Exerzitien lehren keine Gewissenserforschung, sondern taktisches Geschick in der optimalen Ausnutzung der Gelegenheit. Das im Spätexpressionismus beliebte Diskurs-Ritual des Geständnisses wird nur empfohlen, wenn es Terraingewinn garantiert; Schuldgefühle sind entfernt. Selbsterkenntnis kann zwar versehentlich abfallen; sie ergibt sich aber nie aus der Versenkung in das seelische Depot des einzelnen mit seinen Verliesen des Familienromans, sondern entsteht nur im Spiegel der taxierenden Fremdwahrnehmung. Der einzelne sieht sich von vielen Blicken umstellt und nützt die Einstellungen der Überwachung, um sich über seine Identität im Brennpunkt der feindlichen Wahrnehmung zu unterrichten. Natürlich fordert das ein Ausmaß an Geistesgegenwart, das schnell zur Erschöpfung führt; dann ist auch ein Hochstapler von Melancholie bedroht. Für solche Fälle gilt das Diskretionsgebot Nr. 357:

Erkrankst du, so verbirg dich. Das wird dich rascher gesunden machen.

Obwohl viele Direktiven des *Handbreviers* Plessners Verhaltenslehre der Distanz entsprechen – nicht zuletzt auch, weil beide auf Motive des Ästhetizismus zurückgehen –, liegen zwischen beiden Welten. – Genauer: was beide Texte voneinander unterscheidet, ist Serners Erkundung der Unterwelt.

Serner taucht seine gewissenlose persona ins Komödienlicht; er bringt dem gepanzerten Ich Tanzschritte bei, die mit Soldatenstiefeln nicht auszuführen wären, und vor allem: seine Figur darf *feige* sein, wenn es ums Überleben geht (Nr. 33). Denn die von Plessner und Schmitt geforderte »Haltung« erweist sich als Ballast. Das

Licht der Komödie ist freilich gebrochen: durch das *Handbrevier* geistert der einzelne, als ob er von unsichtbaren Fahndungsinstanzen, die wir nicht zu Gesicht bekommen, pausenlos verfolgt wird. Er befindet sich in chronischem Alarmzustand:

Es ist leichter, einem Verfolger zu entschlüpfen als der Verfolgung. (Nr. 470)

Ein geringfügiger Charakterzug kann Verdacht erregen. Merkwürdigerweise bleibt die Panik aus, die in dieser Situation die bodenlose Existenz ergreifen müßte: das Gehäuse der Verhaltenslehre selbst scheint für den Gejagten der letzte stabile Zufluchtsort.

Die Fluchtstätte ist allerdings fragil, denn der prekäre Status der Sprache ermöglicht kein sicheres Refugium. Um keine falsche Sicherheit aufkommen zu lassen, hat Serner den leicht korrigierten 1. Teil der »Letzten Lockerung«, das »dadaistische manifest« von 1920, dem praktischen *Handbrevier* vorgeschaltet. Es erinnert daran, daß auch die Anschauung der Welt vom Standpunkt der Verhaltenslehre nur aus *»Vokabelmischungen«* besteht.[372]

Jedes Wort ist eine Blamage, wohlgemerkt. Man bläst immer nur Sätze zirkusähnlichsten Schwunges über Kettenbrücken (oder auch: Pflanzen, Schlüchte, Betten).[373]

Diese Intervention der Sprachskepsis macht den wesentlich anderen Status einer Verhaltenslehre aus, die ihren geheimen Richtpunkt im weltlichen und himmlischen Souverän verloren hat. In Serners *Handbrevier* herrscht die Gewißheit, daß auch die Komödie der Verstellungen, zu der hier regelrecht angeleitet wird, nur eine Manier der Sprache ist, »über dieses Chaos von Dreck und Rätsel einen erlösenden Himmel zu stülpen«.[374] Aber da die persona immer in dem Selbstbewußtsein handelt, daß – wo schon Sprache eine Elementarverstellung bedeutet – »Authentizität« unverstellt nicht zu haben ist, kommt es ihr darauf an, den Zeichengebrauch im Bewußtsein seiner Künstlichkeit, den »Ausdruck« im Bewußtsein seiner Formelhaftigkeit einzusetzen. Die Gebote der Verhaltenslehre bieten so die Chance, »in den Schein hinein« zu leben (Friedrich Nietzsche).[375]

Doch stellt sich die Frage, ob Serner ganz ohne Authentizität auskommt. Die Kriminalgeschichten, die er in den Büchern *Der elfte Finger*, *Zum blauen Affen*, *Der Pfiff um die Ecke* und *Die Tigerin* bündelt, führen an den Ort, wo er Authentizität, wenn auch erkaltet, zu finden hofft: in die Unterwelt der Kriminalität. Dort trifft er einen erstaunlich rationalen Kodex an, einen hohen Grad von Gracián-Plessnerscher Selbstreflexion, die nicht aus Innerlichkeit gespeist, sondern von der Geistesgegenwart des Simultanspielers diktiert wird. Hier findet er die verlorene Echtheit – in der Verschlagenheit, die zur ersten Natur geworden ist. Hier findet er auch jene kunstvolle Konzentration auf die Verstellung, der sich jeder seiner Akteure befleißigt, ohne darüber jene »die Absicht des Durchschauens verbergende, dissimulierende Beobachtung des Gegenüber zu vergessen«, die ein Indiz der höfischen Verhaltenslehre war.[376]

Beim Durchgang durch diese Welt des Verbrechens entsteht noch einmal Hoffnung auf die Sprache des Herzens.

In einer der Kriminalgeschichten aus dem Band *Der Pfiff um die Ecke* verständigt sich ein internationaler Scheckfälscher mit einem auf ihn angesetzten Spezialisten von Scotland Yard, der mit ihm einen »deal« machen will. Eine kleine Sternstunde des Konsenses, gestehen sie sich ein: »Unter hohen Kennern, wie wir es sind, muß erst eine schwindelnde Höhe (des Bluffs, H. L.) erreicht sein, damit sich wieder sichere Vertrauenssachen einstellen können.«[377]

Doch damit bleibt Vertrauen taktischer Schachzug, wird wie alle Kommunikationen der zynischen Kalkulation unterworfen. In der Geschichte von der *Ermordung der Marchese de Brignole-Sale* wird von der Kontaktaufnahme eines Ganoven mit einer Banditin berichtet. Auch hier ein Herz und eine Seele, wie der folgende Dialog offenbart:

»Es ist besonders schwer, ja beinahe unmöglich, sich zu verständigen, wenn man nicht wenigstens ein ganz klein wenig Vertrauen – vorgibt. So wie der bessere Spieler dem schwächeren etwas vorgibt.«

»Aber ich wundere mich im Grunde stets, wenn es mir gelingt. Das ist eine der klarsten Quellen des Mißtrauens.«

Sie schwieg. Es schien Sorhul, als lächle sie ganz unmerklich.

»Es ist wohl überhaupt unmöglich, anders als à fonds perdu zu reden.«

»Doch nicht. Oft genügt es, überhaupt miteinander zu reden, um das gegnerische Ziel zu erkennen. Was man redet, ist gänzlich gleichgültig.«[378]

Und dann tappen sie beide in die Fallen, die sie sich gestellt haben.

Kein Weg führt hier mehr nach innen. Nicht verwunderlich ist es deshalb, daß auch dieser Typus später ein vernichtendes Urteil auf sich zog: er galt als Exemplar einer »kalten Romantik« im Reflexionsraum des Vorfaschismus, schwankend zwischen Hartseinwollen und suizidären Neigungen. Das *Handbrevier* wird noch immer als »zynische Show am Vorabend der Diktatur« gedeutet.[379] Das Urteil entstammt der Entrüstung über die Amoral einer Person, über deren »kreatürliche Substanz« sich nichts feststellen läßt.

Der Ärger rührt auch daher, daß sich über die Person des Autors jenseits seiner Schriften kaum etwas Handfestes eruieren läßt. Schon zu Lebzeiten förderte Serner die Legendenbildung, indem er seine Kriminalgeschichten als Memoiren bezeichnete. Thomas Milch vergleicht ihn mit dem geheimnisvollen Meisteranalytiker eines »denkwürdigen Gesprächs« in Florenz in einer der Erzählungen. Dieser antwortet auf die Frage »Wie heißen Sie?«, indem er seinen Namen in den Sand pinkelt, unleserlich allerdings, um dann wortlos im Dunkeln zu verschwinden, als sei Identität von der Substanz eines dadaistischen Kunstwerks, das, mit Kreide auf eine Tafel gezeichnet, nach der Performance wieder ausgewischt wird.[380] Serner pflegte die Maske des Gentlemanverbrechers oder die Maske des »Barons unter den Dada-Soldaten« (Hans Richter), die Maske des in allen Lagen brillierenden Kosmopoliten oder des Zuhälters.[381] Fragt man nach der »echten« Existenz des Schriftstellers Walter Serner, so ist man auf die wenigen Dokumente angewiesen, die in jahrelangen Recherchen gesammelt wurden: Eintragungen der Behörden, Geburtsurkunde, Universitätsakten, Polizeiprotokolle und Hotelmeldezettel bis hin zu den Deportationslisten für das Konzentrationslager Theresienstadt.[382]

Der Kult der »Aufrichtigkeit« geht nicht zu Ende, ohne daß sich die Wut der Enttäuschung gegen die richtet, die entdecken, daß selbst das »Unbewußte«, auf das man sich als Residuum des Spontanen beruft, in »Inauthentizität verstrickt« ist.[383] Die Entdekkung selbst gilt als ein »Zynismus«, der den Verlust der »Echtheit« des Gefühls nicht ohne Lust in Kauf zu nehmen scheint. Die Prognosen für die »zynische« Person sind denkbar schlecht:

> Nimmt ein Akteur von vorneherein die Haltung der aufrichtigen Kommunikation gar nicht erst ein, tritt in seiner dramaturgischen Orientierung nicht die Expression seiner Innenwelt, sondern die Manipulation der Außenwelt in den Vordergrund.[384]

Wer so die Chance »echter Expression« vertut (die symbolische Ordnung, in der sich diese Expression realisieren müßte, gilt als klare Fensterscheibe, die einen unverstellbaren Einblick in die »Innenwelt« gestattet), muß sich nicht wundern, wenn er unterliegt.

In seiner Kritik an amerikanischen Forschern wie Erving Goffman, der die Notwendigkeit einer Dramaturgie der Selbstinszenierung betonte, erläutert Sighard Neckel die Zwangsläufigkeit des Fehlschlags des »künstlichen« Verhaltens:

Wo das ›impression management‹ Goffmans zur sozialen Verhaltensnorm geworden ist, folgt ihr das situative Dilemma auf dem Fuße. Sie stellt überall dort eine besonders starke latente Gefahr dar, wo der öffentliche Austausch der Individuen zeremoniell gefärbt ist.[385]

Wenn schon die Färbung fatal ist, wo wären Möglichkeiten unriskanteren Verhaltens zu haben, wenn, wie vom Autor eingestanden, die Alternativkultur, die die Distanzregeln außer Kraft zu setzen sucht, sich andere Qualen aufhalst? Gehorcht, was hier in der Form des soziologischen Gesetzes auftritt, nicht nur dem Diktat der »Expression« (der Endmoräne der »Schuldkultur«), die in der deutschen Tradition nur ein Genre kennt, in der sie sich in der Form des Schmerzes als »echt« reflektieren darf, das tragische? Lastet nicht auf jeder Expression im Genre der Farce oder der Komödie das Verdikt der Verstellung, die zwangsläufig im Unglück enden muß?

Die Folgen des Versuchs, in der »Uneigentlichkeit« des Zeremoniells zu navigieren, sind, wie man hört, zwangsläufig böse:

Je stärker (...) die Protagonisten zeremoniellen Verhaltens davon getrieben werden, auf jeden Fall die ›Illusion der eigenen Unbeteiligtheit‹ (...) aufrechtzuerhalten, desto größer dürfte die entsprechende Angst sein, die ›ästhetische Distanz‹ zum Geschehen zu verlieren, den Auftritt zu verpfuschen, eine kleine zwischenmenschliche Körperkatastrophe zu erleben – was in der Regel jene Anfälligkeit für Peinlichkeiten aller Art nur steigert, die durch ›coolness‹ doch gerade gehemmt werden sollte.[386]

Um die Vermeidung der »Körperkatastrophe« ging es schon Plessner. Die Gefahr wäre für Plessner und seine Nachfahren halb so groß, wenn sie sich von der Haltung des Entweder-Oder lösen würden und die Kunst, sich zeremoniell zu verhalten, wenn es die

Konstellation verlangt, verknüpften mit der Reflexion, daß selbst die Situationen, die außerhalb der öffentlichen Förmlichkeiten stattfinden, durch Formlosigkeit nicht authentischer werden.

Es ist makaber, daß im Kontext der deutschen Kulturgeschichte die Problematik des »Endes der Aufrichtigkeit« im Medium eines *Handbreviers für Hochstapler* erörtert werden muß, das die Möglichkeiten des human-uneigentlichen Seins in die kriminelle »Halbwelt« verschiebt. Dieser traurige Zug wird in Serners Form des *Handbreviers* durch ein Genre aufgefangen, in dem die »Schamkultur« ihre Humanität zur Schau stellt, die Komödie. Die Maxime Nr. 47 formuliert:

Es wird in der Welt regiert, indem Komödie gespielt wird. IN DIESEM ZEICHEN ALLEIN WIRD GESIEGT. Drum kämpfe nie um etwas. Spiele dich – VOR.

Walter Serners Schicksal nach 1927 zeigt, daß im Raum der deutschen Kultur nicht nur für seine Denkfiguren der Spielraum zum Experimentieren nicht besteht, der ihnen in der französischen und angelsächsischen Kultur eingeräumt wird. Die Tatsache, daß Serner nach der Veröffentlichung seines kleinen Œuvres im Paul Steegemann Verlag sich zurückzog, hat seinerzeit Legenden befördert, die ihn im Milieu seiner Geschichten verschwinden ließen. Heutzutage nährt sie das »Klischee, ... der große Zyniker habe nach 1927 schließlich doch klein beigegeben und im Schoß der Ehe ein lapidares bürgerlichs Leben gefristet«.[387] Thomas Milch versucht, diese Erschöpfungslegende mit dem Hinweis darauf, daß Serner sein unstetes Leben unverändert fortgesetzt, lediglich Deutschland nach 1933 gemieden habe, zu widerlegen. 1938 mietete Serner eine Wohnung in Prag und heiratete seine langjährige Freundin Dorothea Herz. Der Versuch, nach Einmarsch der Nazis ein Visum für Shanghai zu erhalten, scheiterte.

Amtliche Dokumente der Zeit weisen ›Walter Eduard Israel Serner‹ als ›Sprachenlehrer‹, ›Dorothea Sara Serner‹ als Hausfrau aus; in der Prager jüdischen Gemeinde sind sie unter den Nummern 36213 und 36212 registriert. Am 10. August 1942 werden sie mit dem Transport ›Ba‹ (als Nr. 253 und Nr. 1338 von insgesamt 1460 Personen) in das Ghetto Theresienstadt eingeliefert, und von dort am 20. August im Transport ›Bb‹ (als Nr. 803 und Nr. 804 von 1000 Personen) nach dem sogenannten ›Osten‹ deportiert. Das Ziel ihrer letzten Reise ist nicht bekannt.[388]

Warum will es uns nicht gelingen, das Teleskop unserer Wissenschaft »durch den Blutnebel hindurch auf eine Luftspiegelung« der zwanziger Jahre zu richten, um sie in ihren menschenfreundlichen Brechungen wiederzugeben, die sie »in einem zukünftigen, von Magie befreiten Weltzustand zeigen wird«?[389] Die meisten Rekonstruktionen erheben die Diktatur und ihr Grauen zum Telos, das allen Vorgängen und Denkmotiven eine objektive Funktion im falschen Endzustand verleiht. Im dunklen Fall Serners könnte man aber »Luftspiegelungen« erblicken, die ihre angstfreie Gestalt später und fern von Europa gewannen. Man durfte sie nicht wahrnehmen, denn das Land war Nordamerika und der Ort Hollywood.

In Ernst Lubitschs, des Emigranten, Filmen der dreißiger Jahre tummeln sich die Hochstapler, Verführer, Betrüger und Lügner. Von ihnen wird zwar auch die Geistesgegenwart des Simultanspielers verlangt, die Forderung versetzt sie aber nicht in den chronischen Alarmzustand, unter dem ihr deutscher Vorgänger in den zwanziger Jahren zu leiden hatte. Bei Lubitsch finden wir die Parole »Schein zivilisiert« in ungebrochenem Komödienlicht. Von Authentizitätskult keine Spur, um Demaskierung geht es nicht.[390] Lubitsch führt vor, wie gut Masken zu Gesicht stehen können, wenn sie zur Ökonomie eines entspannten Lebens, verschwimmender Absichten und Vermeidung der Selbstqual gehören. Die Maske läßt Möglichkeiten zutage treten, die nicht im Innern des Menschen verborgen sind, sondern in äußeren Formen an ihn herangetragen werden.[391]

Verschollene Möglichkeiten, weil sie in einem Land entfaltet werden, das in den Bannspruch der deutschen Kulturkritik geriet.

C. Grabenschwein in Bauhaus-Wohnung

Unter den Verhaltenslehren, die in der Weimarer Republik kursieren, beansprucht die der Architekten des »Neuen Bauens« einen prominenten Platz. Helmuth Plessners Forderung nach sozialen »Spielformen«, mit denen sich die Menschen nahekommen, ohne sich zu treffen, und sich voneinander entfernen, ohne sich zu verletzen, schließt einen Appell an die Architekten ein, eine Umwelt zu bauen, die die Ausführung dieser Devise ermöglicht. Allerdings registrierten wir schon bei Plessner einen kritischen Seitenblick auf die funktionalistische Architektur. Solange deren Innovationen von Oberlicht und gekachelten Wänden – so hieß es bei ihm – ein Environment für »nackte Ehrlichkeit« darstellen, sorgen sie für zusätzliche Aufheizung des emotionalen Klimas statt für Abkühlung, in der sich sein Duellsubjekt entfalten kann.

Auch das Bauhaus hatte seine Verhaltenslehre der Distanz. Sie versah die Architekten mit der Aufgabe, eine Umwelt zu bauen, in der die Schwüle des symbiotischen Zusammenlebens, die durch verstellte Räumlichkeiten gefördert wird, nicht entstehen kann. Die Architektur des »Neuen Bauens« forderte, Räume zu bauen, die funktionsgerechte Bewegungsabläufe und Transparenz ermöglichten und gleichwohl das opake Volumen des privaten Körpers schonten. War damit Plessners »Fechtsaal« des gepanzerten Subjekts gemeint? Die ironische Beschreibung, die Walter Gropius später in Amerika als »Silberprinz« erfuhr, spiegelt Qualitäten von Plessners Entwurf des eleganten Spiegelfechters.

Auch in den Manifesten des Neuen Bauens trifft man auf den Schlüsselbegriff »Hygiene der Seele«, den wir aus Plessners Grenz-Schrift kennen. Es konnte nicht ausbleiben, daß das Erziehungspostulat der Architekten in der Literatur regelrecht vorgeführt wurde.

Die folgende Geschichte wird 1926 erzählt. Sie führt uns in ein distinguiertes Gehäuse der »Verhaltenheit«; seine Bewohner sind nach Maßgabe der Architektur geformt. Über diese Wohnung wäre keine Geschichte zu erzählen, wenn in ihr nicht die Katastrophe der Lächerlichkeit stattfände, die jede Verhaltenslehre der Distanz ausschalten will. Daß sie eintreten kann, hängt damit zusammen, daß sich in Reaktion auf die Kriegserfahrung zwei unterschiedliche Mannestypen herausgebildet haben, die einmal als »Kameraden« auf engstem Raum im Graben zusammenleben mußten und jetzt im Freiraum der Republik – ausgerechnet in einer Bauhauswohnung – aufeinandertreffen.

> Es ist hinlänglich bekannt, daß im November und Dezember 18 eine ganze große Horde von Männern nach Hause kam, deren Sitten etwas gelitten hatten und deren Gewohnheiten Leuten, für die sie gekämpft hatten, auf die Nerven fielen.[392]

Mit diesem Satz beginnt eine Geschichte, in der die Attraktion der Bauhaus-Ästhetik aus der Erfahrung der »Grabenschweine« des Weltkrieges hergeleitet wird. Zugleich aber wird deutlich, daß ein so rationales Gehäuse wie eine Bauhaus-Wohnung die »abgrundtiefe Begierde« nach Chaos erzeugt. Die Geschichte handelt einerseits vom Ingenieur Müller, der zu denen gehört, deren Sitten »etwas« verwildert waren, andererseits vom A.E.G.-Ingenieur Kampert, der seit seinen Erfahrungen in den schlammigen Schützengräben – bei Arras und bei Ypern – vom Wunsch beseelt ist, nach Kriegsende nur noch in »gekachelten Badezimmern« zu wohnen. Meinte auch Ernst Bloch, funktionalistische Wohnstätten hätten zuweilen etwas vom »Charme einer sanitären Anlage«, so erklärt schon der erste Absatz dieser Geschichte – quasi psychoanalytisch, was man diesem Autor am wenigsten zugemutet hätte – die Genese der Anziehungskraft eines Bauhaus-Interieurs auf den Kriegsheimkehrer aus dem Verlangen nach Reinigungsritualen:

Diese Sorte kann man durch kein gütliches Zureden mehr aus ihren gekachelten Badezimmern herauslocken, nachdem sie einige Jahre ihres Lebens in verschlammten Schützengräben herumliegen mußten.

Das Drama wird dadurch ausgelöst, daß Kamerad Müller zusammen mit dem dritten Ingenieur der alten Kameraderie, der die Sache lakonisch berichtet, in Kamperts Wohnung eingeladen wird. Diese ist nach allen Regeln neusachlichen Lebensstils eingerichtet: in der Garderobe schwarzlackierte Eisenstacheln, im einfach geweißten Gemach amerikanische Patentliegestühle, eine japanische Strohmatte wie ein Sonnensegel am schrägen Atelierfenster, ein rotes Mahagonischränkchen als Kontrapunkt, eine eiserne Wendeltreppe, die in den einfachen Schlafraum mit eisernen Bettstellen und einfach glasierten Lavoirs führt. Nur durch einen Chintzvorhang davon getrennt der spartanische Arbeitsraum, Regale und ein Tisch aus Tannenholz, eine harte niedere Chaiselongue...

Müller, der Kriegskamerad, murmelt schuldbewußt nach der Führung durch das neusachliche Quartier: »Ja, man wohnt eigentlich wie ein Schwein.«

Wo nichts dem Zufall überlassen wird, ist sein Eintreten immer eine kleine Katastrophe. Das Drama, das nun beginnt, zeigt die Wiederkehr des Grabenschweins in den Kulissen der Sachlichkeit. Oder umgekehrt: es enthüllt, daß die Rigorosität des Stylings eine Wiederkehr des Heroischen ist, das alle drei Pragmatiker im Dreck von Arras verachtet hatten. Kamperts Zuflucht in der Kälte des

Bauhaus-Designs ist eine Art ziviler Reassimilierung des heroischen Panzers.

Die gereizte Reaktion auf die vollendete Harmonie, der sich die Kriegskameraden konfrontiert sehen, und die satirischen Elemente der Geschichte werden verständlicher, wenn man Bruno Tauts Plädoyer für die Neue Wohnung zu Rate zieht.[393] Tauts Buch erlebte in den Jahren 1924 bis 1928 fünf Auflagen, bis zu diesem Zeitpunkt wurden 26000 Exemplare vertrieben. Auch Bruno Taut versprach sich vom neuen Interieur die Wirkung eines »erfrischenden Bades«.[394] Wie in Kamperts Wohnung, so sind hier alle Gemälde von den Wänden abgehängt und in Spezialbehältern sekretiert. Kunstwerke sollen nicht Zeuge so banaler Verrichtungen wie Essen und Verdauen sein. »Zu der Körperhygiene muß die Gehirnhygiene dazukommen«, hatte Taut verlangt.[395] Die Glaswände ums Speisezimmer finden ihre Rechtfertigung darin, daß »die Gespräche in einer reinlichen Umgebung kein Abschließen nötig machen«.[396] Tauts Leitmotiv ist die Forderung nach der »Beseitigung der Atavismen«, die nicht nur in den Resten des »üppigen Orients« der Gründerzeitwohnungen gewittert werden, sondern in allem Höhlenartigen und Dysfunktionalen, durch dessen Spalten der Anspruch, »unanfechtbarer Herrscher im eigenen Gehäuse zu sein«, angegriffen wird.[397] Plessners Fechtsaal wird gebaut! Es erstaunt also nicht, daß Bruno Taut die Chaiselongue in seinem Kälte-Interieur »mit Eisbärfellen auslegt« und mit Genugtuung hinzufügt: »Die Felle werden rein als Material verwandt ohne jede barbarische Verwendung der aufgerissenen Mäuler und Tatzen.«[398] Die Wilhelminische Ära hatte das Barbarische immerhin noch als Ornament zugelassen. Jetzt ist es entfernt.

»Aber ich glaube«, so fährt die Geschichte fort, »Müller konnte diese vorsätzliche Harmonie und diese reformatorische Zweckdienlichkeit nicht mehr aushalten.« Mit dieser dunklen Vorausahnung des Berichterstatters wird der Leser auf das kommende Desaster vorbereitet. Müller entwickelt einen »Schlachtplan«, und am Ende thront er über dem zertrümmerten Mobiliar.

In der Geschichte werden die Varianten der Wärme-Kälte-Polarität durchgespielt, wobei sich um den Pol der Wärme die egalisierende »Horde« mit ihren antiheroischen Tendenzen, ihrer Spontaneität und dem Bedürfnis nach Asymmetrie lagert, während am Kältepol die Disziplinierung der Affekte, der Wunsch nach Transparenz, das Gesetz der Diskretion und Symmetrie angesiedelt sind.

Die Besucher des A.E.G.-Ingenieurs werden nicht nur dadurch gereizt, daß selbst das »unpassende« Möbelstück noch einen delikaten Stellenwert im Dekorationsschema der Wohnung erhält; Anlaß zum Ärgernis mag auch der Umstand sein, daß den Ingenieuren die Kälte des industriellen Funktionalismus hier in kunsthandwerklich erlesenen Einzelstücken präsentiert wird. Brechts Geschichte spielt zu einer Zeit, in der sich im Bauhaus gerade erst die Tendenz zur Industrieproduktion gegen die handwerklichen Tendenzen der Reformbewegung durchzusetzen beginnt.

Die Geschichte als Satire auf die Bauhaus-Ideologie zu lesen vereinfacht freilich den Sachverhalt. Denn in Brechts Dramen kann man immer wieder besichtigen, wie ein dionysisches Grabenschwein in rationale Konstruktionen einbricht. Er vergegenwärtigt Zeiten, in denen es um die chaotischen Reste geht und nur diese Humanität verbürgen, aber auch Zeiten, in denen chaotische Naturen tödliche Fallen stellen. Wenn Brecht sagt: »Der Mensch ist der Fehler«, dann wiederholt er nur den Stoßseufzer, den die Architekten des Neuen Bauens ausstießen, wenn sie ihre dem Volk zugedachten Wohnungen einige Monate nach Einzug der Mieter wieder besichtigten.

Brechts Geschichte ist zudem ein höhnisches Nachkriegs-Echo auf die Mischung von Ästhetizismus und Reformbewegung unter den Architekten der Vorkriegszeit, die noch die Illusion hegen durften, »der Mensch« könne durch ihre Architektur erzogen werden. Die heilsamen moralischen Wirkungen auf den Charakter, die man sich von den Reformwohnungen versprach, waren ein Credo modernistischer Architektur, das auch von den Architekten des »Neuen Bauens« zu hören war. In Brechts Geschichte wird der Anspruch der Architektur, eine plastische Verhaltenslehre zu sein, mit der etwas sperrigen Natur des Landsers und Chaoten konfrontiert.

Brecht erinnert mit seiner Erzählung von 1926 an eine peinliche Geschichte, die einem der Pioniere von Lebensreform und moderner Architektur wirklich zugestoßen war: Henri van de Velde hatte unter dem Einfluß der Theorien von Ruskin und Morris 1894 in Belgien sein Modellhaus »Bloemenwerf« gebaut.[399] Nicht ohne Genugtuung erzählt der Reformer in seinen Memoiren von einer brenzligen Situation in diesem Hause, die beinahe in eine Katastrophe gemündet wäre, wenn nicht der »sittigende«

Einfluß des geschmackvollen Hauses sich geltend gemacht hätte. Im Haus van de Veldes war nämlich die Harmonie so weit getrieben, daß die Kleiderfarben der Hausfrau Maria Sèthe delikat ins Dekorationsschema des Hauses integriert waren. Zu besonderen Anlässen wurde der Einklang mit der Farbgebung des Interieurs auch auf die Farbvaleurs der Speisen, die serviert wurden, übertragen.

So auch an jenem Februartag des Jahres 1896, als Toulouse-Lautrec Gast in »Bloemenwerf« war. Die blondhaarige Maria trug in erdbeerfarbenem Peignoir die Speisen auf: gelbe Eier mit roten Bohnen auf Tellern, die wie die Dahlientapete des Vestibüls in Violett und Grün gehalten waren. Dieses Ausmaß an Harmonie reizte die Spottlust des Gastes aus Paris. Leicht angetrunken sprang er auf den Tisch und hob zu einer Tischrede an, die zum Entsetzen des Gastgebers in »Obszönitäten« zu entarten drohte. »Aber«, so schreibt van de Velde in seinen Memoiren, »so weit kam es nicht. Die Atmosphäre unseres Hauses verfehlte ihre Wirkung nicht, und Toulouse-Lautrecs Ansprache mündete in Dankbezeugungen. Die Eigenart unseres Hauses, normal und außerordentlich zugleich, hatte ihn nicht unberührt gelassen.« Brechts Erzählung nimmt kein vergleichbar gutes Ende. Zwar ist der Moralismus im Credo der Modernen noch imstande, bei Ingenieur Müller ein kleines Schuldbewußtsein zu erzeugen, doch verhaltensprägend hat es nicht gewirkt. Grob und sentenzenhaft gesprochen: Der Modernismus hat hier seine post-moderne Sau herausgelassen, wobei das Präfix »post« nur ein Indiz für die Wiederkehr des Verdrängten ist. Die Scham der Landser ist Gegenstand des Komischen geworden. Vier Jahre später wird Brecht Dramen entwerfen, in denen er, unter dem enormen Entscheidungsdruck der Endphase der Republik, die gleichen Zusammenstöße zwischen Spontaneität und Kältekonstruktion so schildert, daß dem Publikum das Lachen vergeht. Jetzt zieht er die Regeln der Disziplin mit ihren tödlichen Konsequenzen durch. Im Lehrgehäuse der KP muß Ingenieur Müller, das Grabenschwein, in den Kalk, als Maßnahme der Verhaltenskorrektur.

Die historische Avantgarde hatte in vorbürgerlichen Kulturen einen Typus entdeckt, der sich durch Affektdisziplin, Wachsamkeit und Ausklammerung der Moral auszeichnet. Tatsächlich bedurfte es gar nicht des Rückgriffs, um auf diesen Typus zu stoßen. Denn das Bilderreservoir für das »Subjekt im Panzer« lag vor der Tür.[400] Expeditionen in entlegene Zeiten oder zu fernen Völkerstämmen waren nicht nötig, um sich Subjekte ohne inneren Kompaß vorzustellen: die eigene Gesellschaft schloß ein Subsystem der »kalten Kultur« (die mechanisch wie eine Uhr funktionierte und historischen Wandel einfror) ein: das *Militär*.[401]

Die Ikone des soldatischen Profils mit Stahlhelm, stechendem Blick und energischem Kinn wird im neusachlichen Jahrzehnt verehrt und prägt die Bilder des mobilen Typus, der nicht unterliegen will – vom neusachlichen Dandy bis zum bolschewistischen Funktionär, vom Ingenieur bis zum veristischen Maler.

Die Armee war für Millionen Menschen eine einheitliche Prägestätte des Verhaltens unter Todesgefahr gewesen; in Brechts *Mann ist Mann* wird sie »Mamma« genannt, im *Fatzer*-Fragment wird man »im Tank« geboren.[402] In ihr war der Zwang zur inneren Regulation des Gewissens entfallen, die äußeren Stimmen des Befehls hatten regiert, Beobachtungsfähigkeit und Reaktionsschnelligkeit waren die Kardinaltugenden gewesen. Der rasche persona-Wechsel von der Affektkontrolle zum Blackout, von der Etikette zum sadistischen Rausch hatte an der Front auf der Tagesordnung gestanden.

Aus der Typologie der Neuen Sachlichkeit ist der Schatten der soldatischen Ikone schwer zu entfernen. Weder die »kalte persona« (Typ 1) noch der Radar-Typ (Typ 2) sind ohne soldatischen Schatten zu haben: im »grauen Heer« der Angestellten (Theodor Geiger) sichtet die Soziologie ihn noch mitten in der Konsumsphäre. Selbst Typ 3, die »Kreatur«, ist oft nur sein Kehrbild. In Jüngers Konstruktion des »Arbeiters« wird der persona-Typus mit der »Stahlgestalt« des Militärs amalgamiert. Diese Amalgamierung stand in einer Tradition, die den Industriearbeiter als metallisierten Körper betrachtet.

Auch ein der Denkungsart Jüngers so entgegengesetzter Autor wie Joseph Roth hatte 1924 den Arbeiter in der »eisernen Landschaft« des Verkehrs gesichtet und mit Merkmalen des Soldatischen versehen.

Da wandelt ein uniformierter Mann, mitten zwischen verwirrenden Systemen der Gleise, winzig, ist der Mensch, in diesem Zusammenhang nur wichtig als Mechanismus. Seine Bedeutung ist nicht größer als die eines Hebels, seine Wirksamkeit nicht weitreichender, als die einer Weiche. In dieser Welt gilt jede menschliche Ausdrucksmöglichkeit als die mechanische Zeichengebung eines Instruments. Wichtiger als ein Arm ist hier ein Hebel, mehr als ein Wink ein Signal, hier nützt nicht das Auge, sondern die Laterne, kein Schrei, sondern der heulende Pfiff des geöffneten Ventils, hier ist nicht Leidenschaft allmächtig, sondern die Vorschrift, das *Gesetz*.[403]

In der Arbeiterliteratur dieses Jahrzehnts treffen wir den Typus der »kalten persona« in der Gestalt des kommunistischen Kaders wieder: sein Handorakel ist der Leninismus. Dasein in der Distanz bestimmt sein Pathos, und Moral äußert sich in den taktischen Regeln zur Behauptung inmitten allgemeiner Bedrohtheit. »Kälte« ist das Merkmal, mit dem er sich von den Wärmezonen der traditionsgeleiteten sozialdemokratischen Gemeinschaften unterscheidet. Spielt er in den Verhaltensregeln, die Brecht 1925 und 1926 in den Gedichten seines *Lesebuchs für Städtebewohner* aufstellt, schon eine Rolle?

D. Brechts Handorakel für Städtebewohner

Gegen Ende der Republik wird »Haltung« – die auf Dauer gestellte Entscheidung – ins Zentrum der politischen Ethik gerückt. »Haltung«, seufzt Benjamin anläßlich einer Rezension des Sammelbandes *Krieg und Krieger* von Ernst Jünger, »›Haltung‹ ist in all ihren Reden das dritte Wort.«[404] Wer sich in die Entscheidung mächtiger Institutionen eingebettet hat, will durch entschiedene Haltung darauf hinweisen, daß er zumindest seiner eigenen Entscheidung gefolgt ist.

Wo »Haltung« zu einem Grundwert wird, entstehen Monstren, die so aussehen, als wären sie unverletzlich, während sie ihre ganze Kraft dafür verbrauchen, stählern auszusehen, so daß sie in der Regel schon erschöpft sind, bevor sie einen wirklich riskanten Schritt tun. Was sie beherrscht, ist »Furcht vor Schande«.

Der Dadaismus hatte das Einverständnis mit der Würdelosigkeit geübt und den ästhetischen Wert der Blamage ausgereizt. In Serners neusachlichem *Handbrevier* war die »Feigheit«, war Graciáns Parole vom »schönen Rückzug«, war die Kunst des Überlebens »in der kleinsten Größe« immerhin noch an einen Charakter gebunden. In Brechts Anleitungen für Städtebewohner werden dagegen die Festungen der Charakterologie geschleift.

Der Charakterkopf, der sich auf eiserne »Haltung« spezialisiert hat, sieht sich, wie wir bereits erfahren haben, vor einem Dilemma:

> Reden Sie nichts von Gefahr!
> In einem Tank kommen Sie nicht durch ein Kanalgitter:
> Sie müssen schon aussteigen.
> Ihren Teekocher lassen Sie am besten liegen
> Sie müssen sehen, daß Sie selber durchkommen.[405]

Der Topos der »Erdbebenlandschaft« befindet sich in Brechts *Lesebuch für Städtebewohner* in einem fortgeschrittenen Stadium: selbst Ruinen fehlen als Dekor, Orientierungsmarken des kollektiven Gedächtnisses sind nicht wahrzunehmen. Es ist ein sozialer Raum, den wir inzwischen von Gracián, Plessner, Blei und Serner kennen: ein Raum, der unter agonaler Spannung steht und mit Personen bevölkert ist, die ihn ohne Kompaß passieren müssen und darum auf äußere Stimmen angewiesen sind. Und diese Stimmen raten: suche Distanz, betrachte Unterkünfte als Provisorien, trenne dich von der Kohorte, zerschneide die Familienbande, meide übertriebene Individualisierung, ziehe den Hut tief in die Stirn, und entferne dich von allen Wärmequellen. Aber mit diesen Ratschlägen für die Existenz des Nomaden hören die Unterweisungen im *Lesebuch* nicht auf. Brecht schickt sein Subjekt durch einen Raum, in dem ihm demonstriert wird, daß die »totale Mobilmachung« letzten Endes die Auslöschung des Namens fordert:

Trenne dich von deinen Kameraden auf dem Bahnhof
Gehe am Morgen in die Stadt mit zugeknöpfter Jacke
Suche dir Quartier und wenn dein Kamerad anklopft:
Öffne, o öffne die Tür nicht
Sondern
Verwisch die Spuren!

Wenn du deinen Eltern begegnest in der Stadt Hamburg oder sonstwo
Gehe an ihnen fremd vorbei, biege um die Ecke, erkenne sie nicht
Zieh den Hut ins Gesicht, den sie dir schenkten
Zeige, o zeige dein Gesicht nicht
Sondern
Verwisch die Spuren!

Iß das Fleisch, das da ist! Spare nicht!
Gehe in jedes Haus, wenn es regnet, und setze dich auf
jeden Stuhl, der da ist
Aber bleibe nicht sitzen! Und vergiß deinen Hut nicht!
Ich sage dir:
Verwisch die Spuren!

Was immer du sagst, sag es nicht zweimal
Findest du deinen Gedanken bei einem andern: verleugne ihn.
Wer seine Unterschrift nicht gegeben hat, wer kein Bild hinterließ
Wer nicht dabei war, wer nichts gesagt hat
Wie soll der zu fassen sein!
Verwisch die Spuren!

Sorge, wenn du zu sterben gedenkst
Daß kein Grabmal steht und verrät, wo du liegst
Mit einer deutlichen Schrift, die dich anzeigt
Und dem Jahr deines Todes, das dich überführt!
Noch einmal:
Verwisch die Spuren!

(Das wurde mir gesagt.)

Auch diese Verhaltenslehre verlangt den Trennungsspezialisten. Aber während all das, von dem er sich trennen soll, gewiß ist, bleibt unbestimmt, warum und zu welchem Zweck.

Was also verspricht Brechts »Handorakel«, wenn die strikte Einhaltung der Verhaltensgebote einer anonymen Stimme nicht einmal provisorisch einen Ruhepunkt außerhalb des chronischen Alarmzustandes garantiert?

Die Person, die den Instruktionen Folge leistet, erhält keine Entschädigung, sondern letzten Endes nur die Gewißheit, daß sein Grabstein keine Inschrift trägt, die auf eine Identität hinweisen könnte. So sind die neusachlichen Verhaltenslehren an einem Nullpunkt angelangt, an dem sie freilich ein Maximum an Beweglichkeit verbürgen, so daß höchstens eine Wischspur auf der Grabplatte die Schnelligkeit des Verschwindens anzeigt.[406]

Allerdings bleibt der Imperativ »Verwisch!« sehr rätselhaft. Es hat sich eingebürgert, in ihm eine Anweisung »der Wirklichkeit selber« zu erkennen. Dem Fingerzeig, den Brecht im 10. Gedicht des Zyklus gibt:

Wenn ich mit dir rede
Kalt und gemein
(...)
So rede ich doch nur
Wie die Wirklichkeit selber (...)

dankbar folgend, begrüßt man in dieser Selbstanzeige die pädagogische Lösung des Rätsels. Hier sprach also das »Man« als »Subjekt der Alltäglichkeit«, mit Heidegger zu reden. Die anonyme Stimme empfahl die rhetorische Simulation der Entfremdung, um zu demonstrieren, daß deren Logik zur Selbstauslöschung führt. Mißlich ist freilich, daß – wie Rudolf Arnheim bemerkte – »die Wirklichkeit« nie allgemein und kalt, sondern individuell und mit speziellen Wärmezusagen »spricht«[407] und die Anonymisierung der Person unüberbietbar durchführt, ohne daß der ihr Unterworfene den Prozeß zu forcieren bräuchte. In der Logik der Überbietung, die Brecht hier seiner persona zumutet, arbeitet nicht so sehr das Element der Mimikry an die Negation als die Zumutung, die Person könnte die Spuren eigenhändig verwischen. Was also als »Nullpunkt« des Subjektschwunds erscheint, kann auch als Drehpunkt einer Subjektermächtigung gelesen werden; nicht die Institutionen der Gesellschaft, nicht der dunkle Prozeß der Geschichte besorgen das Verschwinden des Städtebewohners! Das Ich ergreift die Flucht nach vorn – wo der Tod wartet.

Graciáns persona tritt wieder auf den Plan, Plessners Duellsubjekt und Serners Hochstapler mischen sich ein, meiden die Horde und pokern mit dem Feind, um welchen Wert? unter welchem magischen Auge? für welchen Lohn? Letzten Endes legen sie alle Masken ab, in denen der Ästhetizismus ihnen noch Befriedigung versprochen hatte. Wie ist diese Selbstauslöschung zu begreifen?

Hier interveniert der ungarische Marxist Béla Balázs mit der Enthüllung, daß Gedichte wie dieses eine besonders perverse Form des »dionysischen Rauschs der Selbstverleugnung« dokumentierten.[408] Nietzsche wird als heimliche Stimme unter der marxistischen Maske des Artisten dingfest gemacht; die Frage stellt sich allerdings, ob mit dieser Deutung wirklich etwas gewonnen ist.

Brechts Auslöschungs-Gedicht hat selbst eine unverwischbare Handschrift, die ganze Serien von Auslegungen ausgelöst hat. Inzwischen gleicht das Gedicht »Verwisch die Spuren« einer vollgekritzelten Tafel, wobei das Merkwürdige an den Reaktionen ist, daß sie nachträglich die scharfen Konturen eines Subjekts in den Text eintragen, die er zum Verschwimmen bringen sollte.

Die Gestalten, die man in ihm gesichtet hat, schwanken zwischen dem »fröhlichen Barbaren« und dem »Roboter«.[409] Walter Benjamin erkennt gleich nach Erscheinen in diesem Gedicht die Spuren eines »destruktiven Charakters«, nicht ohne – der Anschaulichkeit halber – den Leiter der Reichskreditanstalt als einen Mann, der auf Nichts baut, zu erwähnen. Wenig später – und doch schon weit entfernt, also nach 1933 – findet Arnold Zweig im Gedicht eine Anleitung für die in fremden Städten sich verlierenden Emigranten, während Benjamin neuerdings in ihm, verstockt und teleskopisch, den in der Illegalität des Untergrunds der vergangenen Republik operierenden kommunistischen Kader wahrnehmen will.[410] »Verwisch die Spuren« bleibt Benjamins Obsession: Jede politische Wendung trägt er in diesen Text ein, dem er selbst jedes Gedächtnis abgesprochen hatte. »Der destruktive Charakter«, hatte Benjamin 1930 befunden, »ist ein Signal. So wie ein trigonometrisches Zeichen von allen Seiten dem Winde, ist er von allen Seiten dem Gerede ausgesetzt.«[411] 1940 notiert er in sein Tagebuch, daß er im Gedicht Geist und Gestalt der GPU auftauchen sieht.[412] Später entdeckt Franco Buono im Gedicht die »Stadtguerilla« (»Verhaltensregeln für den Untergrundkämpfer in einer besetzten Stadt«)[413], das psychoanalytische Klima der siebziger Jahre fördert auch seine sado-masochistischen Elemente zutage, in den achtziger Jahren bevorzugt man seine kommunikationstheoretischen Aspekte[414], und in den Neunzigern entdeckt man in ihm ein Vergeßmaschinchen, das leichten Anschluß an die Theorien der Destruktion findet.

Diese Liste ist nicht beliebig fortsetzbar. Die Auslegung pendelt zwischen den Extremen des gepanzerten und des entgrenzten Ichs. Durch seine Wertferne erleichtert es den Anschluß an unterschiedliche Vorstellungen des selbstmächtigen Subjekts, durch seine Denkbewegung der Destruktion ermöglicht es zugleich die Rücknahme der Selbstermächtigung.

Wozu taugt die Aktualisierung der ehrwürdigen Tradition der Verhaltenslehre Graciáns, wenn die äußere Stimme des Handorakels die persona in alle Windrichtungen schickt? Und die Wertleere der Verhaltenslehre im letzten Stadium den Wunsch fördert, sich »Gemeinschaften« anzuschließen, die versprechen, strikte Verhaltensdirektiven mit einem Sinn zu kombinieren?

»Bringt endlich der Tod das ersehnte Vergessen«, sagt Nietzsche, so fördert er nur die Erkenntnis, »daß das Dasein ein ununterbrochenes Gewesensein ist, ein Ding, das davon lebt, sich selbst zu verneinen und zu verzehren, sich selbst zu widersprechen.«[415]

Während aber Nietzsche den Mangel des Menschen bemerkt, »das Vergessen nicht lernen zu können«[416], ist das Vergessen in Brechts Gedicht als Lernpensum über das Subjekt verhängt. Ist es sinnvoll, das Gedicht wie ein Aquarium zu betrachten, in dem, wie bunte Fische, Nietzsche-Motive und Fragmente höfischer Maxime schwimmen? Leicht könnten wir andere Schwimmkörper wie Walter Serners *Handbrevier* oder die Slapstick-Figur des amerikanischen Stummfilms hinzusetzen. Wir können feststellen, daß das Gedicht einerseits auf die Tradition der Verhaltenslehrbücher anspielt, sie in einer *Engführung* in Paradoxe lenkt und die strikten Verhaltensregeln mit der Lust an der Grausamkeit der Identitätsauflösung kombiniert, daß es andererseits das Nietzsche-Motiv des Subjekts im lustvollen Prozeß der Verneinung in das starke Gehäuse einer Verhaltenslehre einbettet. Die Reaktionen auf das Gedicht haben diesen Knoten durchschlagen. Die pädagogische Lösung will sich erst recht nicht von Paradoxen lähmen lassen. Sie entdeckt im zehnten Gedicht des Zyklus ihren archimedischen Punkt; denn in diesem letzten Gedicht, so liest man, »tritt der Dichter aus seinem Versteck hervor«, um das »Scheinverhalten« zu entlarven.[417]

Damit wird das Gedicht in eine Tradition der *rhetorischen Ironie* gerückt, der wir uns kurz zuwenden müssen, weil schon die Verhaltenslehre Graciáns dem Verdacht der »Verstellung« ausgesetzt war. Die rhetorische Ironie kennt zwei Verfahrensweisen der Rede, die simulatio und die dissimulatio. Während die Dissimulation in dem negativen Akt besteht, das eigentlich Gemeinte zu verbergen, ist es Kennzeichen der Simulation, das Uneigentliche als Positives zu präsentieren.

Die simulatorische Ironie besteht demnach in der durchsichtigen Vortäuschung eines gegenteiligen Standpunkts und die dissimulatorische in der erkennbaren Verheimlichung der eigenen Überzeugung[418],

lese ich in einer Abhandlung zur »Fundamentalrhetorik«. In ihr wird ein »Ich« vorausgesetzt, das souverän Grenzen zieht und sich durch seine spezielle Befähigung zur doppelten Negation aus dem Einerlei der Kommunikation heraushebt. Im komplizierten Verfahren der Simulation entsteht durch die auffällige Redefigur der doppelten Negation und die Schmucklosigkeit der lakonischen Sprache ein unverwechselbar »authentischer Personalstil«, der auf ein Individuum schließen läßt, das die Szenarien der Trennung, die das Gedicht Revue passieren läßt, zur Ausbildung eines versatilen Selbst benützt, das in seinem schwarzgefärbten mundus rhetoricus Bilder des »Andersseinkönnens« bis zum Punkt der Selbstauslöschung durchspielt.[419]

Wiederholung ist das Medium, in dem Rhetorik gelernt wird, Gedächtnis ist ihr Reservoir; was also tun, wenn mit den Gedächtnisspeichern auch die Rhetorik als Gehäuse oraler Überlieferung ausgelöscht werden soll? Die schlaue pädagogische Rettung des selbstmächtigen Subjekts wird vom Gedicht provoziert, um ins Paradox getrieben zu werden. Denn wo ist die Sprechinstanz »versteckt«, und was ist das Schicksal des »Ich« im ganzen Zyklus des Lesebuches? Die Sprechinstanz sollte sich, nach Brechts Willen, in einem *Grammophon* befinden; die Gedichte waren als Texte für Schallplatten gedacht. Zwischen den zum Lesebuch gehörigen Gedichten findet sich der Hinweis »Einmaliges Abspielen der Platte genügt nicht«.[420]

Die Suche nach dem Ort des Sprechers macht auf eine Komplikation aufmerksam, der wir – durchaus mit dem Strom der Rezeptionsgeschichte schwimmend – ausgewichen sind. Die Klammer der letzten Zeile des Gedichts – sie soll wie ein philologischer Quellennachweis die Herkunft der Stimme angeben, die den Kreis der Handlungsmöglichkeiten vorschreibt – führt den Leser vielleicht an den Ort, von dem aus gesprochen wird. Während die Klammer im Schriftbild auf einen Blick zusammen mit den Verhaltensregeln erfaßt werden kann, schiebt die Schallplattenstimme den Moment der Enthüllung der »Simulation« bis zur letzten Zeile vor sich hin. Was aber enthüllt die Klammer »Das wurde mir gesagt (1926), gelehrt (1938)«? Ist es eine Stimme aus dem Off, der sich der Adressat der Verhaltenslehre so assimiliert hat, daß er erst nachträglich und anstandshalber ihre Herkunft mitteilt? Da in den Ratschlägen eine Serie von Motiven des Autors enthalten ist – das Lob der Trennung und Vergeßlichkeit, die Ausschaltung der »Expression« und das Bild des »Essers mit den eisernen Kinnbacken, der das Haus der Welt leermacht« (Benjamin) –, lag es nahe, das in der Klammer sprechende »Ich« als Medium der Autorenstimme zu identifizieren. Allerdings ist nicht klar, ob das »Ich« der Klammer, das sich im »Ich« der Verhaltensregeln schon absentiert hatte, der Stimme von außen überhaupt Widerstand bieten kann.

In Nr. 2 des Zyklus spricht ein imperiales »Wir«, eine Kollektivinstanz, die mit Ausschluß droht und gleichzeitig dem »Trenne dich« der ersten Stimme ein »Bleibe« entgegensetzt – die Kohorte schlägt zurück, das Verhältnis von äußerer Stimme und Subjekt ist agonal. In »An Chronos«, Nr. 3, simuliert der verlorene Sohn die Stimme der Väter, die ihn verschwinden lassen wollen »wie Rauch«. Die Stimme der Väter hat verdächtigen Gleichklang mit der Stimme in Nr. 1. In Nr. 4 treffen wir auf einen besonderen Grad der Subjektanmaßung: dreizehnmal »Ich«. Eine jüngere Frau versucht durch Spiegelung in feindlicher Mitwelt ihre Identität zu finden und sich gleichzeitig zu entspannen, so wie Graciáns *Handorakel* es empfiehlt; sie überanstrengt sich, vergeblich. Nr. 5 markiert die Fremdheit der anderen Person »(Das habe ich eine Frau sagen hören.«). Hier wird die Frau, traditionell Objekt der virilen Verhaltenslehren, auf schiere Materie reduziert. Auf dieser Stufe der Reduktion erfährt sie eine geschichtsphilosophische Aufladung: »der Wind geht in mein Segel«. Das Prinzip »Auferstanden aus Ruinen« wird erstmals am Frauenkörper durchgespielt. Nr. 6 berichtet – »(Das habe ich schon Leute sagen hören)« – vom peinlichen Schauspiel der expressionistischen Söhne, die unter Mißachtung der neusachlichen Verhaltenslehren mit den alten Manieren jugendlicher Entrüstung, der Taktlosigkeit und des Bittgangs Taten ankündigen, ohne zu wissen, daß sie durch sie zum Untergang verurteilt sind. Nr. 7 führt uns (ohne Stimme von außen) ein distinguiertes, gepanzertes Subjekt als eine Slapstick-Figur vor. Nach den beiden Parodien der Entrüstung und der Panzerung wird in Nr. 8 eine Landschaft, fern von allen bürgerlichen Verhaltenslehren, gemalt: der rechtlose Raum der »Grabengesellschaft« (Marc Bloch), für den die neusachlichen Verhaltensregeln gedacht sind. »(Aber das soll euch nicht entmutigen.)« Die »Vier Aufforderungen von verschiedener Seite« (Nr. 9) wiederholen das Reduktionsschema von Nr. 1 und lehren, Freundlichkeit aus Provisorien zu holen (keine Klammer). Und dann kommt in Nr. 10 endlich »der Autor aus dem Versteck«. Was aber ist seine Stimme?

Die Stimme des Autors wird im Zyklus auf verschiedene Instanzen aufgeteilt, die sie zu absorbieren drohen, so daß sie ruhelos wandert, sich spaltet. Die Souveränität der Grenzziehung zwischen »Eigentlichkeit« und »Man« ist dieser Stimme abhanden gekommen; der »authentische« Ton der Klage und Entrüstung wird im sechsten Gedicht als vergangene Manier der Parodie überantwortet. Die »Eigentlichkeit« hat kein Versteck, in dem sie überwintern könnte. Die Grundlage der Rhetorik der Ironie entfällt.

»Verwisch die Spuren« entzieht der Rhetorik der Ironie die Grundlage des selbstgewissen Subjekts. Graciáns *Handorakel* überführt es in Paradoxe. Das Konzept Nietzsches, das Subjekt lustvoll auf Spiel zu setzen, das Brechts frühe Lyrik geprägt hatte, gerät in die Einflußsphäre von Institutionen, die mit Entlastung winken oder mit der Auslöschung im Kalk drohen. Was hier noch unbeschriftete Grabplatte ist, wird bald als Zeichentisch der Konstrukteure der »Maßnahmen« benutzt werden. Deren Stimmen intervenieren schon in die Welt der Städtebewohner. Das »Ich« beginnt, sich in ein »Man« aufzulösen, um als Teilhaber dieses Subjekts des alltäglichen Daseins zu agieren – für welches Ziel, ist unbekannt. Wie in Heideggers *Sein und Zeit* hat sich das »Es« des Unbewußten in die Außenwelt des »Man« verlagert[421]: in den Handlungssystemen bildet das »Ich« sich ein, Subjekt zu sein, obwohl das »Man« den humanen Horizont, der das Subjekt einmal konstituiert hatte, längst destruiert hat.

Dieses allgemeine »Man«, in das sich die persona aufzulösen droht, ist kein neutrales Medium. Es steht unter dem *Gesetz der Väter.* Ein unscheinbares Ding macht in Brechts Text auf diesen fatalen Tatbestand aufmerksam. Es ist das einzige Ding, das in den Szenerien des Vergessens nicht vergessen werden darf: der Hut.[422]

Zweimal wird er ins Spiel gebracht. Beim ersten Mal dient er, tief in die Stirn gezogen, der Verbergung des Gesichts, so daß die Eltern ihren Sohn nicht erkennen. Er kehrt dann in der Instruktion der dritten Strophe wieder, die anweist, beim Nomadisieren den Hut nicht zu vergessen. Was auch immer der dirigierten Figur durch ein besitzanzeigendes Fürwort verbunden war (»dein Kamerad«, »deinen Eltern«, »dein Gesicht«, »deine Gedanken«, »deines Todes«), wird programmatisch den Prozeduren des Vergessens ausgeliefert – mit Ausnahme (»deinen Hut«) des Hutes. Dies Utensil begleitet die Figur auf allen Stufen ihrer Reduktion.

Mitte der zwanziger Jahre ist der Hut, der das Gesicht verbirgt, ein auffälliges Markenzeichen neusachlicher Porträts: er ist ein Merkmal auf neusachlichen Gemälden von Anton Räderscheidt, George Grosz und Christian Schad; Hans Richter läßt 1928 in seinem Film *Vormittagsspuk* Hüte tanzen. Waren auf expressionistischen Bildern die Gesichter noch offene Ausdrucksflächen eines inneren Erregungszentrums, so schließen sich nun die Konturen der Köpfe. Das Innere der Figuren wird opak, der tief in die Stirn gezogene Hut läßt die Dimension des Ausdrucks erst gar nicht zur Geltung kommen. Das sechste Gedicht in Brechts Zyklus führt ein letztes Mal die anachronistische Ausdruckshaltung des Empörers vor. Für den Habitus des aufrichtigen Zornes muß der Hut »tief ins Genick« geschoben werden, so daß die individuellen Züge der privaten Rebellion (die Brecht an das Verzögern praktischer Entscheidung bindet) sich in Szene setzen können. Hier rebelliert einer nach Art der expressionistischen »Söhne«, die das »ABC« der Gewalt, das im Besitz der Väter ist, nie gelernt haben.

Bis zu diesem Zeitpunkt wurde die Herkunft des Hutes außer acht gelassen; es heißt »den sie dir schenkten«. Das Geschenk der Eltern (Andenken seiner »behüteten« Herkunft?), so lautet die Instruktion, darf niemals vergessen werden. Wer allen Instruktionen Folge leistet, bleibt mit dem Geschenk an die gebunden, von denen er sich trennen wollte.

Radikale Trennung von den Eltern (vgl. Walter Serners Ratschlag Nr. 358) gehört zum Initiationsritus der Städtebewohner. In einer frühen Fassung von *Mann ist Mann* liest man:

> er wird avancieren eines tages wird (er) auf einen dieser kohlendampfer zuschwimmen und in die großen städte kommen er ist der mann für sie er hat keine eltern.[423]

Der auf die Kohlendampfer zuschwimmt, behält, um im Bild zu bleiben, im *Lesebuch für Städtebewohner* schwimmend den Hut der Eltern auf.

Ist diese Unzertrennlichkeit vom Hut ein Indiz für den Wunsch nach »Fortsetzung der Elternversorgung«, den Jürgen Manthey überall im Werke Brechts wirksam sieht?[424] Oder gibt der Hut eher einen Wink, der klären könnte, warum die persona sich in einem chronischen Alarmzustand befindet? Führt er den Leser, wie Susanne Winnacker erwägt, auf die Spur des verhängnisvollen »Potlatchs«, eine Gabe, die den Rivalen der nächsten Generation vernichten soll, oder, wie Hans-Thies Lehmann vermutet, auf die unauslöschbare Spur einer Verschuldung, die u. a. aus der schieren Existenz, zu der ihm die Eltern verholfen haben, herrührt, so daß nur der Tod das ersehnte Vergessen bringen könnte?

Wer Instruktionen so strikt befolgt, daß er selbst Absurditäten auf sich nimmt, entrinnt nicht dem Bannkreis des väterlichen Gesetzes, dem er entkommen wollte. Wenn wir »unsere Hüte ins Gesicht ziehen«, so »sprechen wir mit unseren Vätern«, meldet das dritte Gedicht. »Mit unseren Vätern sprechen« gehörte zum Grundgestus, mit dem sich die Generation der Neuen Sachlichkeit gegen die Generation der beschämten, expressionistischen Söhne absetzte.[425] Aber die den Vätern nach dem Mund reden, wiederholen nur deren Diktum: *»Du darfst nicht gewesen sein.«* In dieser Logik des dritten Gedichts erkannte Walter Benjamin in seiner späten Tagebuchnotiz den Sadismus: die Dynamik der Jugend vollstreckt das Gesetz der Väter.

Sollte die Rückbindung an das Gesetz der Väter das Schulgeheimnis sein, das die Avantgarde-Geste des »Schwamm drüber« – »Ausstreichen« – »Vergessen« zu guter Letzt zutage fördert: »The more radical the rejection of anything that came before, the greater the dependence on the past«?[426] Brechts Gedicht bringt diese finstere Auslegung der Avantgarde-Geste mit einem kuriosen Ding ins Spiel. Das Gesetz des Vaters wird als Spielfigur auf die schiefe Ebene des Textes gebracht – mit Hut. Die Rache der Väter wird im Licht der Komödie relativiert.[427]

So tritt selbst in Texten, in denen man es am wenigsten erwartet, die Erinnerung an das Gesetz der Väter auf. Wie brisant dieser Auftritt sein kann, mag die bereits erwähnte Formel Paul Tillichs verdeutlichen, wonach der Ruf nach »Gemeinschaft« die Forderung enthalte, »vom Sohn her die Mutter zu schaffen und *den Vater aus dem Nichts* zu rufen«.[428] Der Vater soll mit der Autorität des Staates auftreten, um die Welt der zivilisatorischen Trennungen zugunsten symbiotischer Verhältnisse aufzuheben, die Mutter zu rekonstruieren und mit ihr den »Ursprung« zu verbürgen. Dieser »Übervater« kann offenbar mit eiskalten Maßnahmen die Wärme der mütterlichen »Gemeinschaft« wiederherstellen und sie dauerhaft bewachen; ein paradoxes Unternehmen, das schwer zu verwirklichen ist. »Die schwersten Enttäuschungen erfährt die politische Romantik darum immer an dieser Stelle«, bemerkt Paul Tillich, »nirgends wird der Widerspruch zwischen Sehnsucht und Wirklichkeit so schmerzhaft gefühlt wie hier.«

Brechts Gedicht erinnert an die Sehnsucht, den Vater aus dem Nichts zu rufen, um die Enttäuschung mit einem kuriosen Gegenstand zu inszenieren. Nicht ohne Komik spukt er durchs *Lesebuch für Städtebewohner*; bald wird das Gesetz der Väter in den Lehrstücken nicht mehr spielerisch, sondern unerbittlich fordernd, im Namen eines Kollektivs, auf den Plan treten.

E. Die Mehlreisende Frieda Geier

Wenn die Neue Sachlichkeit als »sozial-psychologische Ausgleichsfunktion einer um ihre Identität gebrachten Männergeneration« dient[429], dann scheint es undenkbar, daß eine Frau, mit Graciáns *Handorakel* ausgerüstet, als Subjekt im Panzer erscheint. Marieluise Fleißer macht in ihrem Roman *Mehlreisende Frieda Geier* die Probe aufs Exempel.[430] Für Frieda Geier, ausgestattet mit Lederjacke oder langem Herrenmantel (dann wieder auch gemischt gekleidet, um bei Stadt- und Landkundschaft zugleich anzukommen) und durchs Auto relativ mobil, sind die neusachlichen Verhaltensnormen keine Spielregeln, die sie für sich selbst entwirft, sondern Diktate, die ihr auf den Leib geschrieben werden.

Das oberste Gesetz eines jeden, der mit jemand ein Geschäft macht, heißt, er darf sich nicht in die Lage des Anderen versetzen. Mitgefühl lähmt.[431]

Das Recht zum Leben, das man den anderen einräumt, nimmt man unweigerlich von der eigenen Substanz weg. Worauf man nicht selber seine Hand legt, hat längst ein anderer beiseite gebracht...

Nur zu gern sind die Menschen bereit, einem, den sie als Außenseiter erkannt haben, den Brotkorb höher zu hängen. Da heißt es, mit dem Mund gegen das Tischeck zu schlagen...[432]

Handelsreisen und Sexualität werden für sie zum Spießrutenlaufen, das sie mit gemischten Gefühlen ertrüge, wenn man sie nicht obendrein zur Aufgabe ihrer Mobilität zwingen wollte. Ihr Geliebter, ein Sportidol (erlesen im »Zuchtmaterial« der Provinz), kann sich mit diesem »Doppelwesen« nicht arrangieren: die Kombination von »sinnenfreudigem Weib« mit der »Asketin in kurzgeschnittenem Haar« fügt sich ihm nicht zur Gestalt, die er sich symbiotisch einverleiben könnte:

Dies unruhige Wesen, man muß sich mit jeder Faser darauf setzen, es aus Leibeskräften halten.[433]

So erscheint sie der Kleinstadt schließlich als ein Vampir, der die ökonomische Existenz des Kaufmanns untergräbt und die Vitalität des Sportlers auslaugt. Die Heldin wird, von Männer-Rudeln umstellt, gezwungen zu verschwinden, damit der Geliebte, sportlich und geschäftlich, seine Krise überwinden kann. Man sieht sie ein letztes Mal, als Vereinskameraden des Idols sie überfallen wollen – am Judenfriedhof.

Einzelne müssen aufstehen, die Verfemung am eigenen Leib erfahren und mit ihrer schmalen Person den fortschreitenden Weg ins Dickicht der vorgefaßten Meinungen stampfen.[434]

In Gestalt der Frau wird die kalte persona als »Hexe« gejagt, wenn sie nicht als Prostituierte instrumentalisiert werden kann.

Marieluise Fleißers Roman ist ein Medium, das die selbstzerstörerischen Aspekte der Leitmotive der Neuen Sachlichkeit erschließt. Die pathetischen Motive des Inkognito-Lebens, der Erweiterung der Mobilität durchs Anonymwerden des Individuums, des Überlebens in der kleinsten Größe – verwoben in Heeresmentalität oder Dandy-Haltung – waren auf die Frau nicht ohne Angstlust zu übertragen. In den Handbrevieren – den höfischen wie den neusachlichen – war sie ein Objekt, das nach allen Regeln der Kunst traktiert werden mußte. Als Inbegriff symbiotischer Wärme oder als Gnadeninstanz nahm sie einen zentralen Platz in den Imaginationen der Kältefreaks ein; sie mußte ins Imaginäre ausgegrenzt werden, weil sie den Mann mit der Verringerung seiner Beweglichkeit bedrohte. Die Kältelehrer der Distanz kannten einen unermeßlichen Bedarf an Wärmequellen, die jedoch – Plessners Grenz-Schrift hatte es demonstriert – aus der Arena des Kampfes selbst ausgeschlossen blieben.

Fleißers Roman zeigt den Versuch der Verwirklichung von Autonomie und Lust auf einem Terrain, dessen ökonomische Faktoren weder Plessner noch die Gemeinschafts-Fanatiker vorgesehen hatten.

Marieluise Fleißer hatte schon in ihrer Sammlung von Geschichten *Ein Pfund Orangen*, die 1929 erschien, die Erfahrungen der Frau mit Männern vom Format der »Duellsubjekte« Plessners zur Sprache gebracht.[435] »Sie lernte die Männer kennen«, heißt es von einer ihrer Gestalten, »und einer war wie der andere und hatte für die Frauen ein System und keine Gnade.«[436] Dieses »System« haben wir in den Verhaltenslehren des Abstands kennengelernt; Fleißer sondiert es mit fremdem Blick und registriert seine eherne Regel: »Der Mann bestimmte den Abstand.«[437] Innerhalb dieses Systems ist dem anderen Geschlecht ein Ort eingeräumt: sie war »eine Wärme und keine Person«.[438] Die Verhaltenslehre der virilen Distanz wird als Lernpensum der Frau verordnet:

Das waren die Fröste der Freiheit, sie mußte lernen zu frieren. Der Mensch lehnt sich nicht an.[439]

Das Polaritäts-Schema des Diskurses wird übernommen: zur ausgewachsenen persona gehört das Kälte-Attribut; von ihr, die Gnadenlosigkeit kultiviert, wird »Gnade« verlangt. Assimiliert sich das Selbstverständnis der Frauenfiguren den Gesetzen des über sie verhängten Diskurses?

In Fleißers Texten erhalten die weiblichen Gestalten eine Lektion in Dezisionismus eigener Art. Die Autorin schickt ihre Figuren in das System der Verhaltenslehren, wo sie zu ihrem Schrecken lernen: »Die natürlichen Feinde waren sie ja.«[440] Wirft in Fleißers Schriften Schmitts *Begriff des Politischen* seinen Schatten auf den Geschlechterkampf, oder erkennen wir in ihnen, aus welchen tieferen Gründen die Theorie sich entwickelt hat? Erinnern wir uns an Schmitts Definition:

Die Unterscheidung von Freund und Feind hat den Sinn, den äußersten Intensitätsgrad einer Verbindung oder Trennung, einer Assoziation oder Dissoziation zu bezeichnen.[441]

»Feind« ist in diesem Begriffs-System immer »der andere«, und es genügt, »daß er in einem besonders intensiven Sinn existenziell etwas anderes und Fremdes ist«. Diese Art der Erkenntnis bietet aber den weiblichen Gestalten, die sie am Leib erfahren, weder einen Verfügungs-Standort noch ein Gefühl der Selbstbestimmung, von dem aus sie selbst ermächtigt wären, Grenzen zu ziehen. Die Lektion ist über sie verhängt. Eine Zeitlang sieht es so aus, als ob sie sich die Grundsätze der Grenzziehung in einem Initiationsritus, der ihnen Zugang zum »Fechtsaal« der Combattanten ermöglichen soll, einverleiben könnten: »Man nannte erwachsen, wenn ein Licht aufgegangen war über die Feindschaft unter den Menschen.«[442] Da sie aber darauf festgeschrieben waren, die willkommene Fremdheit der ersten Natur inmitten der

Vertrauenssphäre darzustellen, rückt sie der Anspruch, selbst Subjekt der »Künstlichkeit« zu sein, unvermittelt in die Sphäre der Dissoziation. Dort verkörpern sie ein Intensum der Trennung, mit dem sich selbst die persona, die sich als Trennungsspezialist stilisiert hat, nicht anfreunden will. Wer die »Fröste der Freiheit« lehrt – wie Brecht –, scheut sie beizeiten.

In der Mißtrauenssphäre lernt Frieda Geier dann die gegnerischen Verhaltensregeln:

›Die Männer muß man zugrunde richten, sonst richten sie einen zugrunde‹, hat eine Freundin gesagt. Plötzlich fällt ihr der Satz ein, die Erkenntnis ist schneidend.[443]

Im »schneidend« liegt die Differenz. Denn es bedarf offensichtlich des Masochismus, diese Techniken als Autorin zu beschreiben, um sich im Medium der Schrift ... »freizuschwimmen«, hätte ich geschrieben, wenn nicht das Schwimmen die Domäne des Sportidols wäre, das sie arretieren will.

Über Brechts Kälte-Lehre des *Lesebuchs für Städtebewohner* hatte Béla Balázs polemisch bemerkt, sie wolle »mit den Wölfen heulen«, um das Rudel zu hintergehen; er wisse offenbar nicht, welche nützliche Funktion er damit für das Rudel habe. Fleißers Heldin experimentiert mit der Verhaltenslehre ihrer Gegner. In der sozialen Struktur, in die sie ihre Heldin versetzt, geht das auf Kosten der leibhaftigen Substanz. »Sie kann nicht mit den Wölfen heulen.«

Plessner, Schmitt, Serner, Brecht und Jünger zeigen verschiedene Spielarten der kalten persona. »Wachhund« wird Fleißer diesen Typus der Avantgarde später nennen; er bewacht die Grenzziehung des Duellsubjekts.[444] In dieser Spielart bilden die Abwehr gegen und die Lust an der Dezentrierung eine paradoxe Schleife. Eine Tendenz, die Robert Musil »Entpanzerung des Ich« nannte (ein genuin modernistischer Impuls), trifft auf den Willen, »Subjekt im Panzer« zu sein (ein Motiv der dezionistisch gestimmten Avantgarde). Marieluise Fleißers Roman läßt erfahren, daß die Frau, die sich in diese Gemengelage des virilen Narzißmus einmischt, zerrieben wird. Daß dies Zerreiben lustvoll sein kann, bezeugt die unheimliche Dimension von Fleißers Schrift.

F. »Ginster« – ein Abgesang

1928 erscheint ein Roman, der das Dilemma des selbstgewissen Subjekts ins Komödienlicht rückt: Siegfried Kracauers *Ginster. Von ihm selbst geschrieben.*[445] In ihm werden die Fetische der Sachlichkeit zu Stolpersteinen der Anpassung. Ginster, der Held, eine neusachlich-ich-lose Erscheinung, stolpert in die allgemeine Mobilmachung der Jahre 1914-1918. Er liebt – wie die anderen Figuren unseres Kapitels – das anonyme Leben, scheint sogar Vorschriften aus Serners *Handbrevier* halbwegs verinnerlicht zu haben, wenn er, den Unannehmlichkeiten von Krieg und Revolution entronnen, seufzt: »So schön, ein richtiges Hotel, es tat ihm leid, daß er von morgen ab wieder privat schlafen sollte.« Wie diese Attitüde der Sachlichkeit mißlingt ihm jede andere, obwohl er sich redlich bemüht, sie zu adaptieren:

– So kennt Ginster den Nutzwert der neusachlichen Theorie der »kleinsten Größe« (Brecht). Als ein Einsatz an der Front droht, versucht er seine Überlebenschancen durch geringe Nahrungsaufnahme zu erhöhen: »Je mehr er sich verdünnte, eine desto kleinere Angriffsfläche bot er dar.«[446] Nichts spricht dagegen, daß Ginster nicht auch bei historischen Augenblicken anwesend gewesen wäre. Allerdings pflegt er sein Talent, den entscheidenden Moment zu verpassen:

Immer hatte Ginster bei öffentlichen Veranstaltungen Pech. Entweder kam er zu spät oder er erhielt zu seiner Überraschung einen ausgezeichneten Platz, der aber, wie sich bald herausstellte, nur darum freigeblieben war, weil er nach der verkehrten Seite zu lag.[447]

– Will Ginster, zeitweilig Kanonier im Fußartilleriebataillon zu Köln, sich dem heroischen Diskurs mimetisch angleichen, dann, so Inka Mülder, »verfehlt er den richtigen Ton stets um die entscheidende Nuance«:

Die Tagesberichte sind auch so schön stilisiert, bemerkte Ginster, der den Wunsch empfand, eine anerkennende Äußerung einzuschieben.[448]

In der Unfähigkeit des Helden, sich den Diskurs militanter Sachlichkeit einzuverleiben, sah Joseph Roth einen Lichtblick der Republik. Es nahm etwas Gestalt an, das sich vom Paravent des Heeres abhob: »Der Zivilist schlechthin.« Als 1928 die Konjunktur der Kriegsliteratur begann, war Ginsters Auftreten eine kleine Sensation, die leicht zu übersehen war. Unter den martialischen Figuren der grauen Soldateska schien der unmögliche Zivilist der amerikanischen Slapstick-Komödie entsprungen; Kracauers Held wurde von der zeitgenössischen Kritik als ein »soziologischer Chaplin« begrüßt.

Ginster, ein ewiger »Abreiser« wie Serners Gestalten, dreht sich nicht in deren zwangsmelancholischen Ritualen. Er flieht nicht, sondern macht stolpernd mit. Da ihn kein Draht, Nerv oder Kostüm mit irgendwelchen Volksmassen verbindet, gleicht er nicht dem Soldaten Schwejk; zersetzend wirkt seine langsame Reflexion, wo es überall auf schnelle Entscheidung ankommt. So stellt er Überlegungen über die »Grammatik« der Kasernensprache an, die ihm den Dingcharakter der Uniformierten enthüllt, ohne daß diese Enthüllung ihn davor feit, selbst zu den Dingen gerechnet zu werden.[449] Die Hierarchie des Militärs stellt ihn zuvörderst vor Probleme, die gleichsam semiotisch zu lösen sind:

In den Stuben, im Flur und auf den Straßen erhoben sich Vorgesetzte, die von der Undurchdringlichkeit einer Märchenhecke waren. Damit die Hecke wich, hatte er ihr besondere Zeichen zu machen. Er erstarrte etwa plötzlich zu einer Mauer, die ganze Vegetation abgestorben, die Augen zwei Löcher (...) Ginster (...) dagegen mußte die Augen auf den Unteroffizier richten, ohne ihn und sein Wesen streng genommen anzusehen oder sich bei dem Anblick etwas zu denken; so daß die Augen zu Öffnungen wurden, in die der Unteroffizier beliebige Befehle hineinschütten konnte. Wie die Urnenfächer auf dem Friedhof; für jede Asche verwendbar.[450]

Was den linkischen Helden von den heroischen Attitüden abhebt, ist ein Umstand, der unter dem Gesichtspunkt der Außen-Lenkung auffällt: Ginster handelt nicht – *»er verhält sich«*, wie Inka Mülder beobachtete. Sein Widerstand besteht nicht im Protest, sondern »in seiner Art der Rezeptivität«. Das nähert ihn einem Typus an, der in der spärlichen zivilen Literatur der Republik erst in vagen Umrissen in Erscheinung tritt und im Kapitel über den Radar-Typ beschrieben wird.

G. Jüngers Fall ins Kristall

1. Scherenschnitte

Die kalte persona erhebt Anspruch auf Wahrnehmungsschärfe; er prägt ihren gesamten Habitus. Es gehört zu den Merkwürdigkeiten des republikanischen Jahrzehnts, daß ausgerechnet im Zeichen der Wahrnehmungsschärfe ein Furor des »Begriffs-Realismus«, dessen Schmitt sich rühmen wird[451], um sich greift.

So behauptet Ernst Jünger im Vorwort zu *Der Arbeiter*, es komme bei der Erfassung der neuen Wirklichkeit »alles auf die Schärfe der Beschreibung an, die Augen voraussetzt, denen die volle und unbefangene Sehkraft gegeben ist«[452], während er im folgenden demonstriert, daß es ihm um die Realität einer begrifflich konstruierten »Gestalt« des »Arbeiters« geht.

Der Begriffs-Realismus findet seinen handgreiflichsten Ausdruck in der Konjunktur von Typologien, in denen die Sichtbarkeit des klassifizierenden Begriffs behauptet wird.

Der Wunsch nach Wahrnehmungsschärfe wird immer dann mächtig, wenn ein traditioneller Interpretationsrahmen zerbricht. In dieser Situation wird der Ruf nach der Wiederherstellung der »reinen« Wahrnehmung der »schieren Fakten« laut. Die vom Dröhnen der vorgeschriebenen Diskurse erschöpfte Wahrnehmung regeneriert sich an den bedeutungslosen Dingen.

Im Dienst der kalten persona fordern die Programme der Restitution der Wahrnehmung nicht zum passiven Registrieren von Objekten und Geschehnissen auf. Ihr Grundtenor ist von Aggression bestimmt, ihr Vokabular nicht frei von Sadismus. Die scharfblickende persona vergleicht sich gern mit dem »Chirurgen«. Der Habitus der Wahrnehmungsschärfe fordert in diesen Jahren vom Subjekt vor allem die Verletzung der Grenzen der Moral. Es ist die Schärfe der Negation einer moralischen Norm, die im neusachlichen Jahrzehnt nicht nur einen Habitus zum Ausdruck bringt, sondern auch noch beansprucht, Exaktheit im Sinne empirisch verfahrender Wissenschaften herzustellen. Die Abschirmung der Wahrnehmung gegen Einmischungen des moralischen Urteils muß mit der Entpsychologisierung des beobachteten Gegenstands, seiner Reduktion auf physiologische oder ökonomische Basisdaten und die Ausrichtung auf naturwissenschaftliche Diskurse einhergehen. Wie man sieht, können sich unter der Fahne der reinen Anschauung viele Durchblicker versammeln.

Es ist ein Gemeinplatz der Avantgardekünstler, daß man, um einen Gegenstand »scharf« zu sehen, ihn aus seinem »moralischen Kreditverhältnis«, in dem er mit der Umwelt verwoben ist, lösen muß.[453] Der Schnitt, mit dem der Gegenstand aus seiner moralischen, pragmatischen und atmosphärischen Einbettung getrennt wird, soll ihm randscharfe Kontur verleihen. Sind Menschen Gegenstand der Beobachtung, so bewährt sich an ihnen der scharfe Blick erst dann, wenn sie zu physikalischen Objekten, die mechanischen Gesetzen unterliegen, verwandelt worden sind. Von diesen Verwandlungsakten geht der Effekt emotionaler »Kälte« aus. »Die Kältetendenz«, bemerkt Ossip Mandelstam 1930, »rührt vom Eindringen der Physik in eine moralische Idee.«[454] Zur gleichen Zeit liest man bei Benjamin, daß erst das »Kaltstellen der moralischen Persönlichkeit« genaues Beobachten ermöglicht.[455]

Ernst Jünger erhebt zu Beginn der dreißiger Jahre in seinem Essay *Über den Schmerz* die Forderung, Menschen unberührt von den Ausstrahlungen ihres Schmerzes, ihrer Leidenschaft oder Klagen als fremde Objekte wahrzunehmen.[456] Die Auskühlung der Wahrnehmung wird, Jünger zufolge, durch Einbeziehung naturwissenschaftlicher Diskurse gefördert, die in der Literatur »Temperaturen unter Null« erzeugen können.

»Bei solchen Graden«, wiederholt Jünger später in den *Strahlungen*, »verlieren auch das Fleisch und die erotische Berührung ihr Lüster; ihr physikalisches Verhältnis tritt hervor.«[457] Die Einstellung der »Wahrnehmungsschärfe« findet ihre notwendige Ergänzung in einer Anthropologie, die den Menschen als physikalischen Körper auffaßt. Der Griff zur Anthropologie des 17. Jahrhunderts liegt nahe. Ebenso bietet sich der Anschluß der literarischen Schreibweise an neue Wissenschaftsdiskurse wie die der Tierverhaltensforschung, der Psychotechnik und Soziometrie an.

Zeigen sich hier auch Berührungsflächen mit wissenschaftlichen Denkstilen, so legen die kalt Blickenden doch großen Wert darauf, daß ihr Habitus in den »Kult des Bösen« verwoben ist, den sie vom Dandy des 19. Jahrhunderts übernommen haben. Dieser setzte die Genauigkeit seiner Wahrnehmung als »Desinfektions- und Isolierungsapparat«[458] gegen die moralischen Konventionen des Bürgertums ein. Den Nachfahren der Dandys kommt der Fortschritt der technischen Medien entgegen. Mit Kamera und Filmapparat bieten sich technische Geräte an, die die erstrebenswerten Eigenschaften der Wahrnehmungsschärfe zu besitzen scheinen. Dem Fotoapparat mutet Jünger die Qualität der Impassibilité zu, die von einer kalten persona erwartet wird:

Die Aufnahme steht außerhalb der Zone der Empfindsamkeit. Es haftet ihr ein teleskopischer Charakter an; man merkt, daß der Vorgang von einem unempfindlichen und verletzlichen Auge gesehen ist. Sie hält ebensowohl die Kugel im Fluge fest wie den Menschen im Augenblick, in dem er von einer Explosion zerrissen wird.[459]

Die Auslagerung des »grausamen Sehens« in die Welt der Geräte gibt ihm die wertneutrale Qualität einer technischen Norm; die Rückübertragung des Vermögens der Geräte auf die menschliche Wahrnehmung entlastet diese von den Einsprüchen der Moral.

Die Ideologie des Kamera-Auges trifft auf die entschiedene Kritik der Begriffs-Realisten. Gegen Ende der zwanziger Jahre wird die »romantisierende« Attitüde der »reinen« Wahrnehmung schon spöttisch behandelt. Die bekannten Sätze von Brecht aus dem *Dreigroschenprozeß* – »Eine Photographie der Kruppwerke oder der A. E. G. ergibt beinahe nichts über diese Institute. Die eigentliche Realität ist in die Funktionale gerutscht«[460] – dokumentieren die Wende. Kracauers polemische Bemerkung im ersten Kapitel seiner Studie zur Lage der Angestellten (»Unbekanntes Gebiet«) argumentiert ähnlich: »Hundert Berichte aus einer Fabrik lassen sich nicht zur Wirklichkeit der Fabrik addieren, sondern bleiben bis in alle Ewigkeit hundert Fabrikansichten. Die Wirklichkeit ist eine Konstruktion.«[461] Beide Autoren setzen sich Anfang der dreißiger Jahre vom Pathos der Wahrnehmungsschärfe, auf die sie sich einmal berufen haben, gereizt ab.

Robert Musil kann sich auf Ergebnisse der Kognitionspsychologie und Phänomenologie stutzen, wenn er schon einige Jahre zuvor formuliert:

Bekanntlich sehen wir, was wir wissen: Chiffren, Sigel, Abkürzungen, Hauptattribute des Begriffs; durchdrungen und getragen bloß von einzelnen dominanten sinnlichen Eindrücken und einer vagen Fülle des übrigen.[462]

Musil ist davon überzeugt, daß das Sehen in Chiffren der »Notwendigkeit der praktischen Orientierung« entspricht. Formelhaftigkeit ist nach Musil nicht nur Kennzeichen der Begriffe, sondern ebenfalls typisch für »unsere Gebärden und Sinneseindrücke, die sich nach ein paar Wiederholungen genauso einschleifen, wie die an Worte geknüpften Vorstellungsabläufe«.

Der Begriffs-Realismus der zwanziger Jahre, den wir bei Jünger, Schmitt, aber auch Brecht beobachten, überträgt den Anspruch der Wahrnehmungsschärfe auf die Genauigkeit des Begriffs. Der Effekt der »Schärfe« stellt sich bei ihrem Denken durch dieselben Kunstgriffe der Isolation ein, die durch Ausschluß des moralischen Urteils aus der Beobachtung den Menschen als physikalisches Objekt sichtbar machen sollen. Die Einstellung der Begriffs-Realisten zur Wahrnehmung, die man heute noch in rationalistischen Wahrnehmungstheorien antrifft[463], läßt sich wie folgt charakterisieren:

Das Auge kann seiner biologischen Struktur nach nicht »unbefangen« sein. Die »reine« Sichtbarkeit ist eine Fiktion. Jede Wahrnehmung ist ein zielgerichteter Akt, der die Umwelt auf Regelmäßigkeiten hin überprüft; jede Beobachtung ist eine problemorientierte Haltung, die von einem Komplex von Erwartungen gesteuert wird. Die visuelle Wahrnehmung ist wie ein Richtscheinwerfer in den Organismus eingelassen.[464] Im Zirkel ihres Lichtes leuchten die Phänomene auf und werden zu Zwecken abgetastet. Soll die Wahrnehmung »scharf« sein, so muß der Wahrnehmungsausschnitt zweckmäßig begrenzt sein. Im Gegensatz zu den Phänomenologen[465], die davon ausgehen, daß zwischen dem Kernbereich des bewußt Wahrgenommenen und dem Nichtwahrgenommenen ein Horizont vermittelt, der nicht undurchlässig ist, sondern eine »weiche« Grenze bildet, ist die Grenzziehung des Begriffs-Realisten »hart« und undurchlässig. Zwar nehmen auch Phänomenologen wie Alfred Schütz an, daß der »meinende Strahl der Reflexion« den Strom der formelhaften Wiederholungen, in die das Alltagsleben eingetaucht ist, unterbricht: ein konzentriertes Bündel Licht erhellt einen Zirkel in der Umwelt, die vom Dunkel bewußtlos gelebter Schemata erfüllt ist. Aber der gesamte Wahrnehmungsraum außerhalb des Gemeinten bleibt neblig erfüllt von Reflexen, anonymen Geräuschen, Tasteindrücken und Geruchsfaktoren. Der Horizont, der den anvisierten Kernbereich umhüllt, ist porös.

Die Begriffs-Realisten unter den Artisten der zwanziger Jahre intervenieren in den Wahrnehmungsraum, um die weichen Ränder

der Phänomene wegzuschneiden, fließende Bewegungen in Momentaufnahmen erstarren zu lassen und Ambivalenzen auszuräumen. Sie rastern das Blickfeld und konzentrieren sich auf die isolierte Parzelle, in der sie ihr »Präparat« erfassen.[466] Figuren werden so lange entmischt, bis »reine« Phänomene zustande kommen. Sie sind dann zwar nicht mehr sinnfällig nachweisbar, aber beanspruchen, wie Jüngers Konstruktion des »Arbeiters«, ein Resultat intensivster Wahrnehmungsschärfe zu sein.

Der ästhetische Reiz, den der Kunstgriff der scharfen Kontur bei den Zeitgenossen auslöst, ist nicht zu unterschätzen. In Opposition zur impressionistischen Auflösung von Körpergrenzen und Subjekteinheit übt die »kalendarische Sachlichkeit« der Begriffs-Silhouetten, die sich diesem Schneideverfahren verdanken, ihren Reiz aus, weil sie quasi wissenschaftlich vorgeht, aber einen Effekt der Unheimlichkeit erzielt: »So wird auch in der glashellen Einsamkeit alles deutlicher und größer, aber vor allem wird es ursprünglicher und dämonischer.«[467]

Carl Schmitts Freund-Feind-Theorie ist eine Wahrnehmungsprothese, welche geradlinige Bahnen durch den amorphen Körper der liberalen Gesellschaft legt. Halbdunkel wird entfernt, Schwanken und Lavieren werden in der Kategorie des Verrats fixiert. Entmischen ist das Metier der kalten persona, »Distinguo ergo sum«[468] ihr Wahlspruch.

Da diese Einstellung Anspruch auf Wahrnehmungsschärfe erhebt, wird es nicht überraschen, wenn der Begriffs-Realist mit dem Fotoapparat um den Hals auftritt. So ausgerüstet behauptet er, Ideogramme seien fotografierbar. Ernst Jünger hat, so hört man, im *Arbeiter* die universalia in re geknipst. Als eigentlichen Kontrahenten seines Scharfblicks betrachtet Jünger das »impressionistische« Sehen, das er der Epoche des Liberalismus zuordnet. Die Kunst des 19. Jahrhunderts habe durch die Auflösung der Konturen mimetisch den Verfall der gesellschaftlichen Physiognomie abgebildet und forciert:

> Wir finden hier den Menschen, sei es einzeln oder in Gruppen, in einer seltsam gelockerten und zusammenhanglosen Haltung vor, die noch vielfach des Zwielichts bedarf, um sich zu entschuldigen. So sind Gärten im Scheine von Lampionen, Boulevards im künstlichen Licht der ersten Gaskandelaber, Landschaften im Nebel, in der Dämmerung oder im flimmernden Sonnenglast als Motiv beliebt.[469]

Der Impressionismus hatte die scharfe Unterscheidung, die die bedeutenden Gegenstände der Betrachtung von Umwelt und Atmosphäre trennte, aufgehoben. »Sinnloses« wird genauso fixiert wie »Sinnvolles«; für die über die Fläche zerstreute Aufmerksamkeit ist der Kernbereich eines Gemeinten nicht mehr eindeutig festzustellen. Diese Errungenschaft der impressionistischen Schule des Sehens kann Jünger nur als Moment eines »Dekompositionsprozesses«, als »klinische Station« des Untergangs, der im »Nihilismus« enden muß, begreifen. Den Räumen des Zwielichts, des Nebels und des Sonnenglasts wirft er den »kalten und leidenschaftslosen Blick des künstlichen Auges« entgegen. Die Kamera ist Jünger zufolge in der Lage, Ausschnitte herzustellen, aus denen Bedeutungsloses ausgegrenzt ist. In dieser Weise erfaßt sie den Typus rein. Da die Physiognomie des Typus nicht einmalig, sondern endlos reproduzierbar ist, kann sie in Foto und Film zur Geltung kommen.

In Ernst Jüngers Einstellung zur Fotografie mischen sich einige Motive, die Vilém Flusser ein halbes Jahrhundert später erläutert hat.[470] Als erstes fällt die Metaphorik der Jagd auf, welche uns darauf aufmerksam macht, daß es Jünger nicht ums bloße Wahrnehmen, sondern ums *»Spähen«* geht. Arthur Schopenhauer hatte auf diesen Unterschied hingewiesen und erklärt, daß »Spähen«, im Unterschied zum Schauen, ein dem Willen unterworfener Akt des Sehens sei.[471] Vilém Flusser verknüpft das Fotografieren mit dem »Lauern«:

Es ist die uralte pirschende Geste des paläolithischen Jägers in der Tundra. Nur verfolgt der Fotograf sein Wild nicht im offenen Grasland, sondern im Dickicht der Kulturobjekte, und seine Schleichwege sind von dieser künstlichen Taiga geformt.[472]

Das Dickicht besteht für den Fotografen aus Kulturgegenständen, »welche ›absichtlich hingestellt‹ wurden«:

Jeder dieser Gegenstände verstellt dem Fotografen den Blick auf sein Wild. Er schleicht zwischen ihnen hindurch, um der in ihnen verborgenen Absicht auszuweichen. Er will sich von seiner Kulturbedingung emanzipieren, will sein Wild unbedingt schnappen.[473]

Da für Jünger die »absichtlich hingestellten Kulturgegenstände«, die den fotografischen Blick zu versperren drohen, hauptsächlich in den nebulösen Dingen der »modernen Humanität« bestehen, gilt es als erstes, sie aus dem Weg zu räumen, will man einen tauglichen Schnappschuß der Realität erzielen. Flusser weist in diesem Zusammenhang aber darauf hin, daß der jagende Fotograf sich weitgehend »den Kategorien des Apparats« ausgeliefert hat. Zwar kommt auch er zu dem Schluß, daß die Fotografie »ein Bild von Begriffen« liefert[474], es sind laut Flusser allerdings Begriffe, für die der Fotograf durch seinen Apparat programmiert wird. Während bei Jünger der Habitus des Fotografen einerseits an die Haltung der kalten persona gebunden bleibt, die die Gegenstände mittels des Werkzeugs Fotoapparat »ohne Pardon« aus ihren »Kulturbedingungen« reißt, um ihre symbolische Bedeutung zu verändern, behandelt er andererseits den gleichen Apparat wie eine »Maschine«, als deren Anhängsel der Fotograf mitgeschleppt wird.[475]

In seinem Räsonnement übers Fotografieren überquert Jünger ruhelos verschiedene Denkfelder, indem er einmal die »Raubtierhaftigkeit«[476] des Apparats herausstellt, ein andermal das philosophische Vermögen des Fotografen betont, die Welt durch einen kategorischen Apparat zu betrachten, Sehfelder einzugrenzen, eine Serie distinkter Bilder zu erfassen[477], dann wieder den Fotografen zum »Funktionär des Apparats« macht.[478] In jedem Fall liefert das technische Instrument Bilder von *scharfumrissener* Kontur.[479] Mit dieser Auffassung setzt sich Jünger provozierend in Gegensatz zu Kracauers Fototheorie.

1927 hatte sich Siegfried Kracauer in seinem Essay über die Fotografie beklagt, daß »unter der Photographie eines Menschen seine Geschichte wie unter einer Schneedecke begraben« liege.[480] Jetzt preist Jünger die Leistung der Kamera, alles Sichtbare in der Eindeutigkeit des Zeichens einzufrieren. Jünger scheint Kracauers Essay zu kennen; nicht ohne provokatorische Geste wertet er alle Momente der Kamera auf, die Kracauer abgewertet hatte; während er die besondere Leistung, die Kracauer der Fotografie zubilligt, als Kennzeichen des 19. Jahrhunderts abwertet. So hatte Kracauer die Möglichkeit der Kamera entdeckt, Bedeutungs-Abfall, der von keiner Theorie oder Bild-Tradition erfaßt wird, zu registrieren. Das »bisher noch ungesichtete Naturfundament« der Gesellschaft, das von keinem Zeichensystem eingefangen ist, den Schutt der vom Begriff nicht durchdrungenen Sichtbarkeit, das optische Geräusch, den Raum des visuell Unbewußten sollte das technische Medium erfassen können: »Das photographische Archiv versammelt im Abbild die letzten Elemente der dem Gemeinten entfremdeten Natur.«[481] Das kommt im Bilder-Magazin des Begriffs-Realisten Jünger nicht vor. In seinem Generalinventar herrscht der »Typus«, der allen denkbaren Phänomenen seinen Stempel aufgedrückt hat.

Das Klima der zwanziger Jahre ist dieser Art des Begriffs-Realismus günstig. Zahllose Theorien bieten sich als Prothesen zur »Schärfung« der Wahrnehmung an: Theorien zur Physiognomik und Mimik; funktionspsychologische Typenlehren, die den »Introvertierten« vom »Extrovertierten« unterscheiden lehren; soziologische Theorien, die den Menschen im Raster sozialer Rollen (Sekretärin, Steuerberater, Konditor...) erfassen; und, als wohl aufsehenerregendste und griffigste, Ernst Kretschmers Konstitutionspsychologie, die den Charakter an meßbaren Merkmalen des Körperbaus erkennen läßt. Jetzt ließ sich in dem mittelgroßen, gedrungenen Passanten mit seinen kleinen tiefliegenden Augen ein »zyklothymer Pykniker« erraten, der zwar Gutherzigkeit verbürgte, aber eine ausgesprochene Abneigung gegen systematische Denkarbeit verhieß; während man im Schmalwüchsigen mit seinen muskeldünnen Armen und knochenschlanken Händen einem »lepto-schyzothymen Typus« begegnete, leicht reizbar und zur Introvertiertheit neigend...

Wo die Typologie Konjunktur hat, wird die Körperwelt alphabetisiert. Ihre Verführungskraft ist verständlich: sie entlastet die Orientierung von Ambivalenzen und erspart vorprädikative Erfahrung; sie erleichtert das Urteil, klärt Fronten und beschleunigt den Akt der Entscheidung. Damit bildet die Typologie eine ideale Rahmenbedingung für den Dezisionismus. Sie übernimmt so die fatale Tendenz des »physiognomischen Blicks«, für die Ursula Geitner die Formel fand: »Exklusive Intimität und nach außen gerichtete ängstliche Schablonierung.«[482]

Typologisches Denken beherrscht die Geisteswissenschaften dieser Periode, und das wäre an und für sich nicht besorgniserregend, wenn der »Typus«, wie bei Max Weber, eine erkenntniskritische Denkfigur wäre, die dem unfaßlichen Leben äußerlich bleibt. Martin Lindner hat darauf aufmerksam gemacht, daß es in diesen Jahren zu einem »Umschlag von heuristisch konzipierter Typologie in Ontologie« kommt.[483] Jetzt wird aus jedem Einzeltyp eine

Variation der allgemeinen Struktur des Lebens. Nur aus dieser ontologischen Sicht kann es überhaupt zu einem »mythischen« Menschenbild wie »dem Arbeiter« kommen, das alle individualistisch-psychologischen Erklärungen des Einzelwesens außer Kraft setzt. Kretschmers *Körperbau und Charakter* (1921) ist ein Indikator dieses ontologischen Umschlags des typologischen Denkens, der fatal wird, wenn er Anschluß an eine neue Geschichtsmetaphysik findet, was zu Beginn der dreißiger Jahre der Fall ist.

»Typus« bedeutet, laut *Philosophischem Wörterbuch* von 1934, auch »Urgestalt«.

Wenn der ›Typus‹ eine objektive Struktur des ›Lebens‹ selbst ist, hat es eine besondere Bedeutung, wenn in einer historischen Situation ein menschlicher Typus (im deskriptiven Sinn) sich herauszukristallisieren und einen anderen Typus zu verdrängen scheint. Eben dies glaubten in den 20er Jahren viele beobachten zu können: Der kollektive Typus verdrängt den bürgerlichen Typus. Schon dieser Vorgang allein zeigt dem lebensideologischen Geschichtsdenken zufolge, daß ›das Leben‹ hinter dem neuen ›Typus‹ steht.[484]

Eines der extremsten literarischen Beispiele für diesen ontologischen Umschlag, in dem typologisches Denken, Geschichtsmetaphysik und Ästhetik verschmelzen, ist neben Ernst Jüngers *Arbeiter* Gottfried Benns Essay *Dorische Welt* aus dem Jahre 1934, der den Anspruch erhebt, die Umrisse einer neuen Anthropologie zu zeichnen:

der Staat, die Macht reinigt das Individuum, filtert seine Reizbarkeit, macht es kubisch, schafft ihm Fläche, macht es kunstfähig. Ja das ist vielleicht der Ausdruck: der Staat macht das Individuum kunstfähig.[485]

Gemeinsam sind gerade den ontologischen Typologien die Aufwertung der sichtbaren Phänomene, der Bewegungsabläufe und Verhaltensmuster und die Abwehr der introspektiv gerichteten Psychologie. Ernst Jünger übernimmt die Devise der Ethnologen »Study ritual not belief« (Malinowski), wenn er im *Arbeiter* bemerkt:

Die Geste, mit der der Einzelne seine Zeitung aufschlägt, ist aufschlußreicher als alle Leitartikel der Welt, und nichts ist lehrreicher, als eine Viertelstunde an einer Straßenkreuzung zu stehen.[486]

Der »Automatismus des Verkehrs«, den er hier beobachtet, ist für ihn ein Zeichen, daß sich die Menschen »unter lautlosen und unsichtbaren Kommandos« um ein geheimes Zentrum bewegen. Die Rückbindung der Zeichen an den Körper, die Jüngers ethnologische Blickwendung anzuzeigen scheint, wird durchkreuzt; sie wird konterkariert von der Auflösung des Körperhaften, dem der Sinn so plakativ an die Stirn geheftet wird, daß der individuelle Körper dahinter verschwindet. Jünger sieht, wenn er will, nichts als Allegorien seiner Theorie der Mobilmachung.

Es ist eine fatale Tendenz der Typologien, daß sie in einer historischen Situation, in der das Monopol der Schrift durch die Magie der technisch erzeugten Bilder in Frage gestellt wird, das Ordnungsmuster des Schrift-Systems ins Dunkel der Körperwelt einsenken. Eine Zeitlang haben die Typologien auch einen Schriftsteller wie Robert Musil verführen können, der im Einklang mit ihnen formuliert:

Heute sagt man mir mit den paar Worten ›asthenischer, schyzothymer Typus‹ mehr als mit einer langen individuellen Beschreibung.[487]

Die Allgegenwart der Typologien bildet in den zwanziger Jahren Hintergrund und Medium für die Begriffs-Realisten. Die politischen Lager pflegen ihre jeweils eigenen Typologien und bilden furchtbare Wahrnehmungsschulen, in denen man lernen kann, wie sich die Physiognomien von Klasse und Rasse einordnen lassen. Die Unterscheidungsfähigkeit gewinnt ihre grausame »Schärfe«: so lernt man den »Arbeiteraristokraten« vom »Proletarier«, den »Lumpenproleten« vom »Sozialdemokraten«, den »Trotzkisten« vom »Sozialfaschisten«, den »Angestellten« vom »Bourgeois«, den »Juden« vom »Arier«, den »Freund« vom »Feind« an Physiognomie und Verhalten unterscheiden. Die Körper-Rollen sind so ins Sichtbare getrieben, daß man sie wie August Sander abfotografieren kann. Allerdings kann dieser »bürgerliche« Fotograf den strengen Maßstäben der Begriffs-Realisten nicht ganz genügen; seine Fotografie enthält noch, wird bemängelt, zuviel Halbdunkel, begrifflich undurchdrungene Sphären, hat die Kinderschuhe der Impressionisten nicht ganz abgestreift. Folglich lautet die Kritik des rheinischen Konstruktivisten Franz W. Seifert an Sanders Bildband *Antlitz der Zeit*:

stellen wir uns so zu der arbeit sanders an sich vollkommen bejahend, so möchte man in bezug auf die einordnung teilweise eine schärfere und klarere soziologische formulierung wünschen. hier müßte das ziel sozusagen ein herbarium menschlichen daseins sein: standort, jahr, tätigkeit, klasseneinordnung, wie sie sich aus dem satz von marx ergibt, den wir folgen lassen: ›aber es handelt sich hier um die personen nur, soweit sie die personifikation ökonomischer kategorien sind, träger von bestimmten klassenverhältnissen und interessen ...‹[488]

Dem Manne kann geholfen werden. Eignet sich die symbolische Ordnung der Schrift nicht besser für den Furor der Klassifizierung? Was wir hier beobachten, ist die Rückbindung eines neuen Mediums, das »sinnlose« Abdrücke des Sichtbaren ermöglicht, an die Unterscheidungs-Disziplin der Schrift – die Jünger uns im *Arbeiter* liefert.

Später wird Ernst Jünger eingestehen, daß er in den Jahren, in denen der *Arbeiter* entstand, dazu geneigt habe, »mit der Schere der Begriffe« das Leben zurechtzuschneiden.[489] Die Scherenschnitte des Typus sind praktisch, sie entlasten, orientieren, erleichtern die Entscheidung. In der Hand des Dandy-Soldaten gehören sie zum »Kult des Bösen«.

In Jüngers Essays verbinden sich gegen Ende der Republik die Ansprüche auf Wahrnehmungsschärfe und Begriffs-Realismus in spektakulärer Weise. Seine Schriften demonstrieren aber auch, daß er unversehens die starre Grenzlinie, welche der Glaube an eine wirkliche Sonderexistenz der Begriffe um die Dinge zieht, überschreitet. Walter Benjamin hat im Falle der französischen Surrealisten darauf hingewiesen, wie federleicht die Wendung »aus dem logischen Begriffsreich in ein magisches Wortreich« vollzogen werden kann.[490] Jünger hat im *Abenteuerlichen Herzen* den Schritt zum »Magischen« getan. Bildet aber die Art seiner Magie nicht nur die dunkle Kehrseite seiner Klassifizierungswut? Benjamin hatte an »passionierte phonetische und graphische Verwandlungsspiele« gedacht, wie sie von den Dadaisten inszeniert worden waren. Diese Art des Zerfalls der symbolischen Ordnung wird man auf Jüngers Feld der Magie nicht finden. Eher trifft man bei ihm an, was Arnold Gehlen als Zeichen des magischen Denkens bezeichnet hat: die Überschätzung des Ordnungsfaktors in der Natur, so daß kein nächtlicher Flügelschlag, kein Blinken des Metalls, kein Traum und keine Geste wahrnehmbar ist, die nicht von einem geheimen Zentrum aus gesteuert und gedeutet werden könnte. Daraus ergibt sich auch die förmliche Intaktheit der

Sprachgestalt, die Jünger präsentiert. Da Jünger schwarze Anthropologie, Abgründe der Natur und Abwesenheit des humanistisch gefärbten »Subjekts« schon *im Begriff* gemeistert hat, ist seine Grammatik entlastet. Sie steht nicht unter der Spannung des Anspruchs, die Erfahrung völliger Fremdbestimmtheit mit der Zumutung des autonomen Subjekts zu vermitteln, die die grammatischen Strukturen anderer Schriftsteller seiner Generation zerfallen ließ.[491]

2. Kalte persona und Schmerzempfindung

> Jüngers Problem ist ein Jahrhundertproblem: Bevor Frauen für ihn eine Erfahrung sein konnten, war es der Krieg.
>
> *Heiner Müller*[492]

In der Gegenüberstellung von Jüngers Schriften *Über den Schmerz* und *Der Arbeiter* läßt sich die wechselseitige Bedingtheit der Attitüde der Wahrnehmungsschärfe und der Konstruktion des Gegenstands der Beobachtung im Rahmen der Verhaltenslehre der kalten persona demonstrieren. In beiden Schriften treffen wir auf den Parallel-Vorgang: die Entmoralisierung der Wahrnehmung geht Hand in Hand mit der Entpsychologisierung der beobachteten Objekte, die sich wie physikalische Körper verhalten. Diese fallen nicht nur aus dem Blickwinkel der Ethik, sondern verlieren bei dem Fall auch ihre organische Qualität. Während sie, so entkörpert, an »Substanz« gewinnen sollen.

Im Essay *Über den Schmerz* läßt sich die gegenseitige Konditionierung von Wahrnehmung und Objektkonstruktion besonders sinnfällig machen. »Zu allen Zeiten«, behauptet Jünger dort,

> umschließt die Uniform einen Rüstungscharakter, einen Anspruch, gegen den Angriff des Schmerzes in besonderer Weise gepanzert zu sein. Dies wird schon an der Tatsache deutlich, daß man einen Toten in Uniform mit größerer Kälte betrachten kann als etwa einen Zivilisten, der im Straßenkampf gefallen ist.[493]

Erst die Panzerung des Blicks ermöglicht den Anspruch des wahrgenommenen Objekts, durch die Uniform gegen den Schmerz gepanzert zu sein.

Es wird nicht überraschen, daß Jüngers Zeitdiagnose von der

Verhaltenslehre der kalten persona gesteuert wird. Deren Grundsatz lautet: Wer Macht ausüben will, muß sein Gegenüber aus einer organisch-moralischen Größe in ein physikalisches Objekt der Wahrnehmung verwandeln. Die kalte persona muß lernen, »den Leib als Gegenstand zu behandeln«:

Dieses Verfahren setzt freilich eine Kommandohöhe voraus, von der aus der Leib als ein Vorposten betrachtet wird, den der Mensch aus großer Entfernung im Kampf einzusetzen und aufzuopfern vermag.[494]

Im Gegensatz zu Brecht und Serner verwischt Jünger die Spuren des klassischen Handorakels. Es ist indessen nicht schwer, sie aus seinem Essay zu destillieren:
– Eigne dir die angemessene Kälte des Blicks an, der die Nebelbänke der Moral durchdringt, den Dunstkreis des Mitleids entfernt, damit die Dinge wieder ihren so grausamen wie dämonischen Anblick gewinnen und dennoch zu kommandieren sind.
– Richte dich auf ein Leben mit dem Schmerz ein, aber lasse ihn nicht zum Ausdruck kommen.
– Vermeide die Mittel der humanistischen »Narkose«, die den Schmerz aus dem Bewußtsein verdrängt.
– Lerne die Disziplin als adäquate Form zu akzeptieren, die die Gegenwart des Schmerzes aus dem Bewußtsein entfernt. Dann wird es dir gelingen, ein »kälteres Bewußtsein« zu entwickeln, das es dir ermöglicht, dich selbst als Objekt wahrzunehmen.

Während die Verhaltenslehre die Rahmenbedingungen der Wahrnehmung festlegt, geht es in dem Essay *Über den Schmerz* nicht eigentlich um diese, sondern um eine Typologie schmerzresistenter Personen, die Jünger in den Bürgerkriegen der Republik entdeckt: den »Lumpenproleten«, den »Partisanen« und den »Arbeiter«-Soldaten. Diese Wendung mag überraschen, weil sie den sozialen Raum, in dem man die kalte persona normalerweise vermutet, überschreitet.

Näher lag die Assoziation seiner Verhaltenslehre mit Figuren wie Renaissancefürsten, Feldherren und Generälen oder Märtyrern und Einsiedlern – von ihnen entlehnt Jünger die benötigten Idealzüge. Aber er ist nicht auf der Suche nach Ausnahmeerscheinungen. Er sucht den Phänotyp der Transgression der bürgerlichen Welt in der Arbeitssphäre. Das Kriterium, an dem Jünger die Andersheit dieses Typus mißt, ist sein Verhältnis zum Schmerz.

In Jüngers Essay findet die Kritik am Ausdrucks-Kult des Schmerzes, der wir schon in Plessners früher anthropologischer Schrift begegnet waren, ihre radikalste Ausprägung. Das Verbot, das Plessners Verhaltenslehre über den »eruptiven Ausdruck« als einen Rückfall ins Tierreich verhängt hatte, wird hier nicht nur bestätigt, sondern dazu benutzt, eine »scharfe« Grenzlinie zu ziehen, die die bürgerliche Gesellschaft von der Welt der »Arbeiter« trennt. Jünger gelingen hierbei Einblicke in die ambivalente Haltung, die das Bürgertum zum Schmerz einnimmt. In dessen »Welt der Empfindsamkeit« gilt der Körper als Selbstwert, folglich regieren in ihr Strategien der Schmerz-Vermeidung. Ihre Prinzipien »humanen« Umgangs werden vom Kerngedanken der Unverletzlichkeit des Körpers abgeleitet. Hierbei entwickelt das Bürgertum eine verdeckte Form der Arbeitsteilung. An den Rändern der empfindsamen Gesellschaften wird in Kasernen, Kliniken und Klöstern ein auf Schmerz spezialisierter Typus Mensch eingeschlossen, der auf seinen Einsatz wartet. In den gewaltfreien Mittelzonen kann das Individuum den sein Leben umhüllenden Rahmen des Schmerzes verdrängen; kommt es in Ausnahmezuständen mit ihm in Berührung, darf es ihn laut und expressiv beklagen. In Normalzeiten behagt ihm ein Leben in künstlicher Einbettung, aus der der Schmerz entfernt ist; während es sich von den Medien mit Bildern des Schmerzes versorgen läßt, die zu dem »traumhaften, schmerzlosen und seltsam aufgelösten Wohlbehagen« gehören, »das die Luft narkotisch erfüllt«. Ein solches Individuum widmet sich der Ökonomie der Schmerzersparnis und kompensiert die Leere, die nur vom zerstreuten Licht der Medien erfüllt ist, zuweilen durch Rückzug auf den »Seelenschmerz«. Der »scharfe« Blick enthüllt die dualistische Struktur dieses Zustands: narkotische Inseln der Humanität werden von auf Abruf bereitstehenden Schmerzspezialisten umgeben, bewacht oder von Zerstörung bedroht.

Jünger sucht dagegen nach einem Typus, der im Zentrum der Gesellschaft sein »Leben mit dem Schmerz« eingerichtet hat, ohne ihn im Ritual der Klage zum Ausdruck kommen zu lassen. In der Bürgerkriegslandschaft findet er zwei unheimliche Ausprägungen des gesuchten Typus – den »Lumpenproletarier« und den »Partisanen«. Beide Typen der Gewalt ragen aus den diffusen, moralisch leicht zu empörenden Massen heraus, da sie immun gegen den Schmerz zu sein scheinen; sie bleiben freilich unheimlich, weil ihre eigentliche Stärke darin besteht, in entscheidenden Momenten im »amorphen Körper der Masse« unterzutauchen. Ihnen fehlt die festumrissene Kontur des äußeren »Feindes«, wie Schmitt sie scherenschnittartig festgelegt hatte. Sie infiltrieren den Körper des Staates, treten gepanzert auf, wenn ihre Stunde schlägt, verschwinden aber von der Bildfläche, wenn sie überwältigt werden könnten. Während Protestdemonstrationen leicht durch Einsatz eines Panzerwagens aufgelöst werden können, muß das randalierende »Lumpenproletariat« »in seinen Schlupflöchern« aufgesucht werden. Bei allen modernen Umwälzungen hat es eine wichtige Rolle gespielt, und auch am Ende der Weimarer Republik bildet es, wie Jünger beobachtet, eine »unterirdische Reserve«. Mit Seitenblick auf die nationalsozialistische Bewegung bemerkt Jünger, daß die »Elementarkraft« einer modernen politischen Bewegung sich daran zeige, in welchem Umfang sie imstande sei, diese »mit den Genüssen der Folter Vertrauten« mit einzubeziehen.

Auch der Typus des »Partisanen« treibt sein Wesen außerhalb der Ordnungszone der Legalität, ohne sich an die Spielregeln der Freund-Feind-Definition zu halten, so daß seine Gestalt im Meer der Großstadtbevölkerung verschwimmt. In der Maske des Partisanen taucht bei Jünger die Gestalt des illegal operierenden kommunistischen Kaders auf, die verteufelte Ähnlichkeit mit Brechts Figur aus dem *Lesebuch für Städtebewohner* hat. »Verwisch die Spuren!« ist eine Devise, die den Unterscheidungs-Künstler zum Wahnsinn treiben kann. Bei Jünger ist der »Partisan« eine Gestalt, die ihre bürgerliche Identität auslöschen muß und die gleichzeitig aus dem Ehrenkodex der uniformierten Soldaten herausfällt:

> Der Partisan wird nicht gedeckt; wo man ihn ergreift, macht man mit ihm kurzen Prozeß. Wie man ihn im Kriege ohne Uniform verwendet, so nimmt man ihm im Bürgerkriege, bevor man ihn einsetzt, das Parteibuch ab. Diesem Verhältnis entspricht es, daß die Zugehörigkeit des Partisans immer im ungewissen bleibt; es wird niemals festzustellen sein, ob er der Partei oder der Gegenpartei, der Spionage oder der Gegenspionage, der Polizei oder der Gegenpolizei oder allen gleichzeitig angehört; ja, ob er überhaupt in einem Auftrag oder einfach in seiner eigenen, verbrecherischen Sache tätig ist. Dieses Zwielicht gehört zum Wesen seiner Aufgabe.[495]

Das Verschwimmen der Gestalten erfährt die kalte persona als Provokation. Erst recht, wenn sie im Innern des Staates aufkreuzen und im »amorphen Körper der Massen« – im Gewühl der Sonn- und Feiertage, im Aufruhr oder im »grauen Heer der Demobilmachung« – als »Ferment der Zersetzung« wirksam werden.[496]

Die Umrisse des »Typus« des Arbeiter-Soldaten, den Jünger den Partisanen und Lumpenproleten entgegensetzt, verschwimmen nie. Sie sind in den »Todeszonen« des Krieges gehärtet. Wo er auftritt, verfallen alle gängigen Unterscheidungen von Rasse, Klasse und Stand. Der Typus, ein moderner Mensch, realisiert den Traum von der Synchronisation des Organismus mit der Gerätewelt. Sein Wesen ist technischen Apparaturen integriert. So wie er, eingeschlossen in einer »gepanzerten Zelle«, die Intelligenz des Geschosses sein kann, so ersetzen elektrische Maschinen die Funktionen seines Zentralnervensystems. Jünger führt ihn in »kentaurischen« Bildern vor, in der Verschalung von Maschine und Körper, als »organische Konstruktion«. Die Bilder, die Jünger von diesem elektrischen Schalentiermenschen malt, entsprechen seinem Ideal des »heroischen Realismus«: wir sehen die »Gestalt« in der Besetzung eines Panzerwagens der Polizei, der auf dem Alexanderplatz eine protestierende Menschenmenge »wie ein Menschenmeer« durchschneidet; wir sehen, wie er »unscheinbar« die Steuer und Hebel seiner Kampfmaschinen bedient, wo er »maskiert und unter Schutzhüllen vergaste Zonen durchschreitet«[497]; zu finden ist er als Steuermann, in einem Torpedo der japanischen Kriegsmarine eingeschlossen[498]; und »im Flammenwirbel abgeschossener Flugzeuge, in den Luftzellen von auf Grund des Meeres versenkten Unterseebooten«.[499] Durch Funksignale erfahren wir, daß da noch ein Organismus in der metallischen Schale hockt – oder täuscht das Funkgerät seine Anwesenheit nur vor?

Die Wahrnehmung der kalten persona hat sich ihren angemessenen Gegenstand konstruiert. Und dieser blickt gleichgültig zurück.

3. Panzer aus anderer Sicht

Nach dem martialischen Anblick der Person in der Metall-Schale der organischen Konstruktion soll ein Seitenblick auf die zivilen Bildnisse der Neuen Sachlichkeit für Entspannung sorgen. Wir treffen hier jedoch auf einen nicht unverwandten Habitus. »Nicht mehr verletzt werden« – das Trauma der Kriegsteilnehmer hat auch im zivilen Bereich für Panzerungen gesorgt:

Die Maler der Neuen Sachlichkeit stellen den Menschen lieber angezogen dar, in möglichst viele Hüllen gepackt. Sie malen ihn geschützt durch Anzüge, Westen, Krawatten, Lederjacken, Mäntel, durch Handschuhe, Hut und Mütze. Bei Räderscheidt steht der junge Mann in schwarzem Anzug mit gelben Handschuhen und Bowler allein auf weitem Platz vor den geometrisch genormten Architekturen, die direkt aus der Pittura metafisica Giorgio de Chiricos genommen und in die moderne Welt versetzt erscheinen. Er steckt in seinem eng ansitzenden Gewand wie in einem Panzer, geschützt vor Angst und Kälte, aber darum umso mehr isoliert von seiner Umgebung und umso einsamer.[500]

Bei Plessner diente die Kategorie der sozialen »Rolle« als Schutzschild, der Distanz gewährt, Expression filtert und Friktionen erspart. Bei Jünger schützen sich die Menschen im Alltagsleben durch ihre »Maskenhaftigkeit«, die bei »Männern einen metallischen, bei Frauen einen kosmetischen Eindruck erweckt«.[501] Überall trifft man auf den Wunsch nach undurchdringlicher Abschirmung – gegen äußere Gefahr, gegen innere Zersetzung und die täglichen Beschämungen.

»Panzer« gehört zu den magischen Wörtern des Männlichkeitskults der Republik. In diesem Wort wird einerseits die Legende der geschlagenen Krieger wachgehalten, nur durch materielle Übermacht überwunden worden zu sein; andererseits erinnert es an die Notwendigkeit einer Abwehr, die sich dem Mittel des Aggressors assimiliert. So mythisiert, rückt der »Panzer« auch ins Zentrum der Aufmerksamkeit aufklärerischer Diskurse der Republik, die ihn entzaubern wollen.

Von psychoanalytischer Seite wird schon früh die Herausbildung eines »Kälte Panzers« als Reaktion auf das Geburtstrauma (Otto Rank) oder als Element der »Kollektivneurose« einer nach dem Sturz der wilhelminischen Autoritäten vaterlos gewordenen Gesellschaft begriffen.[502] Gegen Ende der Republik spricht Wilhelm Reich in seiner Charakteranalyse vom »Ich-Panzer« als einem Schutzapparat, mit dem die Abwehr gegen die Reize der Außenwelt organisiert und die Verstöße der Libido aus dem Es abgefangen werden sollen.[503] Er erkennt im »Panzer« ein Element der Neurose, weil in seiner Erhaltung ständig Angst gebunden wird. Dieser Ich-Panzer, eigens instand gehalten, um die »Blamage« des Charakters zu vermeiden, verstrickt sich immer tiefer in die »Katastrophe der Lächerlichkeit«, die, wie wir bei Plessner sahen, die kalte persona unbedingt vermeiden will, bis er in schwer neurotische Sonderlichkeiten führt. Populärer als diese Erklärungen wurde eine Enthüllung der Individual-Psychologie, die im Überlegenheits-Habitus des gepanzerten Ich die Kompensation einer organischen Minderwertigkeit erkennen wollte. Bei Alfred Adler wird die Erfahrung der Minderwertigkeit sogar zur elementaren Kraft der Kulturleistungen im Zuge der Evolution des Menschen.[504] Denn dem Menschen fehlt, so Adler, von Geburt an alles, was stärkere Lebewesen zu Siegern über ihn gemacht haben. »Die Einflüsse des Klimas zwingen ihn, sich vor Kälte mit Stoffen zu schützen, die er besser geschützten Tieren abnimmt. Sein Organismus verlangt künstliche Behausung.«[505] Sigmund Freud lehnt dagegen die Rückführung des Minderwertigkeitsgefühls auf organische Defekte ab und erklärt, um es verkürzt zu sagen, die Macht dieser Empfindung aus den Erfahrungen des Liebesverlustes und der Kastration.

Obwohl ich in meinem Kommentar zur Galerie der Porträts der kalten persona kaum Zuflucht in psychoanalytischen Enthüllungen gesucht habe (weil das im Fall der Krieger schon überzeugend geschehen ist[506] und ich den Überlegenheitsgestus dieser Methodik unterlaufen wollte), resümiere ich diese Aspekte hier, um eine Geschichte einzuleiten, in der Robert Musil die Motive der Aufklärung des Überlegenheitskomplexes in einen satirischen Text über die »organische Konstruktion« verwoben hat.

In Ernst Jüngers Essay *Über den Schmerz* lasen wir:

> Bereits die Tatsache, daß der Mensch in rollenden Fahrzeugen eingeschlossen ist, verleiht ihm den Anschein größerer Unverletzbarkeit und verfehlt nicht ihre Wirkung auf den Angegriffenen.[507]

Musil hat in seiner Geschichte vom *Riesen Agoag*, 1936 im *Nachlaß zu Lebzeiten* veröffentlicht, Jüngers heroische Vorstellung vom »lebenden Torpedo« in die banale Psychologie des Alltagslebens übertragen.[508] Der Held seiner Geschichte kompensiert, nachdem er seine geringe Attraktion auf Frauen auf seinen schmählichen Körper zurückgeführt hat, seinen Mangel erst durch eifrige Lektüre der Boxnachrichten, später durch intensives Bodybuilding, das ihn von morgens bis abends beschäftigt. Immer, wenn er nach einem derart optimal genutzten Tag ans Einschlafen ging, spreizte er, so lesen wir,

alle Muskeln, deren er überhaupt habhaft werden konnte, noch einmal gleichzeitig auseinander; und dann lag er in seinen eigenen Muskeln wie ein Stückchen fremdes Fleisch in den Fängen eines Raubvogels, bis ihn die Müdigkeit überkam, der Griff sich löste und ihn senkrecht in den Schlaf fallen ließ.

Das Bild Ganymeds in den Fängen des Adlers mag vielleicht ankündigen, daß es mit dem Aggressionspotential unseres Helden nicht weit her ist und er sich in den Fittichen der Homophilie sicherer wähnen würde als in der Konfrontation mit der Frau (wenn durch die Erwähnung des Raubvogels nicht nur auf »Adlers« Kompensations-Theorie angespielt werden sollte). Es nimmt auf jeden Fall nicht wunder, daß unser Bodybuilder kurz darauf auf offener Straße von einem »dicken Schwamm von Menschen« verprügelt wird, ein Vorfall, mit dem er sich die Hochachtung der Frau wieder verscherzt. Jetzt erst ist er imstande, die Vorzüge einer »organischen Konstruktion« zu erkennen. Als er eines Tages Augenzeuge eines Unfalls wird, bei dem ein städtischer Omnibus (die Berliner Verkehrsbetriebe benutzten die Abkürzung ABOAG) einen Athleten überfährt, nimmt unser Held seine Chance wahr und »klettert in den Sieger« hinein. Nun ist er »unüberwindlich durch den Apparat der Macht«. Wo andere Helden sich einen Panzer anlegen, warum er nicht einen Omnibus, der ihm im Oberstock das Gefühl der Kommandohöhe vermittelt und die Massen auf der Straße vertreibt »wie Spatzen«? Doch bevor sein Traum, der mit Hilfe eines Streckenabonnements optimiert werden soll, völlig in Erfüllung geht, muß er bemerken, daß er selbst als Element einer organischen Konstruktion keineswegs die unbezwingliche Anziehungskraft gewonnen hat, die er sich zuschreibt. Aus dem Panzer geschält, scheint er entmannt. Nachdem er begriffen hat, daß »die Frau« aufgrund »ihrer geringeren Verstandeskühnheit« den entscheidenden Denkschritt, der vom Panzer auf den Insassen schließt, nicht wie die Bellizisten nachzuvollziehen vermag, resigniert der Held, nicht ohne mit dem Fazit aufzutrumpfen: »Der Starke ist am mächtigsten allein«!

Ist es ein weiter Weg von Helmuth Plessners Konstruktion des Duellsubjekts bis zu Ernst Jüngers Konstruktion des »Arbeiters«? Ist die Differenz von Walter Benjamins Skizze »Zum Planetarium«, dem Schlußbild des Buchs *Einbahnstraße* von 1928[509], zur Landschaft des »Elektromagnetischen Kraftfeldes«, die Jünger entwirft, eine zwischen Heil und Unheil?

In Jüngers Buch *Der Arbeiter. Herrschaft und Gestalt* ist die Gestalt der kalten persona in die Ikone des Kriegers gebannt. Ihre Physiognomie – unter Stahlhelm oder Sturzkappe – ist metallisch, »gleichsam galvanisiert«.[510] »Der Blick ist ruhig und fixiert, geschult an der Betrachtung von Gegenständen, die in Zuständen hoher Geschwindigkeit zu erfassen sind.« Diese Ikone hat Leser des rechten Lagers angezogen, während der Modernismus der Diagnosen sie abgestoßen hat. Leser des linken Lagers, welche Jüngers offene Sympathie für Planlandschaften und seine marxistisch anmutende Theorie der Gleichzeitigkeit registrierten, hat sie in Verlegenheit gebracht. Theoretiker schließlich, die in diesem Buch die Erschließung des Zusammenhangs von Krieg als Modernisierungsschub[511] und Herrschaft der technischen Medien bewundern, neigen dazu, seine grausamen Bilder des »heroischen Realismus« als Zeitkolorit zu entfernen. Die Ideologiekritik, deren leichte Beute das Buch geworden ist, spricht dem Buch jeden diagnostischen Wert ab, obwohl es zu Befunden gelangt, die denen in Günther Anders' Schrift über die *Antiquiertheit des Menschen* so nahekommen wie dem Kapitel über »Kulturindustrie« in der *Dialektik der Aufklärung* von Horkheimer und Adorno.

Im Vorwort vom Juli 1932 sind alle Elemente genannt, die wir von einer neusachlichen Verhaltenslehre erwarten. Jünger knüpft hierin den Anspruch der Wahrnehmungsschärfe, die die entscheidenden Aspekte der Macht (der »Flosse Leviathans«)[512] sichtbar machen soll, an die Form des soldatischen Exerzitiums, die geeignet scheint, eine instinktive Sicherheit des Zugriffs einzuüben. Jüngers Buch zielt wie die anderen Verhaltenslehren auf einen »Lebensstil«. Wir begegnen wieder dem Grundmotiv der Verhaltenslehren, die Distanz zum Körper zu kultivieren. Jüngers Exerzitium zielt auf eine »metallische Kälte« des Bewußtseins, die dazu befähigt, in den extremen Situationen der Todeszone »den Leib als reines Instrument zu behandeln und ihm jenseits der Grenzen des

Selbsterhaltungstriebes noch eine Reihe von komplizierten Leistungen abzuzwingen«.[513] Das Buch lehrt den Habitus des Scharfblicks und zählt den »Hochverrat gegen den Geist« zu den »grausamen Genüssen unserer Zeit«.[514] Jünger arbeitet, wie jede Verhaltenslehre, mit einer Maskentheorie, und es lassen sich aus diesem Buch eine Reihe von Regeln destillieren:

Die Härte der Gesellschaft wird nur durch Härte gemeistert, nicht aber durch Taschenspielerei.[515]

Je zynischer, spartanischer, preußischer oder bolschewistischer ... das Leben geführt werden kann, desto besser wird es sein.[516]

Die Wirklichkeit wird nicht durch Moralvorschriften, sie wird durch Gesetze bestimmt. Daher ist die entscheidende Frage, die zu stellen ist, die: gibt es einen Punkt, von dem aus autoritativ zu entscheiden ist, ob die Mittel angewendet werden sollen oder nicht.[517]

Es gibt keinen Ausweg, kein Seitwärts und Rückwärts; es gilt vielmehr, die Wucht und Geschwindigkeit der Prozesse zu steigern, in denen wir begriffen sind.[518]

Nichts ist beständig als die Veränderung. (...) Wenn die Unruhe zum Stillstand kommt, eignet sich jeder Augenblick zu einem Ausgangspunkte chinesischer Konstanz.[519]

Die Einreihung des *Arbeiters* in die Serie unserer Verhaltenslehren droht seine Neuheit zu verwischen. Zwar dient auch Jüngers Kompendium der Schulung einer »Aristokratie« und eines »Ordens« (den er mit fahrigem Blick in Ansätzen sowohl in Panzer- oder U-Bootbesatzungen, in den Reihen einer Schutzstaffel der politischen Bewegung und der bolschewistischen Kader entdeckt), doch sucht er nicht das individuell herausgehobene Duellsubjekt, sondern den massenhaft reproduzierbaren »Typus«. Der Habitus dieses Typus entspringt keiner individuellen Entscheidung, ist vielmehr durch den metaphysischen »Stempel« der »Gestalt« vorgeprägt. Kommt die kalte persona der Kunstszene in den Blick, so liefert Jünger sie dem Gelächter des »Typus« aus, der sich darüber amüsiert, wie linkisch sich der Fechter alten Schlags in einer Landschaft technischer Medien ausnimmt:

Es hat sich ein besonderes Zeremoniell entwickelt, mit dem das als Quasi-Aristokrat oder als Quasi-Abbé verkleidete moderne Individuum unter einem sehr allgemein gewordenen Beifall die erprobten

Todesstöße nach allen Regeln der Kunst zur Vorführung bringt. Dies ist ein Spiel, bei dem existenzielle Größen zu zweischneidigen Begriffen geworden sind. Uns ist die Handbewegung wichtiger, mit der ein Straßenbahnschaffner seine Klingel bedient.[520]

In der Welt dieses Buches sind keine Reservate ausgespart, in denen »der letzte Rest als Gefährliches (...), als Kuriosum erhalten wird«.[521] Die Aktivitäten des Künstlers wechseln von der Peripherie des »romantischen Raums« in die Sphäre der Macht. Nur hier läßt sich nach Jünger »Elementares« erfahren – »a fascist version of the end-of-art-theorem«?[522]

Der Effekt der »Modernität« stellt sich gegenwärtig unfehlbar ein, wenn drei Faktoren zusammentreffen: die Entfernung des Subjektbegriffs, die Allgegenwart der technischen Medien und die Betonung der Geschlossenheit des Funktionssystems.

Wenn die diagnostische Schärfe des Buches von 1932 hervorgehoben wird, weil es kurioserweise an Theorien der Gegenwart anschließt, so lassen sich in seinem Spiegel auch die aktuellen Theorien, denen eine vergleichbare Tendenz zur Homogenisierung und Totalisierung innewohnt, relativieren.

Der einzelne als »Schnittpunkt« im »Netzwerk« von »Schaltströmen« – das ist ein Gesichtspunkt, den Jünger zum ersten Mal ohne den Vorbehalt des Kulturpessimismus registriert. Der einzelne ist durch einen Ziffercode einem System angeschlossen:

Der Kraft-, Verkehrs- und Nachrichtendienst erscheint als ein Feld, in dessen Koordinationssystem der Einzelne als bestimmter Punkt zu ermitteln ist, – man »schneidet ihn an«, etwa, indem man die Ziffernscheibe eines automatischen Fernsprechers stellt. Der funktionale Wert solcher Mittel wächst mit der Zahl der Teilnehmer, – niemals aber erscheint diese Zahl als Masse im alten Sinne, sondern stets als eine Größe, die in jedem Augenblick ziffernmäßig zu präzisieren ist.[523]

Wer sich in der modernen Medienlandschaft in Gedrucktes »versenkt«, könnte Jünger nur noch ironisch sagen, wird darauf aufmerksam gemacht, daß er auch dann dem allgemeinen Stromkreis verbunden bleibt. Den Zeitungsleser, den Jünger beobachtet, steuert eine »andere Art der Lektüre«, die nicht mit dem Begriff der »Versenkung« zu erfassen ist:

Dies wird dort deutlich, wo man Gelegenheit hat, den Leser zu beobachten, also vor allem in den Verkehrsmitteln, in deren reiner Benutzung sich bereits ein Arbeitsakt vollzieht. Man wird bei dieser Beobachtung eine zugleich wache und instinktive Atmosphäre feststellen, der ein Nachrichtendienst von höchster Präzision und Geschwindigkeit angemessen ist. Man will hier den Eindruck empfinden, daß die Welt sich ändert, während man liest, aber diese Veränderung ist zugleich konstant im Sinne des eintönigen Wechsels der bunten Signale, an denen man vorüberfliegt. Es sind dies Nachrichten innerhalb eines Raumes, in dem das Geschehen sich durch eine Präsenz auszeichnet, von der jedes Atom mit der Geschwindigkeit eines elektrischen Stromes getroffen wird.[524]

Jüngers Lob der Präzision gilt dem technischen Medium; weder die Nachricht selbst (ein Stapellauf, ein Grubenunglück, ein Motorradrennen...) noch der Ort, auf den die Medien ihre Aufmerksamkeit lenken, haben Gewicht. Was plötzlich ins Zentrum der Aufmerksamkeit gerückt wird, liegt fern von der Einwirkung des einzelnen. Zuweilen trifft ihn, kaum hat er sich an die rein funktionale Qualität der Nachrichten als Begleitmomente eines eingeschliffenen Bewegungsablaufs gewöhnt, ein Schock; ohne ihn würde der Kreislauf stocken. Es ist in dieser Lektüre keine Sensation denkbar, die den Leser bewegen könnte, aus dem Verkehrsmittel, in dem er Zeitung liest, auszusteigen. Der Gesamtraum, den die Medien erschließen, hat keinen fixen Brennpunkt. Die Aufmerksamkeit des Zeitungslesers, die sich wie die des Simultanspielers gespannt zerstreut, ist abrufbereit:

Es hat etwas Beängstigendes und erinnert an das stumme Aufglühen von Signallampen, wenn plötzlich irgendein Ausschnitt dieses Raumes, sei es eine bedrohte Provinz, ein großer Prozeß, ein Sportereignis, eine Naturkatastrophe oder die Kabine eines Ozeanflugzeuges, zum Zentrum der Wahrnehmung und damit auch der Wirkung wird, und wenn sich um ihn ein dichter Ring von künstlichen Augen und Ohren schließt.[525]

Fragt man, durch welchen stilistischen Zug Jünger die Bilder der Vernetzung in Schaltkreisen erzeugt, so trifft man auf ein so einfaches wie in seiner Wirkung frappierendes Verfahren: er wechselt die technische Zentralmetapher. Jünger ist einer der ersten Schriftsteller, der in einer Gesellschaftsanalyse das Modell des elektrischen Schaltkreises ins Zentrum rückt. Die »Dampfmaschine«, Modell einer psychologisch orientierten Literatur, wird abgelöst. Die Elektrizität mit ihrem »Kraftfeld«, »Netz« und

»Anschluß« beherrscht das Bild, immer wenn die systemische, der Verbrennungsmotor, wenn die dynamische Qualität des Phänomens betont werden soll. Der elektrische Topos bietet sich an, wenn ein Element im »totalen Raum« erläutert werden soll: »Die Lagerung der Atome also nimmt jene Eindeutigkeit an, die im elektromagnetischen Kraftfelde herrscht.«[526] Den elektrischen Medien mißt Jünger einen besonderen Rang zu, sie besitzen die Qualität von Maschinen, die nicht wie die ältere Generation der technischen Geräte nur die Muskelkraft, sondern die Funktionen des Zentralnervensystems ersetzen. Neben diesen Eigenschaften, die Jünger der »Elektrizität« abgewinnt, sieht er noch einen weiteren Grund, sie zur Zentralmetapher seines System-Denkens zu erheben: das Elektrizitäts-Netz untersteht der Verfügungsgewalt des Staates[527], der alle Anschlüsse kontrolliert und jeden Empfänger von Strom einem »Energieverband« integriert. Das verleiht dem einzelnen automatisch den Status einer »organischen Konstruktion«.

Die Metapher des elektromagnetischen Kraftfeldes finden wir übrigens auch bei Walter Benjamin, Bertolt Brecht und Joseph Roth. Die Forschung hat darauf hingewiesen, daß schon seit der Jahrhundertwende das Konzept des abstrakten, erfahrungsunabhängigen Beschreibungs- und Erklärungsmodells des »Kraftfeldes« in der Physik großen Einfluß auf die erkenntnistheoretische Diskussion im Wien der Jahrhundertwende ausübte:

> Inhaltlich bot das unsichtbare elektromagnetische Kraftfeld, das z.B. vorher chaotisch durcheinanderliegende Eisenfeilspäne regelmäßig ausrichtet, die Möglichkeit der analogen Annahme überindividuell wirksamer ›Energien‹, die etwa aus ›Massen‹ strukturierte ›Gemeinschaften‹ formen können.[528]
>
> Das Eindringen der Metaphern der Elektrizitätslehre in Philosophie und Literatur ist darauf zurückzuführen, daß in ihnen die unfaßbare Qualität des »élan vital« zum Ausdruck gebracht werden kann. Im Kern der Kraftfeldmetapher steht die Imagination
>
> der Entstehung von energetischer ›Spannung‹ zwischen zwei entgegengesetzt geladenen ›Polen‹. Man benutzte dieses Faktum, um das alte romantische Polaritätsdenken mit dem spezifisch lebensideologischen Gedanken zu verbinden, daß intensives Leben nur zwischen Extremen stattfindet.[529]

Dieser lebensideologische Gedanke wird in Jüngers Konstruktion durchgestrichen; er setzt die Elektrizitätsmetapher nur ein, um den eindimensional-systemischen Charakter der Sozietät des »Arbeiters« zu charakterisieren.

»Elektrizität« ist für Jünger Indiz der Gleichzeitigkeit: Wer über die Rückkehr zur Natur unter elektrischem Licht diskutiert[530], den Leib Christi neben ein Mikrophon stellt oder seine Enzyklika über den Rundfunk verkündet[531], ist ans Netz der Modernisierung angeschlossen. Die Synchronisation der unterschiedlichen Mentalitäten mit dem höchsten technologischen Niveau ist schon medial vollzogen, während sie noch heftig problematisiert wird. Wie seine marxistischen Zeitgenossen hat Jünger die – am staatlichen Stromnetz hängende – Glühlampe im Sinn, wenn er die Gesellschaft gemäß einem berühmten Satz aus der *Einleitung zur Kritik der Politischen Ökonomie* von Marx interpretiert:

> Es ist eine allgemeine Beleuchtung, worin alle übrigen Farben getaucht sind und die sie in ihrer Besonderheit modifiziert.[532]

Die neuen Medien bilden die elektrische »Flosse« des ungeheuren Staats. Sie gewährleisten noch in Extremsituationen – in Luftzellen der auf Grund gesetzten Unterseeboote, in Kanzeln abgeschossener Flugzeuge – den Zusammenhang mit der umfassenden Vernetzung, von der der einzelne sich nur unter Gefahr der Auslöschung abschalten kann.

Was treibt die kalte persona im »elektromagnetischen Kraftfeld« eines solchen Raumes? Sollte sie sich, so verschaltet und vernetzt, in Nichts aufgelöst haben? Weit gefehlt; denn nichts profiliert sie so wie Bilder des Nichts, die sie selbst entwirft. Und so wird die Stunde des Systems auch ihre Stunde.

In der Landschaft der elektrischen Medien erblickt man sie als einen Mann, der sich »beim Summen der Fernsprecher und beim Klappern des Nachrichtengeräts über seine Karten beugt«.[533] Er läßt sich zwar nicht ablenken, pflegt aber die Geistesgegenwart des Simultanspielers. »Eigentlich« ignoriert die kalte persona jedes Geräusch, das sich nicht eindeutig entziffern läßt; dennoch versetzt sie das weiße Rauschen der technischen Kanäle in permanente Alarmbereitschaft. Habituell grenzt sie das Amorphe des Akustischen, wie wir sahen, aus; als Soldat ist sie jedoch gezwungen, noch das insignifikanteste Geräusch auf Bedeutung hin abzutasten. Man berichtet, daß im Ersten Weltkrieg Schallortungsgeräte mit riesigen Trichtern und übermenschlicher Hörbreitenbasis, die die Ohren befähigen sollten, Feindartilleriestellungen in 30 km Entfernung auszumachen, als Bestandteil eines Frühwarnsystems aufgestellt worden sind.[534]

Die neuen Medien boten eine Chance, sie filterten nicht wie die Schrift alles Wahrgenommene durch das Gitter der symbolischen Ordnung, sie standen gleichsam »im Rauschen des Realen«.[535] Ihr Einsatz im Krieg potenzierte allerdings nur die Ordnungsfunktion der Schrift. Alles, was bis dahin als Bedeutungsabfall, als insignifikantes Gestrüpp, als optischer Müll und akustischer Unsinn hatte ignoriert werden können, wurde jetzt erfaßt. Die letzten, noch nicht durch Sinn okkupierten Winkel des Beobachtungsfelds – ein verödetes Waldstück im Gelände, das Rascheln eines Zeitungsblatts, eine unbekannte Tonfrequenz, die Unregelmäßigkeit einer Trichterlandschaft – konnten tendenziell dekodiert werden (besonders »unsinnige« Störungen einer Regelmäßigkeit verlangten besonders dringlich nach Dekodierung, weil in ihnen die Einbruchstellen des Feindes vermutet werden mußten). Mit Hilfe der elektrischen Medien wird das Gitter des Symbolischen feinmaschiger, die Umwelt der verstehenden Wahrnehmung hermetischer. In Jüngers System steht jedes Geräusch unter Sinnstrom. Wenn es in einer amerikanischen Studie heißt, Jüngers »fascist modernism« verspreche, »to liberate the imagery from the Jakobin tyranny of the symbolic order«[536], so muß dem entgegengehalten werden, daß Jünger vielmehr mit den elektrischen Medien gerade die Allgegenwart dieser Ordnung fordert, indem er sie an die Ordnung der Schrift bindet.

Betritt Jüngers kalte persona das neblige Feld des Realen und erschallt die Schmittsche Parole des »Distinguo ergo sum«, so erstarren die verschwimmenden Konturen. Alles wird Spur, die auf ein geheimes Zentrum weist. Die neuen Medien sollen die Macht der Unterscheidung potenzieren. Man kann sich vorstellen, daß ein Satz wie »Aber es ist, wie wenn du flüstern hörtest oder bloß rauschen, ohne das unterscheiden zu können«, mit dem Robert Musil eine rätselhafte Geschichte enden läßt[537], der kalten persona ein Ärgernis sein muß. Denn sie verlangt eindeutige, womöglich »scharfe« Artikulation, und das, wenn es die Feindlage zuläßt, gehörig laut und ohne Nebengeräusche oder technische Verzerrungen, welche den Befehl entstellen könnten.

»Elektrizität«, wird McLuhan drei Jahrzehnte nach dem *Arbeiter* bemerken, »deutet den Weg zu einer Erweiterung des Prozesses des Bewußtseins auf Weltniveau ohne jede Verbalisierung.«[538] Jünger kommt im Imperium des »Arbeiters« nicht ohne Verbalisierung aus. Jedoch läßt sich bei ihm in Hinsicht auf die Sprache eine doppelte Bewegung feststellen: er unterwirft die neuen Medien allen restriktiven Eigenschaften, die die Medientheorie heute der Schrift zuschreibt, um gleichzeitig als Zukunftsmusik eine Form archaischer Kommunikation zu präsentieren, in der das Primat des Auditiven herrscht: das ängstliche Horchen auf die Stimme aus dem geheimen Zentrum. Jüngers Wunsch nach einer »tüchtigen Reserve von Analphabeten«[539], die nötig ist, um das Reich des »Arbeiters« funktionieren zu lassen, ist verständlich. Nur diese lassen sich, hofft er, dem Befehl der alphabetisierten Herrenschicht restlos unterwerfen.

Sprache, die Jünger in seinem System zuläßt, liquidiert die Offenheit der sprachlichen Verweisungen, die Unsicherheit der Bedeutungen und des Meinens, die Ambivalenzen des Ausdrucks, das Labyrinth der Korrespondenzen, kurz den ganzen Möglichkeitsraum von Sprache und damit alle Wahrzeichen sprachlichen Lebens. Sprache wird auf Signal- und Warnfunktion, auf Instruktion und Befehl reduziert; es ist immer Weisungs-Sprache, Element einer »sicheren und abgeschlossenen Formenwelt«. Aus Angst vor dem »endlosen dialektischen Gespräch«[540] will Jünger die Sprache depotenzieren.

Sein Mißtrauen richtet sich folglich gegen Texte, deren Lektüre keinen eindeutigen Arbeitscharakter hat: »Ganz ohne Zweifel besitzt heute ein Kursbuch größere Bedeutung als die letzte Auffaserung des einmaligen Erlebnisses durch den bürgerlichen Roman«, heißt es bei ihm.[541]

Da Jünger alle Bücher, die er dem Erinnerungssystem des Individuellen zurechnet, als Ballast abwerfen will, hat er seinem eigenen Buch eine angemessene Form verliehen. Obwohl es sich natürlich dem Angelesenen aus Bibliotheken, unzähligen Souffleuren verdankt, hat er aus ihm alle Quellenverweise entfernt und keinen Namen, der an die fremden, skurrilen und kanonischen Einflüsse erinnern könnte, genannt.[542] So suggeriert das Buch, selbst eine Prägung des »metaphysischen« »Stempels« zu sein, der auch die »Gestalt« kennzeichnen soll. Das macht den kurios individuellen Zug des Buches, die Handschrift seines Autors aus.

Das Gesamtkunstwerk des »Arbeiters«, das dieser Autor entwirft, entspringt einem Denkgestus, den wir in der Avantgardebewegung oft beobachten können. Zum einen zerfällt die Welt bei ihrer Betrachtung in sinnlos disparate Bestandteile, krasse Ungleichzeitigkeiten, trübes Zwielicht, Trichter, Müll und Magie, um dann – im kühnen Zugriff des Avantgardedenkers an den Stromkreis der Modernisierung angeschlossen – in der »eisigen Geometrie des Lichts« wie ein Kristall zu glänzen.[543] Erst wird der Erdoberfläche und den Gestalten, die sie bevölkern, jeglicher immanente Sinn gewaltsam ausgetrieben, um dann mit modernen Geräten und Medien das Sinnzentrum wie eine Kunstsonne aus dem metaphysischen Kulissenhimmel herunterzukurbeln.

Jüngers Topos der Erdbebenlandschaft der Moderne[544], auf der »Ruinen bedeutender erscheinen als die flüchtige Unterkunft, die jeden Morgen verlassen wird«[545], zeigt gewisse Ähnlichkeiten mit der Landschaft des barocken Trauerspiels, die ein anderer Avantgardedenker, Walter Benjamin, zur gleichen Zeit entwarf; Verfallslandschaften, Plätze der Verlassenheit und Übervölkerung, von einem kalten Himmel überwölbt; kein Ausweg der Rebellion aus dieser Trostlosigkeit der irdischen Verfassung. »Der Erdkreis«, heißt es bei Jünger, »ist vom Schutte zertrümmerter Bilder bedeckt. Wir nehmen an dem Schauspiel eines Unterganges teil, der nur mit geologischen Katastrophen zu vergleichen ist.«[546] Ein wüster Raum, durch den Generationen gegangen sind, »die weder Ersparnisse noch Denkmäler, sondern lediglich ein bestimmtes Stadium, eine Flutmarke der Mobilisation«[547] hinterlassen haben. Sobald Jünger jedoch diese Bilder in seiner »Laterna Magica« von der »konstanten Lichtquelle« eines Zentrums erhellen läßt, macht alles Sinn.[548] Alles nimmt jetzt die Färbung des »Kristalls«, des totalen Arbeitsraumes an. Jeder Granatsplitter wird zur Allegorie eines strategischen Sinns, jede Körperdrehung steht im Dienst der Mobilmachung, das noch so verzerrte Funksignal ist dem Einsichtigen eine verschlüsselte Weisung.

»Es gibt nichts Regelmäßigeres als die Achsenstellung der Kristalle«, lesen wir im *Arbeiter*.[549] Carl Schmitt hatte das hermetische System seiner staatsphilosophischen Grundsätze 1927 als »Hobbes-Kristall« bezeichnet. Jakob von Uexküll geht 1930 davon aus, daß das »Leben« sich in Form der »Kristallbildung« nach der in ihm beschlossenen Form entwickelt.[550] Für Arnold Gehlen gehört die »kristalline Struktur« zum Stillstand der Geschichte.[551] – Von der modernen Biologie erfahren wir, daß diese Art totaler Symmetrie – mag sie auch ästhetisch faszinieren – im Raum lebendiger Organismen den Tod bedeutet. Auf den »Mythos der Unschuld der Avantgarde«[552] hat Jünger sich nie berufen.

H. Kalte persona – im Bauche des Fisches

Nichts ist so fatal für die Erhabenheit der luziferischen persona wie die »Banalität des Bösen«. Wie überstand ihr Habitus Diktatur, Holocaust und Krieg? Gibt es einen lebensgeschichtlichen Punkt, an dem der Einsturz dieser »Haltung« riskiert werden muß, um Erfahrungen zu ermöglichen, oder setzt sich in solcher Erwartung nur der Wunsch nach »Expression« durch? Zeugt die Weigerung der kalten persona nach dem Zweiten Weltkrieg, zu trauern, vom Zwang der Wiederholung einer Attitüde, die nach dem Ersten Weltkrieg mit der zustimmenden Resonanz in der Öffentlichkeit rechnen durfte? In Carl Schmitts *Glossarium* ist das letzte Aufgebot der kalten persona inmitten der Trümmerlandschaft als Denkmal zu besichtigen.

Kein Intellektueller der zwanziger Jahre hatte den Gestus der »Sachlichkeit«, mit dem Teufel zu pokern, konsequenter durchgeführt; keinem war die Allianz mit dem moralisch Bösen in vergleichbar staatlich sanktionierter Erhabenheit gelungen. Was ist von der »luziferischen« Gestalt geblieben? Ergeht von ihr jetzt, wie vom erschöpften Flieger Lindbergh, die Anweisung: »Tragt mich in einen dunklen Schuppen, daß keiner sehe meine menschliche Schwäche«?

1. Das Tagebuch

Die 1991 veröffentlichten Tagebuchaufzeichnungen wurden von Schmitt nach der Rückkehr aus dem amerikanischen Internierungslager begonnen. Sie reichen vom Spätsommer 1947 bis zum August 1951.[553] Sie werden in einem Zeitraum niedergeschrieben, in dem der Kalte Krieg extreme Diskurse der Feindschaft erzeugt, und es kann nicht erstaunen, daß Schmitt sarkastisch auf das Tabu weist, die geradezu spektakuläre Feindschaft unter den Menschen zum Ausgangspunkt wissenschaftlicher Überlegungen zu machen. Auffällig genug verknüpft er das Denkverbot, das von dieser

Tabuisierung ausgeht, mit der arglosen Rede vom »gerechten Krieg«, in dem sich nach Schmitt Fundamentalismus und unreglementiertes Töten mischen. Seine Überlegungen kreisen fortwährend um die Frage, inwieweit der Wegfall politischer Feinddefinitionen die Möglichkeit von Bürgerkriegen mit ihren rituellen Grausamkeiten fördert, und, wie nicht anders zu erwarten, um die Problematik der Gerichtssitzung über den Besiegten, dem der Schutz seines Status als »Feind« entzogen wurde, um ihn als Kriminellen aburteilen zu können.

Die Publikation des Tagebuchs erschütterte die von humanistischen Schmittforschern gehegte Annahme von einer *Wende*, die sich 1938 mit dem Buch *Der Leviathan in der Staatslehre von Thomas Hobbes* angebahnt haben soll. Mit diesem Buch, so hieß es, habe Schmitt die Phase des Staatsfetischismus verlassen, dem er in den Jahren 1919 bis 1938 huldigte, um 1942 in der Schrift *Land und Meer* seine Art von »Trauerarbeit« zu verrichten.[554] Das Tagebuch enttäuscht die Erwartung der Läuterung. Es überrascht vielmehr dadurch, daß in ihm alle Denkmotive der Schriften seit dem Jahre 1910 gleichrangig präsent sind, vom Preisgesang aus dem Jahre 1916 auf Theodor Däublers *Nordlicht*-Dichtung bis zur Feindschafts-Formel der zwanziger Jahre, von den Reflexionen über die Sprachmagie, die ihm sein Freund Hugo Ball vermittelt hatte, bis zu den antisemitischen Ausfällen der dreißiger Jahre. Jeder Bruch mit der Kontinuität des Denkens sei, so Schmitt, eine Form der »Geisteskrankheit«.[555] Ein Tagebuch erzeuge *»Photokopien der Palimpseste«*[556] des Denkens – eine Definition, mit der sich arbeiten ließe, wenn in ihr nicht die Abwehrstrategie zu erkennen wäre, selbst darüber bestimmen zu können, was von den sich überlagernden Schichten des Denkens die unterste sei.

Das helle Entsetzen, das die Veröffentlichung 1991 unter vielen Rezensenten ausgelöst hat, spiegelt Enttäuschung wider. Man hatte das Dokument einer Schuldkultur erwartet und fand Sottisen eines Unbußfertigen. So gerechtfertigt auch die moralische Entrüstung der Rezensenten war, so sehr hätte eine sorgfältige Abwägung der Gedanken, die sich im Tagebuch monomanisch um den Grundsatz drehen *»Nullum crimen, nulla poena, sine lege«* (der Titel eines Gutachtens übrigens, das Schmitt schon 1945 hektographiert in Umlauf gebracht hatte), nicht geschadet; denn notfalls kann man das Tagebuch auf eine Sammlung aktueller Maximen zusammenstreichen. Auch infame Maximen können aufklären:

Ein mit Hilfe der Justiz organisiertes gutes Gewissen ist das Schlimmste. (90)

Die meisten halten es für eine Metamorphose, wenn sie einen falschen Bart ablegen. (107)

Wer einige Jahre zu früh Recht hat, der hat eben Unrecht. (144)

Die Gelehrtenaskese ist ein ethisches Plus, aber noch keine wissenschaftliche Leistung. (113)

Man kann das Buch indessen auch historisierend lesen und sich fragen, was aus dem Kult des Bösen, der in den zwanziger Jahren so unterschiedliche Geister aller Fraktionen wie Helmuth Plessner und Ernst Jünger, Gottfried Benn und Walter Benjamin, E. R. Curtius und Bert Brecht in Bann gehalten hatte, nach dem Zweiten Weltkrieg geworden ist.

Mich interessiert die Kombination von Selbstinszenierung, Zwangsgrübeln und Klage, die im *Glossarium* dazu führt, daß die erhabene Figur der kalten persona immer wieder zum kindischen Bauchredner wird. An Schmitts *Glossarium* läßt sich erkennen, daß kalte persona und Kreatur unheimliche Doppelgänger sind; denn:

Was ist der Mensch! Ein Blutkreislauf, mit einem armen Irrlicht drauf.[557]

Einige Grundmotive der alten Avantgarde haben in der Todeszone überwintert und finden sich im Tagebuch in alter Frische: die »Freude an der Beschleunigung«[558] fataler Prozesse, die Schmitt mit den Linksintellektuellen teilte; der Rückgriff auf die Anthropologie des 17. Jahrhunderts, die im Staat eine große Maschine begrüßt, die den »Terror der Triebe« in Schach hält[559]; der Hohn auf den Gesetzesglauben als »Instinktlosigkeit der zum Untergang verurteilten Lebewesen«[560], in dem er sich mit Brecht, Lukács und Lenin einig weiß; und die Lust daran, als »satanisch« zu gelten.[561] In den Aufzeichnungen trifft man auf Sprüche wie »Der Primitive denkt in Substanzen, der Zivilisierte in Funktionen«[562], in denen der Jargon der Neuen Sachlichkeit fortlebt, und auch das Pathos der Unverwundbarkeit und Mobilität, das die machinos der Neuen Sachlichkeit umgeben hatte, stellt sich noch einmal ein: »Der Feind, der auf mich schießt, trifft bestenfalls den Punkt, an dem ich eine Sekunde vorher gestanden habe.«[563]

Klassische Eigenschaften der kalten persona sind in den Jahren 1947 bis 1951 noch präsent; prahlend und bestechend im öffentlichen Anspruch, kleinlaut in der Form der privaten Notiz. Denn das Tagebuch trägt die merkwürdigen Kennzeichen des »Zwangsgrübelns«, die Walter Benjamin an jesuitischen Exerzitien bemerkte:[564]

Diese Qual des intellectualen Bewußtseins ist durch ihre völlige Substanzlosigkeit zur autoritären Regelung prädestiniert. Sie hat kein Verhältnis mehr zum Wesen des Menschen und sie entsühnt, je nachdem wie man es ansehen will, mystisch oder mechanisch wie ein Sakrament. Die in jene rein intentionale Zone verlegte Spannung der Bußqual läßt zugleich das moralische Leben in einer gewissen Stumpfheit beruhen, in welche es nicht mehr auf eigne Impulse, sondern auf sorgfältig ausgewogene Reizungen der geistlichen Autorität reagiert.[565]

Der Habitus der moralisch ungerührten Exerzitien kippt allerdings regelmäßig in die Haltung einer bettelnden Kreatur um. Schmitts *Glossarium* ist überwölbt vom Diskursritual der Klage: »Mir geschieht immer Unrecht.«[566] Graciáns Weisung Nr. 129: »Nie sich beklagen« wird in den Wind geschlagen. In Schüben regieren große Jeremiaden. Von Benjamins Trauerspielbuch aus betrachtet, ergibt sich folgende Szene: der ausgebootete Intrigant bläst Trübsal, weigert sich aber beharrlich, die Rolle des Melancholikers anzunehmen. Schmitt schlüpft in alle Masken der gnadenbedürftigen Kreatur, die die Belesenheit ihm zuspielt: von Kaspar Hauser bis zu Kafkas Angeklagtem im *Prozeß*, vom Opfer des Ritualmords bis zum Propheten Jonas im Walfisch:

Dreimal saß ich im Bauche des Fisches, ich habe die Niederlagen des Bürgerkriegs gekostet, Inflationen und Deflationen, Revolutionen und Restaurationen, Regimewechsel und Rohrbrüche, Währungsreform, Bombenangriffe und Vernehmungen; Lager und Stacheldraht, Hunger und Kälte, zerlumpte Kleider und gräßliche Bunker ...[567]

2. Schmitts Schamkultur

Schmitt wiederholt nach 1945 ohne Fortune eine Attitüde, die nach dem Ersten Weltkrieg dem Zeitgeist entsprochen hatte: er eliminiert die Elemente der »Schuldkultur«, Gewissensnot und Zerknirschung, und errichtet noch einmal das künstliche Reich einer heroischen »Schamkultur«. Der peinlich ins Auge springende Unterschied besteht freilich darin, daß das Phantasma der »Schamkultur« nach dem Zweiten Weltkrieg keinen öffentlichen Raum zur Verfügung hat, in dem es sich hätte entfalten können, weil im Zeichen des Nürnberger Tribunals, der Denkschrift der evangelischen Kirche und der Entnazifizierung »Schuldkultur« offiziell vorgeschrieben ist, so daß Schmitts Schamkultur unter Ausschluß der Öffentlichkeit stattfinden muß. Die Schlüsselbegriffe dieser Schamkultur sind »Ehre« und »Schande«. Nach dem Ersten Weltkrieg ging es um die »Schande« des Zusammenbruchs, die nach den Regeln eines Männerbundes rückgängig gemacht werden mußte. Jetzt geht es Schmitt um die »Ehre«, die ihm als besiegtem Feind entzogen wurde. Alles, was die Alliierten mit ihm in der Gefangenschaft und der Zeit danach anstellen, empfindet er als Beschämungsritual, in dem er sich, plötzlich den Blicken einer ressentimentgeladenen Fremdwahrnehmung hilflos ausgesetzt, so isoliert wie diskriminiert, abpanzern muß. Seinen Aufenthalt in der Zelle des amerikanischen Lagers empfindet er als Entblößung. »Am nacktesten ist der Mensch, der entkleidet vor einen bekleideten Menschen gestellt wird«, schreibt er im April 1947 in seiner »Weisheit der Zelle«.[568] »Die Kleidungsstücke, die man mir gelassen hat«, fährt Schmitt fort, »bestätigen nur die objektive Nacktheit.«[569] In der »Schamkultur« zählt nicht die Mahnung des individuellen Gewissens, sondern die Verachtung des Publikums, die sich in der öffentlichen Beschämung auswirkt. Schmitt kehrt nach der Entlassung aus dem Nürnberger Gefängnis in der amerikanischen Zone nicht nach Berlin als Forum eines schmähenden Publikums zurück; in Plettenberg glaubt er sich keiner Beschämung ausgesetzt. Von hier aus schleudert er Bannsprüche gegen die protestantische Schuldkultur, aus deren »Schauspiel einer Rauferei zwischen Bußpredigern« er sich heraushalten will.[570] Ihn »ekelt« vor dem Pathos der moralischen Entrüstung, und er notiert »Depressionen«, weil die Leute »von mir Tips für Denkschriften im Beichtstil erwarten«. Zum »Fall Jaspers« notiert er später die Spottverse:

Wie hat sein Bußgerede mich empört
Wie ekelt mir vor seinen faulen Fischen
Jetzt ist er endlich, wo er hingehört:
Im Spiegel und der Deutschen Telewischen.[571]

»Ein Jurist«, so hatte er schon im amerikanischen Lager im Sommer 1946 befunden, geht psychologischen Selbstbespiegelungen aus dem Wege. Die Neigung zu literarischen Beichten und Bekenntnissen ist mir durch häßliche Beispiele wie Jean Jacques Rousseau und dem armen August Strindberg verleidet.[572]

Er gehört nicht zu den öffentlichen »Selbstquälern«. »Wer beichten will, gehe hin und zeige sich dem Priester.«[573]

Das alte Spruchband »Tout ce qui arrive est adorable!«[574], das der militante Katholik Léon Bloy wie die Avantgarde vor sich hergetragen hatte, wird im Tagebuch zwar noch einmal entrollt; die Parole soll aber für das Schicksal, das ihm selbst widerfuhr, keine Geltung haben. Denn ihn hat man »entehrt«. Bei Thomas Hobbes, in dessen »allesbezwingender Sachlichkeit«[575] er Trost sucht, findet Carl Schmitt sich bestätigt: »Hobbes würde sagen: solange einer Ehre bei den Menschen findet (...), wird er das Diesseits herrlich finden.«[576] Schmitt aber erfährt keine statusgerechte Behandlung, man hat seiner Stimme den Resonanzraum entzogen, so daß er »ohne Kehle« schreit. Da er nicht bußfertig ist, bekommt er keine Lizenz für Publikationen. Seiner Definitionsmacht fehlt der öffentliche Ort, schlimmer noch, sie ist auf den »Feind« übergegangen. Und dieser hat, kraft seines Monopols der Unterscheidung, seine Praxis nach 1933 inkriminiert – für Schmitt ein schwerer Kategorienfehler.

Die Macht der Definition war sein Lebenselixier, die Achse seines Souveränitätsbewußtseins. Im Zentrum seines Handorakels finden wir die Devise, die auch zum Credo der Linksintellektuellen der Weimarer Republik gehört hatte:

Begreife den Machthaber, der nach Dir greift; setze seinen Griffen keine Gegengriffe gleichen Niveaus entgegen; erprobe lieber an seiner Macht Deine Kraft zu Begriffen. Auch nach Deinen Begriffen wird er greifen. Doch laß' ihn nur greifen. Er wird sich die Pfoten schneiden.[577]

Er kann es freilich auch in der Abgeschiedenheit seines Rückzugsorts in Plettenberg nicht lassen, »gefährliche Definitionen« in Briefen herumzuschicken. Noch in der Rolle des »gejagten Wilds« will er seine Jäger klassifizieren.[578] Manchmal gelingt es ihm, seine Einsichten als Schmuggelware in einem von den Besatzungsmächten zugelassenen Organ unterzubringen. Dann freut er sich, daß seine Konterbande nach Art der Neuen Sachlichkeit auf einer Ware reiten darf:

In Christ und Welt ist eine schöne Glosse von mir abgedruckt, mit Einschaltung einer Reklame für Niveacreme. Das ist gut so. In der Zarenzeit hüllten die russischen Nihilisten ihre Bomben in Blumenbucketts ein. Warum soll ich nicht meine analogen Anliegen mit Niveacreme umrahmen. Oder umgekehrt als Umrahmung von Niveacreme auftreten, um die Verfolger nicht zu reizen.[579]

Schmitt richtet seine Aufmerksamkeit auf das ungesicherte Terrain der Nachkriegsgesellschaft, und wie schon in den zwanziger Jahren, so gilt auch jetzt: Wenn die Horizonte der Orientierung zusammenbrechen, schlägt die Stunde der Verhaltensregeln.

Am 1. Mai 1948 notiert Carl Schmitt nach dem bekannten Modell von Graciáns *Handorakel* sieben Maximen, denen er später noch einige hinzufügen wird. In seinem *Handorakel* hatte der spanische Hofmann, wie wir uns erinnern, eine Verhaltenslehre für Personen entworfen, die über keinen inneren Kompaß verfügen, wenn sie sich auf lebensgefährlichem Terrain bewegen; den inneren Regulator, das Gewissen, hatte der Jesuit entfernt. In einer Situation, die bodenlos erscheint und in der sich die Moral auf die Einhaltung taktischer Regeln reduziert, bedarf die Person der äußeren Stimme. Drei von diesen Maximen lauten in der Version von Schmitt:

Wenn Du in einen laut schreienden Sprechchor hineingerätst, mußt Du den Text so laut Du kannst mitschreien. Alles andere wäre Dein sicherer häßlichster Tod. Dein Gehör und Gehirn würden von Außen zerschmettert, wenn Du Dich nicht durch Mitschreien von Innen davor schützen würdest; ich empfehle Dir also ein nur rein physisches Abwehrmittel gegen die Vernichtung durch Schallwellen. (144)

Geh in den Schutzraum, wenn die Signale dazu ertönen; mach Hände hoch, wenn der Befehl dazu ergeht; vergiß nicht, daß der Zusammenhang von Schutz und Gehorsam heute nicht mehr gilt und selbstverständlich ist; der Schutzraum kann der Vergasungsraum sein. (144)

Hüte Dich vor jedem Lautsprecher; hüte Dich vor jedem Mikrophon, das Deine Stimme in die falsche Öffentlichkeit trägt. Jeder Lautverstärker ist ein Sinnverfälscher. (...) Hüte Dich aber vor dem falschen Echo, das in den Windungen der Katakombengewölbe entsteht. (172)

Schmitts Verhaltensregeln entwerfen die Welt der Mobilmachung als einen akustischen Raum. Angeraten werden rein physische

Abwehrmittel, die Überleben garantieren sollen; der Inhalt von Sprechchören und Befehlen scheint gleichgültig.

Die zweite von den hier zitierten Instruktionen aus Schmitts »Handorakel« weist zwar auf eine Kernstruktur seiner heroischen »Schamkultur« hin, aber zugleich auch darauf, daß ihre Regeln gar nicht mehr funktionieren können.

In Anlehnung an Thomas Hobbes' Staatslehre geht Schmitt nämlich von einem reziproken Verhältnis von Schutz und Gehorsam aus. So wie der Schützende Gehorsam verlangen kann, so hat der Gehorsame ein Recht auf Schutz. Wo diese Übereinkunft gebrochen ist, kann das Verhalten nicht mehr schutzverbürgend angeleitet werden. Wehrlose Ausgeliefertheit ist die Folge. Schmitt formuliert also Regeln für Situationen, die aus seiner Weltsicht nicht mehr regulierbar sind. Mit Verbitterung führt er sein Handorakel ad absurdum; denn es kann nur in ehrenwerten Gesellschaften gelten. Die Absurdität seiner Regeln lastet er ehrverlassenen Siegermächten an.

3. Phonomanie und Kreatur

Schmitts Tagebuchaufzeichnungen dokumentieren eine denkwürdige Form des Phonozentrismus, die mit seiner Abwehr des Gesetzesbegriffs zusammenhängt und die kindliche Fixierung auf die »Stimme des Vaters« erklärt.

Auf den 320 Seiten der Aufzeichnungen findet man kaum eine Wiedergabe eines visuellen Eindrucks. Das Tagebuch führt uns in eine Welt akustischer Phänomene, in ein Labor widerhallender Stimmen. Letzten Endes wird sogar die Freund-Feind-Theorie phonetisch begründet. Selbst nahe Freunde werden nicht physiognomisch wahrgenommen; Schmitt bemerkt vielmehr, im Fall Ernst Jüngers, den »armseligen Kehlkopf«[580]; von historisch ferneren Bekannten wie Max Stirner wird bei Gelegenheit ein »pueriles Krähen«[581] vernommen. Im auditiven Raum der Schmittschen Welt ist Hitler ein »leerer Schallverstärker«[582], das »Ich« eine Gestalt des »Echos«[583], die schlimmste Eigenschaft der Mitwelt ihre »Taubheit«. Schmitt fühlt sich belagert von »mithorchenden Nichtjuristen« und tauben Juristen[584]; sein stärkster Affekt besteht in »phonetischem Schauder und Entsetzen«, die ihn beim Wort »Gesetz« überfallen[585], »rechtzeitiges Verstummen« gilt ihm als klassische Tugend. Die Lieblingsrolle schließlich, die er in den

Wechselfällen des Lebens übernehmen will, ist die des »blinden Vorboten«.[586] Die Figur des »edlen Blinden« (Jürgen Manthey), der weder den Verführungen des Narzißmus noch den Täuschungen des Augenscheins unterliegt, sondern »horcht«, leidet, spricht und hofft, Gehör zu finden, ist sein Idol.

Schmitt reagiert idiosynkratisch, gereizt und ungeduldig auf jedes Argument, das sich auf den Augenschein beruft. Daß die Überzeugungskraft seiner Stimme durch die Evidenz von grauenhaften Filmdokumenten der Nachkriegszeit gemindert werden könnte, registriert er verletzt und fassungslos.[587] Als er liest, daß die neue bayrische Verfassung mit den Worten »Angesichts des Trümmerfelds« beginnt, steht sein vernichtendes Urteil fest.[588] Wer dem Augenschein Evidenz zubilligt, macht die Möglichkeit der optischen Täuschung zur Grundlage von Verfassungssätzen. Das Auge muß als Organ des moralischen Urteils ausgeschaltet werden, will man zu Grundsätzen des Rechts kommen. Während das sichtbare Faktum für ihn keinen argumentativen Rang besitzt (mit Ausnahme übrigens der »Sichtbarkeit« der Rechtsprechung selber, in der er sogar ihre »Substanz« verbürgt sieht)[589], werden ihm alle möglichen akustischen Signale zum Denkanstoß. Hier ist kein Anlaß zu gering; am 19. Februar 1948 registriert er:

Ich höre (morgens um 6.00 Uhr im Dunkeln und noch im Halbschlaf) eine Fabriksirene und sehe dabei den weit geöffneten Rachen eines großen Fisches. Dieser unmittelbaren Simultaneität eines akustischen Eindrucks mit einem visuellen Bild möchte ich nachgehen. Das wäre wahrscheinlich aufschlußreicher als die Erforschung der Radarprobleme. Es wäre ein Blick in unser inneres Sensorium. Menschen, die statt Kirchenglocken nur noch Fabriksirenen hören, sollen an den Gott glauben, der in den Kirchen verehrt wird. Sie werden eher an einen sehr harten eisernen Moloch glauben ...[590]

In Schmitts akustischem Raum geht es vordergründig um die *Stimme des Souveräns*, die ohne Entstellung durch das Medium, in dem sie vermittelt wird, den Untertanen erreichen soll; eigentlich aber um die Stimme des tonangebenden Experten des Verfassungsrechts, die ungehindert das *Ohr des Machthabers* erreichen will. Es geht um das problematische Schrift-Medium der »*Gesetze*«, in denen die Stimme entstellt, absorbiert oder gelöscht wird und nur diffus oder vieldeutig an die Empfänger gelangt – an die »nichthorchenden Juristen«, die sich mit technisch neutralen Auslegungsverfahren der herrschenden Meinung beschäftigen. Bei der Konstruktion des akustischen Raumes seines Staates kreisen seine Gedanken um die Wiedergewinnung der souveränen Stimme und die Ausschaltung des Gesetzes-Positivismus. Sombart vermutet, Schmitts größter Kummer sei gewesen, das *Ohr des Machthabers* nicht für sich gewonnen zu haben.[591]

Als Carl Schmitt am 23. Mai 1948 Gedanken über die Allmacht und jämmerliche Ohnmacht des Souveräns aufzeichnet, malt er ein melancholisches Bild eines Herrschers, das direkt aus einem barocken Trauerspiel in den Kalten Krieg nach 45 eingewandert zu sein scheint:

> Schließlich sitzt der absolute Souverän, von Vorzimmer und Kanzleichef blockiert, in der eisigen Einsamkeit seiner Allmacht.[592]

Im Grunde entwirft Schmitt hier das Spiegelbild des einsamen, zu Unrecht aus dem Dienst entlassenen Souffleurs. Denn die Einsamkeit des Souveräns rührt daher, daß sein bester Ratgeber von inkompetenten Leuten in den Vorzimmern entfernt worden ist.

Schmitts Bild des einsamen, von seinen Ratgebern isolierten Machthabers erinnert an eine Anekdote von Puschkin, die gegen Ende der Weimarer Republik sowohl von Ernst Bloch (in den *Spuren*) wie von Walter Benjamin (im *Kafka-Kommentar*) erzählt wurde, um Bedingungen souveräner Herrschaft zu erläutern. In der Version von Benjamin[593] heißt es, Potemkin (von dem *Meyers Enzyklopädie* von 1906 meldet, er sei ein gewandter Hofmann gewesen, der »mit Verschlagenheit die altrussische Brutalität verband, allen edlen sittlichen Ideen *aber* ganz fremd war«), Generalgouverneur und Militärmachthaber von Gnaden Katharinas der Zweiten, habe an schweren Depressionen gelitten, während deren der Zugang zu seinem Zimmer strengstens verboten gewesen sei. Während sich die unerledigten Akten in alarmierendem Ausmaß gehäuft hätten, sei eines Tages ein unbedeutender Kanzlist in die Vorzimmer des Kanzlerpalais geraten, wo die Staatsräte klagend beisammengestanden hätten. Kaum die Antwort auf die Frage »Was gibt es, Exzellenzen?« abwartend, habe er sich die Akten aushändigen lassen, um mit dem Bündel unter dem Arm durch Galerien und Korridore den Weg zum Schlafzimmer Potemkins einzuschlagen und die Türklinke niederzudrücken …

Potemkin habe er im Halbdunkel nägelkauend in einem verschlissenen Schlafrock auf der Bettkante hockend gefunden, ihm,

»ohne ein Wort zu verlieren«, die Feder eingetaucht und den erstbesten Akt auf die Knie geschoben, worauf dieser wie im Schlaf die Unterschriften vollzogen habe. Triumphierend sei daraufhin der Kanzlist, die Akten schwenkend, unter die Staatsräte getreten, die, ihm die lang begehrten Papiere aus der Hand reißend, entgeistert erstarrten. Jetzt erst habe der Kanzlist einen Blick auf die Unterschrift geworfen und entdeckt, daß sein eigener Name darauf gestanden habe.

Das hätte Schmitt nicht passieren können, weil er wußte, daß es gilt, das *Ohr des Machthabers* zu gewinnen. Dieser Bote wäre für ihn ein typischer Vertreter der Masse »nicht-horchender Juristen« gewesen, die sich auf Schriftzüge fixieren. Und damit wären wir bei Schmitts zentralem Motiv der Aufwertung von Ohr und Stimme angelangt: seinem Affekt gegen »das Gesetz«.

Am 19. Januar 1948 formuliert Schmitt in einem Briefentwurf:

Ich möchte Ihnen gleich mit surrealistischer Offenheit sagen, daß das Wort und nun erst recht der Begriff »Gesetz« mir in allem, begrifflich, gedanklich, assoziativ-psychologisch und – last not least – auch phonetisch Schauder und Entsetzen einjagt, das Entsetzen nämlich über die Orgien des Setzers und den Terror der »Setzungen der Setzungen« ...[594]

Wie Raphael Gross nachgewiesen hat[595], zieht sich von den frühesten Schriften an Schmitts »Haßverhältnis gegenüber dem Gesetzesbegriff« durch sein ganzes Werk. Schon in seiner zweiten juristischen Publikation von 1912 hatte man lesen können: »Das Gesetz ist immer lückenhaft, das ist die Chance der Rechtsprechung und des Urteilsspruchs.«[596] Ohne Lücke hätte der Hüter des Gesetzes keine Gelegenheit, unentstellt zu sprechen. Wie sollte die Stimme des Souveräns je den Untertanen erreichen, wenn es keine Lücke im Text gäbe? Unser Unglück besteht nach Schmitt darin, daß wir nach dem Willen der Gesetzespositivisten durch die »Souveränität des Gesetzes« regiert werden, die doch nur eine »Überkompensation der Abwesenheit« des eigentlichen Souveräns sein könne.

Die Frage, wer nun die Träger dieser verfluchten Anbindung der Rechtsprechung an die Texte des Gesetzes sind, führt direkt in das Problem von Schmitts Antisemitismus, denn dieser Gesetzesbegriff gehört nach Schmitt zum Denktypus des jüdischen Volkes.[597]

Dieses setze das Gesetz als ein technisches Mittel ein, um den allmächtigen Leviathan zu bändigen, in Stücke zu schneiden und zu verspeisen. Die Tatsache, daß Schmitt sich in Zeiten der Weimarer Republik und im besetzten Deutschland nach 1945 von positivistischen Gesetzhandhabungstechnikern belagert fühlt, gilt ihm als Beweis dafür, daß den Juden die Assimilation gelungen sei; denn wenn sich ein Jude in einem Dorf assimiliert habe, sei das Dorf jüdisch geworden. Dieser Sieg des Judentums im Gesetzespositivismus könne freilich nur ein vorläufiger sein; denn der Gesetzesglaube gehöre zur »Instinktlosigkeit der zum Untergang verurteilten Lebewesen«.[598]

Das *Ohr des Machthabers* und die *Rolle des Gesetzes*, darin sind sicherlich zwei wichtige Faktoren von Schmitts Phono-Zentrismus zu entdecken, die merkwürdigerweise seinen eigenen Reflexionen über seine phonetischen Obsessionen entgehen. Diese kreisen vielmehr um drei andere Konstruktions-Elemente seines akustischen Raums, nämlich den *Befehl*, den *Begriff-Realismus* und die *Sprach-Magie*.

Potemkin war im Zustand der Melancholie außerstande, *Befehle* zu erteilen; die Schriftzüge, die ihm abgezwungen wurden, schlugen auf die zurück, die von Amts wegen auf Schrift fixiert waren. Im Zentrum von Schmitts akustischem Raum finden wir den Befehl. Der mündliche Befehl ist eine Form der Sprache, die eine direkte Verbindung von Sender und Empfänger verbürgt. Die Möglichkeit der Aufspaltung der Rede zwischen aussagendem Subjekt und Subjekt der Aussage, welche die schriftlichen Formen der Sprache kennzeichnet, schließt der Befehl aus. Beim Befehl wird die Übesetzung des verbalen Appells in Handlung für unproblematisch oder zumindest für potentiell möglich gehalten. Schmitt lehnt sich mit seiner Hochschätzung des Befehls der Staatstheorie von Thomas Hobbes an, der den Befehl für die »größte Wohltat der Sprache« gehalten hatte, »denn ohne diesen gäbe es keine Gemeinschaft zwischen den Menschen, keinen Frieden, und folglich auch keine Zucht, sondern erstens Wildheit, zweitens Einsamkeit und anstelle von Wohnstätten Schlupfwinkel«.[599] Schmitt sekundiert: »Das Beste in der Welt ist ein Befehl und kein Gesetz; der Befehl ist direkte Sprache«[600], und bemängelt die Grobheit von Hegels Dialektik von Herr und Knecht. Wie unendlich subtiler sei die Dialektik des Befehlens und Gehorchens, die auf Sprechen und Hören abgestellt sei.[601] Schmitts

Freund Ernst Jünger hatte bereits im *Arbeiter* die Subtilität des Horchens bündig ausgelegt:

Gehorsam, das ist die Kunst zu hören, und die Ordnung ist die Bereitschaft für das Wort, die Bereitschaft für den Befehl, der wie ein Blitzstrahl vom Gipfel bis in die Wurzeln führt.[602]

Ein anderes Konstruktions-Element von Schmitts akustischem Raum besteht in seinem *»Begriffs-Realismus«*. In Wiederaufnahme des mittelalterlichen Terminus »Realismus« geht Schmitt davon aus, daß die Wahrheit im gesprochenen Wort und nicht in der Sache zu Hause sei.[603] Während die Schrift mit ihrer Eigenschaft der Repräsentation nur die Anwesenheit des abwesenden Subjekts der Aussage vortäuschen könne, sei das gesprochene Wort unablöslich von der sprechenden Instanz. Erst im Laut erhalte das Wort seine körperliche Wirklichkeit, erst im Laut schaffe es sich Raum. Wenn sich also Schmitt als »Begriffs-Ballistiker« bezeichnet, schreibt er seinen Definitionen die materielle Qualität von Projektilen zu.

Schmitts Anschauung vom Begriffs-Realismus bekommt ihre unheimliche Dimension in Verbindung mit seinen Überlegungen zur Sprach-Magie. Jedes Wort ist, wie es im Tagebuch heißt, eine »phonetische Hieroglyphe«, ein »Echo urgründiger Welten«[604], das sich mit »hypnotischer Macht dem Gedächtnis einprägt«. Es gilt also, Schlüsselvokabeln zu finden wie *»Dezision«*, *»Raum«* oder *»Feind«*, die eine psychische Grunderfahrung so artikulieren, daß sie sich schon durch ihre phonetischen Qualitäten – unauslöschlich wie imagines agentes – dem Gedächtnis einprägen. Schmitt glaubt, daß ihm das mit seinen Schlüsselbegriffen gelungen sei, daß also in der »Dezision« der Trennungsschnitt präsent, im »Raum« das vom Meer umgrenzte, vom Vater geschützte und von der Mutter gehegte, urbare Land und im »Feind« auch phonetisch der Intensitätsgrad der Getrenntheit des anderen wahrzunehmen sei.[605]

Seine gesteigerte Sensibilität für die Tonseite des Wortes[606], seine Aufmerksamkeit für die phonetischen Qualitäten der Sprache rühren dabei aus einer Zeit, in der er mit Theodor Däubler und dem Dadaisten Hugo Ball freundschaftlich verbunden war. Aber auch Ball bemerkte zu seinem berühmten Vortrag der Lautgedichte im Cabaret Voltaire in Zürich während des Ersten Weltkrieges, daß, sobald er sich dem bloßen Klang der Worte zugewandt, seine Stimme die »uralte Kadenz der priesterlichen Lamentation« angenommen habe, »jene(n) Stil des Meßgesangs, wie er durch die katholische Kirche des Morgen- und Abendlandes wehklage«.[607]

Der gemeinsame Ausgangspunkt für Schmitts merkwürdige Erfahrung der Sprache als Klangkörper wird wahrscheinlich älter sein als der Dadaismus und könnte in katholischen Kindheitserfahrungen begründet sein.

Die Rekonstruktion von Schmitts akustischem Raum hat vorläufig ergeben, daß der Furor seines Logo-Zentrismus in der Befehlsstruktur stillgelegt und die Magie des Wortes womöglich in Riten aufgefangen wird. Der akustische Raum scheint folglich eine sehr stabile Konstruktion zu sein – was jedoch täuscht, denn Schmitt erkennt, daß sie von zwei Seiten bedroht wird: von der *Technik* und vom *Körper*.

Zwar proklamiert Schmitt im Tagebuch mehrmals seinen Wahlspruch »Distinguo ergo sum«, doch weiß er, daß diese Selbstgewißheit schon an der Schwelle ihrer Äußerung, dem Mund, in Frage gestellt wird. Denn, so Schmitt, das Wort kann sich nicht mehr in einem leeren Raum realisieren, weil der Raum von fremden Tonwellen durchzogen wird.[608] Immer schaltet sich in die akustische Ausführung »etwas Wildfremdes« ein, eine »Masse«, die das Wort beugt und entstellt.[609] Zwischen »mikrophysikalischem Lauterreger« und »makrophysikalischer Lautverstärkung« liegt das Unheil der technischen Welt. Darum hatte es in einer der Verhaltensregeln heißen können: »Meide die Mikrophone.«

Es drängt sich natürlich der Verdacht auf, daß dieses kulturkritische Argument Schmitt in erster Linie als Entlastungsargument dient. Denn Hitler galt ihm als ein »Schallverstärker«, die NS-Diktatur als Technokratie, in der zwangsläufig jedes Wort entstellt werden mußte, und da seine Abschlußrede vor der Reichsgruppe Hochschullehrer im NS-Rechtswahrerbund sicherlich über Mikrophon gesprochen wurde, hatte sie zwangsläufig die Qualität einer Aufforderung zur Säuberung des Verbandes von jüdischen Juristen annehmen müssen. Insofern ist sein Zwiegespräch mit dem Tagebuch (die Problematik der Schrift als technischem Medium kommt ihm nur im Zusammenhang mit dem »Gesetz« in den Sinn) ein ideales Terrain für das Wort.

Doch es zeigt sich, daß Schmitt ausgerechnet an diesem Rückzugsort die Einmischung einer Kraft spürt, die seinen Gedanken der Unterscheidungs-Autonomie gründlicher als alle anderen Kräfte unterminiert; er erkennt die somatischen Einflüsse auf die Artikulation der Sprache, selbst auf seine eigene Definitionsmacht.[610]

In Helmuth Plessners Anthropologie begegnete uns die kalte persona als jenes hochreflexive »Duellsubjekt«, dessen Ich sich scharf gegen das Unbewußte des Leib-Seins abgrenzte. Es schien, so konstatierten wir, seinen Leib vergessen zu müssen, um seinen Körper kunstgerecht vorführen zu können. Die Aufgabe der Bewachung der Grenze zum Unbewußten, mit der das Ich sich seiner Identität vergewissert, versetzte diese Person in chronischen Alarmzustand. Plessners Bühne, so hatten wir gefunden, glich einem hellerleuchteten Fechtsaal. Wollte man dieses Bild auf Schmitts *Glossarium* übertragen, so wäre sein Grundsatz »Distinguo ergo sum«[611] die Geste des Degens, mit der das Duellsubjekt eine Linie zieht, die den Kreis des Beherrschbaren vom Unbeherrschbaren abgrenzt.

Nun lehrt die Erfahrung mit dem Denktypus der Dezision in diesem Jahrhundert, daß, je schärfer er den Raum des souveränen Selbst abzirkelt, desto größer seine Abwehr gegen einen und sein Verlangen nach einem amorphen Zustand des Körperlichen ist. Wenn Schmitt am 22. 6. 1948 aufschreibt:

Die erste Voraussetzung für die Fähigkeit zu guten Definitionen ist eine seltene Fähigkeit: zur Ausgrenzung des Unbegrenzbaren… Das ist die erste aller Unterscheidungen, sowie für den Stoiker alle Tugend damit beginnt, den Bereich der eigenen Macht zu unterscheiden von dem, der unserer Macht entzogen ist.[612]

Dann antwortet dieser Gewißheit zwanghaft als Echo knapp einen Monat später:

Ich bin nicht Herr dessen, was in mein Bewußtsein drängt und nicht dessen, was mir unbewußt bleibt… Ich kann deshalb auch nicht, wie der Stoiker es will, unterscheiden, was in meiner Macht steht und was nicht in meiner Macht steht, und aufgrund dieser Unterscheidung jenes beherrschen und dieses hinnehmen.[613]

Was ins Bewußtsein dringt, ist von somatischen Strömen, Körperimpulsen, physiologischen Bedingungen der Artikulation bedingt, die mächtig werden, wenn ich *»Dezision«* sage oder *»Feind«*. Das selbstgewisse Ich ist aus dieser Sicht nur ein »Sumpflicht«, und wenn Schmitt mehrmals seinen Spottvers wiederholt

»Cogito ergo sum, summ, summ, summ, Bienchen summ herum«, so illustriert der Vers seinen Verdacht vom sich verselbständigenden Signifikatenmaterial, daß es einem Dekonstruktivisten Vergnügen bereiten könnte: denn hier scheint sich eine Einbruchstelle in der stählernen Befehlsstruktur wie der rituellen Struktur seines akustischen Raumes zu befinden, an der die Sprache ins Brabbeln übergeht und die Befehlsinstanz taumelt. Hier, so könnte man behaupten, sei es Schmitt gelungen, am »Leitfaden des Leibes« (Friedrich Nietzsche) seinen Definitions-Diskurs zu durchlöchern, hier liege eine Rückkehr zur literarischen Avantgarde, zumindest jedoch ein Fall der Altersanarchie vor.

Allein: die Rückbindung an Hugo Balls Sprachexperimente ist als Beweis zweischneidig. Schon bei Ball blieb die mystisch-körperhafte Funktion des Klangs in eine liturgische Zelebration eingebettet. Die Stimme durfte sich entwaffnen, um sich einer Institution auszuliefern, die selbst der lallenden Kreatur ihren großen, hallenden architektonischen Raum der Kirche anbot. Zwar kündigt die sich den Körperimpulsen für eine gemessene Weile überlassende Stimme den Gesellschaftsvertrag auf, an den die Worte gebunden sind, aber doch nur, um sich einer Institution anzuschmiegen, die keines Vertrages bedarf, weil sie als übergeordnete Ordnungsmacht auftritt.

Unter dem Primat des Auditiven vergewissert sich der Mensch, Teil eines umfassenden Organismus, der Sippe, der Familie oder der Kirche, zu sein. Er sucht Zuflucht in einem auditiven Netz und nistet sich in eine »magisch resonierende Welt simultaner Verbindungen des akustischen und oralen Raums« (Marshall McLuhan) ein.[614]

Vilém Flusser hat für die Art der auditiven Kommunikation, die Schmitt vorschwebt, den Ausdruck des *»pyramidalen Diskurses«* geprägt.[615] Er funktioniert in Gesellschaften, die zwar hören, aber nicht antworten sollen:

Deshalb werden zwischen Sender und Empfänger Relais geschaltet. Der Sender wird für den Empfänger unzugänglich. Vorausgesetzt werden bei diesem Modell pyramidale Hierarchien wie das Priestertum, innerhalb deren die Botschaften des fernen Gottes über Autoritäten in Richtung Empfänger gesandt werden. Die Funktion der Vermittler ist eine doppelte: Botschaften von Geräuschen rein zu halten und Empfängern den Zugang zum Autor zu sperren.[616]

Die Pointe mag überraschen: Insofern Schmitts Phonomanie sich im Rahmen dieses »pyramidalen Diskurses« abspielt, ist sie dem technischen Kommunikations-Paradigma des Interbellums, dem Radio, verhaftet. Von entgegengesetzter Seite wird dies bestätigt: Das menschliche Wort absolut setzen, heißt es in der *Dialektik der Aufklärung*, sei das »falsche Gebot« und gehöre zur »immanenten Tendenz des Radios«.[617]

4. Schmitts Kafka

Die Menschen seien vor die Entscheidung gestellt worden, Könige oder Kuriere zu werden. »Nach Art der Kinder« wollten, Kafka zufolge, »alle Kuriere sein«. Deshalb sei es zu einem Zustand der Welt gekommen, wo es lauter Kuriere gebe, die durch die Welt jagten und einander selbst die ohne Könige sinnlos gewordenen Meldungen zuriefen. So ist Kafkas Raum vom Rauschen der Stimmen der Kuriere und der großen Abwesenheit des Königs grundiert.[618]

Was könnte entfernter sein von Schmitts akustischem Raum, der sich um die Befehlsachse dreht, als diese Welt Kafkas? Und doch fühlt Schmitt sich magnetisch von einer Welt angezogen, in der die Botschafter erst starten, wenn die Befehlshabenden – sollten sie selbst überhaupt in den Blick geraten – soeben gestorben sind, in der die Kuriere sich in den Labyrinthen von Palastkorridoren oder Dachböden verlieren und die Adressaten der Botschaften, für immer abgesperrt vom wahren Wort, auf Gerüchte angewiesen sind oder sich die Botschaft erträumen müssen. Was sollte Schmitt mit den Bedingungen der Telekommunikation eines Herrschaftssystems anfangen, das im *Schloß* folgendermaßen beschrieben wird:

Im Schloß funktioniert das Telephon offenbar ausgezeichnet; wie man mir erzählt hat, wird dort ununterbrochen telephoniert, was natürlich das Arbeiten sehr beschleunigt. Dieses ununterbrochene Telephonieren hören wir in den hiesigen Telephonen als Rauschen und Gesang, das haben Sie gewiß auch gehört. Nun ist aber dieses Rauschen und dieser Gesang das einzige Richtige und Vertrauenswerte, was uns die hiesigen Telephone übermitteln, alles andere ist trügerisch. Es gibt keine bestimmte telephonische Verbindung mit dem Schloß, keine Zentralstelle, welche unsere Anrufe weiterleitet; wenn man von hier aus jemanden im Schloß anruft, läutet es dort bei allen Apparaten der untersten Abteilungen oder vielmehr es würde bei allen läuten, wenn nicht, wie ich bestimmt weiß, bei fast allen dieses Läutwerk abgestellt wäre. Hie und da aber hat ein übermüdeter Beamter das Bedürfnis sich ein wenig zu zerstreuen – besonders bei Abend oder bei Nacht – und schaltet das Läutwerk ein, dann bekommen wir Antwort, allerdings eine Antwort, die nichts ist als Scherz.[619]

Schmitt gerät in den Bann von Romanen, in denen die Bodenlosigkeit des »Gesetzesvolkes« ausgemessen, in denen ein »Wartezustand« etabliert wird, der für ihn den Inbegriff der »Verjudung« bedeutet.[620] Keine Ruhe läßt ihm eine Literatur, in der aus dem Nichts heraus bei Schmitt der »Schwertstreich der Dezision« erfolgt – bei Kafka jedoch die mit viel Aufwand angekündigte »Entscheidung« in einer Gebärde des kleinen Fingers mündet, der über die Augenbraue streicht.

Der Kontrast dieser Gegenwelten mag die Faszination erklären. Ihr Grund ist aber schauriger, als es das Modell der Anziehungskraft von Gegensätzen erklären kann.

Am 29. August 1950 notiert Schmitt in seinem Tagebuch:

Ich aber spreche (im Gegensatz zu Heidegger) wie ein Kind die Namen aus und werde dadurch zum prädestinierten Schlachtopfer des Ritualmordes, wie Kafkas Angeklager im Prozeß.[621]

Schmitt glaubt, in das Räderwerk des Gesetzesvolkes geraten zu sein, das ihn nur darum ehrlos weiter vegetieren läßt, weil es, wie er in der Fortsetzung des Zitats sagt, zu ermattet ist, um seiner alten Riten des Mordes noch fähig zu sein.

Sieben Eintragungen zu Kafka dokumentieren, wie Schmitt in Kafkas Romanen Sitten und Gebräuche des Gesetzesvolkes verfolgt. Kafkas Schriften illustrieren für ihn den Zustand einer Welt, in der mutwillig die letzte Instanz des väterlichen Urteils durchgestrichen wurde, so daß die Menschen gezwungen sind, seine Anwesenheit vorzutäuschen; in der der Gesetzesglaube den einzelnen daran hindert, die Lücke im Gesetz wahrzunehmen, aus der mit der väterlichen Stimme alles Heil zu erwarten wäre; und in der – wird die väterliche Stimme einmal zu Gehör gebracht – diese vom Sohn nichts als Selbstauslöschung fordert. Im *Schloß* entdeckt Schmitt das Drama der Assimilation, das darin mündet, daß schließlich »das ganze Dorf mauschelt«. Schmitt begründet seine Faszination schließlich rationalistisch mit dem Urteil, Kafka habe sich von dieser Welt »satirisch« freigeschrieben. Er spielt mit der für ihn schaurigen Vorstellung, Benito Cereno, sein geliebter Held aus Herman Melvilles Geschichte, würde einem Prozeß der Kafkaschen Art ausgeliefert, und stellt ein aufschlußreiches Gedankenexperiment an, mit dem er den Existentialismus mit einem Schlag aus seinem Dilemma retten will:

Franz Kafka könnte einen Roman schreiben: DER FEIND. Dann wäre sichtbar geworden, daß die Unbestimmtheit des Feindes die Angst hervorruft (es gibt keine andere Angst und es ist das Wesen dieser Angst, einen unbestimmten Feind zu wittern); dagegen ist es Sache der Vernunft (und in diesem Sinne der hohen Politik), den Feind zu bestimmen (was immer zugleich Selbstbestimmung bedeutet) und mit dieser Bestimmung hört die Angst auf und bleibt höchstens die Furcht.

Wie aber – seufzt Schmitt im Anschluß daran –, wie aber sollen wir etwas der Unbestimmtheit entreißen, »wenn wir keine gemeinsamen Begriffe haben«?[622] Die Gemeinsamkeit des Begriffes fehlt zweifellos, weil man Schmitts Definition des Feindes, die eine Grenzlinie zum existentiell Fremden ermöglicht, nicht zu Rate zieht.

Unüberbrückbar scheint Schmitts akustische Welt, die um die Stimme der väterlichen Autorität kreist, von der vaterlosen Gesellschaft getrennt, deren sich in den sechziger Jahren eine neusachliche Generation in der Bundesrepublik zu erfreuen lernte.

Für Schmitt war es ein Grund allen Unheils, daß die Menschheit keinen Vater mehr als Quelle der Autorität akzeptierte, sondern daß an seine Stelle die »Sachlichkeit« des Gesetzes getreten war. Darin lagen für ihn die *Schande* der Novemberrevolution und das Versagen eines Großteils der Rechtsgelehrten der Weimarer Republik: »Der Gesetzespositivismus«, so dekretiert er im Tagebuch, »tötet seinen Vater und verspeist seine Kinder.« Die schlimmste Form des »Vaterhaßes« fand er jedoch im *»Amerikanismus«*[623], zuerst im neusachlichen Jahrzehnt der Weimarer Republik und später in der BRD.

Als Kinder dieses Amerikanismus versuchen wir seit drei Jahrzehnten einer politischen Romantik Paroli zu bieten, die, wie Paul Tillich formuliert hatte, antritt, um »vom Sohn her die Mutter zu schaffen und den Vater aus dem Nichts zu rufen«. Darum stimmt es nicht traurig, wenn die akustischen Bedingungen für den Ruf nach dem Vater zu unseren Lebzeiten herzlich schlecht bleiben.

Übrigens hat Kafka ein Stückchen über den »Feind« geschrieben; es heißt *Der Bau* und zeigt uns ein Höhlentier, das die Stille liebt. Sie, so kommentiert Siegfried Kracauer, »die im Innern seines lichtlosen Baus herrscht oder doch herrschen sollte, ist auch wirklich die einzige Radikalkur gegen das wahre Wort«.[624]

V. Der Radar-Typ

Der Soziologe David Riesman beobachtet Mitte des 20. Jahrhunderts in den amerikanischen Städten einen neuen Charaktertyp. Als er 1950 vom »außengeleiteten Charakter« redet, gesteht er ein, wie schwierig es ist, ihm gerecht zu werden.[625]

Wieviel schwerer es in der deutschen Tradition war, diesen Typus unbefangen, getrennt vom vertrauten geschichtsphilosophischen Rahmen und kulturkritischen Ressentiment gegen jede Gestalt, die massenhaft auftritt, auch nur wahrzunehmen, zeigen die Forschungen zum »grauen Heer« der Angestellten in den zwanziger, die Studien zum »autoritären Charakter« in den dreißiger, die Institutionen-Lehre der vierziger und fünfziger und die Konstruktion des »eindimensionalen Menschen« in den sechziger Jahren. Nur weil die Tradition der Kulturkritik den Blick auf diese Gestalt verstellt hat, kann sie uns heute als post-moderner Typ vorgeführt werden.

Ich orientiere mich an Riesmans Modellfigur des »Außen-Geleiteten«, um eine Gestalt, die in der Ära der Neuen Sachlichkeit entworfen und mit der Möglichkeit der Autonomie versehen wird, aus der teleologischen Geschichtsbetrachtung zu lösen. Für diese treiben die neuen Charaktere der Massengesellschaft, die im Vorfeld des Faschismus gesichtet werden – und dazu gehört der »Markt-Charakter« –, zwangsläufig in die Diktatur. Als ob Demokratie für diese Lebewesen keine mögliche Zukunft gewesen wäre. Riesman erblickt in der modernen Gesellschaft die Heraufkunft des neuen Typus im Kampf gegen eine ältere Gestalt, die der »Innen-Leitung« unterworfen ist. Sah Max Weber in dieser noch eine Verkörperung der protestantischen Ethik, Freud den Normalfall des vom Über-Ich regierten Menschen, so beobachtet Riesman den alten Typus in seinen letzten Zuckungen. Zur Unterscheidung beider Typen greift Riesman zu technischen Metaphern: Während der innengeleitete Mensch handelt, als ob in seinem Innern ein »Kreiselkompaß« eingebaut sei, orientiert der außen-geleitete sein Verhalten durch ein »Radar-Gerät«. Während das innere Steuerungsorgan nur eine begrenzte Manövrierfähigkeit gestattet, ist die seelische Radaranlage nicht auf eine bestimmte Richtung ausgerichtet, sondern dazu bestimmt, die

Handlung und besonders die Zeichengebung der anderen auszukundschaften.[626] Der nach außen eingestellte Apparat muß in der Lage sein, Signale von nah und fern zu empfangen; es gibt viele Sender und häufigen Programmwechsel. Die Steuerung durch den Kreiselkompaß wäre nicht beweglich genug. Die neuen Massenkommunikationsmittel umhüllen beide Gestalten; während aber der Innengeleitete den ganzen Nachrichtenstrom in einem Brennglas zu vereinen sucht, um ihn moralisch zu beurteilen, dient er dem Außengeleiteten zur Orientierung seiner Bewegungsabläufe, zum Feststellen des angemessenen Habitus, zu Informationssammlung und Konsum – wenn es ihn schützt, zur Haltung der Indifferenz. Der neue Typ ist zwar »in ständiger Alarmbereitschaft«, doch gilt diese nicht dem Befehlsempfang einer Mobilmachung gegen eine feindliche Macht oder dem Einrücken in ein Kollektiv; die Wachsamkeit gilt vielmehr der interrelationellen Mobilität, der Beobachtung der Konkurrenten im »fairen Wettbewerb«, den Modeströmungen und dem Konsumverhalten der anderen. Denn seine eigentliche Bühne ist nicht die Sphäre der Produktion oder die Front eines Kollektivs, sondern der »tertiäre Sektor«, der Sektor des Konsums und aller Sparten der Regeneration der Arbeitskraft. Das Feld jenseits von Arbeit und Versenkung, in denen sich der innen-geleitete Typus verwirklichen wollte, galt dem gebildeten Bürger als Domäne des Uneigentlichen. Zwar ist der Radar-Typ mangels Innen-Lenkung »gewissenlos«, doch inszeniert er diesen Umstand nicht mit dem Spektakel der Amoral, den wir von der kalten persona kennen. Man erkennt ihn vielmehr an seinem Lässigkeitskult und seiner Medien-Obsession, an rastloser Informationssammlung und »Fun-Morality«. Er verhält sich sentimental zu den Mitmenschen und zynisch zu den Institutionen.

Natürlich erkennt Riesman die Neigung des Radar-Typs zu gefährlichen Kollektivströmungen. Jedoch betont er, daß die modernen Entrüstungs-Bewegungen in der Regel von einer älteren Charakterstruktur, die sich bedroht fühlt, getragen werden. Der seelische Kreiselkompaß, einmal von den Eltern in Gang gesetzt, kann nämlich leicht die Signale von anderen – furchterregenden – Autoritäten aufnehmen.

Das Ungewöhnliche an Riesmans Konstruktion ist, daß er den Gedanken der Möglichkeit eines autonomen Bewegungsspielraums nicht an das Modell der Innen-Lenkung fixiert, sondern es wagt, *Außenlenkung und Autonomie der Person zusammenzudenken*, ohne auf die Figur des »gepanzerten Subjekts« zurückzugreifen. Die Autonomie des Radar-Typus ist dabei niemals eine Angelegenheit des »Alles oder Nichts«, sondern das Ergebnis eines meist unmerklichen Kampfes mit den Spielarten der Konformität. Diese Autonomen sind nie Helden.[627]

Der Jargon der Neuen Sachlichkeit zeigt, daß dieser neue Verbraucher-Typ wahrgenommen wird und in kessen Sprüchen selbst einen kurzlebigen Sieg davonträgt. In der Literatur bringt er es aber zu diesem Zeitpunkt kaum zur kompletten Figur. Die Tradition des Bildungsromans suggerierte, daß nur eine Person mit »Kreiselkompaß« den Ehrentitel des »Subjekts« beanspruchen durfte, obwohl alle Romane die Geschichte eines Lebewesens wiederholen, das mit seinem »Kreiselkompaß« die Orientierung verliert.

Der neue Typus kommt in aller Regel nicht selbst zu Wort; Irmgard Keuns Romane scheinen ein Sonderfall. Man sieht ihn als Charge in dramatischen Degradierungs-Geschichten, die den innen-geleiteten Moralisten gewidmet sind, in der Figur des »Passanten«, den der Städteplaner vor Augen hat, in der Umgebung der technischen Massenmedien, im zerstreuten Großstadtpublikum, oder im ungünstigen Licht eines Korruptionsprozesses:

> Zu seinen Gaben, die er freilich nicht auf dem Podium, sondern unmittelbar nutzbringend verwandt hat, kommt noch ersichtlich die Versiertheit im Umgang hinzu, und daß er weniger in den Sachen als in lauter Relationen lebt, ist schlechterdings nicht zu bezweifeln. Ein Mann, wie ihrer heute zahlreich herumlaufen. Sie gedeihen in den großen Städten, dort wo die meisten Möglichkeiten sind, und suchen sich die Stellen des schwächsten Widerstands aus.[628]

Gerät der neue Charakter in den Blick der Kulturkritik, so werden ihm die Kernsätze einer schwarzen Anthropologie aufgehalst: er gilt als plastisches Material in der Hand der Manipulateure. Warum in den zwanziger Jahren dennoch erfreulichere Konturen von ihm entworfen werden, hat mehrere Gründe: Der Krieg hatte demonstriert, daß die Bürgschaft der Innen-Lenkung per Dekret annihiliert werden konnte. Anders gesagt: während des Krieges war die Mehrheit der Innen-Geleiteten mit Kreiselkompassen ausgerüstet, die bei gleicher Drehzahl auch in die gleiche Richtung wiesen. Die Mehrzahl der nach dem Krieg gegen die »Seele« und die »bürgerliche Psyche« gerichteten Urteile verstehen sich als Reaktionen auf das »Versagen« der Innen-Lenkung – für diese »Erfahrung« waren die Intellektuellen allerdings durch ihre Nietzsche-Lektüre disponiert. Die Aufmerksamkeit wendet sich von den diskreditierten inneren Regulatoren auf öffentliche Verhaltensregeln. Wenn jetzt von der »Entkernung« des Individuums die Rede ist und der Behaviorismus begrüßt wird[629], wenn es heißt »Der Mensch lebt nicht in Substanzen, sondern in Relationen«, wenn »Haltungen« ausschlaggebend werden, Körperbau auf den Charakter schließen läßt und die »Körperkultur« einen neuen Rang erhält – sind das Indizien dafür, daß die »Innen-Lenkung« eher als schöne Fiktion des deutschen Bildungsromans des 19. Jahrhunderts gilt denn als intaktes Orientierungsmittel. Das interrelationelle Horchen wird eine neue Tugend.

Vergnügen und Konsum, Nebenschauplätze der vergangenen Epoche, werden zur Hauptbühne. Die Verbraucherhaltung ist die dominante Reaktionsform; der neue Typus entwickelt sie auch gegenüber der Politik. Diese Einstellung beraubt ihn zwar des Enthusiasmus zu »echtem« politischen Einsatz, kann ihn aber auch relativ skeptisch gegen politische Illusionen machen. Da der neusachliche Radar-Typ zu einem gewissen Hedonimus neigt, kann er damit rechnen, von allen maßgeblichen Bewahrern der »Kultur« verurteilt zu werden. Knappheitsbewußtsein ist ihm selbst dann noch fremd, wenn er nicht über viele Mittel verfügt. Geld wird nicht gespart, es wird auch nicht ausgegeben, um Dinge anzuhäufen, sondern zum Verzehr und in der Konkurrenz der Moden, im Lebensstil. Nicht ohne Schrecken registriert der ältere Kultur-Typ, daß es Charaktere gibt, die ohne Panik mit den neuen technischen Massenmedien umgehen; zwischen Grammophon, Radio und Film sind sie zu Hause. Zur Bezeichnung dieses entspannten Umgangs wird der bis dahin ausschließlich abwertend gebrauchte Begriff der »Zerstreuung« Mitte der zwanziger Jahre von Kracauer aufgewertet.[630] Benjamin und Brecht pflichten ihm bei:

> Der Versenkung, die in der Entartung des Bürgertums eine Schule asozialen Verhaltens wurde, tritt die Ablenkung als eine Spielart sozialen Verhaltens gegenüber.[631]

Man beginnt die »taktile Rezeption« zu würdigen, mit der eine »zerstreute Masse« auch avantgardistische Architektur in Gebrauch nimmt, und glaubt, in ihr eine Form gefunden zu haben, in der sich Aufmerksamkeit und Gewohnheit nicht ausschließen:

Gewöhnen kann sich auch der Zerstreute. Mehr: Gewisse Aufgaben in der Zerstreuung bewältigen zu können, erweist, daß sie zu lösen einem zur Gewohnheit geworden ist.[632]

Auf die naheliegende Frage, ob der Radar-Typ in der deutschen Situation auf einem – von der Inflation 1923 und der Wirtschaftskrise ab 1929 eingerahmten – extrem instabilen tertiären Sektor empirisch nachzuweisen ist, muß erst einmal festgestellt werden: Gegen ihn wurde als Feindbild polemisiert, und für ihn als Wunschbild wurden Häuser gebaut, Städte geplant und Theater gemacht.

Im Feindbild hat er scharf umrissene Konturen. Von seiner Beschreibung im zweiten Band von Spenglers *Untergang des Abendlandes* bis zum Kapitel über die »Kulturindustrie« in der *Dialektik der Aufklärung* ist dieser »nomadisierende« Typus, der sich in der Signalwelt der Massenmedien und Moden bewegt, mit einem Fahndungsblick dingfest gemacht worden. Der Tatbestand der Radar-Lenkung wird erfaßt, um dem Typ kategorisch die Möglichkeit abzusprechen, sich Spielräume zwischen Anpassungsdruck und Nonkonformität schaffen zu können. Horkheimers und Adornos Blick auf die amerikanischen Städte projiziert das alte Feindbild der Eindimensionalität, das den Antimodernisierungsschriften des 19. Jahrhunderts entsprungen ist, auf ihre Bewohner:

Hierzulande gibt es keinen Unterschied zwischen dem wirtschaftlichen Schicksal und den Menschen selbst. Keiner ist etwas anderes als sein Vermögen, sein Einkommen, seine Stellung, seine Chancen. Die wirtschaftliche Charaktermaske und das, was darunter ist, decken sich im Bewußtsein der Menschen, den Betroffenen eingeschlossen, bis aufs kleinste Fältchen.[633]

Im Gegensatz hierzu sprechen viele Dokumente von Schriftstellern und Architekten vom Radar-Typus als dem idealen Bewohner ihrer Gebäude oder als dem Publikum, das zu ihren Revuen, Filmen und Opern gehört. Man erkennt in dem »flottanten Volk« ein »Weltstadtpublikum«, das auf seine Kosten kommen soll; rechnet mit »Passanten«, die mühelos das Signalsystem eines Großstadtplatzes in ihre Bewegungsform aufnehmen; entdeckt, daß der

Radar-Typus im Umgang mit Rotationspresse, Telegramm, Telephon, Hörfunk und Wochenschau die Geistesgegenwart eines »Simultanspielers« entwickelt hat.[634] Man setzt auf die Kleinkamera, die die Möglichkeiten rationeller Wahrnehmung erhöhen soll. Moholy-Nagy verspricht sich von diesem Instrument ein Simultan-Bewußtsein:

Der neue schnelle und reale Reflektor der Welt, die Fotografie, sollte sich möglichst mit dem Abbilden der Welt von allen Punkten aus befassen, sollte zur Fähigkeit erziehen, von allen Seiten zu sehen. (...) Die moderne Stadt mit ihren vielgeschossigen Häusern, die Werksanlagen, Fabriken usw., die zwei- oder dreigeschossigen Schaufensterzonen, Straßenbahnen, Autos, dreidimensionale Leuchtreklamen, Ozeandampfer, Flugzeuge – all das (...) hat notwendigerweise die überkommene Psychologie der Wahrnehmung um einiges geändert.[635]

Die Architekten entwerfen nomadische Möbel:

Das entspricht der Beweglichkeit des Menschen von heute, der viele Stunden seines Lebens regelmäßig auf der Eisenbahn, auf der Elektrischen, im Auto, auf dem Fahrrad zubringt und sich weit von der Seßhaftigkeit (das Wort im engsten, wie im weitesten Sinne genommen) eines Bauernvolkes entfernt.[636]

Inbegriff eines neusachlichen Möbelstücks ist der Stahlrohrstuhl, entworfen von Marcel Breuer, weiterentwickelt von Mies van der Rohe. In Übereinstimmung mit der behavioristischen Lehre wird dem Stuhl zugemutet, Reflektor und Stimulus für den zerstreuten Stadtbewohner zu sein:

Man kann vielleicht sagen, daß auf diesem Stuhl nur ein Mensch sich wohlfühlen wird, dem die ständige leichte Anspannung modernen Lebens, das Gefühl des Federns und der Schnellkraft noch im Ruhezustand zur Existenzbedingung, zum unentbehrlichen Bestandteil seines Lebensgefühls geworden ist.[637]

Architekten des Neuen Bauens greifen zur Gedanken-Lyrik, um Aktionsradius, Rhythmus und Rationalität eines Daseins in der Distanz vor Augen zu führen:

> ... erforscht, begrenzt und ordnet die kraftfelder
> der einzelmenschen, der familie und der gesellschaft.
> ihre grundlage ist die erkenntnis des lebensraumes

und das wissen um die periodizität des lebensraumes
die seelische distanz ist ihr so wichtig
als der in metern meßbare abstand.
ihre gestaltungsmittel sind – bewußt angewendet –
die ergebnisse der biologischen forschung.
weil diese baulehre lebensnah ist,
sind ihre thesen ständig wechselnd;
weil ihre verwirklichung im leben liegt,
wie das leben selber.
»reich sein ist alles.«[638]

Angesichts der vielen Projekte, Pläne und Geräte ist der Verdacht nicht von der Hand zu weisen, daß die Architekten noch darauf warten, daß der dazugehörige Typus des Stadtbewohners massenhaft in Erscheinung tritt. In den neusachlichen Manifesten wird der Radar-Typ zwar angesprochen, doch scheint es ein Charakter zu sein, der nach seinem Genre und einem technischen Medium sucht. Wir bekommen seinen Lebensstil zu Gesicht, wir sehen seine Gerätschaften, aber seine Gestalt scheint sich der Literatur zu entziehen. Sein Diskurs setzt sich ohne großen Sprachaufwand hinter dem Rücken derer, die ihre Identität in Gedrucktem suchen, durch. Was aber am meisten verbittern muß: Er hinterläßt statt Textspuren nur Ansichten, die man, falls man will, fotografieren kann. So bildet er das Schreckbild der Erosion eines Subjekts, das uns der Bildungsroman zugespielt hat. Dessen Profil verschwindet im Trichter der elektrischen Medien. Da die Literatur der gebildeten Schichten fest in der Hand des »Typus Innen-Leitung« ist, bleibt der neue, der »angelsächsische« Typus eine Randerscheinung. Er bahnt sich seinen Weg durch trivialere Genres, die zum Markt geöffnet sind: Kabarett, Kriminalromane, Magazin-Geschichten und Revuen. In Kurt Tucholskys Liebesroman *Schloß Gripsholm* herrscht sein Sentiment, in dem Distanz und Leidenschaft in ein Komödienlicht getaucht sind, das in den dreißiger Jahren den Radar-Typus im Hollywood-Film beleuchten wird.[639] Walter Mehring registriert die Fähigkeit zur Simultan-Wahrnehmung, des Zynismus gegenüber Institutionen und die Art des urbanen Hedonismus. Auffällig sind die Romane, in denen das Leben des Radar-Typus vom Gesichtspunkt des Moralisten beschrieben wird. In Kästners *Fabian* und Martin Kessels *Herrn Brechers Fiasko* sind die Irritationen, die die neue Verbraucherhaltung auslöst, formuliert. Kästner hatte in seinen ersten Gedichtbänden *Herz auf Taille* (1928) und *Lärm im Spiegel* (1929) den Lässigkeitskult des Radar-Typs in die Lyrik eingeführt. In seinem Roman erkundet er die Nachtseiten des Lässigkeitskultes: die Indifferenz im Umgang mit den Massenmedien, die Auslieferung an die Zirkulation von Nachrichten, Waren und Körpern und die Einstellung zur Sexualität als Konsumgut, das aus der allgemeinen Gleichgültigkeit erlösen soll. »Der Geschlechtstrieb«, wird Riesman später für den Marktcharakter feststellen, »stellt eine Art Abwehrmechanismus gegenüber der Gefahr dar, in völlige Teilnahmslosigkeit zu verfallen.«[640] Der Moralist steht auf dem verlorenen Posten der Innen-Leitung. Zwar simuliert der Held probehalber einige Attitüden des Radar-Typs, da er aber über kein Handbrevier verfügt, das seine Bewegungen dirigieren könnte, gespannte Wachsamkeit in der Beobachtung der Mitmenschen nicht sein Talent ist und er kein Geld hat, um sich in der Zirkulationssphäre zu behaupten, horcht er nach innen, klopft Traditionen des aufgeklärten Bürgertums nach Richtlinien ab, geht zurück zur Mutter und ertrinkt.

Die Romane zeigen den Untergang von Helden, deren »Kreiselkompaß« keine Orientierung mehr bietet und die es als Beschämung erfahren, sich im Stile des neuen Verhaltenstypus orientieren zu müssen.

Der erste Auftritt des Radar-Typus mußte aus Kästners Perspektive a-moralisch sein. Die Provokation ist um so größer, als es Frauen sind, die zeigen, was es heißt, sich auf »tertiärem Sektor« ohne Kreiselkompaß zu behaupten (bei dieser Behauptung glaubt man zu wissen, was unter dem »Kreiselkompaß« des Mannes zu verstehen ist). Die Heldinnen von Irmgard Keuns Romanen *Gilgi. Eine von uns* (1930) und *Das kunstseidene Mädchen* (1932) benutzen die Mimikry an die Außenlenkung als Waffe. Es sind Menschen, die sich permanent im Spiegel der Fremdwahrnehmung definieren, Nähe und Distanz auf ihren Bewegungsspielraum hin taxieren, Wahrnehmungsformen der Massenmedien auf sich beziehen, Moden als Orientierungsmarken benutzen – Simultanspielerinnen ohne Fortune. Der Jargon, den diese Heldinnen sprechen, zeigt die Forciertheit, die aufgebracht werden muß, um nicht ins Sentimentale zu verfallen. Aber sie stürzen nicht ab in die Existenz der »Kreatur« oder des »Proletariats«, sondern wissen, wenn sie im kalten Bahnhofswartesaal oder anderen Provisorien landen, daß sie ihre Formation – die Geborgenheit nicht für sie bereithält, wenn sie mobil bleiben wollen – nicht verlassen können.[641] Die Lage ist auch in Riesmans Diagnose nicht rosig. Der psychische Hintergrund des neuen Typs ist von diffuser Angst grundiert; sie nährt seine Alarmbereitschaft und hält das ruhelose Beobachten in Gang. Demagogie kann sie in Panik ummünzen.

Das Phänomen des Radar-Typus wurde von Schriftstellern, Soziologen, Politikern und Kulturphilosophen gesichtet. Sie reagierten in der Regel so, wie es zu erwarten ist, wenn eine Intellektuellenschicht sich von einem Zivilisationsschub überrollt fühlt.[642]

Das Dilemma bestand darin, daß keiner von ihnen die neue Figuration als ein Phänomen mit Eigenrecht erfaßte. Alle erkannten in ihr eine transitorische Erscheinung. Es war eine lockere Formation – also mußte sie stürzen. Die einen versprachen ihr am Endpunkt des Sturzes »Heimat« im Proletariat; die anderen Ankunft im besser situierten Reich der Innen-Leitung (ein wenig Selbstdisziplin vorausgesetzt). Nie durften die Avisierten unter sich zu Hause sein; »Substanz« war immer andernorts gespeichert.

Erst das NS-Regime bedrohte sie nicht mehr mit Sturz, versprach auch keinen Aufstieg, sorgte vielmehr für eine Art Ankunft, oder, wie Benjamin formulierte, es verhalf ihnen »zu ihrem Ausdruck«. Es organisierte sie in Massenornamenten, erlaubte ihnen Selbstgenuß als Formation, nachdem es die republikanischen Freiräume zerstreuter Rezeption langsam abgeschnürt und damit die Bedingungen, unter denen der Radar-Typ Autonomie entwikkeln kann, zerstört hatte. Die kritischen Soziologen der dreißiger Jahre beeilten sich daraufhin, den neuen Typus mit dem Fundament eines »autoritären Charakters« zu versehen, der sich sein Schicksal selbst zuzuschreiben hat. Damit wurden Möglichkeiten, die die Neue Sachlichkeit dem Typus einmal zugeschrieben hatte, verdunkelt.

Riesmans Konzept schloß an zwei deutsche Forscher der Emigration an. Von Erich Fromms Werk *Man for himself* übernahm er den »Markt-Charakter«; von Karl Wittfogel die Metapher des »Radar-Geräts«. Als Impuls wirkten auf ihn – wie zuvor auf viele Intellektuelle der Weimarer Republik – Georg Simmels Beobachtungen zur Soziologie der Geselligkeit.

VI. Die Kreatur

Die »Kreatur« erhellt die Kehrseite des modernen Bewußtseins. Der Gegensatz zum Radar-Typ könnte, wie dessen Stellung zu den Massenmedien zeigt, nicht größer sein. Während sich Typ 2 in den Medien der Massenkommunikation wie ein Fisch im Wasser bewegt, bilden die Medien für die »Kreatur« ein undurchdringliches Schicksal. Die »Kreatur« kann die Signale nicht nutzbringend entziffern, sie fühlt sich von den Bewußtseinsmedien mit Hieb und Stich traktiert.

Die Logik eines Buches, das mit Verhaltenslehren der kalten persona beginnt und mit der Kreatur endet, nährt die Erwartung, daß die letzte Figur als Inbegriff des *unmaskierten* Wesens erscheint – als habe der Weg vom Maskenspiel des Diplomaten, verstellter Stimme und gepanzertem Ich zu einem Punkt geführt, an dem schließlich ein Subjekt ohne Maske in authentischer Rede agieren dürfe.

Diese Erwartung – vom Gang der Abhandlung gefördert – soll nicht ideologiekritisch entlarvt werden. In ihr arbeitet der elementare Wunsch nach einer nicht rückgängig zu machenden Entwicklung von der Aufrüstung zur Abrüstung des Subjekts, von Stadien der Trennung zu Stadien der Fusion. Die Vorstellung der authentischen Kreatur soll deshalb nicht denunziert, sondern von einem Gedankengang *durchkreuzt* werden, der den Aspekt der *diskursiven Maske* beleuchtet. Wie im Fall der kalten persona soll hier der Begriff »Maske« ein Spektrum von Möglichkeiten erschließen: auch die Maske der Kreatur reguliert als künstliches Mittel Nähe und Distanz, ihre Physiognomie reflektiert die soziale Situation, verstellt Blöße, überwindet Scham, zeugt von der Abwehr der Todesangst oder dem Anspruch, dämonisch zu sein, d.h. als Schreckfigur sich zwischen die Belagerer zu mischen.

Die Kreatur gelangt in einer mächtigen ikonographischen Tradition in die Moderne und wird in den zwanziger Jahren in die Diskurse von Theologie, Psychoanalyse und Tierverhaltensforschung eingebettet.

In einem katholischen Lexikon unserer eigenen Zeit findet sich die Definition:

Kreatur ist alles, was durch Schöpfung existiert, also alles, was seinen Sinn über sich hat, endlich ist, bedroht, offen auf Gott und in seiner Verfügung (s. Potentia oboedientialis), die das Kreatürliche zur Selbstüberschreitung in der gnadengewirkten Annahme der göttlichen Selbstmitteilung ermächtigt (s. Natur und Gnade).[643]

Die künstlerische Gestaltung stellte sich seit dem 19. Jahrhundert der Herausforderung, eine Kreatur zu vergegenwärtigen, deren Schöpfungsgeschichte in der Kette der Evolution versunken ist, die keinen Sinn »über sich« erblickt und deren Gnadenhoffnung sich entweder an irdische Instanzen oder den Gang des Fortschritts heftet.

1. Kriegskrüppel

Bevor die Kreaturen in den zwanziger Jahren vom »kalten Blick« erfaßt, Objekte behavioristischer Beobachtung werden, dürfen sie eine Zeitlang Medium des reinen Ausdrucks, Gefäße des »Lebens«, sein. Wie wir in den Betrachtungen über den Funktionsverlust des Ausdrucks sahen, ist die Problematik des »Schreis der Kreatur« zu Beginn der zwanziger Jahre Gegenstand heftiger Polemik. Die Motive sind gegensätzlicher Art: Plessner schließt den »Schrei« aus dem Register ziviler und diplomatischer Verhaltensweisen aus, weil er fürchtet, daß in ihm die Grenze zum Animalischen überschritten werde, während Brecht ihn ächtet, weil er in dieser Form der Spontaneität Konventionen des bürgerlichen Rechts und der Theologie wittert.

Die neusachlichen Angriffe werden zwar der »Kreatur« im Expressionismus nicht gerecht, sie betonen aber zu Recht die prominente Position, die diese Gestalt in der Literatur der Jahre 1910 bis 1920 einnimmt. In der Gestalt der »Kreatur« scheint für die Expressionisten die Vorstellung von einer »Existenz« des »essentiellen Ich«, ohne »die zufälligen Beimischungen« der Qualitäten der persona, realisiert zu werden.[644] Das mag um so mehr verwundern, als die Expressionisten Randexistenzen wie Bettler, Huren und Waisenkinder ins Zentrum rücken, die als Ausgegrenzte von den Negativspuren dieser Gesellschaft gezeichnet sind, aber gleichzeitig das ganz andere einer menschlichen Existenz außerhalb der Gesellschaft verbürgen sollen. Es sind jedoch nicht so sehr diese Figuren, die die Dichtung der Expressionisten bevölkern, gegen die sich der Angriff richtet, als die Neigung einiger Autoren, sich selbst im Bild des poeta dolorosus als Kreaturen zu stilisieren, deren Schrei weder den Konventionen der Literatur noch den Konditionen des sozialen Rahmens unterliegen soll.

Da, wie die Grobheit dieser Skizze beweist, in dem Feindbild, das im Zeichen der Neuen Sachlichkeit von den Expressionisten unter dem Motto »Und der Vater schämt sich seines Sohnes, den alle verachten«[645] gemalt wird, keine adäquate Darstellung der Expressionisten gelingt, soll die Aufmerksamkeit hier nur auf eine besondere Variante der expressionistischen Kreatur gelenkt werden, den *Kriegskrüppel*. Der Kriegskrüppel stellt in unserem Zusammenhang einen besonders prekären Fall dar: Er repräsentiert einerseits noch Restbestände des Kältepanzers der soldatischen persona, andererseits die verletzte organische Substanz der Kreatur, die der Panzer verbergen sollte. Sein Auftritt muß zwangsläufig eine so peinliche Situation herbeiführen, daß die Beteiligten von Reaktionen der Scham und Beschämung überflutet werden. So versucht die Gesellschaft, sie zu verbergen, was bei 2,7 Millionen Kriegsinvaliden nach dem Ersten Weltkrieg nicht ohne weiteres gelingt[646] – oder ihnen so viel »Verhaltenheit« abzufordern, daß ihr Anblick zumutbar wird. Wenn nur irgend möglich, sollen Peinlichkeiten vermieden werden: »In keinem Berliner Grandhotel sind Servierkellner angestellt, die künstliche Hände haben. Der Anblick einer Kunsthand verschlägt kultivierten Gästen, die fünfzehn Mark für ein Diner bezahlen, den Appetit.«[647] Auch der Anblick eines Bein- und Armamputierten, der »wie ein Säugling im Kinderwagen«[648] transportiert wird, ist nicht zumutbar.

Beide Bilder stammen aus Leonhard Franks Novellenband *Der Mensch ist gut*, der 1918 in Zürich erscheint und auf den sich beinahe alle Polemiken der neusachlichen Schriftsteller beziehen. Ihre Kritik wird durch die Ideologie des Bandes ausgelöst (einem Kellner legt der Autor den Satz in den Mund: »Das Gute im Menschen und das unermeßlich furchtbare Leid werden die Bewegung [der Revolution, H. L.] verursachen«), in der sich naive Anthropologie und Geschichtsphilosophie auf christliche Weise vermischen. Ebenso schwer erträglich ist für die Neusachlichen die hier dargestellte Bereitschaft der expressionistischen Söhne, Kraft aus der Beschämung schöpfen zu wollen.

Leonhard Frank spielt zwei vom Blickwinkel des gepanzerten

Ich peinliche Aspekte der Kreatur durch, die in solcher Steigerung literarisch noch nicht formuliert worden waren: den Schrei und das maskenlose Antlitz. Der Schrei des Verletzten im Amputationssaal, den Frank beschreibt, ist nicht sprachlos, er hält sich geradezu an die Konvention der Schrift, in der er Entlastung sucht:

Er hat das Alphabet durchprobiert. E hilft ihm nicht. I hilft ihm nicht. Nur U. Er brüllt mit der ganzen Kraft seiner Lungen: »Uu!«[649]

Der Schmerz bildet ein semantisches Umfeld, in dem die genannten Vokale nur nach ihrer physiologischen Leistung gewertet werden. Das *Antlitz*, bevorzugter Schauplatz der Expression, fehlt bei einem anderen Kriegskrüppel: »Alles ist weg. Zwei Löcher, wo die Nase war. Ein kleines, lippen- und formloses, narbiges, schiefes Loch, wo der Mund war.«[650] Aus diesen aller traditionellen Mittel der Expression Beraubten macht Frank Behälter eines revolutionären »Gefühlssturms«, die – unter der Anleitung ihres Stabsarztes – einen Aufstand wider den Krieg entfesseln. Die Kreatur wird zur Allegorie des Wunsches, es möge ein Zusammenhang bestehen zwischen der Denaturierung des Menschen und seiner Erlösung. Die Bilder der Kreatur, die im neusachlichen Jahrzehnt entstehen, untergraben diese Illusion.

2. Diskurse der »Kreatur« zwischen Theologie und Tierverhaltensforschung

Schon die Literatur des 19. Jahrhunderts zeichnete die Kreatur durch eine vorbürgerliche Konstitution aus, die ihr eine Tiefe verleihen sollte, die im Rationalitätstypus nicht präsent war. Diese Gestalt war nicht nach dem Muster einer sozialen Rolle modelliert; sie fiel aus dem Modell sozialer Klassen heraus, pendelte zwischen »Edlem Wilden« und »Lumpenproleten«, war Handwerker, Land- oder Transportarbeiter, Dienstmädchen oder Prostituierte, ohne sich einer sozialen Kategorie völlig zu fügen. Neigte sie zur Asozialität, so war ihr anarchistischer Nerv durchgeschnitten.[651]

Obwohl die Kreatur auch in den zwanziger Jahren von sozialen Schemata kaum determiniert ist, erscheint sie als Exempel extremer Fremdsteuerung, was sie von der Gestalt des Vagabunden, der seine Ungebundenheit betont, oder vom Anarchisten, der letzten Heimstatt eines individuellen Gewissens, unterscheidet. Eine Ausbildung innerer Regulative (der Einbau des »Kreiselkompasses« also) hat nicht stattgefunden. Den Zwang zur Sublimierung der Triebansprüche erfährt sie in der Regel in der Form roher Gewalt oder in der Form von Zuchtanstalten. Zeitdisziplin entwickelt sie nur in stabilen Umwelten wie dem Militär. Ihr rationales Vermögen ist durch magisches Bilderdenken stark gedämpft.

Die Faszination, die diese Gestalt der »Außenkehrung« auf ein Publikum, das unter dem Stern der »Entzauberung« steht, ausübt, ist leicht zu begreifen. Als ein Beispiel für Heteronomie übernimmt die Konstruktion der »Kreatur« in den Diskursen der Selbstbestimmung die Rolle, die Rückansicht der Autonomie bloßzulegen. Dem Anspruch, Täter der Geschichte zu sein, antwortet die Kreatur mit der Ahnung, einem ausweglosen Schicksal zu unterliegen. Prominente »Kreaturen« des neusachlichen Jahrzehnts sind Brechts Kindesmörderin Marie Farrar und der Elternmörder Jakob Apfelböck, Döblins Transportarbeiter Franz Biberkopf, Arnold Zweigs Sergeant Grischa, Joseph Roths Hiob, Robert Musils Moosbrugger und Ludwig Tureks Bruder Rudolf, der, schon in der Wiege krepierend, es nicht einmal zur Kreatur bringt.[652] Es ist die große Leistung der proletarischen Literatur dieser Jahre, das Bild des Arbeiters endgültig von dem der Kreatur zu lösen, sei es auch um den Preis, sein Bild der kalten persona anzunähern.

Brecht macht aus der Kindesmörderin Marie Farrar in der *Hauspostille* ein Lebewesen, das sich im Schema von Stimulus und Reflex, mit dem eine behavioristisch eingestellte Tierverhaltensforschung arbeitet, hinreichend erklären läßt. Er zeigt, daß dieses Bündel von Reflexen Objekt des juristischen und des theologischen Diskurses ist.[653]

Von der Kindesmörderin
Marie Farrar

I

Marie Farrar, geboren im April
Unmündig, merkmallos, rachitisch, Waise
Bislang angeblich unbescholten, will

Ein Kind ermordet haben in der Weise:
Sie sagt, sie habe schon im zweiten Monat
Bei einer Frau in einem Kellerhaus
Versucht, es abzutreiben mit zwei Spritzen
Angeblich schmerzhaft, doch gings nicht heraus.
Doch ihr, ich bitte euch, wollt nicht in Zorn verfallen
Denn alle Kreatur braucht Hilf von allen.

2

Sie habe dennoch, sagt sie, gleich bezahlt
Was ausgemacht war, sich fortan geschnürt
Auch Sprit getrunken, Pfeffer drin vermahlt
Doch habe sie das nur stark abgeführt.
Ihr Leib sei zusehends geschwollen, habe
Auch stark geschmerzt, beim Tellerwaschen oft.
Sie selbst sei, sagt sie, damals noch gewachsen.
Sie habe zu Marie gebetet, viel erhofft.
Auch ihr, ich bitte euch, wollt nicht in Zorn verfallen
Denn alle Kreatur braucht Hilf von allen.

3

Doch die Gebete hätten, scheinbar, nichts genützt.
Es war auch viel verlangt. Als sie dann dicker war
Hab' ihr in Frühmetten geschwindelt. Oft hab' sie
geschwitzt.
Auch Angstschweiß, häufig unter dem Altar.
Doch hab' den Zustand sie geheim gehalten
Bis die Geburt sie nachher überfiel.
Es sei gegangen, da wohl niemand glaubte
Daß sie, sehr reizlos, in Versuchung fiel.
Und ihr, ich bitte euch, wollt nicht in Zorn verfallen
Denn alle Kreatur braucht Hilf von allen.

4

An diesem Tag, sagt sie, in aller Früh
Ist ihr beim Stiegenwischen so, als krallten
Ihr Nägel in den Bauch. Es schüttelt sie.
Jedoch gelingt es ihr, den Schmerz geheim zu halten.
Den ganzen Tag, es ist beim Wäschehängen

Zerbricht sie sich den Kopf: dann kommt sie drauf
Daß sie gebären sollte, und es wird ihr
Gleich schwer ums Herz. Erst spät geht sie hinauf.
Doch ihr, ich bitte euch, wollt nicht in Zorn verfallen
Denn alle Kreatur braucht Hilf von allen.

5

Man holte sie noch einmal, als sie lag:
Schnee war gefallen und sie mußte kehren.
Das ging bis elf. Es war ein langer Tag.
Erst in der Nacht konnt sie in Ruhe gebären.
Und sie gebar, so sagt sie, einen Sohn.
Der Sohn war ebenso wie andere Söhne.
Doch sie war nicht so wie die anderen, obschon:
Es liegt kein Grund vor, daß ich sie verhöhne.
Auch ihr, ich bitte euch, wollt nicht in Zorn verfallen
Denn alle Kreatur braucht Hilf von allen.

6

So will ich also weiter denn erzählen
Wie es mit diesem Sohn geworden ist
(Sie wollte davon, sagt sie, nichts verhehlen)
Damit man sieht, wie ich bin und du bist.
Sie sagt, sie sei, nur kurz im Bett, von Übel-
keit stark befallen worden und, allein
Hab' sie, nicht wissend, was geschehen sollte
Mit Mühe sich bezwungen, nicht zu schrein.
Und ihr, ich bitte euch, wollt nicht in Zorn verfallen
Denn alle Kreatur braucht Hilf von allen.

7

Mit letzter Kraft hab' sie, so sagt sie, dann
Da ihre Kammer auch eiskalt gewesen
Sich zum Abort geschleppt und dort auch (wann
Weiß sie nicht mehr) geborn ohn Federlesen
So gegen Morgen. Sie sei, sagt sie
Jetzt ganz verwirrt gewesen, habe dann
Halb schon erstarrt, das Kind kaum halten können

Weil es in den Gesindabort hereinschnein kann.
Auch ihr, ich bitte euch, wollt nicht in Zorn verfallen
Denn alle Kreatur braucht Hilf von allen.

8

Dann zwischen Kammer und Abort, vorher sagt sie
Sei noch gar nichts gewesen, fing das Kind
Zu schreien an, das hab' sie so verdrossen, sagt sie
Daß sie's mit beiden Fäusten ohne Aufhörn, blind
Solang geschlagen habe, bis es still war, sagt sie.
Hierauf hab' sie das Tote noch gradaus
Zu sich ins Bett genommen für den Rest der Nacht
Und es versteckt am Morgen in dem Wäschehaus.
Doch ihr, ich bitte euch, wollt nicht in Zorn verfallen
Denn alle Kreatur braucht Hilf von allen.

9

Marie Farrar, geboren im April
Gestorben im Gefängnishaus zu Meißen
Ledige Kindesmutter, abgeurteilt, will
Euch die Gebrechen aller Kreatur erweisen.
Ihr, die ihr gut gebärt in saubern Wochenbetten
Und nennt »gesegnet« euren schwangeren Schoß
Wollt nicht verdammen die verworfnen Schwachen
Denn ihre Sünd war schwer, doch ihr Leid groß.
Darum, ich bitte euch, wollt nicht in Zorn verfallen
Denn alle Kreatur braucht Hilf von allen.

Im bürgerlichen Recht wird die Kreatur mit der Maske des selbstverantwortlichen »Subjekts« ausstaffiert; im Rahmen theologischen Denkens wird es zum Spiegel einer fernen Gnadeninstanz. Das bürgerliche Strafverfahren hat dieser Aufspaltung Rechnung getragen. Dem Henker, der die Aufgabe hat, das selbstverschuldete Rechtssubjekt zu liquidieren, ist ein Geistlicher beigesellt, der die verworfene Kreatur der Gnadeninstanz anbefiehlt. Brecht versucht mit seiner Schreibweise, den Strahlenkranz, den beide Diskurse um die Kreatur anbringen, vorzuführen und auszulöschen.

Brecht wirft Licht auf die Fiktion des selbstverantwortlichen

Subjekts. Die bürgerliche Gesellschaft beraubt die Kreatur der Möglichkeit, Eigenschaften der Selbstbestimmung zu entwickeln, und setzt sie physischen Qualen aus, um ihr in dem Augenblick den Ehrentitel des Vollverantwortlichen zu verleihen, in dem sie formgerecht getötet werden soll. Brecht zeigt, was übrigbleibt, wenn man die ideologischen Implikationen des bürgerlichen Rechts und der theologischen Rede wegstreicht. Erst muß das gequälte Lebewesen aus dem Netz der Weltanschauungen, die es zur Kreatur stilisiert haben, herausgelöst werden, ehe man es mit anderen Möglichkeiten – z.B. der der Rebellion – versehen kann.

Gereizt reagiert Brecht darum, als Arnold Zweig den Typus der Kreatur als Helden seines Grischa-Romans präsentiert.[654] In diesem Helden sieht Brecht einen Probierstein des Mitleids, welches das Elend nur verlängert. Demgegenüber betont er – in nietzscheanischer Manier –, wie sinnlos es sei, sich in die Psyche eines zum Tode Verurteilten hineinzuversetzen.[655] Zweigs Roman hat für ihn die Logik eines Bittgangs zu Instanzen, die – sind sie nicht theologischer Art – nur noch in Rechtsillusionen bestehen. Brecht weiß sich mit Benjamin in diesem Urteil eins. Dieser hatte in bezug auf das Trauerspiel bemerkt, daß in ihm der »Prozeß der Kreatur« als Klage gegen den Tod am Ende »halb nur bearbeitet zu den Akten gelegt wird«.[656] Die Hoffnung auf die Wiederaufnahme des Prozesses ist im 20. Jahrhundert ganz geschwunden.

3. Grischa im Heer

Zweigs Grischa-Figur weist die denkbar größte Diskrepanz zu Brechts Geschöpfen auf. Ihre Entwicklung verläuft in einer Richtung, die der des Packers Galy Gay in Brechts *Mann ist Mann* entgegengesetzt ist. Grischa wandelt sich vom einsatzfreudigen Soldaten zum Emblem der Sanftmut, vom mechanischen Rädchen der Armee zum organischen Bündelchen in der Todeszelle, vom Gefangenen, dessen Fluchtimpulse noch intakt sind, zum Anhänger des Amor fati. Zu guter Letzt hofft dieser Held, in freiwilliger Selbstentwaffnung menschliche Würde wiederherzustellen, und schlägt das Angebot zur Flucht aus. Je mehr sich aber diese Figur in der Entpanzerung zu individualisieren sucht, desto unentrinnbarer wird sie fremdbestimmt. Zweig erläutert diesen fatalen Umstand in einem chassidischen Gleichnis, das er den Tischler Täwje erzählen läßt:

Zwei Menschen werfen ein Los. Dann ist die Entscheidung wichtig für den einen oder den anderen, aber nicht für das Los.

Die Grischa-Kreatur bildet, wie man beobachtet hat, einen Reflex des Ostjuden-Kultes, der in den zwanziger Jahren eine Zeitlang viele Intellektuelle fasziniert hat. Die Legende vom guten Grischa gehört zu den »philosophischen Physiognomien«, die diese Art des Populismus entworfen hat.[657]

Arnold Zweigs Roman spielt uns aber gleichzeitig Bilder von erschreckender Modernität zu, in denen das Funktionieren der Kreatur in einer »künstlichen Masse« (Freud) wie dem Heer in einer Mischung aus Institutionenlehre und Tierverhaltensforschung erläutert wird. Makaber ist Zweigs Beschreibung des Exekutionskommandos, das – Grischa in seiner Mitte – zur Kiesgrube zieht. Gezeigt wird ein rhythmisch bewegter Organismus:

Das Reitzeug klinkert; Kettchen schlagen an Leder, die Schnürschuhe der Mannschaft, sechzehn Paar, knirschen gleichmäßig im hier kälteren Schnee, die Seitengewehre schlagen taktfest an die Schenkel, und auf den Schultern, manchmal an die Helme stoßend, knacken und knistern die Gewehre.[658]

Zweig betont in der Beschreibung dieses »marschierenden Körpers« die physiologischen Elemente. Das Zustandekommen der martialischen Stimmung dieser »Gruppenseele« wird – behavioristisch – auf die Schärfe zurückgeführt, mit der die Kinnriemen der Kohorte ins Fleisch schneiden. Eingerahmt wird das vorrückende Peloton von zwei Feldwebeln zu Pferde, von denen der an der Spitze auf elegantem dunkelbraunen Wallach das zynische Bewußtsein repräsentiert, während in der Nachhut auf einer fetten ruhigen Stute das problematischere Bewußtsein reitet. Beide Figuren zu Pferde gehören zum arbeitenden Organismus des Todeskommandos, das sich gegen die strahlende Indifferenz der Schneefelder »in zartem Gold und Weiß« abhebt. Und auch das Opfer ist in den »schreitenden Körper«, in dem der Tastsinn regiert, integriert. Daß Grischa in dieser Formation Haltung bewahrt, wird auf den straffen Druck des Gürtels zurückgeführt.

Hier, wo Zweig die Gründe für das störungsfreie Funktionieren einer Einrichtung in Bewegungsrhythmen und physiologischen

Faktoren veranschaulicht, liegen die außerordentlich neuartigen Elemente des Romans, die im *Rückgriff* auf das Genre der Physiologien zustande kommen. Büchners Drama *Woyzeck* hatte Zweig kurz zuvor studiert.

Es lohnt, die Darstellung der Institution des Hinrichtungskommandos samt seinen Ritualen mit der Institutionslehre Arnold Gehlens zu vergleichen. Es gelingt Zweig, das reibungslose Funktionieren eines Apparats zu erklären, das sich nicht durch einen Sinn außerhalb seines Funktionssystems zu legitimieren braucht. Gehlen wird in seinem Aufsatz *Über die Geburt der Freiheit aus dem Geiste der Entfremdung* zugunsten der menschlichen Institutionen ausführen:

> Der Mensch kann zu sich und seinesgleichen ein *dauerndes* Verhältnis nur *indirekt* festhalten, er muß sich auf einem Umwege, sich entäußernd, wiederfinden, und da liegen die Institutionen. Es sind dies die allerdings, wie Marx richtig sah, von den Menschen produzierten Formen, in denen das Seelische, ein auch in höchstem Reichtum und Pathos undulöses Material, versachlicht, in den Gang der Dinge verflochten und gerade nur damit auf Dauer gestellt wird. *So werden wenigstens die Menschen von ihren eigenen Schöpfungen verbrannt und konsumiert und nicht von der rohen Natur, wie Tiere.* Die Institutionen sind die großen bewahrenden und verzehrenden, uns weit überdauernden Ordnungen und Verhängnisse, in die die Menschen sich sehenden Auges hineinbegeben, mit einer für den, der wagt, vielleicht höheren Freiheit als der, die in Selbstbestätigung bestünde, in dem »Ich, das sich selbst setzt« Fichtes oder in dessen modernem Stiefbruder, dem »Man for himself« E. Fromms.[659]

Auf der Ebene des Arguments widersetzt sich solcher Theorie in Zweigs Roman der Lehrer Sascha aus Merwinsk, wenn er – während der Kaufmann Weressejew eine Etage tiefer unruhig auf den Popen wartet und sich der Exekutionszug der Kiesgrube nähert – seine Ansicht von der Naturgeschichte der Institutionen formuliert und von Einrichtungen spricht, die die Menschen »nicht selber geschaffen haben, sondern fahrlässigerweise von Geschlecht zu Geschlecht haben wachsen lassen«.[660] Der Lehrer in Merwinsk schlägt zur Naturgeschichte, was Gehlen als Emanzipation von rohen Naturzwängen feiert. Sascha hat in gewissem Sinne recht. Aber sein Argument der »Fahrlässigkeit« ist schwach. »Marxistisch« wird man es nicht nennen können.

Von größerer analytischer Schärfe ist Zweigs Bild. Es enthüllt, daß der marschierende Körper funktioniert, weil in einer Institution wie der Armee die inneren Regulative des einzelnen so herabgedämmt sind, daß sich das Bewußtsein des einzelnen leichter von physiologischen Rhythmen absorbieren läßt. Wodurch freilich die Institution den Charakter einer »gewachsenen«, zweiten Natur annimmt. Nicht ohne triumphierenden Unterton hatte Gehlen das Schicksal des Menschen in seinen Institutionen gegen das Tierreich abgehoben: »So werden wenigstens«, hatte er aufgetrumpft, »die Menschen von ihren eigenen Schöpfungen verbrannt und konsumiert und nicht von der rohen Natur, wie Tiere.« Zweig unterläuft derartiges Pathos, indem er vorführt, daß man den Gang der Dinge und Seelen in einer Institution wie der Armee hinreichend mit den Augen eines Tierforschers, der Bewegungsformen der Kreatur beobachtet, erklären kann. Die Logik der Bilder in Zweigs Roman lehrt, daß im Rahmen von Institutionen wie der Armee entscheidende Differenzen zum Tierreich wegfallen. Um dies zu betonen, hat er in das Bild des »marschierenden Körpers« des Exekutionskommandos noch eine Pointe eingebaut. Während die »Gruppenseele« durch Riemen, Uniformen und Rhythmen zusammengehalten wird, verliert nur ein Lebewesen die Fassung: die ruhige Stute, auf der das problematische Bewußtsein reitet. Sie kann nicht an sich halten. Und dieser Zerfall der Selbstdisziplin beim schlecht dressierten Pferd, das als einziges Lebewesen ausschert, ist dann auch der Vorfall, der die Mannschaft so sichtlich »empört«, daß es in die Nachhut dirigiert werden muß:

> Doch ihr, ich bitte euch, wollt nicht in Zorn verfallen
> Denn alle Kreatur braucht Hilf von allen.[661]

Im ersten republikanischen Jahrzehnt ist ein Heer von Kreaturen zu besichtigen. Vom Kriegskrüppel bis zum Asylbewohner treten sie als Objekte der Sozialfürsorge ins Rampenlicht der Öffentlichkeit. Das Verdrängte kehrt in der Fotografie als Sensation zurück. Auf ihre Stimme kam es weniger an als auf ihr teils exotisches, teils mitleiderregendes Äußeres und ihre reflexartigen Bewegungsabläufe. Ihr Bild sorgte dafür, daß auf die Frage der Anthropologie »Was für ein Naturding ist der Mensch?« keine zu optimistische Antwort gegeben wurde.

In Kunst, Literatur und Film taucht die Kreatur als letzte Station einer Lebensgeschichte auf: als Soldat, der seine Panzerung verliert; als wehrloser Arbeiter, von der Freikorpssoldateska an die Wand geführt; als Schikanierter in den Labyrinthen der Verwaltung; als Portier des Grandhotels, der als Toilettenwart endet; und »natürlich« – weil, wie wir in Plessners Anthropologie sahen, aus der Arena der Künstlichkeit ausgeschlossen – als Frau, die den Gashahn aufdreht, die sich als Prostituierte durchschlägt, ihr Kind ermordet... Immer figuriert die Kreatur als das der Gnade bedürftige Wesen in einer Zeit, die keine Gnadeninstanzen kennt, da sein Schöpfer unwiderruflich in weite Ferne gerückt ist und bürgerliche Institutionen es nicht auffangen können. In den Bildern der totalen Mobilmachung kommt dieses Wesen nicht vor. Dort fungieren metallische Gestalten[662]; Kreaturen dagegen bieten nur organische Substanz.

Vom Gesichtspunkt unserer Typologie aus schwankt die neusachliche Literatur zwischen Extremen; zwischen dem selbstbewußten Subjekt im Panzer in soldatischer oder dandyistischer Montur und dem Menschen als organischem Bündel von Reflexen in Todesnot. Der moderne Raum ist erfüllt von dem Gesang des gepanzerten Subjekts und den Legenden der gnadenbedürftigen Kreatur. Oft wird erzählt, wie ein gepanzertes Subjekt zum erbarmungswürdigen Geschöpf wird, daß es eine »Schande« ist. Das »Weltstadtpublikum« hat sich von kreatürlichen Legenden und Gesängen faszinieren lassen. Es konnte seinen ständigen Alarmzustand, in die es die Gefahr, ins »Nichts« der sozialen Degradierung zu fallen, versetzte, in diesen Erzählungen bestätigt finden. Seine diffuse Angst erschien in fremden Schicksalen objektiviert. Und war es selbst als Publikum nicht schon eine Instanz der Gnade, wieviel mehr nicht in den dreißiger Jahren als »Volk«?

4. Der Fall Angerstein

Im Bild der Kreatur zerfällt die Selbstgewißheit des persona-Begriffs. In ihm war ein Ich gedacht, das selbstmächtig erst im Bewußtsein dessen wird, was (durch die Maske) nach außen tritt, während die Kreatur ihren Auftritt hat, wenn die künstlichen Mittel der persona in Scherben zerschlagen sind. Der Gerichtsprozeß scheint die bevorzugte Bühne für dieses Schauspiel zu sein, weil hier der Kampf um die Schuldfähigkeit der Person, die in der bürgerlichen Gesellschaft ihr Terrain behauptet hatte, und die Unzurechnungsfähigkeit der Kreatur ausgefochten wird. In den zwanziger Jahren stehen solche Fälle im Rampenlicht der Psychoanalyse, die versucht, die angeklagte Person aus der Klammer der »Schuldkultur« zu lösen, in der die Form des Tribunals sie zwangsläufig festhält. Das gelingt ihr, indem sie die Fiktion des schuldfähigen Subjekts auflöst. Indem sie aber gleichzeitig das Subjekt an eine Figuration der Kindheit bindet, kehrt die Kerninstanz der Familie wieder, gegen die sich die neusachliche Generation so vehement richtet.

Unter der Überschrift *Tat ohne Täter* berichtet Siegfried Kracauer im Juli 1925 über den Prozeß gegen den sechsfachen Mörder Fritz Angerstein. Der Fall wird ihm zum Sinnbild des Risikos einer Welt der »Sachlichkeit«, in der die Beziehungen der Menschen zueinander von funktionalem Spiel sozialer Rollen gesteuert werden.

Denn je mehr die Menschen sich in ihren Beziehungen zu einander versachlichen, und den von ihnen abgesprengten Dingen Gewalt über sich einräumen, statt die Dinge an sich heranzupressen und menschlich sie zu durchdringen, desto leichter kann und wird es geschehen, daß das in die Abgründe des Unbewußten verdrängte Menschliche entstellt, koboldhaft und grausig in die verlassene Dingwelt sich stürzt.[663]

In der Kreatur hat die psychoanalytische Kategorie des »Es« ihre Maske gefunden; eine Maske jenseits der persona, die im Käfig sozialer Kategorien wie »Kleinbürger«, »Vorgesetzter« etc. befangen bleibt und deren bürgerlicher Titel des »Handlungsbevollmächtigten« ein letztes Mal die Illusion des zurechnungsfähigen Subjekts beschwört. Der Prozeß enthüllt ein nicht mehr zu überbrückendes Mißverhältnis zwischen der Person und ihrer Handlung:

Eine Tat ohne Täter – das ist das Aufreizende, nicht zu Fassende im Falle Angerstein. Unausdenkbar die Tat: eine Orgie der Axthiebe und Stichverletzungen, begleitet von den Exzessen der Unterschleife und der Brandstiftung. Drohend in ihren Maßen, durchbricht sie das Gehege der gewohnten Satzungen wie nur irgend ein elementarisches Ereignis. Man kann mehr nicht als hinstarren auf sie, in einen Zusammenhang einreihen läßt sie sich nicht. Immerhin, sie ist vorhanden, sie ist ein unbezweifelbares Faktum, das wohl oder übel verbucht werden muß.

Wer aber ist der Täter, der zu ihr gehört? Angerstein? Der kleine, subalterne Mann mit den bescheidenen Manieren, der verzagten Stimme und der stumpfen Phantasie? In Schnitzlers Schauspiel: »Der grüne Kakadu« wird ein echter Mörder, der sich in einer Kaschemme der Pariser Lebewelt als Verbrecher-Darsteller verdingen will, von dem Wirt mit der Bemerkung zurückgewiesen, daß er zu wenig blutrünstig wirke. Ihm gleicht der Pseudo-Täter von Haiger. Eine Biedermanns-Erscheinung zuletzt, der nur überhitztes Reporter-Urteil nachträglich ein besonders lasterhaftes Aussehen andichten kann. Wäre man ihm früher auf der Straße begegnet, man hätte ihn um Feuer gebeten und die Züge schnell wieder vergessen.

Auch heute noch, oder heute wieder, beharrt er durchaus in den engen Schranken angestammter Mittelmäßigkeit. Sein Verhalten während des Prozesses gering in jedem Betracht. Kein jähes Auffahren, das ihn in Beziehung setzte zu dem Geschehenen, kein Ausbruch, der Zeichen wäre für unterirdische Dämonie, kein Schweigen auch, das der Gewalt des Ereignisses entspräche. Statt dessen ein Sichverkriechen in Bagatellen, dumpfe Erschütterungen, die an ihren eigentlichen Grund nicht zu reichen vermögen, konfuse Hinnahme des ihm selber Unbegreiflichen.

Angerstein hat (nach Professor Herbertz' Ausführungen) die Tat nicht begangen, sie ist ihm passiert. Die Tat, kaum erfolgt, hat sich abgetrennt von ihm und steht nun rein für sich als isoliertes Faktum, dem der rechte Ursprung fehlt. Durch den Mörder hindurch ist sie grundlos dem Nichts entschlüpft, unverbunden mit ihm ein schreckhaftes »Es« da draußen im Raum. Wäre die Hafersuppe nicht angebrannt gewesen, eine Winzigkeit nur in dem System der äußeren Verkettungen von ihrem Platz gerückt – die Opfer Angersteins lebten weiter und außer seinen Mitbürgern in Haiger wüßte niemand von ihm. Riesengroß hängt über ihm das Verbrechen; er selber verschwindet in seinem Schatten.

Verhöre und Zeugenvernehmungen haben ermittelt, was ungefähr zu ermitteln war. Unbekannte Einzelheiten sind an die Oberfläche getreten, aus tausend Aussagen hat sich ein grobes Ganze erbaut. Das Bild ist nicht falsch, es ist aber nicht richtig, aber es hebt doch das sonst unwiderruflich dem Dunkel Verfallene in den Tagesbereich, bringt es, unzulänglich und zugleich befreiend, richterlichem Ermessen dar.

Ein *Kleinbürger* wie tausend andere ist in das Ungeheuerliche hineingetaumelt. Er heiratet früh, arbeitet sich in die Höhe, wird Vorgesetzter gar. Trivial und achtbar das alles, kein Wort zu verlieren darob.

Die Bedrängnisse sind schlimm, wenn auch nicht außergewöhnlich: verschleppte Ängste aus der Jugend, örtlich begrenztes Tuberkuloseleiden, Familiennöte, das Leben mit einer kranken Frau. Er hat die Schwächliche, leicht Erregbare geliebt – Nachbarn und Hausbesucher loben die Ehe. Die Frau hat eine Fehlgeburt nach der andern, sie unterstellt das erotische Gemeinschaftsleben den Grundsätzen methodischer Frömmigkeit. Ein Konventikelmilieu, es ist nicht leicht gewesen für ihn. Dennoch hält er, von einer sexuellen Verirrung abgesehen, im ganzen stand und kommt den Wünschen der Überempfindlichkeit stets noch zuvor. Sie klagt und leidet, ihr pietistisches Gemüt wird von Todesahnungen gequält.

Und nun, im Winter 1924, springt das Ereignis urplötzlich hervor. Unterschlagungen sind vorangegangen, man weiß nicht wie und warum, ein verwirrter Betrug. Dem aus der Bahn Geratenen scheint überdies die ärztliche Behandlung zuzusetzen, der bisher festumgrenzte Weltausschnitt zerfließt ihm unter der Hand, und die Frau, an die er fixiert ist, reißt ihn mit sich in die Sehnsucht des Sterbens, des Endens. Er mag an Selbstmord gedacht haben, als er sie erstach – aber woher der Amoklauf mit Hirschfänger und Beil, das sinnlose Zerschlagen der unbeteiligten Schädeldecken? Was wirbelt ihn, den kleinen Handlungsbevollmächtigten, für eine Nacht und einen Tag in den Cyklon der zerstörenden Gewalten hinein?

Die psychiatrischen Gutachten haben die Brücke zwischen dem Täter und der ihm fremden Tat weder gesucht noch gefunden. Sie sind auf die klinischen Befunde geeicht, es ist ihre Pflicht nicht gewesen. Prof. *Herbertz* einzig, der Tiefenpsychologe und Outsider vor Gericht, hat Verbindungslinien aufgespürt, die aus den Schichten des Unbewußten nach oben und außen führen.

Wie ist es hergegangen nach ihm? Nun, jener Kleinbürger Angerstein mit dem scheinruhigen Wesen hat an Unbefriedigung und Kümmernissen berghohe Massen verdrängen müssen. Man kann es sich vorstellen: die hysterische Frau, die geschont und gepflegt sein will, mit ihren biblisch-düsteren Phantasien, Komplexe von früher her, die Notwendigkeit von Verheimlichungen. Seelisches Dynamit speichert sich auf, die Hülle ist unverdächtig. Eines Tages explodiert die Geschichte – ein Knall, und hemmungslos brechen die Impulse heraus. Die bestialischen Instinkte, finstere Wünsche, schon von Kindheit an genährt, nicht gewußter Haß: der ganze Sprengstoff in den Kellerverliesen wird an die Oberfläche geschleudert und entlädt sich vulkanisch. Es wird stimmen, was Prof. Herbertz behauptet hat: daß während der gesamten Dauer der Katastrophe Angerstein gleichsam außer sich gewesen ist. Gewiß, er hat das Entsetzliche vor Augen der Menschen verbergen wollen; aber ist es normal und alltäglich zu nennen, wenn er zur Erreichung seiner Absicht die krausesten Mittel verwendet? Zeugt es von Überlegung, wenn einer fünf Menschengehirne lediglich zu dem Zwecke zertrümmert, damit sie nichts Belastendes über ihn registrieren? Diese Logik ist unlogisch, sie hat auch mit dem Geschäftsmann Angerstein nicht das geringste zu tun.

Viele Tatsachen bestätigen die Annahme, daß der stille Handlungsbevollmächtigte durch ein unbekanntes Etwas in ihm überrumpelt worden sei. Er bekennt, daß er sich selber nicht versteht, er kann es nicht ausdenken, daß das gigantische Faktum ihm sich entrungen habe. Seine anfänglichen Versuche es abzuleugnen sind von lächerlich kleinbürgerlicher Art. Nun es offen zu Tage liegt, daß er der Täter ist, stiert er hilflos auf das, was als sein Verbrechen bezeichnet wird. Seine Ausflüchte gelten fortan den Nebendingen, seine Entschuldigungen dem Drum und Dran. Die eigentlichen Untaten selber lasten wie ein Bleiklotz auf ihm, den er nicht fortzuwälzen vermag.

Nur seine *Träume* noch scheinen in jene Schichten zu dringen, denen die Morde entstammen. Er träumt etwa, daß Teufel und Engel ihn auf einer Wiese umringen und der rote Henker neben ihm weilt. Einer der Engel, unter denen auch seine Frau sich befindet, reicht aus einem Korb, der die Aufschrift »Wahrheit« trägt, den Teufeln ein Zwanzig-Markstück, um seine Seele zu retten. Furcht und Hoffnung entlehnen die Bilder dem sektiererischen Vorstellungskreis.

Ist er bei Bewußtsein, so flieht er in den Schlaf und vertilgt die doppelten Rationen, weil sein Gedächtnis vergehen will. Das Faktum da draußen, das doch offenbar in Zusammenhang mit ihm steht, erdrückt ihn ganz und gar, er mag es nicht schmecken und fühlen. Auch der Selbstmord liegt außerhalb des zum Punkt eingeschränkten Horizonts. Seine Lektüre die Bibel, die ihn vielleicht auf Umwegen mit seiner Frau in Berührung bringt.

Eine Tat ohne Täter, die nichts, aber auch nichts mit den großen Verbrechen gemein hat, deren Urheber im Volksmund gewaltig fortbestehen. Jene Verbrechen waren die Bekundungen eines wie immer verworfenen Willens, sie waren die Eruptionen ungebändigter Naturen, verzerrte Geistigkeit, Triebe und Leidenschaften riesigen Formates wirkten in ihnen sich aus. Sie hatten ihren Ort in dem *Menschen*, nicht abgesprengt von ihm standen sie unzugänglich im Raum.

Daß die Taten, die auf den Namen Angerstein lauten, des persönlichen Bezugspunkts ermangeln, ohne doch von einem Geistesgestörten herzurühren, daß sie keinen zureichenden Grund haben in dem Bewußtsein ihres Täters: dies eigentlich macht sie zum qualvollen Rätsel, verleiht ihnen die unheimliche Fremdheit bloßer Sachen. Die Tiefenpsychologie mag zu Recht festgestellt haben, daß sie aus den Kratern des unbewußten Seelenlebens zutage getrieben worden sind; das Rätsel, wie solches möglich sei, hat auch sie nicht gelöst. (...)

Plötzlichkeit und Isolation, die die Beschämung kennzeichnen, regieren aus der Perspektive Kracauers den Fall Angerstein vor Gericht. Der »Täter« stellt sich, vom fremden Blick der Öffentlichkeit überschwemmt, als Kreatur dar. Während er sich so jeder Ehrverletzung öffnet, ist seine Haltung gleichzeitig die einzige, die Schonung seines Lebens verspricht. »Kreatur« ist die Maske, die die Todesdrohung abwehren muß. Gleichzeitig muß Kracauer Angerstein jedes Talent für Inszenierung absprechen, um das Bild der Kreatur glaubwürdig zu übermitteln; denn diese darf nicht über die Fähigkeit, ihre Rolle zu reflektieren, verfügen, will sie der Hinrichtung entgehen. Um diesen Effekt zu erzielen, inszeniert Kracauers Bericht fortwährend den Sturz der persona Angerstein in ein Elementarreich, in dem kein Maskenspiel mehr unterzubringen ist. Die Topographie der Psyche des Angeklagten, die Kracauer entwirft, übernimmt zwar Elemente von Freuds früher Beschreibung des psychischen Apparats, ist aber keinesfalls auf dessen Analyse zurückzuführen. Einerseits fördern Kracauers Metaphern die weitgehende Entmischung der beiden Sphären des Zivilisatorischen und des Elementaren: »seelisches Dynamit« lagert in den »Kellerverliesen« der Psyche, die scheinruhige Hülle des Zivilisatorischen wird explosionsartig, »vulkanisch«, von »elementarischen Ereignissen« durchbrochen. Andererseits gibt Kracauer zu erkennen, daß die Naturgewalt, die Angerstein zum Täter werden läßt, so elementar nicht ist, sondern daß das Unbewußte, das die Tat regiert, in die Inauthentizität des sozialen Netzes verstrickt ist; wobei die »Hysterie« der ermordeten Gattin als gegeben angenommen wird.

In der letzten Passage des Berichts löst sich Kracauer von der »Dämonie« des Falles, in dem die »Krater des unbewußten Seelenlebens zutage getrieben worden sind«. Ganz unvermittelt greift er auf ein Motiv der Lebensphilosophie zurück, welche die Entstellungen der Kreatur der zivilisatorischen »Verdinglichung« der

Welt anlastet. Entsprechend rätselhaft unbegründet klingt nach seiner Inszenierung des Falles Angerstein der Schlußsatz des Artikels: »Nur in einer menschlichen Welt hat die Tat ihren Täter.«

5. Bronnens *O. S.*

Siegfried Kracauer spricht in seinem Bericht nebenbei von jenen gewaltigen Taten, die den Rahmen der Gesetze wie ein Elementarereignis durchbrechen, deren Urheber aber im Volk im Gegensatz zum armen Angerstein als große Verbrecher verehrt werden. Solche Missetäter werden, wie Walter Benjamin in seiner *Kritik der Gewalt* hervorhebt, bewundert, weil in ihrer rechtbrechenden Tat in Erinnerung gerufen wird, daß sich das geltende Recht der Gewalt verdankt und neues Recht nicht ohne Gewalt eingeführt werden kann.[664]

Bronnens Roman *O. S.* will die Nachkriegs-Desperados in den Genuß dieser Bewunderung bringen. Aber die Helden des Freikorps, die er schildert, nehmen eine Mittelstellung ein zwischen dem großen Verbrecher, der das »System«, das ihm von imperialen Mächten auferlegt ist, zerbrechen will, und dem gesichtslosen Insassen einer »künstlichen Masse« (Freud), die selbst ein so lockerer Haufen wie ein Freikorps darstellt.

Während Kracauer betont, daß die großen Verbrechen »Bekundungen eines wie immer verworfenen Willens« sind, ist die Individualität des Willens in der militärischen Formation aufgehoben. In ihr entfallen Hemmungen, die das zivile Leben regulieren, »und alle grausamen, brutalen, destruktiven Instinkte, die als Überbleibsel der Urzeit im Einzelnen schlummern«, werden zur Triebbefriedigung geweckt.[665]

1929 erscheint Arnolt Bronnens Roman *O. S.*[666] Auf dem Schutzumschlag des Buches findet sich die Generalstabskarte des Grenzlands Oberschlesien, in seinem Innern der Kampf einsamer Männer, die im Jahre 1921 von den Ordnungsmächten der deutschen Reichsregierung, den französischen Besatzungstruppen und den polnischen »Insurgenten« aufgerieben werden. Ernst Jünger begrüßt den Roman. *O. S.*, so Jünger, mache klar, »daß im Zivilisatorischen das Barbarische als eine notwendige Konsequenz enthalten ist«.[667] Der Roman zeigt nicht nur Kreaturen wie den Tiroler Straßenarbeiter aus Sterzing, Johann Schramm, der sich an der italienischen Front darauf verlegt hat, »138 Söhne dieses nur entfernt menschenähnlichen Stammes«, der Italiener, zu erlegen, um in den Besitz von Thunfisch-Konserven und Hackfleischbüchsen zu geraten. Schramm kommt mit der Freikorpstruppe »Roßbach« nach Oberschlesien, um seinen Ausrottungsinstinkt gegen die Polen auszuleben:

Da der Pole aber weiter zitterte, schlug er ihm, enttäuscht, mit dem Kolben den Schädel ein. Dies tat ihm gut. Er bekam einen gewissen Schwung und lief rasselnd den Hügel hinauf, mit keinem anderen Mitläufer als mit seinem Schatten... Er erwischte sie der Reihe nach... und erschlug sie Stück für Stück mit seinem Gewehrkolben, der langsam splitternd zerfaserte...[668]

Das Bild des Werwolfs aus dem Grenzland Tirol erklärt zwar, warum die Nationalkonservativen die »Schamlosigkeit« des Romans entsetzt hat; es gibt indessen nicht das eigenartige Klima des Buches wieder. Denn der zentrale Typus des Romans kommt aus der Dynamik der Großstadt.

Der Bewegungsraum, den der Roman erschließt, ist ausgefüllt mit den modernsten Transportsystemen des Straßen-, Schienen- und Luftverkehrs, mit den Medien, der Zeitung, der Rohrpostkarte, dem Telephon und dem Telegramm. Die ungewohnte Kombination von modernen Medien und archaischem »Instinkt« schockierte das nationalkonservative Lager und entzückte einen Leser wie Ernst Jünger. Die Literatur des Goebbels-Freundes Bronnen entsprach in keiner Weise kursierenden Vorstellungen von Grenzlandliteratur, in der die wehrhafte Gemeinschaft in agrarischen Strukturen zu verharren pflegte.

Denn Bronnens *O. S.* ist ein *Verkehrsroman*. Er beginnt um Punkt 11 Uhr am 29. April 1921, als der BEWAG-Monteur Krenek, der gerade in Berlin Linden-/Ecke Charlottenstraße am Schaltkasten einer Bogenlampe arbeitet, von einem Taxi angefahren wird; führt dann zum Fernbahnhof Friedrichstraße, wo der D-Zug 241 schon abgefahren ist, der auch am Schlesischen Bahnhof verpaßt wird. Neue Figuren, die wir später in Oberschlesien treffen werden, tauchen auf Bahnhöfen auf:

Während auf den zwanzig Uhren des Leipziger Hauptbahnhofs die Zeiger auf 11 Uhr vier rückten, ging der Betriebsrat Scholz vom Stellenwerk 3 argwöhnisch über die Gleise zum 10. Bahnsteig, wo hinter weißen Wolken frischen Dampfes die schwarzen, feuchten Wagen des München-Breslauer D Zuges lagen.[669]

17 Seiten weiter rollen drei weitere Figuren ins Geschehen:

Zwölf Minuten nach elf sollte der Köln-Breslauer D Zug in Dresden eintreffen; aber er schien eine gewisse Scheu vor Pünktlichkeit zu haben, denn zu dieser Zeit rollte er noch durchs gärtenreiche Sachsen. Srogenvoll standen im vordersten Waggon drei junge Männer in Windjacken und betrachteten den Gepäckwaggon vor ihnen ...[670]

Um 11 Uhr 20 stellt sich heraus, daß Krenek in Berlin nicht mehr rechtzeitig den D 241 erreichen wird; er entschließt sich ohne langes Nachdenken, für 200 Mark seinen geheimnisvollen Passagier mit dem entwendeten Taxi ins 500 Kilometer entfernte Oberschlesien zu fahren.

Der Leser erlebt eine Initiation in den Raum archaischer Kämpfe nach dem Geschmack der Futuristen.

Auch das ferne Kampfgebiet ist durchzogen von Verkehrsnetzen. An ihren Knotenpunkten – Verladebahnhöfen, Stellwerken, Rampen und Rangierbahnhöfen – laufen die Fäden der Erzählung zusammen. Dort treffen sich die Söldner und gehen wieder auseinander. Telegramme, motorisierte Kuriere und Telephonkontakte bilden das politische Nervensystem. Darum wird es zum Sinnbild der verratenen Kreatur, daß Krenek auf seiner panischen Flucht vor dem »Lynchkommando« der Kommunisten sich in eine Fernsprechzelle rettet und seines Schicksals harrt. Die Verfolger beobachten ihn durchs Glas der Telephonzelle:

Drinnen stand, auf den toten Apparat gelehnt, Krenek; doch die Lampe ging nicht, es war dunkel. Aber noch dunkler war es vor seinen Augen, um die ein brausender Schwindel tanzte; langsam verzehrten die Luft seine keuchenden Lungen. Er zitterte.[671]

Der Telephonapparat ist tot, der Held endgültig von der Welt des medialen Systems abgeschnitten, die Schlußphase des Verrats der »System-Parteien« kann beginnen.

Bronnens Roman taucht die Devise der Neuen Sachlichkeit »Statt Ausdruck – Signale, statt Substanz – Bewegung« in ein merkwürdiges Licht.

Die Sprache funktioniert in *O. S.* wie in einem Comic strip; jede Äußerung treibt die Handlung voran. Daß die plebejischen Figuren im Telegrammstil reden, beschleunigt den Verlauf, der durch den elaborierten Sprachgestus der Ordnungsmächte (wenn sie nicht wortlos ihre Maschinengewehre sprechen lassen) nur verlangsamt wird. Die Reden des Helden haben die Funktion, Handlungsimpulse zu induzieren und Kettenreaktionen zu erzeugen. Als der Held Bergerhoff ermahnt wird, seine Entscheidung nicht zu schnell zu fassen (»Aus ihrem Mund spricht die Stimme des Mutes, aber auch die Stimme der Unvorsichtigkeit...«), gibt er die Antwort:

Aus mir, Herr Ulitza, spricht ganz einfach meine Kehle; allerdings vermittels meiner Zähne. Im übrigen kann von allem die Rede sein, nur nicht von Langsamkeit.[672]

Es geht um die Verkettung physiologischer Vorgänge mit den Waffen. Ist in Bergerhoffs kurzem Lehrgang in Phonetik die Sprachtheorie der Avantgarde auf den Hund gekommen? Der Landsknecht gibt zu erkennen: keine Zeit, meine Herren, für die Hermeneutik der Ausdrucksdimension, Wertzuschreibungen des Sprachlauts, Enträtselung der Artikulation! Die Sprechwerkzeuge arbeiten so, wie die Waffen sprechen! Unartikuliert ist die Stimme schon Signal genug, vermittelt sie doch Angriffswillen.

An diesem Punkt trennen sich die Welten. Die Welt des Austauschs und möglichen Konsenses gehört zur Feindsphäre. Das muß Krenek lernen. In der Anfangsszene erleben wir ihn noch mit der Skepsis, die er als *Rote-Fahne*-Leser den nationalistischen Parolen entgegenbringt. Er verläßt dann – so schnell, wie die Transportsysteme es ermöglichen – die Welt der Zeitungen und Argumente, bis er auf dem Niveau der physiologischen Reflexe angelangt ist. Er geht »zugrunde«; das ist sein Aufstieg zur »organischen Konstruktion« (Ernst Jünger) der Kreatur.

Von diesem Grund des Grenzlands aus fällt ein Licht auf die Systemwelt, mit der sie noch verkettet ist: die Welt der Eisenbahndirektoren und Telegraphenämter. Diese wird nun zum »Intensum der Dissoziation«, wie Schmitt es nannte, zur Feindsphäre schlechthin.

Die Mechanik der Verkettung ist den Figuren nicht äußerlich. Bronnen betont das Maschinenwesen der Affekte an seinem Helden Bergerhoff, der entschieden reflektierteren Gestalt unter den Landsknechten. Bergerhoff verrät seine Identität, als sein Blick sich unter dem Druck »viehischer Gefühle« in die Gestalt einer

Bäuerin verhakt, in der er die »Atem fressende, wuchernde Maschinerie der Zeugung« wittert[673], der er sich anschließen will. (Theweleits »Männerphantasien« der frühen Freikorpsromane sind, wie man sieht, hier durch den Technikkult der Mittelphase der Republik gefärbt.)

Vergleicht man Bronnens Helden rund um den Annaberg und Beuthen mit Jüngers kalten personae wie dem Stoßtruppführer im *Stahlgewitter*, so verschärft sich ihre Kontur. Bronnen räumt diesen Gestalten keine kontemplative Pause ein (die in Jüngers Tagebuch zur Lektüre eines Klassikers genutzt wird); seine Werwölfe sind einsam, aber nicht distanziert; Regression in Blutsbrüderschaften ist ihr Ziel, aber es gibt keine Konvention oder Verhaltensregel, die den Zugriff des Instinkts regulieren könnte. Während Carl Schmitt den »Feind« als einen bewußten Intensitätsgrad des »Fremden« definierte, ist für Bronnens Helden der »Feind« nie das Ergebnis einer kognitiven Operation oder etwa eine analytische Kategorie. Der »Feind« ist eine andere Rasse, die vernichtet werden muß, sobald sie am Rande des eigenen Reviers auftaucht. Natürlich scheint das unter dem theoretischen Niveau der Freund-Feind-Definition. Da Schmitt aber zeitweilig moralische, ökonomische und ästhetische Kriterien aus der Feindbestimmung entfernt hatte, konnten sie ohne weiteres in der kruden Form des Biologismus in die leere Matrix wieder eingetragen werden; wie leicht das ist, wird Schmitt in den 40 Artikeln, die er 1933 bis 1936 schreibt, vorführen.

Finden sich Spielregeln der Verhaltenslehren in diesem biologisch grundierten Roman? Bronnens Held erinnert sich vage daran:

Bergerhoff hockte allein, träumend im Schein des fortfressenden Feuers. Verstreut im Walde lagen, mit der fremden Aura der toten Körper, Deutsche Soldaten. Vor ihm, hart am Teich, noch im letzten Sprung nach dem Wasser schlagend, lag, ein kompakter Leib, die Gefangenen Gruppe. Sie waren bewundernswert getroffen, präzis, wie Ochsen im Schlachthaus. Er betrachtete sie fühllos, ohne Bedauern, ohne Bedacht auf die Gerechtigkeit, die er nicht anerkannte; es war mehr eine Erwägung, ob dies vereinbar mit den Spielregeln war. Aber konnte diese Frage entschieden werden, hier, und von ihm?[674]

Kalte persona, Radar-Typ und Kreatur – drei Kunstfiguren, die die »Psychologie von außen« (Gehlen) entworfen hat, sind vorgeführt. Problematisch bleiben die Rückschlüsse von den Kunstfiguren auf soziologische Idealtypen; und zu fragen bleibt, ob nicht die Entwürfe der kalten persona, des Radar-Typs und der Kreatur nur die physiognomischen Schatten der Selbstkritik bilden, zu der sich der gewissenhafte Typ der Innenleitung in Zeiten der Krise aufschwingt. Allerdings ist ausgerechnet der Typ der Innenleitung, der in den Schriften der Kulturkritik so vorbildlich strahlt, empirisch schwer nachzuweisen.[675] Darum verschlang das Publikum des 19. Jahrhunderts ihn so gern im Roman, um ihn sich als kompensierenden Richtwert einzuverleiben. Die zahlreichen Dokumente der Selbststilisierung des Bürgers zum innengeleiteten Subjekt im bürgerlichen Roman lassen nicht automatisch den Rückschluß zu, daß es die Instanz der Innenleitung je gegeben habe. Die Kulturgeschichte des Gewissens hat viele Dokumente ans Licht gebracht, die die selbstgewisse Annahme des Bürgertums in Zweifel ziehen. Wahrscheinlich müssen wir von einer Konstanz der Außenleitung ausgehen, die in epochentypischen Modifikationen so auftritt, *als ob* der Mensch »von innen« gesteuert werde. Entdeckt man das Maschinenwesen des »Innen«, dann verfällt die Unterscheidung zur Außenwelt ohnehin.

VII. Verlassenheit

In den dreißiger und vierziger Jahren werden die Handlungslehren der Balance, die Verhaltenslehren und Handbreviere, mit denen der neusachliche Mensch seine »konstitutive Gleichgewichtslosigkeit« austarieren wollte, schwersten Belastungen ausgesetzt. Der Wahlspruch des »Duellsubjekts« – »Distinguo, ergo sum« – wurde von den Institutionen des Staates beansprucht. Der Furor der Unterscheidung, einer der wenigen Räusche, die sich die kalte persona gestattet hatte, erfaßte in der Form der »Säuberung« alle politischen Lager. Im Schatten der Diktatur konnte nur, wenn das Gewissen entschied, von wahrer Dezision die Rede sein. Die exilierten Intellektuellen reagierten mit der Historisierung der Verhaltenslehren, die es ihnen ermöglichte, Prinzipien des Humanismus wieder aufzuwerten.

1943 rekonstruiert Werner Krauss im Gefängnis die Grundregeln einer Lebensführung der Balance, die er in Baltasar Graciáns *Handorakel* aufspürt. Der Gelehrte läßt sich in der extremen Situation des Gefängnisses von der Figur der kalten persona faszinieren, die ihn im Widerstand ermutigt, den Horizont humanistischer Prinzipien wiederherzustellen.

Ende der dreißiger Jahre schreibt Bertolt Brecht seine Chronik aus dem Dreißigjährigen Krieg. Hierin läßt er die Mutter Courage nach Regeln neusachlichen Einverständnisses agieren, sie hatten sich als Überlebenstechniken in der Kälte der Entfremdung angeboten. Brecht läßt erfahren, daß die Verhaltenslehren tatsächlich das schiere Überleben garantieren können – wenn auch um den Preis der Lebensfreude. Die Kinder der Courage sind darüber getötet worden. Das neusachliche Idol der Männer, ihre Nomadologie und ihr Lob der Flüchtlingsexistenz, vom Boden der Republik aus entworfen, wird jetzt in der Gestalt einer Frau im fernen Spiegel des Dreißigjährigen Krieges verworfen.

Die Verlassenheit der Courage ist auch ein Ende der neuen Sachlichkeit.

Die Angst vor dem Verlassenwerden ist in der »Schamkultur« immer präsent.[676] Jetzt ist die Courage eine Skulptur der Verlassenheit, die von der Existenzunmöglichkeit eines Typus in einem Augenblick zeugt, in dem nichts anders übrigbleibt als Haltung.

Nicht Einsamkeit – Verlassenheit, befand Hannah Arendt, ist die Grunderfahrung des Lebens unter totalitärer Herrschaft.[677]

Ein besseres Schicksal hatte die deutsche Kulturgeschichte dem in diesem Buch vorgestellten Typus nicht zu bieten, schlimmer, er hatte diesem Prozeß sekundiert.

Der Chronologie nach folgen jetzt die Generation der Flakhelfer und die »skeptische Generation«. Der darauffolgenden Generation schien in den sechziger Jahren nichts schöner als die »vaterlose Gesellschaft«. Sie polarisierte sich und zerfiel in den siebziger Jahren in eine Alternativkultur, in der der Kult des Authentischen als Negation der Väter wiederbelebt wurde, und in eine marginale Strömung, die sich eine Zeitlang in paramilitärischen Formationen der Politik verlor. Hier griff man – zu den Verhaltenslehren der kalten persona.

Zwischen diesen beiden Extremen der Unvernunft findet sich die sichere Mitte der besonnenen Tugend; und sie besteht in einer diskreten Verwegenheit, der das Glück häufig zu Hilfe kommt. (Baltasar Gracián, *El Discreto.* Nach Werner Krauss 1947, S. 149)

Anmerkungen

1 Andreas Kuhlmann, *Souverän im Ausdruck. Helmuth Plessner und die »neue Anthropologie«*, in: *Merkur*, 45. Jg., H. 8 (August 1991).
Ders., *Deutscher Geist und liberales Ethos. Die frühe Sozialphilosophie Helmuth Plessners*, in: *Die Zeit* (18. 10. 1991).
Ders., *Der Mensch zwischen Expansion und Rückzug*, in: *Frankfurter Rundschau* (5. 9. 1992).
Wolfgang Lepenies, *Die Grenzen der Gemeinschaft. Deutsche Zustände zwei Jahre nach der Revolution*, in: *Frankfurter Rundschau* (12. 10. 1991).
Joachim Fischer, *Spricht die Seele, so spricht, ach, die Seele nicht mehr. Der verborgene Mensch: Helmuth Plessners Anthropologie verbindet Naturwesen mit Kulturwesen zur Einheit von Leib und Geist*, in: *FAZ* (4. 9. 1992).
Gustav Seibt, *Vom Recht auf Maske. Besser spät als nie: Heute muß man Plessner lesen*, in: *FAZ* (4. 9. 1992).
Joachim Fischer, *Plessner und die politische Philosophie der zwanziger Jahre*, in: *Politisches Denken. Jahrbuch 1992*. Stuttgart/Weimar 1993, S. 53-77.
Erik Grawert-May, *Die Sucht mit sich identisch zu sein*, Berlin 1992.
Cora Stephan, *Der Betroffenheitskult. Eine politische Sittengeschichte*, Berlin 1993.

2 Vgl. G. Seibt, a. a. O. Zitat von Joachim Fischer, *Plessner und die politische Philosophie*, S. 63.

3 Martin Heidegger, *Sein und Zeit*, Tübingen 1986, S. 175.

4 Helmuth Plessner, *Grenzen der Gemeinschaft. Eine Kritik des sozialen Radikalismus* (1924), in: H. Plessner, *Gesammelte Schriften*, Bd. V, Frankfurt am Main 1981, S. 80.

5 Ebd.

6 Eckhard Nordhofen, *Vor der Bundeslade des Bösen*, in: *Die Zeit* (9. 4. 1993), S. 61ff.

7 Ossip Mandelstam, *Gespräch über Dante*, in: O. Mandelstam, *Gesammelte Essays 1925-1935*, S. 160.

8 Joachim Fischer, *Spricht die Seele*, a. a. O.

9 Helmut Lethen, *Lob der Kälte. Ein Motiv der historischen Avantgarden*, in: D. Kamper/W. v. Reijen (Hg.), *Die unvollendete Vernunft. Moderne versus Postmoderne*, Frankfurt am Main 1987, S. 293.

10 Vgl. Odo Marquard, *Schwierigkeiten mit der Geschichtsphilosophie*, Frankfurt am Main 1982, S. 192.

11 Wolfgang Iser, *Das Fiktive und das Imaginäre. Perspektiven literarischer Anthropologie*, Frankfurt am Main 1991, S. 504ff.

12 Günther Anders, *Die Antiquiertheit des Menschen*, München 1961, S. 31.

13 Werner Krauss, *Graciáns Lebenslehre*, Frankfurt am Main 1947.

14 Manès Sperber, *Sieben Fragen zur Gewalt. Leben in dieser Zeit*, München 1978, S. 9-10. Diesen Fall habe ich kommentiert in: *Geschichte als Literatur*, hg. v. H. Eggert/U. Profitlich/K. Scherpe, Stuttgart 1990, S. 242-248.

15 Vgl. Ernst Jünger, *Der Arbeiter. Herrschaft und Gestalt*, 4. Auflage, Hamburg 1941, S. 198.

16 Peter Hüttenberger, *»Der historische Augenblick«*, in: Thomsen/Holländer (Hg.), *Augenblick und Zeitpunkt. Studien zur Zeitstruktur und Zeitmetaphorik in Kunst und Wissenschaften*, Darmstadt 1984, S. 222-233.

17 Ebd.

18 Carl Schmitt, *Politische Theologie. Vier Kapitel zur Lehre von der Souveränität*, 2. Auflage, München und Leipzig 1934, S. 49.

19 Michael Weinrich, *»Macht unsere Augen hell«*, in: Thomsen/Holländer, *Augenblick und Zeitpunkt*, S. 143-144.

20 *Reallexikon für Antike und Christentum*, Bd. X, Stuttgart 1978, S. 945-1025.

21 Heinz-Dieter Kittsteiner, *Die Entstehung des modernen Gewissens*, Frankfurt am Main und Leipzig 1991.

22 Norbert Elias, *Über den Prozeß der Zivilisation*, Frankfurt am Main 1977, Bd. II, S. 327f.

23 Klaus Theweleit, *Männerphantasien*, Frankfurt am Main 1977, Bd. 2.

24 Mario Erdheim, *»Heiße« Gesellschaft – »kaltes« Militär*, in: *Kursbuch* 67 (1982), S. 59-72.

25 Vgl. Karl Heinz Bohrer, *Die Ästhetik des Schreckens. Die pessimistische Romantik und Ernst Jüngers Frühwerk*, München/Wien 1978.

26 Vgl. Helga Geyer-Ryan/Helmut Lethen, *The Rhetoric of Forgetting*, in: D'Haen/Grübel/Lethen (Hg.), *Convention and Innovation*, Amsterdam/Philadelphia 1989; vgl. auch Helmut Lethen, *Kältemaschinen der Intelligenz. Attitüden der Sachlichkeit*, in: E. Wichner/H. Wiesner (Hg.), *Industriegebiet der Intelligenz*, Berlin 1990, S. 118-153.

27 Karl Heinz Bohrer (Hg.), *Plötzlichkeit. Zum Augenblick des ästhetischen Scheins*, Frankfurt am Main 1981.

28 Fernand Braudel, *Sozialgeschichte des 15.-18. Jahrhunderts. Der Alltag*, München 1985, S. 93.

29 Sighard Neckel, *Status und Scham. Zur symbolischen Reproduktion sozialer Ungleichheit*, Frankfurt am Main/New York 1991, S. 17. In den folgenden Abschnitten habe ich mich an Neckels Soziologie der Scham wie an Kittsteiners Kulturgeschichte des Gewissens orien-

tiert. Ich komme, wie man hier und im Kapitel über Plessner und Serner sehen wird, zu anderen Beurteilungen als Neckel.

30 Ebd., S. 22.

31 Vgl. Carrie Asman, *Brecht and Kafka*, in: C. Asman, *Cross-Illuminations*, Minnesota 1994.

32 H.-Th. Lehmann, *Das Welttheater der Scham*, in: *Merkur*, 45. Jg., H. 10 (Oktober 1991).

33 Léon Wurmser, *Die Maske der Scham*, Berlin/Heidelberg 1990, S. 447.

34 S. Neckel, S. 93.

35 Helmut Berking, *Masse und Geist. Studien zur Soziologie in der Weimarer Republik*, Berlin 1984, S. 65-89.

36 Karl Jaspers, *Die geistige Situation der Zeit*, Berlin 1931, S. 78; vgl. H. Berking, a.a.O., S. 62.

37 Ebd.

38 G. Le Bon, *Psychologie des Foules*, Paris 1895; dt. 3. Auflage, Leipzig 1919.

39 Die literarische Nachkriegslandschaft der kollektiven Kränkungen und der Panzerung gegen die Beschämung wird bekanntlich in zwei großen kulturgeschichtlichen Arbeiten geschildert und analysiert. Vgl. Klaus Theweleit, *Männerphantasien*, Frankfurt am Main 1978, und Peter Sloterdijk, *Kritik der zynischen Vernunft*, Frankfurt am Main 1983.

40 Walter Serner, *Letzte Lockerung manifest dada* (1920), in: W. Serner, *Letzte Lockerung. Ein Handbrevier für Hochstapler und solche, die es werden wollen* (1927), München 1981, S. 31.

41 Helmuth Plessner, *Grenzen der Gemeinschaft*, a.a.O., S. 111.

42 Walter Benjamin, *Schicksal und Charakter*, in: W. Benjamin, *Zur Kritik der Gewalt und andere Aufsätze.* Mit einem Nachwort versehen von Herbert Marcuse, Frankfurt am Main 1965, S. 76. Die Anregung, Benjamin zu Rate zu ziehen, verdanke ich Patrick Primavesi. Vgl. P. Primavesi, *Die Scham bei Benjamin*, Vortrag auf dem Internationalen Benjamin-Kongreß, Osnabrück, Juni 1992.

43 Ebd., S. 68ff.

44 Sigmund Freud, *Zeitgemäßes über Krieg und Tod*, in: S. Freud, *Kulturtheoretische Schriften*, Frankfurt am Main 1974, S. 40.

45 Ebd., S. 59.

46 Vgl. S. Neckel, *Status und Scham*, a.a.O., S. 41-59.

47 Die in unserem Zusammenhang wichtigste Analyse dieser dichotomen Begriffe findet sich bei Norbert Elias, *Über den Prozeß der Zivilisation. Soziogenetische und psychogenetische Untersuchungen*, Frankfurt am Main 1977, Bd. 1, S. 12ff.
Eine nützliche Übersicht bietet: Hans Joachim Krüger, *Aspekte der Zivilisationsanalyse von Norbert Elias*, in: *Kultur. Bestimmungen im*

20. Jahrhundert, hg. v. H. Brackert und F. Wefelmeyer, Frankfurt am Main 1990, S. 317-343.

48 Hans Joachim Krüger, a. a. O., S. 322.

49 Siehe H. Lethen, *Der Jargon der Neuen Sachlichkeit*, in: *Die »Neue Sachlichkeit«. Lebensgefühl oder Marnenzeichen?, Germanica* 9 (1991), hg. v. Pierre Vaydat.

50 Hannes Meyer, *Die neue Welt* (1926), in: H. Meyer, *Bauen und Gesellschaft. Schriften, Briefe, Prospekte*, Dresden 1980, S. 27f.

51 Alfred Döblin, *Der Geist des naturalistischen Zeitalters*, in: *Die Neue Rundschau*, 1924. Zit. n. A. Döblin, *Aufsätze zur Literatur*, Freiburg 1963, S. 70.

52 Robert Musil, *Die Zeit der Tatsache* (1923), in: R. Musil, *Gesammelte Werke*, Bd. 8, S. 1384.

53 Hermann von Wedderkop, *Wandlungen des Geschmacks*, in: *Der Querschnitt* (Juli 1926).

54 Alfred Adler, *Körperform, Bewegung und Charakter*, in: *Der Querschnitt* (September 1930), Reprint: S. 342.

55 Walter Benjamin, *Einbahnstraße*, Berlin 1928, S. 63.

56 Ebd., S. 47ff.

57 Das Schema von Neckel, a. a. O., S. 48, wurde hier modifiziert.

58 Bertolt Brecht, *Schriften zum Theater 2. 1918-1933*, Frankfurt am Main 1963, S. 116-117.

59 S. Neckel, a. a. O., S. 51.

60 Bertolt Brecht, *Gesammelte Werke*, Bd. 18, S. 180f.

61 Dieser Gedanke wird in verschiedenen Kommentaren zur Kulturgeschichte von H.-D. Kittsteiner betont.

62 Bertolt Brecht, a. a. O., S. 117.

63 Vgl. H. Lethen, *Der Jargon der Neuen Sachlichkeit*, a. a. O.

64 Léon Wurmser, *Die Maske der Scham*, a. a. O., S. 230.

65 Ein Gedanke, den Ulrike Baureithel betont. Vgl. U. Baureithel, *Masken der Virilität*, in: *Die Philosophin* 8 (1993), S. 24-35.

66 Vgl. das Kapitel »Scham und Schuld« bei S. Neckel, a. a. O., S. 244.

67 Ebd., S. 151.

68 Siegfried Kracauer, *Die Unterführung*, in: Kracauer, *Aufsätze 1932-1935. Schriften*, hg. v. Inka Mülder-Bach, Band 5.3, Frankfurt am Main 1990, S. 40-42. – Zur »Unterführung« vgl. Inka Mülder-Bach, *Schlupflöcher. Die Diskontinuität des Kontinuierlichen im Werk Siegfried Kracauers*, in: N. Kessler, Th. Levin (Hg.), *Siegfried Kracauer. Neue Interpretationen*, Tübingen 1990, S. 253ff.

69 »... die gerade damals begann, sich als Dauerzug moderner Gesellschaften darzustellen.« René König, *Leben im Widerspruch. Versuch einer intellektuellen Autobiographie*, Frankfurt am Main/Berlin/Wien 1984, S. 62.

70 Vgl. Jean-Luc Evard, *Einrichtungen der Angst*, Wien 1991 (= Klagen-

furter Beiträge zur Philosophie. Hg. v. K. Ratschiller und Chr. Šubik). Dieses Kapitel verdankt Jean-Luc Evards Überlegungen die entscheidenden Denkanstöße.

71 Das ist das Ergebnis der Forschung von Martin Lindner, *»Krise« und »Leben«. Die intellektuelle Mentalität der »frühen Moderne« und die Zeitromane der »Neuen Sachlichkeit«*, Inauguraldissertation an der Ludwig-Maximilian-Universität München, 1991, S. 167-172, S. 264-266. Lindners Forschungsarbeit bietet völlig neue Ansichten vom neusachlichen Jahrzehnt, das in seinem Polaritätsdenken noch ganz in die Sphäre der Lebensphilosophie getaucht scheint.
Da ich diese Arbeit leider erst kurz vor Abschluß des Buches zur Kenntnis nehmen konnte, kann die Auseinandersetzung mit ihr nur punktuell und marginal sein.

72 Philipp Lersch, *Aufbau des Charakters*, 2. Auflage, Leipzig 1942, S. 100. Zit. n. Martin Lindner, *»Krise« und »Leben«*, a.a.O., S. 169.

73 Thomas Anz, *Literatur der Existenz*, Stuttgart 1977, S. 66. Zit. n. Lindner, S. 169.

74 Gottfried Benn, *Roman des Phänotyp. Landsberger Fragment 1944*, in: Gottfried Benn, *Der Ptolemäer*, Stuttgart 1988, S. 42f.

75 Odo Marquard, *Transzendentaler Idealismus. Romantische Naturphilosophie, Psychoanalyse*, Köln 1987, S. 38ff.

76 Helmuth Plessner, *Grenzen der Gemeinschaft. Eine Kritik des sozialen Radikalismus* (1924), in: Helmuth Plessner, *Gesammelte Schriften V*, hg. v. Günter Dux, Odo Marquard und Elisabeth Ströker, Frankfurt am Main 1981, S. 80.

77 Plessner, ebd., S. 95.

78 Ezra Pound, *Definitions etc.*, in: *Der Querschnitt. Das Magazin der aktuellen Ewigkeitswerte*, Reprint, hg. v. Christian Ferber, Berlin 1981, S. 29.

79 Ernst Jünger, *Das Abenteuerliche Herz. Figuren und Capriccios*, Stuttgart 1979, S. 173.

80 S. Kracauer, *Schriften 5.1*, S. 376ff.

81 Broder Christiansen, *Das Gesicht unserer Zeit*, Buchenbach in Baden 1930.

82 Martin Wagner, *Das Formproblem eines Weltstadtplatzes* (1929). Zit. n.: *Tendenzen der Zwanziger Jahre*, 15. europäische Kunstausstellung, Berlin 1977, Katalog 2/105.

83 Christiansen, *Das Gesicht unserer Zeit*, a.a.O., S. 40.

84 Siegfried Kracauer, *Stadterscheinungen* (*Frankfurter Zeitung* 6.8.1932), in: *Schriften 5.3*, S. 93.

85 S. Kracauer, *Kleine Signale*, in: S. Kracauer, *Schriften 5.2*, S. 234-236.

86 Carl Schmitt, *Theodor Däublers »Nordlicht«*. – Zitat nach Norbert

Bolz, *Auszug aus der entzauberten Welt. Philosophischer Extremismus zwischen den Weltkriegen*, München 1989, S. 84.

87 Arnolt Bronnen, *Moral und Verkehr*, in: Arnolt Bronnen, *Sabotage der Jugend. Kleine Arbeiten 1922-1934*, hg. v. F. Aspetsberger, Innsbruck 1989, S. 127.

88 Bertolt Brecht, *Aus einem Lesebuch für Städtebewohner*, *Gesammelte Werke*, Band 8, S. 273.

89 Helmuth Plessner, *Die Stufen des Organischen und der Mensch* (1928), Berlin 1965, S. 320.

90 Alfred Adler, a.a.O., S. 338.

91 Béla Balázs, *Der sichtbare Mensch oder die Kultur des Films*, Leipzig/Wien 1924, S. 23.

92 Siegfried Kracauer, *Der blaue Engel*, in: *Die Neue Rundschau*, 1930. – Zitat nach S. Kracauer, *Von Caligari zu Hitler*, Frankfurt am Main 1979, S. 420. – Viel Material zur Abwehr der Psychoanalyse bietet: Carl Pietzcker, *Brechts Verhältnis zur Psychoanalyse*, in: *Psychoanalyse und Literatur*, hg. v. W. Schönau. Amsterdamer Beiträge, 1984, S. 275-317. – Zur Rezeption des Behaviorismus vgl. Jan Knopf, *Bertolt Brecht. Ein Forschungsbericht*, Frankfurt am Main 1974, S. 80-90. – Hans Jürgen Rosenbauer, *Brecht und der Behaviorismus*, Bad Homburg 1970. – Heinrich Barenberg-Gossler, Hans-Harald Müller, Joachim Stosch, *Das Lehrstück – Rekonstruktion einer Theorie oder Fortsetzung eines Lernprozesses?*, in: J. Dyck u.a., *Brechtdiskussion*, Kronberg/Ts. 1974, S. 121ff.

93 Herbert Jhering, *Die Kreatur. Bruckner in der Komödie* (11. März 1930), in: H. Jhering, *Von Reinhardt bis Brecht*, Band 3, Berlin 1961, S. 48-50.

94 Walter Benjamin, *Erfahrung und Armut*, in: W. Benjamin, *Illuminationen*, Frankfurt am Main 1961, S. 314.

95 Ernst Jünger, *In Stahlgewittern*, Berlin 1942.

96 Bertolt Brecht, *Der Lindberghflug 1929*, in: *Gesammelte Werke*, Band 2, S. 584.

97 Walter Serner, *Letzte Lockerung. Ein Handbrevier für Hochstapler und solche, die es werden wollen* (1927), München 1981, S. 69.

98 Werner Krauss, *Graciáns Lebenslehre*, Frankfurt am Main 1947, S. 86. Vgl. jetzt zu Werner Krauss *Lendemains*, 18. Jg. (1993), H. 69/70.

99 Werner Krauss, *Bericht über meine Beteiligung an der Aktion Schulze-Boysen.* Beglaubigte Abschrift des eigenhändigen Berichts. Ungedruckt. Werner Krauss-Archiv Berlin, S. 16. Krauss schreibt während seiner Haft gleichzeitig an dem Roman *PLN. Die Passionen der halkyonischen Seele*, der 1946 bei Vittorio Klostermann in Frankfurt erschien.

100 Krauss, *Graciáns Lebenslehre*, a.a.O., S. 75.

101 Krauss, ebd., S. 83.

102 *Eine unveröffentliche Korrespondenz. Erich Auerbach/Werner Krauss*, hg. und kommentiert von Karlheinz Barck, in: *Beiträge zur Romanischen Philologie* XXVI (1987), Heft 2, S. 312.

103 Werner Krauss benutzte, da ihm im Zuchthaus keine Übersetzung zur Verfügung stand, eigene Übersetzungen, die ich übernehme. – Die Zitate des folgenden Katalogs stammen aus der Schopenhauerschen Übertragung in der Reclam-Ausgabe: Baltasar Gracián, *Handorakel und Kunst der Weltklugheit*, Stuttgart 1954.

104 *Bericht über meine Beteiligung an der Aktion Schulze-Boysen*, a.a.O., S. 17.

105 Hans Robert Jauss, *Ein Kronzeuge unseres Jahrhunderts. Werner Krauss in seinen nachgelassenen Tagebüchern*, in: *Romanistische Zeitschrift für Literaturgeschichte*, 14. Jg. (1990), H. 3/4, S. 421.

106 Ebd.

107 Krauss, *Graciáns Lebenslehre*, a.a.O., S. 113.

108 Bertolt Brecht, *Aus einem Lesebuch für Städtebewohner* (1926), in: Bertolt Brecht, *Gesammelte Werke*, Band 11, *Gedichte* 1, S. 157.

109 Ludwig Flachskamp, *Werner Krauss: Graciáns Lebenslehre. Rezension*, in: *Romanische Forschungen*, Bd. 62 (1950), H. 2/3, S. 263.

110 Ebd.

111 Ebd., S. 264.

112 Arnold G. Reichenberger: *Graciáns Lebenslehre.* Rezension in: *Hispanic Review*, Bd. 17 (1949), S. 171.
Auch die dritte Rezension, die im Krauss-Archiv aufbewahrt ist, betont den Stellenwert des persona-Begriffs. Siehe H. Kunz, *Werner Krauss, Graciáns Lebenslehre*, in: *Studia Philosophia* (1949), S. 189. Erich Auerbach hebt dagegen in seiner brieflichen Reaktion vom 13. Oktober 1947 das Kapitel über Graciáns »Maßbegriff« hervor. Auf diese humanistische Verschiebung der Bewertung gehe ich in dem Kapitel über die Historisierung der Verhaltenslehren (III.7) ein.

113 Marcel Mauss, *Eine Kategorie des menschlichen Geistes: Der Begriff der Person und das »Ich«*. Zuerst erschienen in *Journal of the Royal Anthropological Institute*, Bd. 68 (1938) als Huxley Memorial Lecture 1938. Wieder abgedruckt in: Marcel Mauss, *Soziologie und Anthropologie*, Bd. II, Frankfurt am Main/Berlin/Wien 1978, S. 221-252, S. 238.

114 Ebd., S. 252.

115 Karl Vossler, *Geist und Kultur in der Sprache* (1925), München 1960, S. 16; Karl Löwith, *Das Individuum in der Rolle des Mitmenschen*, München 1928. Beide Bücher befinden sich in der Bibliothek von Werner Krauss. Auf die Spur von Vossler und Löwith brachte mich der Essay von René König, *Freiheit und Selbstentfremdung in soziologischer Sicht* (1962), in: R. König, *Studien zur Soziologie*, Frankfurt am Main 1971.

116 Krauss, *Graciáns Lebenslehre*, a.a.O., S. 107.
117 Ebd., S. 111.
118 Ebd., S. 113.
119 Ebd., S. 119.
120 Ebd., S. 80.
121 Ebd., S. 79ff.
122 Ebd.
123 Werner Krauss, *Bericht über meine Beteiligung an der Aktion Schulze-Boysen*, a.a.O., S. 16.
124 Max Weber, *Gesammelte Aufsätze zur Wissenschaftslehre*, 6. Auflage, hg. v. J. Winckelmann, Tübingen 1985, S. 582-613.
125 Max Weber, *Politik als Beruf*, in: M. Weber, *Gesammelte politische Schriften*, 2. erw. Auflage, hg. v. J. Winckelmann, Tübingen 1958, S. 612.
126 Vgl. Gary L. Ulmen, *Politischer Mehrwert. Eine Studie über Max Weber und Carl Schmitt*, Weinheim 1991, S. 124.
127 Karl Mannheim, *Konservatismus. Ein Beitrag zur Soziologie des Wissens*, hg. v. David Kettler, Volker Meja und Nico Stehr, Frankfurt am Main 1984, S. 214. Vgl. auch Pierre Vaydat, *Neue Sachlichkeit als ethische Haltung*, in: *Germanica* 9 (1991), S. 37-54.
128 Siegfried Kracauer, *Die Wartenden* (1922), in: S. Kracauer, *Schriften 5.1, Aufsätze (1915-1926)*, hg. v. Inka Mülder-Bach, Frankfurt am Main 1990, S. 166.
129 Werner Krauss, *Graciáns Lebenslehre*, a.a.O., S. 120.
130 Carl Schmitt, *Der Begriff des Politischen* (2. Fassung von 1932), Berlin 1963, S. 53.
131 Zitat nach Werner Krauss, a.a.O., S. 86ff.
132 Ursula Geitner, *Die Sprache der Verstellung. Studien zum rhetorischen und anthropologischen Wissen im 17. und 18. Jahrhundert*, Tübingen 1992, S. 221.
133 Ebd., S. 220.
134 Helga Geyer-Ryan, *Zur Geschichte des weiblichen Vernunftverbots*, in: *Konstellationen der Moderne. Rationalität – Weiblichkeit – Wissenschaft*, hg. v. Chr. Kulke und E. Scheich, Freiburg 1992, S. 7. Vgl. H. Geyer-Ryan, *Fables of Desire. Studies in the Ethics of Art and Gender*, Cambridge 1994.
135 Vgl. Andreas Kuhlmann, *Souverän im Ausdruck. Helmuth Plessner und die »neue Anthropologie«*, in: *Merkur*, 45. Jg., H. 8 (August 1991).
136 Klaus Theweleit, *Männerphantasien*, a.a.O.
137 Michael Rohrwasser, *Saubere Mädel, starke Genossen. Proletarische Massenliteratur?* Frankfurt am Main 1975. – Michael Rohrwasser, *Der Weg nach oben. Johannes R. Becher. Politiken des Schreibens*, Basel/Frankfurt am Main 1980. – Michael Rohrwasser, *Der Stalinismus und die Renegaten. Die Literatur der Exkommunisten*, Stuttgart 1991.

138 Nicolaus Sombart, *Die deutschen Männer und ihre Feinde. Carl Schmitt: Ein deutsches Schicksal zwischen Männerbund und Matriarchatsmythos*, München 1991.

139 Carl Pietzcker, *»Ich kommandiere mein Herz«*, Würzburg 1988.

140 Peter Sloterdijk, *Kritik der zynischen Vernunft*, Frankfurt am Main 1983.

141 Ulrike Baureithel hat in mehreren Veröffentlichungen hierauf aufmerksam gemacht. Zuletzt in: U. Baureithel, *Kollektivneurose moderner Männer. Die Neue Sachlichkeit als Symptom des männlichen Identitätsverlusts – Sozialpsychologische Aspekte einer literarischen Strömung*, in: *Germanica* 9 (1991), S. 123-145. Dies., *Masken der Virilität*, a. a. O. Vgl. auch Peter Gay, *Die Rache des Vaters: Aufstieg und Fall der Sachlichkeit*, in: *Die Republik der Außenseiter*, Frankfurt am Main 1970, S. 158-193.

142 Claudia Szcesny-Friedmann, *Die kühle Gesellschaft*, München 1991.

143 Nicolaus Sombart, a. a. O., S. 80.

144 Peter Sloterdijk, *Kritik der zynischen Vernunft*, a. a. O., S. 940f. – Vgl. Helmut Lethen, *Von Geheimagenten und Virtuosen. Peter Sloterdijks Schulbeispiele des Zynismus aus der Literatur der Weimarer Republik*, in: *Peter Sloterdijks »Kritik der zynischen Vernunft«*, Frankfurt am Main 1987, S. 324-355.

145 Bertolt Brecht, *Songs der Dreigroschenoper*, in: Brecht, *Gesammelte Werke*, Band 11, S. 146.

146 Robert Musil, *Der Mann ohne Eigenschaften*, Hamburg 1952, S. 780.

147 Max Scheler, *Die Stellung des Menschen im Kosmos* (1928), Bonn 1991, S. 55ff.

148 Plessner, *Grenzen der Gemeinschaft*, a. a. O., S. 127.

149 Sigmund Freud, *Das Unbehagen in der Kultur* (1930), in: S. Freud, *Das Unbewußte. Schriften zur Psychoanalyse*, hg. v. Alexander Mitscherlich, Frankfurt am Main 1950, S. 391.

150 Carl Schmitt, *Der Begriff des Politischen*, a. a. O., S. 59.

151 Ernst Jünger, *Der Arbeiter*, Hamburg 1941, S. 18.

152 Vgl. Albert O. Hirschman, *Leidenschaften und Interessen*, Frankfurt am Main 1980, S. 17-19.

153 Jacob Taubes, *Leviathan als sterblicher Gott*, in: J. Taubes (Hg.), *Der Fürst dieser Welt. Carl Schmitt und die Folgen*, München/Paderborn/Wien/Zürich 1985, S. 12.

17 Taubes, ebd.

155 Walter Benjamin, *Der Ursprung des deutschen Trauerspiels*, Frankfurt am Main 1963, S. 56.

156 Benjamin, ebd., S. 75.

157 Ich folge in dieser Darstellung Heinz Dieter Kittsteiner, *Die Entstehung des modernen Gewissens*, a. a. O., S. 229-244.

158 Carl Schmitt, *Der Begriff des Politischen*, a. a. O., S. 28.

159 Diese Formulierung, welche das Paradox der Hobbesschen Vernunftregeln herausarbeitet, findet sich in der instruktiven Einführung von Wolfgang Kersting, *Thomas Hobbes*, Hamburg 1992, S. 127.

160 Ursula Geitner, a. a. O., S. 6.

161 Ich folge in dieser Charakterisierung Wolfgang Kerstins Ausführungen, wenn ich seine Bewertungen auch nicht in allem teile. W. Kersting, a. a. O., S. 59-98.

162 Ossip Mandelstam, *Gespräch über Dante*, in: Ossip Mandelstam, *Gesammelte Essays 1925-1935*, S. 160.

163 W. Kersting, *Thomas Hobbes*, a. a. O., S. 78 ff.

164 Peter Sloterdijk, *Kritik der zynischen Vernunft*, a. a. O., S. 935.

165 Helmuth Plessner, *Macht und menschliche Natur. Ein Versuch zur Anthropologie der geschichtlichen Weltansicht* (1931), in: H. Plessner, *Gesammelte Schriften V*, S. 147.

166 Siegfried Kracauer, *Philosophie der Gemeinschaft*, in: S. Kracauer, *Schriften 5.1*, a. a. O., S. 269.

167 Helmuth Plessner, *Grenzen der Gemeinschaft. Eine Kritik des sozialen Radikalismus* (1924), in: H. Plessner, *Gesammelte Schriften V*, S. 11-133.

168 Ferdinand Tönnies, *Gemeinschaft und Gesellschaft. Grundbegriffe der reinen Soziologie*, Darmstadt 1979.

169 René König, *Gemeinschaft*, in: *Soziologie* (Fischer Enzyklopädie des Wissens), Frankfurt am Main 1958, S. 83-88.

170 Helmuth Plessner, *Macht und menschliche Natur*, a. a. O., S. 199.

171 Helmut Lethen, *Lob der Kälte. Ein Motiv der historischen Avantgarden*, in: D. Kamper, W. van Reijen (Hg.), *Die unvollendete Vernunft. Moderne versus Postmoderne*, Frankfurt am Main 1987.

172 Helmuth Plessner, *Grenzen der Gemeinschaft*, a. a. O., S. 110.

173 Zitat nach Andreas Haus, *Moholy-Nagy, Fotos und Fotogramme*, München 1978, S. 64.

174 Vgl. Gustav Seibt, *Vom Recht auf Maske. Besser spät als nie: Heute muß man Plessner lesen*, in: *FAZ*, 4. 9. 1992.

175 Richard Sennett, *Verfall und Ende des öffentlichen Lebens. Die Tyrannei der Intimität*, Frankfurt am Main 1983.

176 W. Benjamin, *Gesammelte Werke*, Bd. VI, S. 62.

177 Lionel Trilling, *Das Ende der Aufrichtigkeit*, Frankfurt am Main/Berlin/Wien 1983.

178 Helmuth Plessner, *Grenzen der Gemeinschaft*, a. a. O., S. 107.

179 Plessner, ebd., S. 80.

180 Freud benutzt dieses Gleichnis aus *Parerga und Paralipomena* in der Schrift *Massenpsychologie und Ich-Analyse*, a. a. O., S. 95.

181 Plessner, a. a. O.

182 Günther Dux, *Helmuth Plessners philosophische Anthropologie im*

Prospekt, Nachwort zu: H. Plessner. *Philosophische Anthropologie*, Frankfurt am Main 1970, S. 275.

183 Arnold Gehlen, *Der Mensch. Seine Natur und seine Stellung in der Welt* (1940), Wiesbaden 1986, S. 80; vgl. auch Karl Siegbert Rehberg, *Zurück zur Kultur? Arnold Gehlens anthropologische Grundlegung der Kulturwissenschaften*, in: *Kultur. Bestimmungen im 20. Jahrhundert*, hg. H. Brackert, F. Wefelmeyer, Frankfurt am Main 1990, S. 276-316.

184 Vgl. Martin Lindner, *»Krise« und »Leben«. Die intellektuelle Mentalität der »frühen Moderne« und die Zeitromane der »Neuen Sachlichkeit«*, a.a.O. Hierin ein erstaunliches Profil der Epoche der »Lebensideologie« von 1890 bis 1955, die von der Denkstruktur der Polarisierung geprägt ist.

185 Georg Simmel, *Die Krisis der Kultur*, in: Th. Anz, M. Stark (Hg.), *Expressionismus. Manifeste und Dokumente zur deutschen Literatur 1910-1920*, Stuttgart 1982, S. 206.

186 Joachim Fischer, *Plessner und die politische Philosophie der zwanziger Jahre*, in: *Politisches Denken, Jahrbuch 1992*, hg. V. Gerhardt, H. Ottmann und M.P. Thompson, Stuttgart/Weimar 1992, S. 61.

187 Helmuth Plessner, *Die Stufen des Organischen und der Mensch. Einleitung in die philosophische Anthropologie*, Berlin 1965, S. 316f.

188 Helmuth Plessner, *Grenzen der Gemeinschaft*, a.a.O., S. 106.

189 Plessner, ebd., S. 94.

190 Joachim Fischer, *Spricht die Seele, so spricht, ach, die Seele nicht mehr*, in: *FAZ*, 4. 9. 1992, S. 37.

191 Joachim Fischer, a.a.O.

192 Günter Dux, a.a.O., S. 308; Joachim Fischer, a.a.O.

193 Vgl. G. Dux, a.a.O., S. 309.

194 Wurmser, a.a.O., S. 453.

195 Plessner, *Grenzen der Gemeinschaft*, a.a.O., S. 70.

196 G. Dux, a.a.O., S. 305.

197 Wurmser, a.a.O., S. 78.

198 Ebd.

199 Ebd.

200 Wurmser, a.a.O., S. 86ff.

201 Die folgenden Zitate finden sich in: Lionel Trilling, *Das Ende der Aufrichtigkeit*, im Kapitel »Authentizität und Gesellschaft«, a.a.O., S. 103-126. – Auf die technische Dimension der »Künstlichkeit« wies mich Carl Wege in einem Gespräch am 25. 11. 1991 hin.

202 Friedrich Nietzsche, *Aus dem Nachlaß der achtziger Jahre*, in: Nietzsche, *Werke in drei Bänden*, hg. v. Karl Schlechta, München 1963, Bd. III, S. 444ff.

203 Friedrich Nietzsche, *Werke in drei Bänden*, hg. v. Karl Schlechta, München 1963, Bd. II, S. 604.

204 Plessner, a.a.O., S. 40.
205 Ebd., S. 82.
Ebd., S. 94.
207 Ebd., S. 82.
208 Ebd., S. 85.
209 Ebd., S. 41.
210 Vgl. dazu Hans-Thies Lehmann, *Das Welttheater der Scham. Dreißig Annäherungen an den Entzug der Darstellung*, in: *Merkur* (Oktober 1991), S. 836.
211 Johann Gottfried Herder, *Abhandlung über den Ursprung der Sprache*, Stuttgart 1962, S. 80.
212 Ebd., S. 81.
213 Ebd., S. 26.
214 Arnold Gehlen, *Der Mensch. Seine Natur und seine Stellung in der Welt*, Wiesbaden 1986, S. 84.
215 Das bestätigt auch Hans Dietrich Irmscher in seinem Nachwort zur Reclam-Ausgabe der *Abhandlung über den Ursprung der Sprache*, a.a.O., S. 174. Das ist um so verwunderlicher, als Plessner einen Habilitationsvortrag über Herder hielt.
216 Erich Auerbach, *Mimesis. Dargestellte Wirklichkeit in der abendländischen Literatur* (1946), Bern 1977, S. 343. Hier folge ich dem Hinweis von Renate Schlesier.
217 Erich Auerbach, *Mimesis*, a.a.O., Kapitel XV, »Der Scheinheilige«.
218 Ebd., S. 123.
219 Helmuth Plessner, *Grenzen der Gemeinschaft*, a.a.O., S. 78f.
220 Plessner, ebd., S. 76.
221 Sigrid Weigel, *Zum Verhältnis von »Wilden« und »Frauen« im Diskurs der Aufklärung*, in: S. Weigel, *Topographien*, Hamburg 1990, S. 118-142. Vgl. auch U. Geitner, a.a.O., S. 295ff.
222 In: *Philosophie in Selbstdarstellungen I*, hg. v. Ludwig I. Pongratz, Hamburg 1975, S. 269-307.
223 Hans-Thies Lehmann, *Das Welttheater der Scham*, a.a.O., S. 827ff.
224 Lehmann, ebd.
225 Peter Gay, *Die Republik der Außenseiter. Geist und Kultur in der Weimarer Zeit 1918-1933*, Frankfurt am Main 1970.
226 Ulrike Baureithel, *»... In dieser Welt von Männern erdacht«*, Magisterarbeit Universität Karlsruhe 1987.
227 Alfred Döblin, *Wissen und Verändern. Offene Briefe an einen jungen Menschen*, Berlin 1931, S. 35ff.
228 Döblin, ebd., S. 36ff.
229 Auch Bertolt Brecht verwandte sie unbekümmert. – Vgl. dazu Carl Pietzcker, *Brechts Verhältnis zur Psychoanalyse*, a.a.O.

230 Arnold Gehlen, *Anthropologische Forschung. Zur Selbstbegegnung und Selbstentdeckung des Menschen*, Reinbek 1961, S. 56.
231 Einen Überblick zur Situation der Anthropologie in den zwanziger Jahren bietet Jürgen Habermas mit seinem Artikel *Anthropologie*, dem ich weitgehend folge, in: *Das Fischer Lexikon, Philosophie*, hg. v. A. Diener/I. Frenzel, Frankfurt am Main 1958, S. 18-35.
232 Helmuth Plessner, *Die Stufen des Organischen und der Mensch. Einleitung in die philosophische Anthropologie*, a.a.O., S. 316ff.
233 Ich verweise auf die Forschungsarbeiten von Ulrike Baureithel, a.a.O.
234 Alain, *Spielregeln der Kunst*, Frankfurt am Main 1985, S. 78ff.
235 Vgl. Jürgen Habermas, *Zur Logik der Sozialwissenschaft*, 5., erweiterte Auflage, Frankfurt am Main 1982, S. 157ff.
236 U. Geitner, a.a.O.
237 Max Scheler, *Die Stellung des Menschen im Kosmos*, a.a.O., S. 18.
238 Karl Bühler, *Ausdruckstheorie. Das System an der Geschichte aufgezeigt*, Jena 1933.
239 Vgl. Jürgen Habermas, *Anthropologie*, a.a.O., S. 29.
240 Karl Bühler, *Ausdruckstheorie. Das System an der Geschichte aufgezeigt* (1933), 2. Auflage mit einem Geleitwort von Albert Wellek, Stuttgart 1968, S. 203.
241 Bühler, a.a.O., S. 163.
242 Ebd., S. 1.
243 Ebd., S. 37.
244 Ebd., S. 153.
245 Ludwig Klages, *Ausdrucksbewegung und Gestaltungskraft*, 3. und 4. Auflage 1923, S. 47f. Zit. n. Bühler, a.a.O., S. 165.
246 Bühler, a.a.O., S. 166.
247 Ebd.
248 Ebd., S. 179.
249 Ebd., S. 175.
250 Ludwig Klages, a.a.O., S. 63. Zit. n. Bühler, a.a.O., S. 158.
251 Bühler, a.a.O., S. 158.
252 Ebd., S. 50.
253 Ebd., S. 22.
254 Ebd., S. 136.
255 Ebd., S. 16.
256 Ebd., S. 81.
257 W. Benjamin, *Fragmente*, in: *Gesammelte Schriften*, Bd. VI, S. 177.
258 Helmuth Plessner, *Grenzen der Gemeinschaft*, a.a.O., S. 106.
259 Plessner, ebd., S. 107.
260 Plessner, ebd., S. 87.
261 Plessner, ebd., S. 26.
262 Plessner, ebd., S. 112.

263 Helmuth Plessner, *Das Lächeln* (1950), in: H. Plessner, *Philosophische Anthropologie*, hg. v. Günther Dux, Frankfurt am Main, S. 176.
264 Plessner, ebd., S. 91.
265 H. Plessner, *Die Deutung des mimischen Ausdrucks. Ein Beitrag zur Lehre vom Bewußtsein des anderen Ichs* (1925), in: H. Plessner, *Gesammelte Schriften*, Bd. VII, Frankfurt am Main 1982, S. 67-130.
266 Max Scheler, *Die Stellung des Menschen im Kosmos*, a. a. O., S. 15.
267 Scheler, ebd., S. 77.
268 Scheler, ebd., S. 69.
269 Max Scheler, *Vom Sinn des Leidens*, a. a. O., S. 64ff. – Zitat nach Peter Sloterdijk, *Kritik der zynischen Vernunft*, a. a. O., S. 828.
270 Scheler, ebd.
271 Peter Heintel/Thomas H. Macho, *Der soziale Körper: Kynismus und Organisation*, in: *Peter Sloterdijks »Kritik der zynischen Vernunft«*, a. a. O., S. 298.
272 Bertolt Brecht, *Lyrik als Ausdruck*, in: B. Brecht, *Schriften zur Literatur und Kunst I, 1920-1932*, Frankfurt am Main 1967, S. 74ff.
273 Karl Bühler, a. a. O., S. 166.
274 Rudolf Leonhard, *Alles und Nichts!* Berlin 1920. Zit. n. *Expressionismus. Literatur und Kunst 1910-1923*, Sonderausstellung des Schiller-Nationalmuseums, Katalog Nr. 7. München 1960, S. 216.
275 Brecht, a. a. O., S. 75. Zur Theorie der Geste s. Carrie Asman, *Die Rückbindung des Zeichens an den Körper*, Vortrag auf dem Internationalen Walter-Benjamin-Kongreß, Osnabrück 1992.
276 Heinrich Berenberg-Gossler, Hans-Harald Müller, Joachim Stosch, *Das Lehrstück – Rekonstruktion einer Theorie oder Fortsetzung eines Lernprozesses?*, a. a. O., S. 121-171.
277 Walter Benjamin, *Der Ursprung des deutschen Trauerspiels*, a. a. O., S. 194.
278 Die Korrespondenzen der Theorien von Plessner und Schmitt wurden ausführlich von Rüdiger Kramme untersucht. Seiner Arbeit verdanke ich viele Anregungen, wenn ich auch seine Schlußfolgerungen nicht teile. – Rüdiger Kramme, *Helmuth Plessner und Carl Schmitt. Eine historische Fallstudie von Anthropologie und Politik in der deutschen Philosophie der zwanziger Jahre*, Berlin 1989.
279 Carl Schmitt, *Der Begriff des Politischen*, a. a. O., S. 143.
280 Helmuth Plessner, *Macht und menschliche Natur*, a. a. O., S. 143.
281 Plessner, ebd., S. 155.
282 Plessner, ebd., S. 148.
283 Plessner, ebd., S. 234.
284 Norbert Bolz, *Auszug aus der entzauberten Welt*, a. a. O., S. 90.
285 Vgl. Eckhard Nordhofen, *Vor der Bundeslade des Bösen*, in: *Die Zeit*, 9. 4. 1993, S. 61.

286 U. Geitner, a.a.O., S. 111.
287 Max Weber, *Wissenschaft als Beruf*, a.a.O., S. 609.
288 Helmuth Plessner, *Grenzen der Gemeinschaft*, a.a.O., S. 126.
289 Zitat nach Norbert Bolz, *Auszug*, a.a.O., S. 13.
290 Auch Ernst Jünger wurde als »Luzifer« bezeichnet. – Vgl. Heinz-Dieter Kittsteiner und Helmut Lethen, *»Jetzt zieht Leutnant Jünger seinen Mantel aus...« Überlegungen zur »Ästhetik des Schreckens«*, in: *Berliner Hefte. Zeitschrift für Kultur und Politik*, Nr. 11 (Mai 1979), S. 20-50.
291 Carl Schmitt, *Der Begriff des Politischen*, a.a.O., S. 60.
292 Vgl. Gary L. Ulmen, a.a.O., S. 42.
293 Helmuth Plessner, *Macht und menschliche Natur*, a.a.O., S. 192.
294 Carl Schmitt, *Der Begriff des Politischen*, a.a.O., S. 27.
295 Schmitt, ebd.
296 Norbert Bolz, *Auszug aus der entzauberten Welt*, a.a.O., S. 59.
297 Rüdiger Kramme, *Helmuth Plessner und Carl Schmitt*, a.a.O., S. 7.
298 Kramme, ebd., S. 208.
299 Helmuth Plessner, *Macht und menschliche Natur*, a.a.O., S. 192.
300 Plessner, ebd., S. 194.
301 Raphael Gross, *Carl Schmitts »Nomos« und die »Juden«*, in: *Merkur* (1993).
302 Plessner, ebd., S. 126.
303 Eine Beobachtung von Léon Poliakow, die Ulrich Raulff mitteilt in: *Die Libido des Polizeistaats*, *FAZ*, 10. August 1991, S. 25. – Zur Faszination der Gestalt des Großinquisitors auf die Intellektuellen der zwanziger Jahre vgl. auch Peter Sloterdijk, *Zur Kritik der zynischen Vernunft*, a.a.O., S. 344-369.
304 Helmuth Plessner, *Die verspätete Nation*, Frankfurt am Main 1989, S. 189.
305 Christian Graf von Krockow, *Die Entscheidung. Eine Untersuchung über Ernst Jünger, Carl Schmitt, Martin Heidegger*, Frankfurt am Main/New York 1990, S. 4.
306 Norbert Elias, *Die höfische Gesellschaft. Untersuchungen zur Soziologie des Königtums und der höfischen Aristokratie*, Darmstadt und Neuwied 1969.
307 Norbert Elias, ebd., S. 171.
308 Norbert Elias, *Über den Prozeß der Zivilisation*, Bd. 2, a.a.O., S. 390.
309 Hans Joachim Krüger, *Aspekte der Zivilisationsanalyse von Norbert Elias*, a.a.O., S. 338.
310 Den Hinweis auf Ernst Kantorowicz' Buch *The King's Two Bodies* sowie den Gedanken des »Text-Raums« verdanke ich Renate Schlesier.

311 *Eine unveröffentlichte Korrespondenz. Erich Auerbach/Werner Krauss*, a.a.O., S. 169.

312 Werner Krauss, *Graciáns Lebenslehre*, S. 149.

313 Ebd., S. 108.

314 Dieser Zusammenhang wird detaillierter dargestellt in Albert O. Hirschman, *Leidenschaften und Interessen*, a.a.O., S. 28-51.

315 Martin Meyer, *Ernst Jünger*, München/Wien 1990, S. 337.

316 Ernst Jünger, *Strahlungen I*, Stuttgart 1980, S. 474ff.

317 Krauss, a.a.O., S. 157.

318 Ebd.

319 Dieser Gedanke wurde in Gesprächen mit Hortense von Heppe und Heinz Wismann entwickelt.

320 Vgl. S. Neckel, a.a.O., S. 93.

321 Paul Tillich, *Die sozialistische Entscheidung*, Berlin 1980, S. 38.

322 Vgl. Klaus Garber, *Barock und Moderne im Werk Benjamins*, in: *Literaturmagazin* 29 (1992).

323 Ich orientiere mich in meiner Argumentation an: Samuel Weber, *Taking Exception to Decision: Walter Benjamin and Carl Schmitt*, Vortrag in Utrecht im Dezember 1991. Ich danke Samuel Weber für die Überlassung des unveröffentlichten und seinerzeit noch nicht abgeschlossenen Typoskripts. Jetzt in: H. Kunneman, H. de Vries (Hg.), *Enlightenments. Encounters between Critical Theory and Contemporary Thought*, Kampen 1993, S. 141-162.

324 Den Gedanken, daß die literarische Schrift zur »schiefen Ebene« der programmatischen Idee werden kann, entnehme ich dem Kafka-Brecht-Essay von Carrie Asman, in: *Cross-Illuminations*, a.a.O.

325 Auf die folgenden Punkte der Differenz machten mich in der Diskussion auf dem internationalen Benjamin-Kongreß in Osnabrück 1992 Sigrid Weigel, Renate Schlesier, Hans-Thies Lehmann, Patrick Primavesi und Richard Faber aufmerksam.

326 Walter Benjamin, *Der Sürrealismus*, a.a.O., S. 202.

327 Walter Benjamin, *Franz Kafka*, in: *Angelus Novus*, a.a.O., S. 261.

328 Carl Schmitt, *Glossarium. Aufzeichnungen der Jahre 1947-1951*, Berlin 1991, S. 234.

329 Ebd., S. 311.

330 Walter Benjamin, *Franz Kafka*, a.a.O., S. 250.

331 Samuel Weber, a.a.O.

332 Karl Bühler, *Ausdruckstheorie*, a.a.O., S. 87ff. und S. 206ff.; Philipp Lersch, *Gesicht und Seele* (1932).

333 Karl Bühler, a.a.O., S. 86.

334 Lersch, a.a.O., S. 92; Bühler, a.a.O., S. 87.

335 Lersch, a.a.O., S. 57; Bühler, a.a.O., S. 210.

336 Karl Bühler, a.a.O., S. 207.

337 Joseph Roth, *Bekenntnisse zum Gleisdreieck*, a.a.O., S. 221.

338 S. Max Schelers Charakterisierung der Dekadenz-Philosophie in seinem Artikel *Der Mensch und die Geschichte* (1926), in: Max Scheler, *Philosophische Weltanschauung*, Bern 1954, S. 82.

339 Max Scheler, *Der Mensch im Weltalter des Ausgleichs* (1927), in: Max Scheler, *Philosophische Weltanschauung*, a.a.O., S. 101-105.

340 Franz Blei, *Talleyrand oder der Zynismus*, München 1984. – Den Hinweis auf dieses Buch von Franz Blei verdanke ich Klaus Ratschiller (Klagenfurt). – Mein Kommentar zu Bleis Roman ist nach der Lektüre von Nicolaus Sombart, *Die deutschen Männer und ihre Feinde*, München 1991, entstanden.

341 Blei, a.a.O., S. 345.

342 Blei, a.a.O., S. 15.

343 Blei, a.a.O., S. 12.

344 Blei, a.a.O., S. 344.

345 Blei, a.a.O., S. 10.

346 Blei, a.a.O., S. 12.

347 Blei, a.a.O., S. 7.

348 Blei, a.a.O., S. 330.

349 Blei, a.a.O., S. 34.

350 Blei, a.a.O., S. 34.

351 Blei, a.a.O., S. 287.

352 Blei, a.a.O., S. 123, 175.

353 Vgl. Nicolaus Sombart, *Die deutschen Männer und ihre Feinde*, a.a.O., S. 286ff.

354 Blei, a.a.O., S. 235.

355 Blei, a.a.O., S. 137.

356 Stefan Zweig, *Joseph Fouché. Bildnis eines politischen Menschen*, Frankfurt am Main 1991, S. 22f.

357 Vgl. Wolfgang Iser, *Das Fiktive und das Imaginäre. Perspektiven literarischer Anthropologie*, Frankfurt am Main 1991, S. 226-261.

358 Theodor Lessing, *Der Maupassant der Kriminalistik*, in: *Prager Tagblatt*, Nr. 109 (10. 5. 1925), zit. n. Walter Serner, *Der Abreiser. Materialien zu Leben und Werk*, hg. v. Thomas Milch, München 1984, S. 81-84.

359 Wolfgang Isers Version von Plessners Anthropologie der Inszenierungen. W. Iser, a.a.O., S. 148.

360 Ebd., S. 150.

361 Vgl. S. Neckel, *Status und Scham*, a.a.O., S. 240. Neckel beruft sich auf Pierre Bourdieu, *Die feinen Unterschiede*, Frankfurt am Main 1982, S. 500ff.

362 Walter Serner, *Letzte Lockerung. Ein Handbrevier für Hochstapler und solche, die es werden wollen*, a.a.O.

363 Ernst Fuhrmann in seiner Rezension der *Letzten Lockerung* aus dem

Jahre 1928. Vgl. Walter Serner, *Der Abreiser. Materialien zu Leben und Werk*, a.a.O., S. 156.

364 Hanne Bergius, *Der Da-Dandy – Ein »Narrenspiel aus dem Nichts«*, in: *Tendenzen der Zwanziger Jahre*, Berlin 1977, 3/12-3/29.

365 Siehe Hiltrud Gnüg, *Kult der Kälte. Der klassische Dandy im Spiegel der Weltliteratur*, Stuttgart 1988.

366 W. Serner, a.a.O., S. 19.

367 St. Lyman/M. Scott, *Coolness in Every Life* (1968), zit. n. S. Neckel, a.a.O., S. 267.

368 Agnes Heller, *The Power of Shame*, London 1985, zit. n. S. Neckel, a.a.O., S. 53.

369 U. Geitner, a.a.O., S. 98.

370 Werner Kraus, *Graciáns Lebenslehre*, a.a.O., S. 20.

371 Walter Benjamin, *Kommentar zu dem »Lesebuch der Städtebewohner«*, in: W. Benjamin, *Versuche über Brecht*, Frankfurt am Main 1966, S. 68.

372 W. Serner, a.a.O., S. 16.

373 Ebd., S. 19.

374 Ebd., S. 17.

375 Ich folge hier der Rechtfertigung der Verhaltenslehren durch Ursula Geitner, a.a.O.

376 U. Geitner, a.a.O., S. 12.

377 W. Serner, *Der Pfiff um die Ecke*, München 1982, S. 51.

378 W. Serner, *Der isabelle Hengst*, München 1983, S. 7ff.

379 Peter Sloterdijk, *Kritik der zynischen Vernunft*, a.a.O., S. 725-728.

380 Thomas Milch, *»Ein gewaltiger metaphysischer Rülpser«. Randbemerkungen zum Stand der Serner-Forschung*, in: *dr. walter serner 1889-1942. Ausstellungsbuch*, hg. v. Herbert Wiesner, Literaturhaus Berlin 1989, S. 64.

381 Thomas Milch, a.a.O., S. 65.

382 Ebd., S. 64. Alle Materialien in Walter Serner, *Der Abreiser*, a.a.O.

383 Vgl. Lionel Trilling, *Das Ende der Aufrichtigkeit*, München 1980, S. 144.

384 Sighard Neckel, a.a.O., S. 115.

385 Ebd., S. 116.

386 Ebd.

387 Thomas Milch, a.a.O., S. 70.

388 Walter Serner, *Der Abreiser*, a.a.O., S. 167.

389 Walter Benjamin, *Briefe*, hg. v. Gershom Scholem/Th.W. Adorno, Bd. 2, Frankfurt am Main 1966, S. 698.

390 Vgl. Kraft Wetzel, *Lug und Trug. Zum 100. Geburtstag von Ernst Lubitsch*, in: *Freitag*, 24. Januar 1992, S. 9.

391 Vgl. W. Benjamin, *Gesammelte Schriften*, Bd. VI, S. 187.

392 Bertolt Brecht, *Nordseekrabben*, in: Bertolt Brecht, *Gesammelte Werke*, Bd. 11, *Prosa 1*, Frankfurt am Main 1967, S. 153. Vgl. Klaus-Detlef Müller, *Brecht-Kommentar zur erzählenden Prosa*, München 1980, S. 79ff.

393 Bruno Taut, *Die neue Wohnung. Die Frau als Schöpferin*, Fünfte erweiterte Auflage, Leipzig 1928.

394 Taut, ebd., S. 46.

395 Taut, ebd., S. 60.

396 Taut, ebd., S. 50.

397 Taut, ebd., S. 11.

398 Taut, ebd., S. 51ff.

399 Ich folge hier Nancy J. Troy, *The Totally Harmonious Interior: Paradise or Prison?* – Piet Mondriaanlezing 1985 (19. 11. 1985 Rai Congrescentrum Amsterdam). Brecht folgt in seiner Kritik einer Geschichte, die Adolf Loos schon 1900 erzählt hatte: Adolf Loos, *Von einem armen reichen mann*, in: A. Loos, *Ins Leere gesprochen. 1897-1900*, Wien 1962, S. 201-207. Den Hinweis verdanke ich Regina Busch.

400 Klaus Theweleit hat dieses Bilderreservoir erschlossen und analysiert, in: *Männerphantasien*, a.a.O.

401 Mario Erdheim, *»Heiße« Gesellschaften und »kaltes« Militär*, a.a.O. – Helmut Lethen, *Blitzschnelle Metamorphosen. 7 Überlegungen zu einem Putzfleck*, in: *Geschichte als Literatur. Formen und Grenzen der Repräsentation von Vergangenheit*, hg. v. H. Eggert, N. Profitlich und K.R. Scherpe, Stuttgart 1990, S. 242-249.

402 Carl Wege, *Gleisdreieck, Tank und Motor. Figuren und Denkfiguren aus der Technosphäre der Neuen Sachlichkeit*, in: *Deutsche Vierteljahreszeitschrift* (1993).

403 Joseph Roth, *Bekenntnis zum Gleisdreieck* (*Frankfurter Zeitung*, 16. Juli 1924), in: J. Roth, *Werke 2. Das journalistische Werk, 1924-1928*, hg. v. Klaus Westermann, Köln 1990, S. 218-221.

404 Walter Benjamin, *Theorien des deutschen Faschismus. Zu der Sammelschrift »Krieg und Kriege«*, hg. v. Ernst Jünger, in: *Das Argument*, Nr. 30, 6. Jg. 1964, H. 3, S. 133.

405 Bertolt Brecht, *Aus dem Lesebuch für Städtebewohner, 7. Gedicht*, in: B. Brecht, *Gesammelte Werke*, Band 11, S. 162ff.

406 Vgl. Helga Geyer-Ryan/Helmut Lethen, *The Rhetoric of Forgetting*, a.a.O., S. 305-348.

407 Rudolf Arnheim, in: *Die Weltbühne* (14. 6. 1932).

408 Béla Balázs, *Sachlichkeit und Sozialismus*, in: *Die Weltbühne* (18. 12. 1928).

409 Walter Benjamin, *Der destruktive Charakter*, in: W. Benjamin, *Illuminationen. Ausgewählte Schriften*, Frankfurt am Main 1961, S. 310-312. – W. Benjamin, *Erfahrung und Armut*, in: *Illuminationen*,

a.a.O., S. 313-318. Ausführlicher zur Wirkungsgeschichte: H. Lethen, *Brechts Handorakel*, in: *The Other Brecht I, Brecht Yearbook 17*, hg. v. H.-Th. Lehmann/R. Voris, Madison 1992, S. 77-100.

410 Walter Benjamin, *Versuche über Brecht*, Frankfurt am Main 1966, S. 67/68. Im Umkreis des holländischen Widerstands findet sich übrigens ein Gedicht aus dem Jahre 1944 von Koos Schu|vur mit dem Titel »N. N.«, das z.T in direkter Übernahme von Passagen aus Brechts Gedicht Verhaltensregeln in der Illegalität formuliert. Es erschien in der Loseblattsammlung *Berijmd Verzet*. Für diesen Hinweis danke ich Els Andringa.

411 Walter Benjamin, *Der destruktive Charakter*, a.a.O., S. 311.

412 Walter Benjamin, *Gesammelte Schriften*, Band VI, S. 540.

413 Bertolt Brecht, *Gedichte für Städtebewohner*, hg. und mit einem Nachwort versehen von Franco Buono, Frankfurt am Main 1980, S. 153.

414 Edmund Licher, *Zur Lyrik Brechts. Aspekte ihrer Dialektik und Kommunikativität*, Frankfurt am Main/Bern/New York 1984, S. 168-173.

415 Friedrich Nietzsche, *Vom Nutzen und Nachteil der Historie für das Leben*, in: Friedrich Nietzsche, *Werke in drei Bänden*, Band 1, S. 212.

416 Nietzsche, ebd., S. 211.

417 Edmund Licher, *Zur Lyrik Brechts*, a.a.O., S. 172f.

418 Peter L. Oesterreich, *Fundamentalrhetorik. Untersuchung zu Person und Rede in der Öffentlichkeit*, Hamburg 1990, S. 139.

419 Oesterreich, ebd., S. 137.

420 Vgl. Edmund Licher, *Zur Lyrik Brechts*, a.a.O., S. 169ff.

421 Diesen Gedanken verdanke ich einem Gespräch mit Rüdiger Safranski am 18. 11. 1991.

422 Auf dieses Utensil machten mich auf dem internationalen Brecht-Symposion 1991 in Augsburg Hans-Thies Lehmann und Susanne Winnacker aufmerksam. Vgl. H.-Th. Lehmann, *Schlaglichter auf den anderen Brecht*, in: *The Brecht Yearbook 17*, Madison 1992, S. 1-13. Lehmanns Beobachtungen zur frühen Lyrik Brechts und zu den Lehrstücken verdanke ich die tiefsten Einsichten.

423 *Mann ist Mann, Hauptmann-Manuskript*, in: *Brechts Mann ist Mann*, hg. v. Carl Wege, Frankfurt am Main 1982, S. 282. Diesen Hinweis verdanke ich Carl Wege.

424 Jürgen Manthey, *Staatsdichter im Kinderland*, in: *Die Zeit*, 6. März 1992, S. 77-78.

425 Vgl. die Veröffentlichungen von Ulrike Baureithel.

426 Paul de Man, *Blindness and Insight: Essays in the Rhetoric of Contemporary Criticism*, London 1983, S. 161.

427 Aufschlußreich sind die Passagen, in denen Carl Schmitt später über

die Dialektik von Gesetzespositivismus und »Vaterfraß« nachdenken wird. C. Schmitt, *Glossarium. Aufzeichnungen der Jahre 1947-1951*, Berlin 1991, S. 26, 148 und 234.

428 Paul Tillich, *Die sozialistische Entscheidung*, a.a.O., S. 38.

429 Ulrike Baureithel, *»... in dieser Welt von Männern erdacht*, Magister-Arbeit Universität Karlsruhe 1987, S. 140. – Vgl. auch U. Baureithel, *Die letzte tolle Karte im Männerspiel*, in: *Literatur für Leser*, 3/90, 1990, S. 141-154.

430 Marieluise Fleißer, *Mehlreisende Frieda Geier. Roman vom Rauchen, Sporteln, Lieben und Verkaufen*, Berlin 1931.

431 Ebd., S. 52.

432 Ebd., S. 310.

433 Ebd., S. 170.

434 Ebd., S. 311.

435 Marieluise Fleißer, *Ein Pfund Orangen und neun andere Geschichten der Marieluise Fleißer aus Ingolstadt* (1929), Frankfurt am Main 1984.

436 Marieluise Fleißer, *Ein Pfund Orangen*, a.a.O., S. 80.

437 Marieluise Fleißer, *Avantgarde. Erzählungen*, München 1963, S. 11.

438 Marieluise Fleißer, *Ein Pfund Orangen*, a.a.O., S. 80.

439 Marieluise Fleißer, *Avantgarde*, a.a.O., S. 11. – Vgl. Gisela von Wysocki, *Die Fröste der Freiheit. Aufbruchphantasien*, Frankfurt am Main 1980. – Zum Geschlechterverhältnis in der Weimarer Republik siehe U. Baureithel, a.a.O., und Ursula Krechel, *Linksseitig, Kunstseidig. Dame, Girl und Frau*, in: *Industriegebiet der Intelligenz*, a.a.O., S. 96-117. – Sissi Tax, *marieluise fleisser. schreiben, überleben. ein biographischer versuch*, Frankfurt am Main 1984.

440 Marieluise Fleißer, *Ein Pfund Orangen*, a.a.O., S. 80.

441 Carl Schmitt, *Der Begriff des Politischen*, a.a.O., S. 27.

442 Marieluise Fleißer, *Ein Pfund Orangen*, a.a.O., S. 83.

443 Marieluise Fleißer, *Mehlreisende*, a.a.O., S. 57.

444 Marieluise Fleißer, *Avantgarde*, a.a.O., S. 10.

445 Siegfried Kracauer, *Ginster. Von ihm selbst geschrieben*, Berlin 1928. – Ich orientiere mich an dem Kommentar von Inka Mülder, *Siegfried Kracauer – Grenzgänger zwischen Theorie und Literatur*, Stuttgart 1985, S. 125-145.

446 Siegfried Kracauer, *Ginster*, a.a.O., S. 226f.

447 Kracauer, ebd., S. 334.

448 Kracauer, ebd.

449 Kracauer, ebd., S. 216.

450 Kracauer, ebd., S. 221ff.

451 Carl Schmitt, *Glossarium*, a.a.O. Vgl. das folgende Kapitel in diesem Buch.

452 Ernst Jünger, *Der Arbeiter. Herrschaft und Gestalt*, Hamburg 1941, S. 7.

453 Robert Musil, *Triëdere*, in: Musil, *Nachlaß zu Lebzeiten*, Hamburg 1957, S. 82. Zur Dandy-Attitüde des Scharfblickenden, vgl. K.H. Bohrer, *Die Ästhetik des Schreckens*, München 1978.
454 Ossip Mandelstam, *Gespräch über Dante*, a.a.O., S. 160.
455 Walter Benjamin, *Programm eines proletarischen Kindertheaters* (1928), in: W. Benjamin, *Gesammelte Schriften*, Bd. II, 2, Frankfurt am Main 1977, S. 766.
456 Ernst Jünger, *Über den Schmerz* (1934), in: Ernst Jünger, *Sämtliche Werke*, Bd. 7, S. 182.
457 Ernst Jünger, *Strahlungen II. Das zweite Pariser Tagebuch*, Stuttgart 1980, S. 131.
458 Walter Benjamin, *Der Sürrealismus. Die letzte Momentaufnahme der europäischen Intelligenz*, in: W. Benjamin, *Angelus Novus*, a.a.O., S. 210.
459 Ernst Jünger, *Über den Schmerz*, a.a.O., S. 182.
460 Bertolt Brecht, *Der Dreigroschenprozeß*, in: S. Unseld (Hg.), *Bertolt Brechts Dreigroschenbuch. Texte, Materialien, Dokumente*, Frankfurt am Main 1960, S. 93.
461 Siegfried Kracauer, *Die Angestellten. Eine Schrift vom Ende der Weimarer Republik*, Allensbach und Bonn 1959, S. 9.
462 Robert Musil, *Ansätze zu neuer Ästhetik*, in: Robert Musil, *Gesammelte Werke*, Bd. 8, S. 1146.
463 Vgl. Helmut Lethen, *Eckfenster der Moderne. Wahrnehmungsexperimente bei Musil und E.T.A. Hoffmann*, in: *Musil-Studien*, Bd. 15, hg. v. Josef Strutz, München 1987, S. 195-229.
464 Karl R. Popper, *Ausgangspunkte*, Hamburg 1979, S. 68ff.
465 Vgl. den Artikel *Wahrnehmung* von Bernhard Waldenfels, in: *Handbuch philosophischer Grundbegriffe*, Bd. 6, München 1974, S. 1669-1678.
466 Wolfgang Kaempfer, *Ernst Jünger*, Stuttgart 1981, S. 111.
467 Robert Musil, *Triëdere*, a.a.O., S. 82.
468 Carl Schmitt im *Glossarium*. Vgl. das nächste Kapitel.
469 Ernst Jünger, *Der Arbeiter. Herrschaft und Gestalt*, a.a.O., S. 122.
470 Vilém Flusser, *Für eine Philosophie der Fotografie*, Göttingen 1983, S. 122ff. Auf diese Schrift machte Carl Wege mich aufmerksam.
471 Hinweis von Rüdiger Safranski.
472 Vilém Flusser, *Für eine Philosophie der Fotografie*, a.a.O., S. 31.
473 Ebd.
474 Ebd., S. 34.
475 Ebd., S. 26.
476 Ebd., S. 20.
477 Vilém Flusser, *Gesten. Versuch einer Phänomenologie*, Düsseldorf und Bensheim 1991, S. 140.
478 Vilém Flusser, *Für eine Philosophie der Fotografie*, a.a.O., S. 26.
479 Ernst Jünger, *Der Arbeiter*, a.a.O., S. 122ff.

480 Siegfried Kracauer, *Die Photographie*, in: S. Kracauer, *Schriften*, Bd. 5.2, *Aufsätze (1927-1931)*, hg. v. Inka Mülder-Bach, Frankfurt am Main 1990, S. 83-97.
481 Ebd., S. 96.
482 U. Geitner, a.a.O., S. 255.
483 Martin Lindner, a.a.O. Lindner zitiert hier einen Satz von Heinrich Schmidt aus dem *Philosophischen Wörterbuch*, 9. Auflage, Leipzig 1934, S. 677.
484 Martin Lindner, a.a.O., S. 173.
485 Gottfried Benn, *Dorische Welt. Eine Untersuchung über die Beziehung von Kunst und Macht*, in: G. Benn, *Essays und Reden*. In der Fassung des Erstdrucks, hg. v. Bruno Hillebrand, Frankfurt am Main 1989, S. 305.
486 Ernst Jünger, *Der Arbeiter*, a.a.O., S. 132.
487 Robert Musil, *Gesammelte Schriften*, Bd. 8, S. 1404.
488 Zitiert nach H.G. Vierhuff, *Die Neue Sachlichkeit. Malerei und Fotografie*, Köln 1980, S. 71. Einen instruktiven Überblick über die Tendenz zur Typenbildung in Malerei und Fotografie findet man in: Jost Hermand, Frank Trommler, *Die Kultur der Weimarer Republik*, München 1978, S. 396-401.
489 Ernst Jünger, *Strahlungen II*, a.a.O., S. 139f.
490 Walter Benjamin, *Der Sürrealismus*, a.a.O., S. 207.
491 Vgl. Marcus Paul Bullock, *The Violent Eye. Ernst Jünger's Visions and Revisions on the European Right*, Detroit 1992, S. 25.
492 Heiner Müller, *Krieg ohne Schlacht. Leben in zwei Diktaturen*, Köln 1992, S. 282.
493 Ernst Jünger, *Über den Schmerz*, a.a.O., S. 165.
494 Ebd., S. 158.
495 Ebd., S. 170.
496 Ernst Jünger, *Der Arbeiter*, a.a.O., S. 110.
497 Ebd., S. 98.
498 Ernst Jünger, *Über den Schmerz*, a.a.O., S. 160.
499 Ernst Jünger, *Der Arbeiter*, a.a.O., S. 107.
500 Wieland Schmied, *Die Neue Sachlichkeit. Malerei der Weimarer Zeit*, in: *Die »Neue Sachlichkeit«. Lebensgefühl oder Markenzeichen*, *Germanica* Nr. 9, 1991, S. 217-228, S. 222.
501 Ernst Jünger, *Der Arbeiter*, a.a.O., S. 171.
502 Vgl. dazu Ulrike Baureithel, *»Die letzte tolle Karte im Männerspiel«*, a.a.O., S. 141-154.
503 Wilhelm Reich, *Charakteranalyse. Technik und Grundlagen für Studierende und praktizierende Analytiker*, im Selbstverlag des Verfassers 1933.
504 Alfred Adler, *Studie über Minderwertigkeit von Organen*, München 1927. Vgl. Adlers Zusammenfassung im Kapitel »Der Minderwertig-

keitskomplex«, in: A. Adler, *Der Sinn des Lebens* (1933), Frankfurt am Main 1973, S. 67-79.

505 Adler, *Der Sinn des Lebens*, a.a.O., S. 69.

506 Vgl. die schon genannten Arbeiten von Klaus Theweleit, Nicolaus Sombart und Ulrike Baureithel.

507 Ernst Jünger, *Über den Schmerz*, a.a.O., S. 175.

508 Robert Musil, *Der Riese Agoag*, in: *Nachlaß zu Lebzeiten*, a.a.O., S. 101-105.

509 Walter Benjamin, *Einbahnstraße*, a.a.O., S. 80ff.

510 Ernst Jünger, *Der Arbeiter*, a.a.O., S. 107.

511 Analysen dazu in: Martin Meyer, *Ernst Jünger*, a.a.O., S. 163-214.

512 Ernst Jünger, *Der Arbeiter*, a.a.O., S. 7.

513 Ebd., S. 107.

514 Ebd., S. 39.

515 Ebd., S. 28.

516 Ebd., S. 201.

517 Ebd., S. 191.

518 Ebd., S. 194.

519 Ebd., S. 172f.

520 Ebd., S. 229.

521 Ebd., S. 52.

522 Russel A. Berman, *Written Right Across Their Faces: Ernst Jünger's Fascist Modernism*, in: A. Huyssen/D. Bathrik (Hg.), *Modernity and the Text. Revision of German Modernism*, New York 1989, S. 68.

523 Ernst Jünger, *Der Arbeiter*, a.a.O., S. 139.

524 Ebd., S. 264.

525 Ebd., S. 256.

526 Ebd., S. 266.

527 Ebd., S. 215, 275.

528 Martin Lindner, a.a.O., S. 148.

529 Ebd., S. 150.

530 Ebd., S. 223.

531 Ebd., S. 73.

532 Dieser Satz wird als zentrales Argument gegen Ernst Blochs Theorie der Ungleichzeitigkeit in *Erbschaft dieser Zeit* ins Feld geführt. Vgl. Hans Günther, *Erbschaft dieser Zeit*, in: *Internationale Literatur*, 6. Jg. (1936) Nr. 3, S. 85-101, S. 91.

533 Ernst Jünger, *Der Arbeiter*, a.a.O., S. 98.

534 Beispiel aus Friedrich Kittlers Studie *Grammophon, Film, Typewriter*, Berlin 1986, S. 154.

535 Friedrich Kittler, ebd., S. 26. Zur Theorie des Geräuschs vgl. auch Helmut Lethen, *Sichtbarkeit. Kracauers Liebeslehre*, in: M. Kessler, Th. Levin (Hg.), *Siegfried Kracauer: Neue Interpretationen*, Tübingen 1990, S. 195-228.

536 Russel A. Berman, *Written Right Across Their Faces*, a.a.O.
537 Robert Musil, *Die Amsel*, in: *Nachlaß zu Lebzeiten*, a.a.O.
538 Marshall McLuhan, *Understanding Media*, New York 1964, S. 83.
539 Ernst Jünger, *Der Arbeiter*, a.a.O., S. 203.
540 Ebd., S. 227.
541 Ebd., S. 141.
542 In den im Anhang der Ausgabe von 1981 abgedruckten Auszügen aus Jüngers Briefwechsel über den *Arbeiter* nennt er kanonische Namen und Quellen wie Goethes Theorie der Urpflanze, Karl Marx' Analyse der Industrialisierung und Leibniz' Monadologie.
543 Ernst Jünger, *Der Arbeiter*, a.a.O., S. 166.
544 Vgl. Helmut Lethen, *Ernst Jünger, Bertolt Brecht e il concetto di ›modernizzazione‹ nella repubblica di Weimar*, in: *Ernst Jünger: un convegno internazionale* (März 1983), Napoli 1987, S. 55-71. Vgl. neuerdings auch: Uwe-K. Ketelsen, *Ernst Jüngers »Der Arbeiter« – Ein faschistisches Modernitätskonzept*, in: *Kultur. Bestimmungen im 20. Jahrhundert*, a.a.O., S. 219-254.
545 Ernst Jünger, *Der Arbeiter*, a.a.O., S. 83.
546 Ebd., S. 74.
547 Ebd., S. 165.
548 Ebd., S. 99.
549 Ebd., S. 220.
550 Martin Lindner, *»Krise« und »Leben«*, a.a.O., S. 185.
551 Arnold Gehlen, Über kulturelle Kristallisation, in: *Studien zur Anthropologie und Soziologie*, Neuwied 1962.
552 Boris Groys, *Gesamtkunstwerk Stalin. Die gespaltene Kultur in der Sowjetunion*, München 1988, S. 12.
553 Carl Schmitt, *Glossarium*, a.a.O., S. 62.
554 Sombart, *Die deutschen Männer und ihre Feinde*, a.a.O., S. 240, 245, 323.
555 *Glossarium*, a.a.O., S. 105.
556 Ebd., S. 130.
557 *Glossarium*, a.a.O., S. 314.
558 Ebd., S. 31.
559 Ebd., S. 207.
560 Ebd., S. 23, 50, 301. Vgl. auch Raphael Gross, a.a.O.
561 Ebd., S. 5.
562 Ebd., S. 161.
563 Ebd., S. 190.
564 Walter Benjamin, *Zu Ignatius von Loyola*, in: W. Benjamin, *Fragmente. Autobiographische Schriften*, *Gesammelte Schriften*, Band VI, Frankfurt am Main 1991, S. 71 ff.
565 Walter Benjamin, a.a.O., S. 72.
566 *Glossarium*, a.a.O., S. 252.

567 Ebd., S. 81.

568 Carl Schmitt, *Ex Captivitate Salus. Erfahrungen der Zeit 1945/47*, Köln 1950, S. 79.

569 Ebd., S. 80.

570 *Glossarium*, a.a.O., S. 30.

571 Ebd., S. 104. Den Spottvers entnehme ich der neuen Biographie: Paul Noack, *Carl Schmitt*, Berlin/Frankfurt am Main 1993, S. 282.

572 *Ex Captivitate Salus*, a.a.O., S. 76.

573 *Glossarium*, a.a.O., S. 77.

574 Ebd., S. 8.

575 Ebd., S. 119.

576 Ebd., S. 44.

577 Ebd., S. 145.

578 Ebd., S. 174.

579 Ebd., S. 275.

580 Ebd., S. 104.

581 Ebd., S. 36.

582 Ebd., S. 111.

583 Ebd., S. 17.

584 Ebd., S. 85.

585 Ebd., S. 23.

586 Ebd., S. 152, vgl. S. 16.

587 Ebd., S. 204.

588 Ebd., S. 235.

589 Ebd.

590 Ebd., S. 110. Gerd Giesler verdanke ich den Hinweis darauf, daß Carl Schmitt in seinen letzten Lebensjahren von akustischen Halluzinationen gequält wurde. Ernst Hüsmert, auf den er verweist, berichtet: »Schallwellen dringen von allen Seiten ins Haus. Strahlen aus allen möglichen elektrischen Geräten vermitteln Stimmen von größter Klarheit über hunderte Kilometer Entfernung. Überall im Haus waren elektronische Wanzen versteckt...« Ernst Hüsmert, *Die letzten Jahre von Carl Schmitt*, in: *Schmittiana-1*, hg. v. P. Tommissen, Brüssel 1988, S. 46.

591 Sombart, *Die deutschen Männer und ihre Feinde*, a.a.O.

592 *Glossarium*, a.a.O., S. 152.

593 Walter Benjamin, *Franz Kafka* (1934), in: W. Benjamin, *Angelus Novus*, a.a.O., S. 248ff. Den Hinweis darauf verdanke ich Carrie Asman, die in ihrem Artikel über *Die Rückbindung des Zeichens an den Körper* (in: *Der Internationale Walter Benjamin-Kongreß*, Osnabrück 1992) das Problem des Gestischen bei Kafka und Brecht an der Puschkin-Anekdote demonstriert.

594 *Glossarium*, a.a.O., S. 85.

595 Raphael Gross, *Carl Schmitt und die Juden*, a.a.O.

596 Carl Schmitt, *Gesetz und Urteil*, zit. n. Raphael Gross, a. a. O.
597 Eine Dokumentation dazu findet sich in dem Artikel von Raphael Gross.
598 *Glossarium*, a. a. O., S. 23.
599 Zit. n. Wolfgang Kersting, *Thomas Hobbes*, a. a. O., S. 75.
600 *Glossarium*, a. a. O., S. 274.
601 Ebd., S. 99.
602 Ernst Jünger, *Der Arbeiter*, a. a. O., S. 13.
603 *Glossarium*, a. a. O., S. 116.
604 Ebd., S. 159.
605 Ebd., S. 16. Siehe auch Carl Schmitt, *Raum und Rom*, in: *Universitas*, Jg. 6, 1951, Bd. 1, S. 963-967. Vgl. Ernst Jünger, *Lob der Vokale* (1934), in: Ernst Jünger, *Werke*, Bd. 8, Stuttgart o. J.
606 *Glossarium*, a. a. O., S. 76.
607 Hugo Ball, *Die Flucht aus der Zeit*, S. 100. Für diesen Hinweis danke ich Mariusz Kieruij.
608 *Glossarium*, a. a. O., S. 60, 63.
609 Ebd., S. 52.
610 Ebd., S. 16ff.
611 Ebd., S. 169.
612 Ebd.
613 Ebd., S. 180.
614 Marshall McLuhan, *Understanding Media*, a. a. O.
615 Vilém Flusser, *Nachgeschichten*, hg. v. Volker Rapsch, Düsseldorf 1990, S. 90ff.
616 Ebd., S. 91.
617 Max Horkheimer, Theodor W. Adorno, *Dialektik der Aufklärung*, Frankfurt am Main 1971, S. 143.
618 Franz Kafka, *Betrachtungen über Sünde, Leid, Hoffnung und den wahren Weg*, in: *Franz Kafka*, Frankfurt am Main 1965, S. 199.
619 Franz Kafka, *Das Schloß*, Frankfurt am Main 1992, S. 91.
620 *Glossarium*, a. a. O., S. 37.
621 Ebd., S. 309.
622 Ebd., S. 148.
623 Ebd.
624 Siegfried Kracauer, *Franz Kafka. Zu seinen nachgelassenen Schriften* (1931), in: S. Kracauer, *Schriften*, Bd. 5.2, hg. v. Inka Mülder-Bach, Frankfurt am Main 1990, S. 367.
625 David Riesmans *The Lonely Crowd* (1950) erschien 1958 in Rowohlts deutscher Enzyklopädie mit einer Einführung von Helmut Schelsky. – Die Einführung zeigt, wie schwer es der deutschen Soziologie wurde, den Typus des Außen-Geleiteten vom »Kollektivismus« des NS-Regimes einerseits und vom Idealtypus des Bürgertums andererseits loszulösen: »Wir in Deutschland empfinden den Materialis-

mus des Lebensgenusses... als einen Rückschlag gegenüber dem enttäuschten Idealismus politischer Hingabe und als Folge der materiellen Notzeiten.« – David Riesman, *Die einsame Masse. Eine Untersuchung des amerikanischen Charakters*, Reinbek 1958, S. 13.

626 Riesman, ebd., S. 69.

627 Riesman, ebd., S. 270 und S. 262.

628 Siegfried Kracauer, *Der Sklarek-Prozeß*, in: S. Kracauer, *Schriften*, Bd. 5.3, a. a. O., S. 11-15.

629 Bertolt Brecht, *Gesammelte Werke*, Band 18, S. 171 ff.

630 Siegfried Kracauer, *Das Ornament der Masse*, in: S. Kracauer, *Schriften*, Bd. 5.2, S. 57-68.

631 Walter Benjamin, *Das Kunstwerk im Zeitalter seiner technischen Reproduzierbarkeit*, Frankfurt am Main 1963, S. 43 und S. 45.

632 Benjamin, ebd., S. 47.

633 Max Horkheimer, Theodor W. Adorno, *Dialektik der Aufklärung*, a. a. O., S. 220.

634 Ernst Jünger, *Der Arbeiter*, a. a. O., S. 267.

635 Zitat nach Karin Hirdina, *Pathos der Sachlichkeit. Traditionen materialistischer Ästhetik*, Berlin 1981, S. 49 ff.

636 Albert Sigrist (d.i. Albert Schwab), *Das Buch vom Bauen*, Berlin 1930, S. 135. – Zitat nach Hirdina, *Pathos der Sachlichkeit*, a. a. O., S. 50 ff.

637 Sigrist, ebd., S. 137.

638 Hannes Meyer, *Bauen und Gesellschaft. Schriften, Briefe, Prospekte*, Dresden 1980, S. 52.

639 Vgl. den Kommentar zu Tucholsky von Friedrich Rothe, in: *Geschichte der deutschen Literatur*, hg. v. Saalfeldt, Kreidt und Rothe, München 1989, S. 576.

640 David Riesman, *Die einsame Masse*, a. a. O., S. 159.

641 Vgl. Ulrike Baureithel, *Reisende durch viele Leben. Wiederbegegnung mit Irmgard Keun*, in: *Freitag* (5. 7. 1991), S. 20.

642 Vgl. Heinz Dieter Kittsteiner, *Max Weber und die schöne neue Welt*, in: *Kultursoziologie – Symptom des Zeitgeistes?*, hg. v. H. Berking/Richard Faber, Würzburg 1989, S. 116-139.

643 Karl Rahner, Herbert Vorgrimler, *Kleines Theologisches Wörterbuch*, Imprimatur, Freiburg i. Br., den 14. November 1961, Freiburg/Basel/Wien 1962, S. 215.

644 Vgl. Walter H. Sokel, *Der literarische Expressionismus*, München o. J., S. 73.

645 Leonhard Frank, *Die Räuberbande*, Leipzig 1914, S. 291, zit. n. Sokel, a. a. O., S. 84.

646 Vgl. auch Peter Sloterdijks Kapitel »Prothesen – vom Geist der Technik. Funktionalistische Zynismen II«, in: P. Sloterdijk, *Kritik der zynischen Vernunft*, a. a. O., Bd. II, S. 791-807.

647 Leonhard Frank, *Der Mensch ist gut*, Zürich 1919, S. 182.
648 Ebd., S. 163.
649 Ebd., S. 153.
650 Ebd., S. 166.
651 Heinz-Dieter Kittsteiner/Helmut Lethen, *Ich-Losigkeit, Entbürgerlichung und Zeiterfahrung. Über die Gleichgültigkeit zur »Geschichte« in Büchners »Woyzeck«*, in: *Georg Büchner Jahrbuch 3* (1983), Frankfurt am Main 1984, S. 240-270.
652 Ludwig Turek, *Leben und Tod meines Bruders Rudolf*, in: *30 neue Erzähler des neuen Deutschlands*, hg. v. Wieland Herzfelde, Berlin 1932, S. 17-28.
653 Ich folge dem Kommentar von Hans-Thies Lehmann, *Der Schrei der Hilflosen*, in: H.-Th. Lehmann/H. Lethen, *Bertolt Brechts »Hauspostille«. Text und kollektives Lesen*, Stuttgart 1978, S. 74-99.
654 Arnold Zweig, *Der Streit um den Sergeanten Grischa*, Berlin 1929. Kommentar von Brecht in: *Gesammelte Werke*, Band 18, S. 52-53.
655 Vgl. Helmut Lethen, *Zynismen der Avantgarde und Arnold Zweigs Roman »Der Streit um den Sergeanten Grischa«*, in: *Arnold Zweig – Poetik, Judentum und Politik*, hg. v. D. Midgeley, *Jahrbücher für internationale Germanistik*, Reihe A. Band 25, 1989.
656 Walter Benjamin, *Der Ursprung des deutschen Trauerspiels*, a. a. O., S. 148.
657 Gert Mattenklott, *Ostjuden in Berlin*, in: *Reise nach Berlin*, Berlin 1987, S. 210-216. – Arthur Tilo Alt, *Zu Arnold Zweigs »Das ostjüdische Antlitz«*, in: *Arnold Zweig – Poetik, Judentum und Politik*, a. a. O., S. 171-186.
658 Arnold Zweig, a. a. O., S. 527.
659 Ebd., S. 493.
660 Arnold Gehlen, *Über die Geburt der Freiheit aus dem Geist der Entfremdung* (1952). Zitiert nach M. Erdheim, *Über die gesellschaftliche Produktion von Unbewußtheit. Eine Einführung in den ethnopsychoanalytischen Prozeß*, Frankfurt am Main 1984, S. 367f.
661 Refrain der Ballade *Von der Kindesmörderin Marie Farrar* aus Brechts *Hauspostille*.
662 Joseph Roth, *Bekenntnisse zum Gleisdreieck* (*Frankfurter Zeitung* 16. 7. 1924), in: Joseph Roth, *Werke*, Band 2, S. 218-221.
663 S. Kracauer, *Schriften*, Bd. 5.1, a. a. O., S. 321f.
664 Walter Benjamin, *Zur Kritik der Gewalt und andere Aufsätze*, a. a. O., S. 39 und 56.
665 S. Freud, *Massenpsychologie und Ich-Analyse*, a. a. O., S. 73.
666 Arnolt Bronnen, *O. S.*, Berlin 1929.
667 Ernst Jünger, *O. S.*, in: *Der Scheinwerfer*, H. 3 (1929), S. 29-30.
668 Arnolt Bronnen, *O. S.*, a. a. O., S. 311.
669 Bronnen, a. a. O., S. 7ff.

670 Bronnen, a. a. O., S. 24.
671 Bronnen, a. a. O., S. 358.
672 Bronnen, a. a. O., S. 280.
673 Bronnen, a. a. O., S. 376.
674 Bronnen, a. a. O., S. 333.
675 Ein Gedanke, den ich Gesprächen mit H.-D. Kittsteiner verdanke.
676 Léon Wurmser, *Die Maske der Scham*, Berlin/Heidelberg 1990, zit. n. H.-Th. Lehmann, *Das Welttheater der Scham*, a. a. O., S. 825.
677 Hannah Arendt, *Elemente totaler Herrschaft*, Frankfurt am Main 1958, S. 277.

Nachwort
Im Freiheitsraum der Kälte

> »Denn ob ich gleich seit 25 Jahren durch einige Nachahmungen und Nachspiele des Buchs ordentlich mich selber satt bekommen: so überwind' ich doch den Überdruß an dieser Selbersattheit durch die Hoffnung, daß der schreibende Jüngling später wieder auf lesende Jünglinge und Jungfrauen treffen und daß künftig auch für ältere Leser mehr vom Nachgeahmten als von den Nachahmungen übrig bleiben wird.«
>
> Jean Paul, *Hesperus oder 45 Hundposttage*, Vorrede zur dritten Auflage (1819)[1]

Dass der Verlag mein Buch *Verhaltenslehren der Kälte*, das 1994 erschien, nach 28 Jahren neu herausbringt, ist ein Glücksfall und wirft zugleich die Frage auf, warum das Buch, an dem wie an einem antiquarischen Gegenstand nichts verändert wird, nicht veraltete, obwohl es wie alle Bücher die Spuren eines Schicksals aufzeigt: Verwitterungen des rhetorischen Dekors der neunziger Jahre, der aus Frankfurt stammt; ein Pathos der Entfremdung, das Zeichen der Ermüdung aufweist; Züge eines Amerikanismus, der sich totläuft; das politische Niemandsland zwischen den Lagern, auf dem ich mich freier bewegte und bewege; und ein viriler Habitus, der sich schon damals nicht seiner Unverschämtheit freuen durfte. Das sind nach wie vor liebenswerte Charakteristika. »Schein zivilisiert!« – ich hatte mir eine Devise der Hofkultur aus Protest gegen den Authentizitätskult der achtziger und neunziger Jahre zu eigen gemacht.

Hat ihm der Zahn der Zeit nichts anhaben können? Ich glaube, dass die anhaltend magnetisierende Wirkung, die man dem Buch nachsagt, auf seinen »antipsychologischen Affekt« zurückzuführen ist.[2] An ihm entzünden sich seit 1994 Begeisterung und Kritik. Eine gewisse Anziehungskraft dieser Verhaltenslehren lag und liegt in ihrem Desinteresse an komplexen seelischen Tiefengliederungen. Das wurde ihnen zu Recht angekreidet – und förderte die Resonanz des Buches.[3] In seinem Brennpunkt stehen Leute, deren Identität eher in den räumlichen Kategorien ihres Handlungsfeldes zu erschließen ist als in psychischen Tiefenstrukturen, schrieben die Kritiker. Gut so, meinten die Liebhaber, die diese Perspektive als befreiend empfanden. In der Welt der *Verhaltenslehren* liegt das Unbewusste, das Handlungen der Menschen steuert, in Faktoren der sozialen Apparate. Bewegungsfreiheit bedarf nicht der Versenkung in seelische Abgründe. Keine Psychoanalyse – welche Erleichterung des Gewissens, welche Abwesenheit der Schuldkultur. Auch der Teufel kam von außerhalb!

Leicht ist festzustellen, dass die Welt der *Verhaltenslehren* nicht psychologisch, sondern physikalisch getönt ist. »Die Kältetendenz«, beobachtete Ossip Mandelstam, »rührt vom Eindringen der Physik in eine moralische Idee«; es wurde ein Schlüsselsatz meines Unternehmens. Aus diesem Blickwinkel betrachtet, besteht die Welt »aus sich bewegenden Körpern, mentale Prozesse sind als Elemente in dieses Bewegungssystem eingelassen. Subjektivität erscheint als ›Ding unter Dingen‹, woraus sich eine gesteigerte Reflexivität des Verhaltens ergibt« (75). Das bezog sich nicht nur auf Thomas Hobbes' anthropologische Sicht auf das Gewimmel streitender Menschen im 17. Jahrhundert, sondern steuerte auch die Wahrnehmung des politischen Häftlings Werner Krauss, der 1943, in seiner Zelle zur Bewegungslosigkeit verdammt, in Graciáns Lebenslehre die Anleitung zu freien Bewegungen erkennen wollte. Die Verhaltenslehren der Kälte verschaffen eben mehr Luft zum Atmen. Nicht schlecht für die Vitalisierung der Reflexion. Aber wo blieb die Moral?

Aleida Assmann, die, wie sie mir 1994 mitteilte, das Buch auf einer DFG-Tagung unter dem Tisch, folglich mit Zustimmung las, neigt heute zu einer negativen Einschätzung. Sie aktualisiert die Kritik, die kurz nach Erscheinen des Buches schon Thomas Assheuer und Klaus Naumann geäußert hatten: Das Manifest der Kältelehre habe just in dem Augenblick das Licht der deutschen Welt erblickt, als die unselige Schamkultur schweigender Väter mit ihren psychischen Verhärtungen gerade überwunden schien und man sich in der neuen Erinnerungskultur auf historische Schuld habe konzentrieren können.[4] Sie erkennt eine Nobilitierung der Härte der Weltkriegsgeneration und der Technokraten des NS-Staats, die mein Buch mit dem Glanz und der Formgewissheit barocker Hofkultur ausgestattet habe.

Ein einschüchternder Einwand, nicht leicht von der Hand zu weisen. Zumal Aleida Assmann die von mir hochgehaltenen Verhaltenslehren – wohl unbewusst – in die Nähe des Kältekults der Avantgardisten rückt, wie Serenus Zeitblom sie in Thomas Manns *Doktor Faustus* schildert: Deren Kältekult war ein »instinktives Sich-in-Form-Bringen der Menschheit für harte und finstere, der Humanität spottende Läufte«, für ein Zeitalter umfassender Kriege und Revolutionen; Desinteresse an Psychologischem war diesen Finsterlingen eigen.[5] »Wir leben in Zeiten hinein, mein Lieber«, lässt Thomas Mann den Teufel sagen, »die nicht chikaniert sein wollen von Psychologie …«[6] Ausgestattet mit dem »Schreckensnimbus« der Kälte,[7] konnte die im Roman vorgeführte radikale Bande ihrer Vorliebe für »prä-klassisch strenge Formen« frönen.[8]

Waren die *Verhaltenslehren der Kälte* derart in Vergangenheit verstrickt, wie die humanistische Kritikerin argwöhnt? Der teuflische Schatten fiel sicher auf einige seiner Akteure wie Bert Brecht oder Carl Schmitt – färbte er auch das ganze Buch tiefschwarz? Oder hatte es durch die Stilisierung des »soignierten, blasierten, demonstrativ desinteressierten Zeitgenossen« wie Brecht, Plessner, Jünger, Schmitt, Blei, Krauss, Serner usw. den Blick auf »Berlins Weltstadtkultur« verstellt, die sich »für den kostbaren Moment offen wie keine vorher für die Faszination an der Welt, für die Vielfalt und die Vermischung« zeigte?[9] Diesen Vorwurf lese ich in einem Verriss, der 2016 in der Zeitschrift *Kunstforum International* in der Rubrik »Relektüren« erschien: Mit der »Überlagerung der Geschichtswissenschaften durch Queer, Subaltern, Gender Studies« sei jene »Vermischung der Geschlechter, der sexuellen Vorlieben, der Rassen und der Klassen« sichtbar geworden, und von diesem Shift habe das Buch nichts mitbekommen.[10]

Beunruhigender als die Kritik, ich hätte die Diversität der »wilden Zwanziger« übersehen, und erschreckender als der Verdacht einer nachgereichten Nobilitierung der harten Männer des NS-Staates, gegen den ich mich immun wusste, ist eine Überführung der *Verhaltenslehren* in die siebziger Jahre. Vor Kurzem erst fand ich in Gerd Koenens Buch über die Urszenen des deutschen Terrorismus *Vesper, Ensslin, Baader* (2003) eine beiläufige Erwähnung der *Verhaltenslehren*, die mich schockiert, weil mir beim Schreiben des Buchs in den Niederlanden nichts ferner erschien als die Vorgeschichte, das Umfeld und der Jargon der Roten Armee Fraktion. Eingekapselt in die Sprach-Armaturen einer ML-Partei, hatte ich gelernt, die Terrorszene als Spektakel einer »jeunesse dorée« (wie

Marx einmal die begüterten und sich bohèmehaft gerierenden Mitläufer der Revolution genannt hatte) zu betrachten. Fern von den »komplementären Hysterien«[11], mit denen liberale Medien Abgründigkeit und Verbrechen der dunklen Helden vitalisierten, lebten wir MLer in abgeklärter Unwissenheit – bis ich jetzt, im Juli 2021, Bernward Vespers *Die Reise* in der Ausgabe des März Verlags von 1978, die 43 Jahre nie aufgeschlagen auf meinem Bücherregal knallgelb geleuchtet hatte, endlich las und das Gefühl hatte, dass mir die alten ML-Sicherungen durchbrannten: »Das ist die Scheiße, in die wir hineinerzogen worden sind und wir müssen erst zur totalen Verantwortungslosigkeit zurückfinden, um uns überhaupt zu retten.«[12] Vespers Schrecken hatte ich nie erlebt, von diesem Kältegrad der Radikalität hatte ich keinen blassen Schimmer.

Ich war wie viele meiner Mitstreiter der sechziger Jahre mit den Kommentaren von Ulrike Meinhof in *konkret* groß geworden, hatte mit der Ad-hoc-Gruppe Germanistik auf dem Campus der FU die Haftentlassung von Fritz Teufel gefeiert, die Broschüre *Klau mich* der Kommune I war schnell auch mein Kultbuch geworden. Dann brach in der ML-Zeit jeglicher Kontakt zu dieser Szene ab, bis mich nach vielen Jahren der hektographierte Kassiber des sich zu Tode hungernden Holger Meins erschütterte. Am Morgen nach der Nachricht von den Toten in Stammheim bat ich mein Seminar in Utrecht um eine Gedenkminute. Man sah mich fassungslos an. Mit deutschen Gespenstern hatte man nichts zu tun. Man kannte nicht mal ihre Namen.

Gerd Koenen bringt die zum Schlagwort gewordenen Verhaltenslehren der Kälte nun doch ins Spiel, wenn er von der »lebensweltlichen Radikalisierung« der Kinderladenbewegung spricht, die die Kinder zwingen wollte, ihre Fixierung auf die Eltern aufzugeben.[13] Das Experiment misslang, und Koenen stellt erleichtert fest:

> Dass in der Mehrzahl der Fälle am Ende die humanen Bedürfnisse des Lebens über alle leeren Bekenntnisse siegten, dass kindliche Liebe und Elternliebe sich entgegen allen revolutionären »Verhaltenslehren der Kälte« schließlich vital behaupteten, dass O'Neills »Summerhill« oder ähnliche liberale Reformexperimente und nicht Makarenkos Arbeitskolonien letztendlich als Vorbilder dienten, steht auf einem anderen Blatt.[14]

Der Sphäre der Radikalisierung der Lebenswelt, wie sie die Schriften der Kommune II dokumentieren, war mein Buch nicht entsprungen, und dort würde es auch nie zu Hause sein. Dennoch scheint mir, dass ihm das »Flair einer kühlen und kühnen Amoralität, die Gudrun Ensslin als definitive ›Befreiung‹ aus der Zwangsjacke ihrer protestantischen Hypermoralität empfunden haben wird«,[15] nicht fremd ist.

Ich hatte mit dem Schreiben des Buchs ungefähr zehn Jahre nach dem Deutschen Herbst begonnen, planlos, was es werden könnte. Unter der Federführung von Peter Sloterdijk sollte für den Hanser Verlag ein Band über die Literatur der Weimarer Republik entstehen, und ich wollte ein Kapitel über die Anthropologie der Neuen Sachlichkeit verfassen. Die krummen Wege der Entstehung der *Verhaltenslehren* habe ich in meiner Autobiographie nachgezeichnet.[16] Heute springt mir, nach der Lektüre von Vesper und Koenen, ins Auge, dass die Parolen und ungeheuren Textmassen der siebziger Jahre mit ihren Adaptionen des marxistischen und psychoanalytischen Vokabulars, die existenzialistische Verankerung des Terrors bei Sartre, die Parolen Fanons – die ganze brillant silberne oder getrübt dunkle Diskurssuppe, in der die Kämpfenden schwammen –, in den *Verhaltenslehren* herausgefiltert wird. Erst dadurch wurden sie auf einer eher handwerklich-zivilen, zwischenmenschlichen Ebene anwendbar. Leserinnen und Leser konnten ihnen Spielregeln der Distanz entnehmen, mit denen selbst auferlegte, erzwungene und verletzende Näheverhältnisse überwunden werden sollten. Man las und liest das Buch (oder zumindest zwei seiner Kapitel) als Ratgeber für soziale Spielformen, mit denen sich die Menschen nahekommen, ohne sich zu treffen, mit denen sie sich voneinander entfernen, ohne sich zu verletzen. Wer möchte diese Regeln, die das Buch unter Anleitung des philosophischen Anthropologen Helmuth Plessner nahelegen, nicht beherzigen? Dass Männer den *Verhaltenslehren* Techniken geglückter Trennung entnehmen konnten, war vom Autor vorgesehen. Per Leo kommt zu dem Schluss, es gehe in dem Plädoyer für die Trennungskunst im Grunde eigentlich nur um Liebeskunst, jedenfalls seien Trennungs- und Liebeskunst keine Alternativen! Und schließlich stellte einer der ersten Rezensenten die *Verhaltenslehren* in den Strom eines sich herausbildenden »lagerübergreifenden Enttäuschungsdiskurses«.[17] Es war ein Buch, das nach den Erfahrungen des politischen Radikalismus des Autors als Kader der maoistischen KPD/AO den Grenzgang zwischen den Lagern ausprobierte und in ein politisches Niemandsland vorstieß, in dem das Nachdenken über zivile Formen des Umgangs schon Utopie genug ist.

Eine Merkwürdigkeit der Rezeption bestand darin, dass der Titel bald zu einem geflügelten Wort wurde. Es riss sich aus seiner historischen Verankerung in der »Zwischenkriegszeit« los, um seine Wirkung als Ratgeber frei vom unheimlichen Kontext zu entfalten. Zwar brachte man den Habitus der Kälte immer wieder auch mit Figuren wie Hitlers Avantgarde-Filmerin Leni Riefenstahl oder den Technokraten des NS-Staates wie Werner Best in Verbindung, aber beliebter war, ihn mit postmoderner »Coolness« zu assoziieren, einer vom »Schreckensnimbus« der historischen Avantgarden losgelösten tänzerisch-zivilen Haltung.

Im letzten Kapitel, »Verlassenheit«, taucht zum ersten Mal das Motiv auf, das meine späteren Bücher prägen sollte. Mit *Mutter Courage und ihre Kinder* geraten dort die Grenzen der neusachlichen Verhaltenslehren in den Blick. In Brechts Stück wird das Kälte-Idol der Männer, »ihre Nomadologie und ihr Lob der Flüchtlingsexistenz, vom Boden der Republik aus entworfen« und »in der Gestalt einer Frau im fernen Spiegel des Dreißigjährigen Krieges verworfen« (268). Hier sind Sätze zu finden, die Kritikerinnen und Kritiker überlesen haben:

> Jetzt ist die Courage eine Skulptur der Verlassenheit, die von der Existenzunmöglichkeit eines Typus in einem Augenblick zeugt, in dem nichts anderes übrigbleibt als Haltung. Nicht Einsamkeit – Verlassenheit, befand Hannah Arendt, ist die Grunderfahrung des Lebens unter totalitärer Herrschaft. Ein besseres Schicksal hatte die deutsche Kulturgeschichte dem in diesem Buch vorgestellten Typus nicht zu bieten, schlimmer, er hatte diesem Prozeß sekundiert. (268 f.)

I. Resonanzen

Die hier entworfene Skizze der Wirkung der *Verhaltenslehren* entspricht nur teilweise den Resonanzen, die das Buch unmittelbar nach der Veröffentlichung erfuhr. Ich hatte die vielen Farben des Spektrums der Rezensionen vergessen. Die ersten Reaktionen waren panoramatisch und gelehrt. Das Publikum wurde darüber aufgeklärt, dass mein Papierschiff glitzernder Entfremdung auf dunklem historischem Grund segelt. Sie erinnerten mich daran, dass ich in den achtziger Jahren im Stedelijk Museum in Amsterdam staunend vor Anselm Kiefers Großformat »Märkischer Sand« (1982) gestanden hatte: Brandenburg als offener Raum, dicke Farbschichten, mit Sand, Stroh und verkohlten Holzstücken versetzt, in schwarzer Handschrift viele Namen von Orten in der damals noch unzugänglichen DDR. Man zitiert in diesem Zusammenhang gern Kiefers Satz: »In Deutschland wird einfach der löchrige Boden nicht gesehen, auf dem bei mir das Pathos steht.« Von »Historienmalerei als Teufelsaustreibung« spricht später Karim Saab in seinem Kommentar.[18]

Zwischen Dämmerlicht und Morgensonne

Ich weiß nicht genau, wie es zu meiner Kiefer-Assoziation kommt. Ausgelöst wird sie vom Eisbrecher der Wirkungsgeschichte, der am 13. März 1994 in der *Frankfurter Allgemeinen Zeitung* erschienenen Rezension von Ulrich Raulff. Darin herrschen erst einmal schlechte Lichtverhältnisse:

> Wenn der Abend dämmert und die Schatten bläulich werden, drängt sich das Herdentier dichter an seinen Nachbarn. Der Leib des anderen verheißt ihm Sicherheit und Schutz gegen die Kälte. Animalische Wärme ist die Mutter des Schlafes. Dem Menschen aber ist zu große Nähe von seinesgleichen unbekömmlich, wußte Schopenhauer und fand das Bild von den frierenden Stachelschweinen: Die Wärme des anderen genießt nur, wer seinen Stich in Kauf nimmt. Von Zeit zu Zeit wächst daher der Wunsch des Menschen nach Absonderung von der Herde, nach Einsamkeit und Kälte. Von Nietzsche emblematisch vorgezeichnet und unter Leiden vorgelebt, hat das Verlangen nach frischer Luft und Lösung aus den Zwängen der Gemeinschaft in den zwanziger und dreißiger Jahren unseres Jahrhunderts eine Reihe ästhetischer, ethischer und anthropologischer Entwürfe befördert.[19]

Die Miniatur des Tiergleichnisses trägt wahrscheinlich das ganze Buch, leicht ist festzustellen, dass es viele Bezüge zur Verhaltensbiologie aufweist. Schon in der Einleitung heißt es: »Vom Krötenversuch Buytendijks bis zum Infusorienexperiment, auf das sich Arnold Gehlens Lob der Gewohnheit stützt – wenn die Geschichte aussichtslos erscheint, versichert sich Anthropologie der Nicht-Geschichte der Natur« (13). Eine Maxime, die von den politischen Entscheidungen Uexülls und Gehlens für den NS-Staat überholt wurde. (Beide hielten den Weg in die »Heeresordnung«[20] eines starken Staates für einen naheliegenden Ausdruck der Natur.)

Die zweite große Rezension fuhr ein nicht weniger magistrales Bild auf, das ich eher mit Kiefers »Innenraum« (1981) – eine alptraumhaft-traumatische Vision der von Speer entworfenen und nun zerfallenen Reichskanzlei – verbinde. Thomas Assheuers Kritik, die am 21. Mai 1994 unter dem Titel »Autonomie als Selbstzerstörung« in der *Frankfurter Rundschau* erschien, gipfelt in dem Vorwurf, dass ich die Weimarer Republik als Experimentierfeld der Moderne begriffen hätte und nicht als das, was sie in Wirklichkeit war: die »Inkubationszone des Terrors«. Dennoch beginnt sein Kommentar mit bestmöglichen Lichtverhältnissen, und ich hätte mir gewünscht, es wäre dabei geblieben:

Als er klein war, hat sich Goethes Wilhelm Meister im Puppenspiel das Wunschbild einer gelingenden Gesellschaft heraufgeträumt. Es war die Idee vom authentischen Schein und distanzierter Versöhnung, die er ein Leben lang wie ein Heiligenbild bei sich trug, von einer Desillusion zur anderen. »Ich wünschte«, sagte der Kleine, »zugleich unter den Bezauberten und Zauberern zu sein, zugleich meine Hände verdeckt im Spiel zu haben und als Zuschauer die Freude der Illusion zu genießen.«
Natürlich dementiert der Roman des Lebens alle Hoffnung der Kindheit. Die »Spiegel-Gesellschaft« war Trug, und doch blieb die Urszene, die der Bildungsroman aus Realitätsbewußtsein an die Realität verriet, unvergessen. Sie überlebte sogar jene Indizienprozesse, die die Literatur gegen das bürgerliche Subjekt in Szene setzte. So blieb gelingende Intersubjektivität die Folie der Hoffnung auch dort, wo sie umschlug in den Triumph des kalten Subjekts, das sich hinter Panzerglas in Sicherheit bringt.

Solch schöne Sätze hatten sich die *Verhaltenslehren der Kälte* nicht träumen lassen. Ich hoffe, dass sie wirklich die Dimension der französischen Moralistik (z. B. Montaignes) in meinem Buch berühren. Später stieß ich in Prousts *Recherche* auf eine Enzyklopädie der »unendlich variablen Kunst, Distanz zu betonen«.[21] Mit ironischem Blick verlebendigt Proust die Choreographie französischer Salons, die das Hofleben Ludwigs XIV. imitieren, aber nicht mehr als seine »kalte Gymnastik« überleben lassen.[22] In solche Traditionslinien hätte ich mein Buch gern eingebettet, dann wäre Walter Serners *Handbuch für Hochstapler* die Krönung des Unternehmens geworden.

Assheuer löst sich aber bald von dem Vergleich mit Goethes Spiegelgesellschaft und entdeckt, wie wenig später Klaus Naumann in der *Zeit*, in den *Verhaltenslehren* die »affirmative Stilisierung« moralentlasteter Selbstbilder »praktizierter kalter Grausamkeit von SS und Einsatztruppen«.[23] Auch Ludger Heidbrink konstatiert in der *Neuen Zürcher Zeitung* einen »Schiffbruch im Eismeer«: Zwar mache das Buch eine »extreme Ästhetik des Widerstandes« sichtbar, »mit deren Hilfe der unbehauste Mensch den Katastrophen standzuhalten versuchte«, zugleich aber fürchtet der Rezensent, dass solche Überlebensstrategien einer intellektuellen Elite in den »Vorhof des Totalitarismus« führten.[24]

Der Resonanzraum weist also politische Sprünge auf. Raulff erkennt die polare Spannung, von der die »ästhetische Ideengeschichte« der *Verhaltenslehren* geprägt ist, und deckt auf, dass »die wahren Konstruktionspunkte dieser Geschichte« an ihrem Ende liegen:

Dort, wo in der Todeszelle der Gestapo der Romanist Werner Krauss die Lebenslehren eines spanischen Jesuiten des 17. Jahrhunderts meditiert, wo nach dem Krieg Carl Schmitt, in der sozialen Ächtung der Inneren Verbannung, die Erfahrung der »Verlassenheit« macht, die Brechts Mutter Courage bereits Ende der dreißiger Jahre verkörpert hat, dort sind die Orte, von denen aus Lethen denkt. Die Szene, die er vor uns entrollt, liegt im fahlen Licht des Endspiels. Sie ist gleichwohl nicht hoffnungslos.

Plötzensee oder Plettenberg: Es gibt verschiedene Weisen, dem Scheitern Erkenntnis abzugewinnen. Das meinte ich mit dem Verweis auf Anselm Kiefers Diktum: »In Deutschland wird einfach der löchrige Boden nicht gesehen, auf dem bei mir das Pathos steht.«

Der luziferische Glanz der Finsternis

Die politische Finsternis, von der die *Verhaltenslehren* für manchen Rezensenten umhüllt war, hat der Resonanz nicht geschadet. Machte der »luziferische« Glanz die Sache überhaupt erst reizvoll?

Über die Coolness stoischen Verhaltens ließ sich lässig sprechen. Die »Kälte« (vom Entropiesatz bis zu Otto Dix' Kaltnadelradierungen) hatte eine andere, sehr deutsche Tradition.

Die *FAZ* illustrierte Raulffs Rezension mit einem Androidenkopf, der sein tief verschattetes Gesicht in einer Schamgeste mit seiner Knochenhand bedeckt. »Der Mensch ist von Natur aus künstlich. Ein Gesicht von H.R. Giger«, lautet die Bildunterschrift. Die Zeichnung des metallisch glänzenden Monsters[25] evoziert den Bildkosmos von *Alien*, Ridley Scotts Film von 1979, mit dem Giger bekannt geworden ist, und liefert eine interessante Folie für die Dialektik von sublimiertem Vitalismus und ostentativem Stoizismus, ist doch das Alien zugleich eine Allegorie des nackt-kreatürlichen Lebens und der metallisch-lebensfeindlichen Kälte.[26]

Der metallisierte Kopf machte ein Leitmotiv der Rezensionen augenfällig, in dem Licht- und Schattenseiten fast gleich verteilt sind: das der »Entpsychologisierung« des Menschen. Mit der Psychologie, glaubten die Kritiker, gehe gleich auch das Subjekt verloren, das seine Selbstgewissheit nur in den Ambivalenzen seiner Psyche finde. Das wahre Subjekt soll klagen. Die Expressionisten hatten in ihrem Diskursritual der Klage den »Schrei« zum extremen Ausdruck des Subjekts erhoben. Sie hätten, monierte Brecht, nicht erkannt, dass es keine Instanz gebe, die auf diesen Laut angemessen reagieren könnte. Kein Gott der Gnade im erkalteten Himmel, keine Wahrheitskommission auf Erden. Kein Ethikrat.

Ungeniert wurde die Entpsychologisierung eigentlich nur von Bernd Hüppauf als Befreiung begrüßt: »Diese Abwendung vom überstrapazierten ›Weg nach innen‹ ist erfrischend.«[27] Überhaupt sei der »Begriff der Verhaltenslehre« (dem ich übrigens zum ersten Mal in der Barockforschung begegnet war) »durchaus als ein Oppositionsbegriff zur Psychoanalyse zu verstehen«.[28] Allerdings sieht Hüppauf in meinem Verfahren den Versuch, die Psychoanalyse im *Rückgriff* auf das 17. Jahrhundert zu überwinden, als lasse sich der Verlust des vormodern »gepanzerten« Subjekts rückgängig machen; gerade wegen der Nähe der *Verhaltenslehren* zum *Prozeß der Zivilisation* von Norbert Elias hätte mir klar sein müssen, dass »Verhaltenslehren aus einer vormodernen Zeit nicht als zeitloses Muster zu lesen« sind. Der Rückgriff auf vormoderne Quellen wie Hobbes lässt sich aber auch in der Politischen Philosophie der zwanziger Jahre feststellen. Carl Schmitts Theorien sind das bekannteste Beispiel dafür: Nicht Wohlgefallen am höfischen Formenspiel lassen ihn und andere Zeitgenossen die Verhaltenslehren eines Balthasar Gracián wiederentdecken, sondern das Gefühl, angesichts der Bodenlosigkeit des eigenen Daseins das Leben strategisch auffassen und mit taktischen Regeln meistern zu müssen.

An diesem Punkt setzten auch andere Kritiken an: »Was Lethen als Lebenslehre erscheint, war strategisches Kalkül des Politischen: Die Moderne sollte überboten und das Individuum ›entkernt‹ werden«, bemerkt Assheuer. Eine solche Distanzierung von der Psychologie habe fatale Folgen; so entleert, könne sich das Subjekt, ohne auf den Widerstand der Moral zu treffen, jedwedem System anpassen: »Der Bewohner des Nachkriegs legt Hand an die Seele. Er ist Trennungsspezialist und mortifiziert das Ideal der Expression, den Gott des Gewissens, das Gesetz der Schuld und den Mythos der Versöhnung.«[29] Genauso hatte ich es verstanden. Mit Raulff ging ich davon aus, dass im Affekt gegen die Psychologisierung »ein wiedergekehrter Nietzsche [...] im Mantel der neusachlichen Stoa die Spannungsfelder der zwanziger Jahre durchquert«.[30]

Assheuer will in dieser zur Schau gestellten Abpanzerung die »stille Panik« erkennen, mit der Teile der Elite »auf den Untergang einer abgelebten Welt« reagierten. Er fragt jedoch, »wie weit die Einfühlung eines postmoralisch gestimmten Interpreten reichen muß«, der seinem Gegenstand auch noch ästhetischen Reiz abgewinne, und mahnt: »Die Kultur der Kälte hätte nicht allein als Antwort, sondern als Verzweiflungsreflex gelesen werden müssen.« Nach der Entfernung des moralischen Kerns des Subjekts erschließe dieses moderne Handorakel letzten Endes nur einen Trainingsraum für ein »funktionales Ich«.[31] Das Buch mit seinen Strategien der Selbstoptimierung der *kalten persona* – eine frühe Vorhut des Neoliberalismus?

Im Subjekt-Begriff, von dem die Kritiker ausgehen, kommen Schuldfähigkeit, moralische Gesinnung, Ambivalenz und Unentschlossenheit zusammen. Damit machten sie das, was Max Weber auf den negativ besetzten Begriff der »Gesinnungsethik« (und mit den Expressionisten und humanistischen Schriftstellern in Verbindung) brachte, zur Richtschnur des Humanen. In *Politik als Beruf* hatte Weber schon 1919 die Stichworte für eine Haltung gegeben, der die Akteure der Sachlichkeit dann im Handlungsraum der zwanziger Jahre folgten: Nicht »durch eine ›Ethik‹, die sich mit politisch sterilen, weil unaustragbaren Fragen der Schuld in der Vergangenheit« befasse, lasse sich »der Krieg mit seinem Ende wenigstens sittlich begraben«, sondern nur »durch Sachlichkeit und Ritterlichkeit, vor allem nur: durch Würde«. Er mutet den Bürgern des neuen Staates eine gewisse Härte zu, denn: »Nicht das Blühen des Sommers liegt vor uns, sondern zunächst eine Polarnacht von eisiger Finsternis und Härte, mag äußerlich jetzt siegen welche Gruppe auch immer.«[32] Dass Weber Bilderrahmen und Prinzipien für die Verhaltenslehren der Kälte geliefert hatte, wird mir erst heute klar.

Selten wurde übrigens das Kapitel »Die Kreatur« beachtet, obwohl in ihm die Rückseite des heroischen Maskenspiels aufgedeckt wird. Während ich zuvor David Riesmans »Radar-Typ«, der wie ein Fisch im Wasser der Massenkommunikation schwimmt, gepriesen hatte, sind Medien für die »Kreatur« ein undurchdringliches Schicksal; sie fühlt sich von ihnen mit Hieb und Stich traktiert. Nach der Aufrüstung des Duell-Subjekts in Plessners Grenz-Schrift landet das Buch mit der Kreatur scheinbar in Bildern der Abrüstung, bei Geschöpfen, denen die Geschichte unverfügbar bleibt, die der Gnade bedürftig sind. Die katholische Wende, zu der es mich heute hinzieht, lasse ich 1994 nicht zu. Ich schwinge mich stattdessen auf eine kulturwissenschaftliche Ebene und schleppe die Kreatur ins Reich des angesagten Diskurses: Auch die Physiognomie des ohnmächtigen Menschenkindes ist eine Maske, die Nähe und Distanz reguliert, eine artifizielle Schreckfigur, ein Topos der Armseligkeit aus der ikonographischen Tradition der Moderne – welche Hybris des »Kulturalismus«, denke ich heute. Hatte Plessner mich auf diese Spur gebracht?

II. Der Streit um Plessner

In seiner Rezension hatte Raulff geschrieben:

Plessner spricht für eine Generation, die, den Schützengräben kaum entstiegen, der Wärme der Gemeinschaft bedürftig gewesen wäre. Da sie diese verloren findet, den Himmel der Metaphysik kalt und leer, tritt sie die Flucht nach vorn an – in die Gesellschaft der Sachen, in den Zynismus der bejahten, gewollten Entfremdung. Die Kälte wird zu ihrem Lebenselixier, die Maske zum Inbegriff ihres Charakters. Der kalte Typ der Sachlichkeit affirmiert im Schein sein Wesen. Selbstgewißheit erwächst ihm nicht aus der Tatsache seines Denkens oder vom Grund seiner Seele, sondern aus den prüfenden Blicken der anderen und den Impulsen der Zirkulation. Im großstädtischen Verkehr spielt und verspielt der Dandy des Interbellums sein prekäres Ego.[33]

Diese Zeilen sprachen mir aus dem Herzen. Da ich Plessners Schrift *Grenzen der Gemeinschaft* (1924) als eines der seltenen zivilisationsfreundlichen Dokumente der deutschen Kulturgeschichte begrüßt hatte, war ich verwundert, von welcher Seite mich die schärfste Kritik traf: Es ist zwar übertrieben, von einem »Sturm der Entrüstung« zu sprechen, aber die Plessner-Forschung war einhellig empört. Ich war blindlings in einen Spannungsraum geraten, in dem der bis heute nicht enden wollende Streit zwischen Kommunitaristen und Universalisten begonnen hatte.

Die scharfe Kritik führender Köpfe der philosophischen Anthropologie[34] entzündete sich an fünf Punkten:

1. Plessners Schrift *Grenzen der Gemeinschaft* könne nicht als Verhaltenslehre in der Tradition höfischer oder jesuitischer, geradezu nietzscheanischer Handorakel gelesen werden; sie sei, wie jede anthropologische Studie, eine Untersuchung über die Natur des Menschen, in Plessners Fall genauer: über seine »exzentrische Position«.
2. Plessner habe in den fünfziger Jahren als Soziologe an der Göttinger Universität erste empirische Studien zur Erwachsenenbildung initiiert, es sei folglich verfehlt, in seiner Schrift »massenfeindlich-elitäre Züge« zu entdecken.[35]
3. Falsch sei es auch, von einer Abwesenheit der Frau in den *Grenzen der Gemeinschaft* zu sprechen. Ich hatte Plessners Grundsatz »Der Mensch ist von Natur aus künstlich« korrigiert: »Der Mann ist von Natur aus künstlich«, müsse es in Plessners Anthropologie konsequenter heißen, denn die Frau sei »nach den Worten der Romantiker« noch Natur.
4. Besonders vehement wurde meine Unterstellung einer zeitweiligen Allianz von Plessner und Carl Schmitt in Abrede gestellt. Schon dem ersten, der diese Allianz beleuchtet hatte, Rüdiger Kramme, war es schlimm ergangen.[36]
5. Als Literaturwissenschaftler war ich entgeistert, als ich den Ein-

wand eines Philosophen aus dem Plessner-Imperium hörte: Man solle sich, um den frühen Plessner zu retten, nicht auf den Wortlaut seiner Schriften fixieren, sondern die darunter verborgene humanistische Tiefenstruktur, die nach 1934 immer deutlicher zu Tage getreten sei, schon in seiner politischen Anthropologie der zwanziger Jahre entdecken. Unter der rauen Schale eines vom Zeitgeist kontaminierten Wortlauts sei er schon damals lieb gewesen. Triumph der Hermeneutik! Nichts entgeht ihrem Wunsch nach Rettung.

Immerhin löste die Kritik Plessner-Konferenzen in Konstanz, Straßburg und Florenz aus, und acht Jahre nach meiner Publikation erschien ein Sammelband, in dem Kritik und Zustimmung versammelt wurden. Wie schon in den ersten Rezensionen hatte ich das Glück, dass sich ausgezeichnete Köpfe provoziert fühlten. Ein Glück der Kollision, was kann einem Buch Besseres passieren? Auf Berührung kommt es an.

Sich in Form bringen

Berühmte Denker der Zwischenkriegszeit wie Elias Canetti, Max Scheler, Helmuth Plessner, Arnold Gehlen, Ernst Cassirer, Oswald Spengler, Norbert Elias, Carl Schmitt, Hans Freyer, Werner Sombart, Jakob von Uexküll oder Martin Heidegger dachten nach dem Zusammenbruch des Kaiserreichs über eine Neujustierung von sozialer Nähe und Ferne nach. Alte Balancen der wilhelminischen Gesellschaft, die der Krieg noch aufrechterhalten hatte, waren kollabiert. Im Bürgerkrieg erkannte Max Scheler später das erste Stadium der Einführung der Demokratie.[37] Vertrautheitszonen mussten nach 1919 neu erfunden werden. In einem sozialen und politischen Raum, der zudem durch instabilen Parlamentarismus sowie die Herrschaft technischer und politischer Apparate gekennzeichnet war, entwarfen Denker die Natur des Menschen neu. Als größtes Desaster galt allen der Sturz in die Formlosigkeit der »amorphen Massengesellschaft« (Werner Sombart), nachdem die Menschen in den »künstlichen Massen« (Sigmund Freud) der Kirche, des Heeres oder auch der Gewerkschaft so gut untergebracht gewesen waren. Gegen solche Auflösungstendenzen mussten sich die Bürger wappnen. »Sich in Form bringen«, lautete die Parole der politischen Anthropologen der Zwischenkriegszeit.[38] Plessners

Grenzen der Gemeinschaft von 1924 war gleichsam ein Manifest des neusachlichen Form-Prinzips.

In den *Verhaltenslehren* entnahm ich Plessners Schriften vor 1933 das Modell einer politischen Anthropologie. Ihr Reiz lag für mich in der harten Fügung, mit der er aristokratisches Verhalten der Höflichkeit in die Landschaft des Bürgerkriegs versetzte, um dem Bürgertum (dessen Depressionen vielleicht mehr der Hyperinflation als dem Krieg geschuldet waren) den letzten Richtwert eines wehrhaften und achtbaren Verhaltens zu zeigen. Souveräne Lebensführung in einer vom Krieg gezeichneten Gesellschaft musste aber für Plessner – bei aller Höflichkeit – die Bereitschaft zur Gewaltanwendung einschließen. So stehen die Tugenden der Grazie, des Taktes und der Diplomatie unvermittelt neben dem Willen zur Härte scharfer Grenzziehung zu Feindeszonen, mit der sich der Einzelne seiner Identität versichern muss.

Immanuel Kant hatte eine von der physiologischen Natur des Menschen ausgehende (von Medizinern und Biologen seiner Zeit eher mechanistisch begründete) Anthropologie einerseits von der »Anthropologie in pragmatischer Hinsicht« andererseits unterschieden, der man Richtwerte des sozialen Umgangs entnehmen konnte, wie sie die französische Moralistik (Montaigne, La Rochefoucauld) lehrte. Darüber hinaus entwarf Kant eine Ethik, die bestimmte, was der Mensch tun soll. Die Kühnheit von Plessners Entwurf bestand darin, Kants drei Faktoren (Physiologie, Moralistik und Ethik) zu bündeln, die noblen Regeln sozialen Verhaltens mit einem physiologischen Sockel zu versehen und ethische Normen aus der Natur herzuleiten. Das umschließt seinen Grundsatz, der Mensch sei »von Natur aus künstlich«, er bedürfe der Einrichtungen der Kultur, um als Wesen »human« überleben zu können.

Der Mensch tritt demnach niemals in »Rohform« auf, sondern immer schon in den »Masken« einer Person in verschiedenen sozialen Rollen. Sein Selbst konstituiert sich in Interaktionen mit anderen. Das ist nicht so spielerisch, wie es erst einmal klingt. Denn das Individuum muss sich zunächst »eine Form geben, in der es unangreifbar wird, eine Rüstung gleichsam, mit der es den Kampfplatz der Öffentlichkeit betritt«.[39] Das entspricht, so der studierte Biologe Plessner, auch der biologischen Konstitution des Menschen, der, *von Natur* ein Mängelwesen, sich nur *als Kulturwesen* entfalten kann. Souverän kann sein Leben nur führen, wer sich selbstbewusst die künstlichen Umwelten der Gesellschaft von der Familie bis zum Staat zunutze macht.

Das Menschenbild, das Plessner vor der Machtergreifung der Nationalsozialisten entwirft, ist kühn. Zur stoischen Einsicht in die Obdachlosigkeit des von Gott verlassenen Menschen – »Von Überwölbungen ist nichts zu erwarten, außer, dass sie einstürzen«, sagt er 1931[40] – gesellt sich die Gewissheit, dass selbst der Körper des Menschen im Laufe der Evolutionsgeschichte nicht festgelegt wurde. Plessner entzieht der Vorstellung, der Mensch sei sich selbst als Naturwesen vorgegeben, die Basis und verortet ihn zwischen metaphysischer Leere und biologischer Ungesichertheit; er löst ihn aus Ursprungsmythen jeder Art und nimmt ihm auch die Illusion, in der *Gemeinschaft* dauerhaft Verankerung zu finden. Einzig die anonyme Öffentlichkeit der *Gesellschaft* bildet den »Möglichkeitshorizont« menschlicher Existenz. Selbst in Institutionen kommt das von Gott, Biologie und Gemeinschaft verlassene, rastlose Wesen nicht zur Ruhe – es gibt keine Entlastungsräume, befindet Plessner 1924.

Die »Ungesichertheit« des Menschen ist in der frühen Grenz-Schrift also eher Quelle des Stolzes und der Ehre, jedenfalls kein Grund zur Panik. Seine politische Anthropologie ist Mitte der zwanziger Jahre von heiterem Nihilismus erfüllt. Rettung winkt den Menschen in der Befolgung jener Parole, deren Echo in den zwanziger Jahren durch die Verhaltenslehren der unterschiedlichsten politischen Lager hallt. »Seele und Geistigkeit des Menschen verlangen, daß auch der Kampf auf Leben und Tod in Formen verläuft«, schreibt er 1924.[41] Aber die »Formen« gestaltet der Mensch nicht selber. Schon in der »Gemeinschaft« erwarten sie ihn in Gestalt der sozialen, ökonomischen, wissenschaftlichen, technischen und politischen Apparate.

Gegen Ende der Republik wirft der Anthropologe einen Blick auf die Kehrseite der Selbstermächtigung, die seine Schrift über die *Grenzen der Gemeinschaft* geprägt hatte. Diese Wende findet man in der von ihm selbst als »politische Anthropologie« bezeichneten Schrift *Macht und menschliche Natur* von 1931. Ein rätselhaftes Manifest, das aufgrund seiner Berührung mit Schmitts Freund-Feind-Lehre jahrzehntelang von der Plessner-Forschung gemieden wurde. Plessner will das im Grunde unergründliche Individuum der Duell-Philosophie seiner Grenz-Schrift unversehens in der Tradition des »Volkes« verankern. Trotzdem fürchtet er die Möglichkeit des Absturzes seines künstlich wehrhaft gemachten, in aristokratische Form gebrachten Subjekts. Was kann nicht nur dem Diplomaten des Lebens, sondern auch dem im »Volk« gesicherten Patrioten widerfahren?

Im Rückblick scheint Plessner 1931 vorwegzunehmen, was passieren wird. In schauriger Hellsicht zeichnet er eine mögliche Zukunft: Der Mensch unterliegt in seiner Geschichte immer auch »Schwerkrafts- und Fallgesetzen«, ist ihnen »wie ein Stück Vieh unterworfen, mit Maß und Gewicht zu messen, bluthaft bedingt, dem Elend und der Herrlichkeit einer blinden Unermeßlichkeit ausgeliefert. Blind wie sie steigen aus ihr in seinem Bezirk die Gewalten der Triebe und stoßen ihn, letzten Endes *berechenbar*, in die Bahn der lebendigen, sterblichen Dinge.«[42]

»Blind«, »berechenbar« und faszinierend in seiner »Herrlichkeit« – wie soll man das zusammenbringen? Plessner beruft sich auf Nietzsches Satz: »Jeder ist sich selbst der Fernste. Trifft das auch auf »die ›Schicht‹ des ohnmächtigen Ausgeliefertseins an die Naturgesetze« zu,[43] die man weder im Völkischen noch im Aristokratischen und erst recht nicht im Projekt der Moderne weghalluzinieren kann? Der Mensch ist »eigentlich« auch Körper. »Von diesem Körper lässt sich der Mensch bis in's Letzte bestimmen, auch wenn er dagegen den Kampf aufnehmen kann [...].«[44] Unversehens kippt die Selbstgewissheit des Formvollendeten in die Angst, der Naturgewalt einer anonymen Macht ausgeliefert zu sein. Der Mensch wollte zwar ein Leben »führen«. Aber er war auch nur Ding unter Dingen, und »hinter jeder Bestimmtheit unseres Seins schlummern die unsagbaren Möglichkeiten des Andersseins«.[45] Als »Vieh« behandelt zu werden, gehörte, wie Plessner mit Millionen anderen dann erfuhr, zu den Möglichkeiten des Andersseins. 1933 zeigte sich: Man stürzte nicht in einen »mystischen Abgrund«[46]; die Macht, die Plessner den Boden unter den Füßen wegzog, ihn aus seiner Heimat ausschloss und viele Bürger bestialisch traktierte, war keine anonyme Naturgewalt, sie hatte eine politische Visage.

In Plessners früher Anthropologie geht es zu wie in einem Drama Shakespeares. Die klaffende Leere zwischen der Souveränität zu freien, nicht von Moral gelenkten Entscheidungen einerseits und dem dunklen Triebschicksal des »Naturdings« Mensch, das Aggressionsschüben ausgesetzt ist, andererseits versucht Plessner nicht mit dialektischen Denkfiguren oder raffinierten Vermittlungen zu füllen. Er bleibt bei seiner harten Fügung. Die Idee, mit »Züchtung« die Kluft zu überbrücken, der zeitweise Gottfried Benn anhing, kommt ihm nicht in den Sinn. Der Mensch soll zwar durch seine Geschichte im »Volk« verankert sein, aber die Zugehörigkeit ist dem Zufall überlassen. Selbst seine radikalste politische Schrift löst sich so in Relativismen auf.

1994 umriss ich diese Momentaufnahme der Konturen von Plessners Theorie. Schroff hatte ich sie in den *Verhaltenslehren* dargestellt; daher die heftigen Reaktionen. Und wie hatte ich Plessner neben Jünger stellen dürfen? Schließlich zählte dieser die Beteiligung am »Hochverrat des Geistes gegen den ›Geist‹« – von dem noch das aristokratisch emporgehobene Duell-Subjekt, das Plessner 1924 in den *Grenzen der Gemeinschaft* im Auge hatte, erfüllt war – zu den »grausamen Genüssen unserer Zeit«.[47] Mit seinem Spott darüber, wie linkisch sich der Fechter alten Schlags in der Landschaft moderner Technik ausnimmt (207f.), könnte Jünger – was ich nicht beweisen kann – Plessner im Auge gehabt haben; vielleicht sollte sein Hohn auch Vertreter der George-Schule treffen:

Es hat sich ein besonderes Zeremoniell entwickelt, mit dem das als Quasi-Aristokrat oder als Quasi-Abbé verkleidete moderne Individuum unter einem sehr allgemein gewordenen Beifall die erprobten Todesstöße nach allen Regeln der Kunst zur Vorführung bringt. Dies ist ein Spiel, bei dem existentielle Größen zu zweischneidigen Begriffen geworden sind. Uns ist die Handbewegung wichtiger, mit der ein Straßenbahnschaffner seine Klingel bedient.[48]

Plessners Rettung

Im Sammelband von 2002 löst sich die Abwehrfront der Plessner-Forschung in besonnenen Differenzierungen auf. In welchem Raum konnten die *Verhaltenslehren* überhaupt ihre Resonanz entwickeln, fragt der Freiburger Kultursoziologe Wolfgang Eßbach und zeigt, in welchem Strom von »Meistererzählungen« das Buch 1994 navigierte.[49] Fünf fallen ihm ins Auge: Klaus Theweleits Untersuchungen zur Psyche der Freikorpssoldaten, Nicolaus Sombarts psychoanalytisch gefärbte Entdeckung des Carl-Schmitt-

Syndroms deutscher Männer, Carl Pietzckers Diagnose von Brechts Herzneurose, Michael Rohrwassers Portrait des kommunistischen Funktionärs und Peter Sloterdijks Enthüllung des Zusammenhangs von Zynismus und Depression. Zwischen diesen Wänden des Resonanzraums waren die *Verhaltenslehren* eingebettet. (Der Katalog seiner Referenzen wäre um zwei Titel zu ergänzen: Richard Sennetts *Tyrannei der Intimität* und Lionel Trillings *Das Ende der Aufrichtigkeit*.) Was die von Eßbach genannten Bücher aber grundsätzlich von den *Verhaltenslehren* unterschied und als ihr größter Mangel angesehen wurde, war, wie gesagt, ihr »antipsychologischer Affekt«, ihr völliges Desinteresse an »komplexen seelischen Tiefengliederungen« – bei Theweleit wurde man besser bedient. Das ist richtig beobachtet und weist, wie gesagt, darauf hin, welche Freiheit man diesem Mangel abgewinnen kann.

Der Frankfurter Philosoph Axel Honneth steuerte einen Beitrag über »Plessner und Schmitt« bei; dieser »Kommentar zur Entdeckung ihrer Affinität« war kurz und lakonisch und enthielt schon im ersten Absatz mit dem Hinweis auf das »verzweigte Einflußfeld« von Carl Schmitts politischer Theorie einen Sprengsatz: »Wer immer bestimmte Denkfiguren Carl Schmitts in sein eigenes Theoriegebäude aufgenommen hat, gerät in Verdacht, auch die politischen Ungeheuerlichkeiten seiner Schriften zu teilen.«[50] Das war damals vielleicht noch leicht dahergesagt. Zwanzig Jahre später hat sich der Verdacht wie eine Bleidecke über akademische Sektoren gelegt. Das Denken war einmal freier. Wolfgang Eßbach sekundierte Honneth, wenn er bemerkt, dass »›Antifaschismus‹ nicht unbedingt ein sicheres Gütesiegel für theoretische Qualität« sei.[51]

Es bleibt Honneth jedoch unklar, wie der »aristokratisch geprägte Liberalismus«[52] Plessners (eine Formel, die an Max Weber denken lässt) überhaupt mit Schmitts Volksgemeinschaftsdenken habe in Berührung kommen können. Denn erst die Gesellschaft befreie laut Plessner vom Festlegungszwang der Gemeinschaft und eröffne »menschlichen Wesen« einen Raum »zur experimentellen Erprobung ihrer unendlichen Identitätsmöglichkeiten«.[53] In dieses freundlich-liberale Konzept drang auf rätselhafte Weise der böse Geist von Schmitts Freund-Feind-Unterscheidung, was 1931 in »moralische Abgründe« führte, die Honneth nur mit Beklemmung liest. Der Mensch, hatte der Anthropologe gesagt, stehe »im Kampf« auf dem Feld von Freund und Feind; er müsse sich gegen das »unvertraute Fremde« absetzen. Angst gehöre zur »Wesensverfasstheit der Mächtigkeit des Menschen«. Er müsse sich vor der »Unheimlichkeit des Fremden« schützen.[54] Die Rettung liege in der geschichtlich begründeten »bluthaften Affinität« zum »Volke«.[55] Das sind Behauptungen, die Honneth den Atem rauben und von der Plessnerforschung lange verschwiegen wurden. Wie soll man mit dem plötzlichen Ausbruch eines solchen »machtpolitische[n] Rassismus« umgehen?[56] Honneth sieht zwei Möglichkeiten: Man kann darin die Quintessenz von Plessners politischer Anthropologie in der Endphase der Republik erblicken – oder die »seltsam abgehackte Äußerung« als »sperrigen Fremdkörper« aus dem Organismus des Gesamtwerks herausoperieren und etwas melancholisch eingestehen, dass Plessner im entscheidenden Augenblick »sich selber sehr fremd geworden ist«.[57] Die zweite Möglichkeit (für die sich Honneth entscheidet) wurde lange Zeit der Königsweg der Plessnerianer. Auch Wolfgang Eßbach folgte ihm: Es sei der Fehler der *Verhaltenslehren*, ausgerechnet die »toten Elemente« von Plessners Lehre zu aktualisieren.[58] Philosophie, schließt Joachim Fischer sich an, sei eine »Verkörperung des theoretischen Gewissens« und »nicht der Schuldkultur unbedeutendster Teil«.[59] Sie solle daher Reinigungsprozeduren der Rezeption anleiten, die der konsequente Historismus, dem ich mich verpflichtet fühlte, verachtet habe.

Wer mit dem Teufel speist

In *Lachen und Weinen*, seiner bedeutendsten Schrift aus dem niederländischen Exil, erkennt Plessner im Lachen einen Sturz des selbstgewissen Subjekts in sprachlos physiologische Abgründe. Hermann Schmitz, ein Vertreter der Neuen Phänomenologie, entgegnete darauf, ein solcher Sturz gleiche eher dem Abschwung am Reck, der den Lachenden mit Energien für einen neuen Aufschwung versorge.

Vielleicht handelt es sich bei Plessners politischer Anthropologie des Jahres 1931 um einen Sturz, aus dem der Exilierte Energien für seine humanistische Phase beziehen konnte.

Sieben Jahre nach der Grenz-Schrift hatte sich für Plessner die Situation drastisch geändert. 1931 musste mit anderen Worten von Identität geredet werden. Als er unter dem Entscheidungsdruck dieses Jahres *Macht und menschliche Natur* publizierte, war darin von Maskenspiel und offenem Möglichkeitshorizont der Personen im Verkehrssystem der Gesellschaft kaum noch die Rede. Jetzt war Schluss mit der Vorstellung von der Souveränität eines aristokratischen Duellsubjekts, mit der er sich 1924 aus der Situation des Bürgerkriegs herausgewunden hatte. Auf der Flucht vor der »Bodenlosigkeit des Seienden« galt es nun, einen Halt zu finden, und Plessner fand ihn in der »Haltung« (ein Schlüsselbegriff der Konservativen Revolution): einer »Haltung von politischer Entschlossenheit«, abhängig von der »ganzen Lage des Volkes«.[60] Das hatte man von Plessner nicht erwarten können. Nach wie vor bestand Geschichte für ihn in einer stetigen Verlagerung des »Unheimlichkeitshorizontes« der Existenz.[61] Hat gegen Ende der Republik die Krise diesen Horizont auf die Freund-Feind-Relation Carl Schmitts verengt? War gegen die Unheimlichkeit von Schmitts Freund-Feind-Unterscheidung kein Kraut gewachsen? Zwar spricht Plessner in diesem Zusammenhang von der »Unheimlichkeit des Anderen in der unbegreiflichen Verschränkung des Eigenen mit dem Anderen«,[62] unterläuft damit den Schematismus von Schmitts Feindschaftsformel und setzt sich insofern dem schrecklichen Vereinfacher ideologiekritisch entgegen.[63] Dieser Rettungsversuch trifft aber auf einen Schachzug von Carl Schmitt, der sich zur Rechtfertigung seiner Formel auf einen Spruch von Theodor Däubler beruft: »Der Feind ist unsere eigene Frage als Gestalt.« Vielleicht sind beide Sprüche – der von Plessner und der von Däubler – ferne Echos auf Sigmund Freuds Gedanken über das Unheimliche.

Da Plessner bewusst war, dass er mit seinen vom Druck der Entscheidung geprägten Ausführungen über Macht und menschliche Natur in die Nähe zur völkischen Bewegung geriet, baute er ein Moment zögernder Skepsis ein. Das Volkstum, in das wir eingebettet sind, sei nämlich reiner *Zufall*, wie die Fremden aus *Zufall* einem anderen Volkstum angehörten. Kontingenz entfernt Pathos vom Volksbegriff. Die Berufung auf Zufälligkeit ist immerhin (das sei zum Trost der Plessner-Freunde gesagt) antifundamentalistisch. Man müsse, heißt es jetzt diplomatisch, aus dem eigenen Volkstum die »Kunst des Möglichen« machen und gleichzeitig dessen »Absolutsetzung« verhindern. Erst damit »zivilisiere« sich die Politik. Erleichtertes Aufseufzen der Plessner-Forschung, ihr Idol ist dem Teufel von der Schippe gesprungen. Oder hatte Plessner nur Eric Voegelins Maxime befolgt: »Man kann nicht eine satanische Kraft mit Sittlichkeit und Humanität allein bekämpfen«? Denn »Böses in der Welt«, so Voegelin 1938, im amerikanischen Exil, gebe es »nicht nur als einen defizienten Modus des Seins, als ein Negatives, sondern als eine echte, in der Welt wirksame Substanz und Kraft«.[64]

Kein Glück in der Entfremdung?

Ein Vierteljahrhundert nach Erscheinen der *Verhaltenslehren* las ich mit Studentinnen und Studenten an der Kunstuniversität Linz Plessners *Grenzen der Gemeinschaft* und fiel aus allen Wolken.[65] Acht Studentinnen und zwei Studenten hielten meine Frontstellung gegen den Gemeinschaftspol für ganz und gar unbegreiflich; sie sympathisierten mit der von mir verurteilten Gemeinschaft, beriefen sich auf ein »Naturrecht auf Wärme« – und zitierten damit Plessner.[66] Ihre Skepsis wurde durch das Vorgehen im Seminar verstärkt, jedes Kapitel mit einem Film der zwanziger Jahre zu konfrontieren: Das stark von Nietzsche geprägte Kapitel »Zwischen Herrenmoral und Gemeinschaftsmoral« mit Fritz Langs *M. eine Stadt sucht ihren Mörder*; »Der Kampf ums wahre Gesicht. Das Risiko der Lächerlichkeit« mit Josef von Sternbergs *Der blaue Engel*; »Blut und Sache: Möglichkeiten der Gemeinschaft« mit Hans Steinhoffs *Hitlerjunge Quex*; die Überlegungen zu »Zeremoniell und Prestige« und zur »Hygiene des Takts« mit Walter Ruttmanns *Berlin. Symphonie einer Großstadt* bzw. mit *Kuhle Wampe* von Bert Brecht, Ernst Ottwald und Slatan Dudow. Auf der Flucht vor Plessners kryptischem Text konnte man sich leicht in fremden Medien verlieren. Aber je mehr Filme wir sahen, desto wirklichkeitsferner schienen uns Plessners Reflexionen. Die Filme besaßen und besetzten konkrete soziale Orte: die Hinterhöfe in Berlin und das Kellergewölbe des kriminellen »Ringvereins«, das Klassenzimmer und die Varieteebühne der Kaiserzeit, das Zeltlager und den Fabrikhof, die Eisenbahnschienen und Modeboutiquen, die Arbeitslosenkolonien und der S-Bahn-Waggon. Plessners Verhaltenslehre dagegen hat keinen empirisch festlegbaren Ort. Sie entwirft Regeln für virtuelle Gestalten, deren Zeit noch kommen sollte. Als sie kam, wurden ihre Verhaltensmuster mit der Logik des politischen Extrems besetzt, Carl Schmitt und Brecht konnten mit ihnen etwas anfangen. Erst viel später, gegen Ende des 20. Jahrhunderts, gewann man ihnen den Reiz des »cool conduct« ab, sie glitten in einen moderaten Lebensstil, der mit dem militant-deutschen »Kälte-Kult« der Zwischenkriegszeit nichts mehr zu tun hatte.

Drei Jahre nach dem Seminar-Schock frage ich mich, ob nicht das Niemandsland des Nachdenkens Plessners Schrift die Wucht der freien Reflexion gab, etwas Nomadisches, in dem man, wie in großer Literatur, »eine erstaunliche Beglückung durch Entfremdung« nachvollziehen konnte.[67] Und eignete sie sich nicht gerade durch ihre Eigenschaft des Schwebens, aufgrund ihrer Loslösung von der historischen Situation von 1924 – zwischen Bürgerkrieg, Inflation und Stabilisierung der Republik – als »Therapeutikum gegen Ideologien«?[68] Hatte ich, indem ich im Seminar von 2018 Plessners Reflexionen an historische Orte fixierte, um ihre Gültigkeit zu relativieren, die elektrisierenden Ungewissheiten des Textes taub gemacht, um einer klaren und ideologisch unverdächtigen Distanzierung willen? So viel zum Vor- und Nachteil historisierender Betrachtung.

Auf der Suche nach dem Glück in der Entfremdung hatte ich einen Punkt, der im Zentrum der Grenz-Schrift stand, verkannt. Darauf hatten mich die Einwände der Studentinnen und Studenten aufmerksam gemacht. Wie hatte ich es im Eifer des Gefechts übersehen können, es stand doch da: Der Mensch bedarf immer »primären Einbettungssphären, weil die menschliche Person [...] entsprechenden überpersönlichen Zonen zugeordnet sein muß«.[69] Gleichzeitig muss sie von sich als Gemeinschaftswesen »abstrahieren«, um als Rechtssubjekt im Staat handeln und das Verhältnis von Vertrauens- und Misstrauenszonen regulieren zu können. Erst nachdem sie den, wie Plessner sagt, abgeschlossenen Kreis ihrer »Blutsgemeinschaft« transzendiert hat, kann sie sich in der *Gesellschaft* bewähren, oder weniger pathetisch mit dem Universalisten Rawls formuliert: als Rechtssubjekt nach den Regeln eines Staates überleben.

Die Kosten dieser *Irrealisierung* im Kältebad der Gesellschaft sind hoch. Was bleibt vom Gemeinschaftswesen Mensch als Rechtssubjekt noch übrig? Und damit komme ich zu dem Punkt, der für meine *Verhaltenslehre der Kälte* 1994 offenbar undenkbar, auf jeden Fall leicht zu übersehen gewesen war, von Plessner aber auf den letzten Seiten seiner Schrift hervorgehoben wurde. Hier beginnt die für mich entscheidende Revision meines Plessner-Kapitels in den *Verhaltenslehren*. Der Mensch will sich auf eine »Gemeinschaft natürlichen Vertrauens« als einer zuverlässigen »Konstante« verlassen dürfen; denn er hat »das Bedürfnis, etwas zu haben, worin man untertauchen, aufgehen, auftauen, warm werden kann, was dem Resonanzverlangen unserer Person Befriedigung gewährt«. Die Atmosphäre der Gemeinschaft »umfängt jeden mit dem Augenblick seiner Geburt und entläßt ihn erst im Tode«.[70] Das »Naturrecht auf Wärme und Vertrauen« äußert sich in einem »Gemeinschaftsverlangen« – darauf wiesen mich die Studentinnen und Studenten 2018 hin, ich nahm es ihnen erst einmal nicht ab. Aber man muss lesen, es lockert viele Fixierungen und korrigiert Vorurteile. Der Mensch lebt Plessner zufolge in zwei Sphären, die sich wie zwei Kreise überschneiden.

Das reklamierte »Naturrecht auf Wärme« macht allerdings Plessners Kritik an der Gemeinschaft, wie ich sie in den *Verhaltenslehren* dargestellt hatte, nicht weniger gültig: Die Rede von der »›Gemeinschaft‹ hegt die Illusion der Überwindbarkeit der Gewaltmittel in ihrem Innern. Sie verschleiert die lebenserhaltende Funktion der Differenzen zwischen den einzelnen, verdunkelt die internen Feindseligkeiten und […] vergißt zu gern, daß sie in den Rahmen der technischen Verkehrsformen der Gesellschaft« eingebettet ist. Und schließlich drängt der Gemeinschaftsgedanke zu einem ruinösen Fundamentalismus: »Der ›Purismus‹ seiner Wertlehre reißt die ›Körpergrenzen‹ des einzelnen nieder. Sein Kult der ›Echtheit‹ ist mit dem Terror verschwistert« (S. 77).

Im Spannungsfeld bipolarer Sphären

Bedenkt man, mit welcher Schärfe Plessner die negativen Elemente der Gemeinschaft betont, mag es überraschen, dass er ihr als »primärer Einbettungssphäre« ein solches Gewicht zubilligt. Denn der Mensch kann sich, wie er annimmt, nicht ohne Verlust von ihr lösen, muss aber als Gesellschaftswesen lernen, den »Zwang« zur Abstraktion als notwendige Herausforderung anzunehmen. In der Gesellschaft können die Menschen »unverbunden, ohne Kontakt der Sache und des Blutes, miteinander auskommen«. Als Personen, als Staatsbürger müssen sie die »Last der Irrealisierung« primärer Gemeinschaftsbedürfnisse auf sich nehmen. Dieses »Opfer« muss der Mensch bringen, wenn er sein Leben auf dem »Kampfplatz« der Gesellschaft »führen« will. Er lebt in zwei Sphären – »die Gemeinschaft regelt sich nach Einsicht und Liebe, die Gesellschaft nach spielgerechtem Kampf und Takt. *Zwischen* den Sphären führt keine Brücke«,[71] es sei denn die Brücke von Plessners Reflexionen.

Unschwer ist zu erkennen, dass in Plessners Grenz-Schrift Prinzipien der *Kommunitaristen* (am Pol der primären Einbettungssphären verschiedener Gemeinschaften angesiedelt) mit denen der *Universalisten* (im Zeichen universeller Werte am Pol der notwendigen Abstraktion vom Gemeinschaftsbedürfnis kämpfend) verknüpft sind.

Plessner plädiert für den Zwang zur Abstraktion nicht nach dem Modell von Thomas Hobbes, der davon ausging, das menschliche Wesen fühle sich von der Aufgabe überfordert, von seinen Gemeinschaftsbegierden zu abstrahieren, und müsse daher mit Gewalt – sozusagen wider seine Natur – gezwungen werden, sich den Normen des Staates zu beugen. Eine solche Zwangsmaßnahme steht Plessner nicht vor Augen. Er entwirft vielmehr ein Konzept von der Natur des Menschen, das davon ausgeht, dass der Mensch erst in der von Gewalt grundierten Öffentlichkeit der Gesellschaft sein eigentliches Wesen entfalten kann. Der Mensch blüht in Sphären von Trennungen und Abständen auf, während der *Purismus* der Gemeinschaften die »Tyrannei der Intimität« erzeugt, wie Richard Sennett ein halbes Jahrhundert später formulierte.

Erst in den achtziger Jahren hat man unter Philosophen diesen Streit zwischen den Polen ausgefochten, er endete in der Unversöhnlichkeit der Lager. Plessners Schrift entnehme ich heute den Ratschlag, zu erkennen, dass wir politisch die Verschränkung beider Sphären ernst nehmen und vermeiden sollten, die Gemeinschaftssphäre bzw. die Bestimmung ihrer Grenzen einem »rechten« Lager zu überlassen. Denn wir leben in beiden Sphären.

Der Rahmen der Spielformen gesellschaftlichen Handelns ist für Plessner noch unzweifelhaft der Nationalstaat.[72] Ein anderes Modell schwebt ihm nicht vor. Dieser ist für ihn ein offenes System, das die Sphäre der Gemeinschaft mit »Sicherheitsmaßnahmen« hegt, ein Behälter, in dem das »Gemeinschaftsverlangen« des Menschen zu seinem Recht kommt. Darin herrscht zugleich die Pflicht zur Irrealisierung des Gemeinschaftswesens und zur Treue gegenüber der angestammten Vertrautheitssphäre; die Spielformen universeller Werte müssen gelten, ebenso wie der Austausch mit anderen Nationen zwingend ist.

Etwas zu viel Sollens-Forderungen für eine Anthropologie – und zu wenig Ökonomie, um realistisch zu sein.

In Kenntnis des Schicksals des 1933 in die Emigration gezwungenen Gelehrten erweist sich die Selbstverständlichkeit, mit welcher Plessner von der »primären Einbettungssphäre« in der Gemeinschaft der Deutschen spricht, als tragische Ironie: Für ihn hatte es »deutschen Geist« als »Stilgedanken aller Deutschen« schon gegeben, »bevor er zum Rechtfertigungsprinzip einer politischen Organisation wurde«, und es werde ihn noch geben, »wenn der Nationalstaatsgedanke unter den Einflüssen von Industrialismus, Technik und Rassenmischung längst verblaßt sein sollte, solange noch ein Herz für ihn schlägt und blutwarme Menschen sich ihm verbunden fühlen«.[73]

Jede Sehnsucht erfindet ein Phantom; und wenn man nicht mehr daran glaubt, löst es sich auf: »Die soziale Verfestigungsform der Vertrauenssphäre wechselt im Lauf der Geschichte, nur das Bedürfnis, etwas zu haben, worin man untertauchen, aufgehen [...] kann, das bleibt.«[74]

Der NS-Staat akzeptierte weder die Trennung noch die Verschränkung der Sphären – er wusste, wer sich zur Gemeinschaft zählen durfte und wer nicht.

Auch die Identität der »Volksgemeinschaft« war ein Phantom, aber wirkmächtig war es zweifelsfrei; man wusste jetzt, wer nicht dazugehörte und aus dem Volk als »Fremdkörper« herausgeschnitten werden musste. Dazu gehörte Plessner, der ins Exil gezwungen wurde: Die Identitätsfrage wurde 1933 von den NS-Behörden als nicht besonders kompliziert erachtet und durch »Arisierung« des »Volkskörpers« schnell, drastisch oder tödlich gelöst.

In seinen Groninger Exil-Vorlesungen des Jahres 1935 hat sich Plessners Sicht auf die Geschichte grundlegend geändert. An die Stelle der Anthropologie ist nun die Völkerpsychologie getreten, in der die »maskierten Völker« Frankreichs und Englands als Vertreter des Politischen Humanismus den anthropologischen Grundsatz von Plessner vertreten. Fast glaubt man Rudolf Steiners »Volksgeistern« zu begegnen. In Frankreich und England ist der Mensch von Natur aus ein Kulturwesen, während in Deutschland ein »unmaskiertes Volk« die andere, naturalistische Seite der Psyche verkörpert, die am besten von der Biologie erfasst wird. Was in *Grenzen der Gemeinschaft* noch als heikle Balance verschiedener

Neigungen der Psyche beschrieben wurde – der Neigung, sich an die Vertrautheitssphäre zu klammern, und der Neigung, sich in der Kultur der Distanz zu entfalten –, spaltet sich 1935 in verschiedene Völkerschaften auf.

Während für Plessners Anthropologie der zwanziger Jahre die Künstlichkeiten der Zivilisation genuines Medium des *Lebens* sind und die Abstraktionen der Gesellschaft zum Lebenselixier des Menschen werden, nimmt er in seiner Exilschrift eine seltsame Aufspaltung vor: Es gibt maskierte und unmaskierte Völker; es gibt Völker, die sich, wie das deutsche, von »elementaren Daseinsinstinkten« leiten lassen, und solche, die sich im Abstraktionsmedium des Staates entfalten. Der Grundsatz, der Mensch sei von Natur aus künstlich, war also nie ein anthropologisches Axiom, sondern ein Wunschbild, das sich nur in bestimmten Milieus, in fremden Staaten wie Frankreich und England hatte verwirklichen können. Von dort her hatte Plessner ja auch seine Idee bezogen.

Die Frage nach der »Resonanzfähigkeit« der nationalsozialistischen Politik in Kreisen der deutschen Elite beantwortet er aus der Ferne des Exils, als habe das Problem ihn selbst niemals berührt: Durch Bindung an eine politische Autorität hätten diese Intellektuellen ihre »elementaren Daseinsinstinkte« vor den »nihilistischen Schlussfolgerungen der Intelligenz« schützen wollen.[75] Seine kurzlebige Allianz mit der politischen Theorie von Carl Schmitt übergeht er mit Schweigen. Auch Plessner hatte Phasen des Nihilismus gekannt.

Voreilig heilig gesprochene Texte wie Plessners *Verspätete Nation* werden meist schlecht gelesen. Seine Darstellung des Titanen-Kampfs von Katholizismus und Protestantismus trägt märchenhafte Züge, erinnert oft an Gullivers Reisen. Darüber fiel kaum auf, dass die jüdische Geisteslinie von Spinoza bis Freud in dieser Darstellung der deutschen Geistesgeschichte fehlt.

Zwischen Maske und Rüstung

Trat mit der »Bindung an das Volk«, die Plessner 1931 vornahm, bzw. der Charakterisierung der Deutschen als eines »unmaskierten Volks« die zuvor verborgene Substanz zutage? Verabschiedete Plessner sich damit vom Maskenspiel diverser Identitäten, als sei es nur ein Schönwetterkonzept der Stabilisierungsphase gewesen?

Und welche Rolle hatten die Masken in der Grenz-Schrift überhaupt gespielt?

Die Rede von »Masken« umfasst einen weiten Bedeutungshorizont. Eine mögliche Assoziation war, sich die Karnevals-Maske als Mittel der scheinhaften Pluralisierung des Individuums auf einem zeitlich limitierten Terrain vorzustellen. Oscar Wildes Ausspruch, nur in der Maske sei der Mensch ganz echt, konnte in dieser Tradition gesehen werden. So mischte sich die Figur des Dandys in Plessners Maskenspiel.

Eine andere Assoziation war furchteinflößender, aber angesichts von Plessners Rüstungsphantasien naheliegend: Die Gasmaske, mit der die wilhelminische Generation im Ersten Weltkrieg Bekanntschaft machen musste, schützte vor einem ebenso körperlosen wie allgegenwärtigen Feind. Während jedoch das Visier des Schwert- und Degenkämpfers in Plessners aristokratischer Arena immerhin noch den Durchblick auf einen leibhaften Gegner erlaubte, war die soziale Rolle als Maske der Distanzierung auf dem Feld der Interaktionen eine Entdeckung der Soziologie der zwanziger Jahre in Deutschland, Frankreich und den USA. Zweifellos gehörte Plessner zu den Pionieren der Rollentheorie.

Da Plessner seine Masken als »Rüstung« beschreibt, war mein Schachzug, sie als »Panzer« aufzufassen, zwar naheliegend, blieb aber, wie Joachim Fischer und Wolfgang Eßbach zeigten, ein Fehlgriff, den Letzterer auf den Einfluss der »gepanzerten« Freikorpssoldaten in Klaus Theweleits *Männerphantasien* zurückführt oder auf Theorien des Narzissmus der achtziger und neunziger Jahre, die ich nicht beachtet hatte.

Für Fischer bilden Plessners Masken ein Medium des Austauschs zwischen Handelnden; sie markieren keine starren Grenzen, sind durchlässig, nicht geschlossen. Plessners »Sehnsucht nach Masken«[76] ziele auf eine »Kategorie des Maßes zwischen Scham und Stolz«.[77] Das kann Fischer kenntnisreich mit Verweisen auf andere Schriften belegen – bringt dadurch jedoch den agonalen Zug der Grenz-Schrift zum Schweigen. In der politischen Anthropologie von 1931 ist der von ihm angemahnte sanfte und durchlässige Zug der Masken ganz verschwunden.

1924 sollte die »Maskiertheit des öffentlichen Menschen« ein »Sicherungsfaktor« menschlicher Würde sein. Sein Wesen sollte allerdings nicht gänzlich in der Funktion einer auf Abstand, Höflichkeit, Gewaltbereitschaft und Fechtkunst achtenden Verkehrsform aufgehen. Die Maske verbarg eine gefährdete Substanz. War es ein existenzielles Wesen unterhalb der aus Masken montierten personalen Identität? Eines war Plessner klar: Wer sich ohne den Schutz der Maske der Öffentlichkeit ausliefert, gibt sich der »Lächerlichkeit« preis. Aber was wurde in der Situation der Beschämung eigentlich entblößt? Die Furcht vor der Erkenntnis, biologisch triebbestimmte Kreatur zu sein?

Die Spannung zwischen dem Rollenprofil einerseits und einem fragilen Unbestimmtheitskern des Menschen andererseits ging in der modernen Soziologie weitgehend verloren (Erving Goffman scheint mir die große Ausnahme), oder sie wurde, wie bei Sartre, in Formen der Ironie aufgehoben. Plessner versorgt uns einerseits mit dem Versprechen, »in Nichts kann der Mensch seine Freiheit reiner beweisen als in der Distanz zu sich selbst«,[78] versetzt den Menschen damit jedoch zugleich in einen chronischen Alarmzustand. Wohin stürzt er, wenn er die Balance verliert? Ins »Unergründliche« des Selbst, so unergründlich, dass Plessner das Wort »Identität« vermied? Auf jeden Fall ist der Abgrund »mystisch«[79] – kann man ihn dem Schweigen überlassen? Worauf konnte sich das Maskenspiel historisch berufen?

Regularien des Verhaltens am Hofe

Mit der Aufdeckung der prägenden Kraft höfischer Verhaltenslehren befand ich mich vorerst allein auf weiter Flur – bis der politische Philosoph Bruno Accarino aus Italien mit seinem Beitrag »Spuren des Hofstaats in Plessners ›Grenzen der Gemeinschaft‹« den Blickwinkel auf einen Schlag änderte: Die Sicht auf den Kampfplatz des Hofes habe »Plessners Sinn für Rivalität, für Feindschaft« geschärft; die Weltklugheit des Hoflebens hat ritualisierte Formen der Distanz zum Resultat, mit denen der Mensch sich unangreifbar machen will.[80] Selbst die Verbindung von Plessner mit dem spanischen Jesuiten Gracián war nach der Intervention des italienischen Gelehrten plausibel. Die Verwandtschaften der Grenz-Schrift mit den Maximen Graciáns, der »moralfreie taktische Regeln für die ›kalte persona‹« entworfen habe,[81] wurde nun akzeptiert. Für Karl-Siegbert Rehberg konnte der Hof als ein »Ort der regelgeleiteten Schaffung von Distanz« ein überzeugendes Vorbild für Plessner gewesen sein: Die »durch Zeremonialisierungsdruck erzwungene höfische Pazifizierung« mochte, Rehberg zufolge, Plessner vor Augen gestanden, die »Sicherungssysteme einer ständigen Sichtbarkeit der Akteure auf der höfischen Bühne« ihm sogar als Ordnungsfaktor in der chaotischen Phase der Republik eingeleuchtet haben. Diese in der deutschen Geschichte nie eingelösten Wunschbilder hätten auch Plessner vorgeschwebt.[82] Selbst der Einzug von Carl Schmitt in den Horizont von Plessners politischer Anthropologie wird nicht mehr kategorisch ausgeschlossen. Denn in dem »Hygienesystem der Seele, das am Schluss der ›Grenzen‹ auftaucht und von den höfischen Umgangsformen nicht abzutrennen ist«, gebe es, so Accarino, keine »Berührungsangst vor dem Bösen, dem Schmerz und der Erwartungsenttäuschung«; das damit erschlossene Gebiet sei »nur mit Visier und Klinge« zu betreten.[83] Aber dass Plessner behauptet, die Menschengattung sei »sozusagen von der Natur her« auf Höflichkeiten des diplomatischen Dienstes und Regeln des höfischen Kriegstheaters angelegt, erscheint Rehberg dann doch »als kategorialer Fehlgriff« – so sehr Takt und Diskretion zu schätzen seien.[84]

Mit dem Zugeständnis der prägenden Kraft von Bildern des agonalen Felds des Hoflebens des 16. und 17. Jahrhunderts konnte nun auch die strittige Frage, ob Plessner *die Frau* aus seiner Anthropologie der Künstlichkeit eliminiert habe, elegant gelöst werden. Von »Verstummen der weiblichen Stimme« könne keine Rede sein. Denn hatten nicht Frauen im Leben des Hofmanns, das der *Cortegiano* des italienischen Humanisten Baldassare Castiglione vorgeführt hatte, eine dominante, die martialischen Triebe der Männer zähmende Rolle gespielt? Dorothee Kimmich wies auf die »Salonkultur des 17. Jahrhunderts« hin, in der gelungene Kommunikation sich nicht am Soldaten, sondern am Ideal des *honnête homme*, eines frauenfreundlichen Wesens, orientiert habe.[85] Damit konnte Plessners unvorsichtige Bemerkung, dass die Frau nach den Worten der Romantiker von Natur natürlich sei und der Rüstung durch Künstlichkeiten nicht bedürfe (gute Figuren, so sein zeitgemäß schlagendes, lebensreformerisches Argument, bräuchten kein Korsett; nur in diesem Punkt akzeptierte Plessner den »Radikalismus« der Jugendbewegung), weil sie schon durch ihre in sich ruhende Natur vor dem »ironischen Zerstörerblick« geschützt sei, als Lapsus vergessen werden.[86] Wer wie Plessner den »Takt« zur Tugend mache, beziehe unvermeidlich die »Geschlechterdifferenzrede« seit dem 18. Jahrhundert mit ein. Takt habe immer eine Nähe zum weiblichen Pol gehabt. Die Salonkultur war ein Frauenprojekt! Aber gab es sie überhaupt im 17. Jahrhundert? Und stand für Plessner entwaffnende »Kommunikation« im Brennpunkt seines »Kampfplatzes«? Wurde hier nicht Habermas in ferne Kriegsgebiete teleportiert? Unbekümmert durch solche Einwände rettete man den Helden: Durch seine Orientierung am Hof habe Plessner die Frau implizit in seine »anthropologische Arena miteinbezogen«. Mehr Rettung war nicht zu haben. Damit war die irritierende Tatsache aufgehoben, dass Plessner in seiner Anthropologie die Frau nur in einem Satz streift, um sie von der Notwendigkeit der Maskenhaftigkeiten, der die Männer folgen müssen, auszunehmen. Das Problem war vom Tisch – vorläufig. Es würde wiederkommen.

III. Die Wandlungen des Gracián

2020 legte Hans Ulrich Gumbrecht die 300 Maximen, die der spanische Jesuit Gracián 1647 im *Handorakel* zusammengestellt hatte, in einer neuen Übersetzung vor.[87] »Die Maxime ist ein harter, glänzender – und zerbrechlicher Gegenstand, ähnlich dem Panzer eines Insekts; und wie das Insekt besitzt sie einen Stachel«, bemerkte Roland Barthes einmal. Können die Stachel von Graciáns Maximen uns heute, nun in makelloser Übersetzung, noch verletzen?

Gracián war im Umfeld des Madrider Hofs Beichtvater mächtiger Aristokraten, 1646 glänzte er als Militärgeistlicher beim Sieg kastilischer Truppen über katalanische Aufständische, sein Orden setzte ihn als Autorität der theologischen Lehre ein – warum konnte seine Verhaltenslehre für den spanischen Hof des 17. Jahrhunderts Zündstoff für deutsche Intellektuelle im 20. Jahrhundert liefern? Mit welchem Recht hatte ich den Jesuiten in Verbindung mit Plessners Anthropologie gebracht?

In der Weimarer Republik zirkulierte das *Handorakel* im Lager der Links- und Rechtsintellektuellen; es faszinierte Walter Benjamin, Theodor Lessing, Ernst Jünger, Bert Brecht und auch Carl Schmitt. Nach 1945 benutzte man das Handbuch eher als »Machiavelli der privaten Moral«, als Ratgeber, der ein gutes Leben verschafft, indem er rät, Listen der Verstellung anzuwenden. Hier war zu lernen: Wer sich »authentisch« präsentiert, bereitet sich nur als

Opfer vor. Ein Matador des guten Lebens sollte das Böse in homöopathischen Dosen nachahmen, befand 2011 der französische Gracián-Herausgeber Marc Fumaroli. Die Karriere des Buchs lässt sich bekanntlich bis ins Silicon Valley verfolgen. Die *Verhaltenslehren der Kälte* bilden einen späten Markierungspunkt in der verschlungenen Wirkungsgeschichte des barocken Vademekums.

Bis heute beruht die brisante Wirkung des *Handorakels* auf Arthur Schopenhauers Übersetzung. Er soll das Spanische nicht perfekt beherrscht haben – aber gingen nicht gerade von fehlerhaften Übersetzungen immer wieder spektakuläre Wirkungen aus? Jetzt präsentiert uns der weltgewandte Romanist Gumbrecht den Text in philologischer Perfektion. Seine Anmerkungen bieten einen Einblick in die Tiefe des Archivs, dem Gracián seine Weisheit verdankte: den Stoikern Epiktet, Marc Aurel und vor allem Seneca; Cicero, Machiavelli, den Evangelisten, Ignatius von Loyola sowie spanischen Sprichwörtern. Gumbrecht entdeckt, dass in den Sprüchen – wie beim Schachspiel – Gedankenbewegungen in Figurationen des Raums überführt werden, erkennt die paradoxen Sprachspiele und die Komplexität der Perspektive und preist die Kühle eines gelebten Stoizismus, bezweifelt aber, den Maximen politische Impulse entnehmen zu können[88] – das ist diskret gegen meinen Umgang mit dem *Handorakel* in den *Verhaltenslehren* gerichtet. Im Gegensatz zu früheren, eher machiavellistischen Lesarten, die im *Handorakel* Regeln für den Kampfplatz des Politischen erkannten, betont Gumbrecht ihren moderat zivilen Aspekt, die »existentielle« Neigung der Verhaltenslehre, der »individuellen Sehnsucht nach Halt zu genügen«.[89] Gumbrecht schätzt zwar die Prägnanz von Schopenhauers Übersetzung, will aber die »kühle Konkretheit« von Graciáns Regeln nicht auf die aktuelle Lebenswelt übertragen, sondern die Aufmerksamkeit auf Stil und Gedankenbewegung des spanischen Jesuiten lenken und den Denk- und Schreibprozess des Autors »als Ereignisverlauf« vergegenwärtigen;[90] Versenkung in den Raum des Textes ist ihm intellektuelles Abenteuer genug.

1990 hatte mich eher das Bissige der Übersetzung von Schopenhauer gereizt. Das machte es leichter, Graciáns Maximen als Richtlinien wehrhaften Verhaltens zu verschärfen. Ein Vierteljahrhundert später lockert Gumbrecht die Verankerung des *Handorakels* und seiner Rezeption aus dem Raum des Politischen, um sie als Medium der Kontemplation zu nutzen. Jetzt aber entdeckt Gumbrecht in einem neuen Artikel in der *NZZ* über seine Erfahrungen mit einem Seminar in Israel die existenziellen und politischen Impulse, die immer noch von Graciáns »kaltem Denken« ausgehen.

Das Regelwerk der Exerzitien

Schon 1976 hatte mich Hans-Thies Lehmann in unserem Seminar über Brechts *Hauspostille* an der FU-Berlin mit Ignatius von Loyolas *Exerzitien* bekanntgemacht. Ich lernte, mich eine Zeit lang von den damals grassierenden Philosophien der politischen Aktion zu trennen, um mich im wildfremden Medium der Literatur ungelösten lebensgeschichtlichen Fragen auszuliefern. Existenzielle Fragen von Familie, Sexualität und Gewalt werden in Brechts Gedichten wortwörtlich in den Fluss geworfen und in Fluss gebracht. Brechts Gedicht »Vom Schwimmen in Seen und Flüssen« verleitete dazu, in Bilderwelten des Transitorischen einzutauchen. Wie schön, sich einmal, vom Zwang zum politischen »Eingriff« entlastet, ungestraft in Gegenbilder zum mechanischen Ballett der politischen Formationen der ML-Parteien in »Flußlandschaften kindlicher Lüste« (so unsere klügste Tutorin, die spätere Heiner-Müller-Expertin Genia Schulz) zu ergehen. Reizvoll schien selbst die »Pluralisierung des Subjekts«, bei der die Proletkult-Identitätspolitik meiner bislang vertrauten politischen Kohorte erodieren durfte. Mein jüngerer Mentor unterwies mich in diesen Lockerungsübungen, das war die sonnige Seite des Lernens. Zugleich zeigte er, in welchem Maße Loyolas *Exerzitien* Ordnungselemente in das anarchistische Sprachfeld von Brechts Gedichten bringen: »Der Text produziert gleichzeitig eine verschwimmende Bildwelt aus Regression, Ich-Auflösung, Zersetzung und haltloser Bewegung, andererseits ist er von strengster Logik, Kontrolle und prüfendem Blick bestimmt.«[91]

Vor der Entdeckung von Graciáns *Handorakel* durchkreuzte also schon ein anderer spanischer Jesuit als Disziplinarmacht meinen Weg. Später las ich bei Siegfried Kracauer: »Das Leben ist stets mehr als das Leben, es reißt sich von sich selber los und tritt sich als hartes Gesetz gegenüber, es ist der Fluss und zugleich das Festland.«

Die *Verhaltenslehren der Kälte* schöpften aus Quellen verschiedener Disziplinen. Ursprünglich hatte ich meinem Buch den Titel

»Verhaltenslehren der Distanz« geben wollen. Er wies auf soziologische Studien hin, die mich Mitte der achtziger Jahre gefesselt hatten, z.B. Erving Goffmans Buch *Das Individuum im öffentlichen Austausch*.[92]

Goffman, ein Balzac der Soziologie! Balzac hatte die Physiologie als Leitfaden sozialer Mechanismen entdeckt; Goffman übernahm Beobachtungen der Tierverhaltensforschung, um die »Territorien des Selbst« zu beschreiben. (Kränkungen der Selbstgewissheit durch Tiervergleiche haben mich immer gereizt.) Es ging bei Goffman um den Schutz des *personal space* – im überfüllten Lift, beim Einsteigen in die Straßenbahn, an jeder Straßenecke, auf stark belegten Viehweiden. Sogar das Handtuch am Strand markiert als »Box« die »verteidigungsfähige Begrenzung eines räumlichen Anspruchs«.[93] Die Parzellierung der italienischen Strände bietet Anschauungsmaterial. Territorien des Selbst schützen und lassen zugleich ein »weitgespanntes Netz von Stolperdrähten« entstehen. Mitunter sind es Schauplätze, »auf denen mit großer Geschwindigkeit Miniaturversionen eines kompletten Justizverfahrens ablaufen«.[94]

Als ich diese Sätze Mitte der achtziger Jahre unterstrich, wusste ich nicht, dass sie mich zu Verhaltenslehren der Kälte führen würden. Sie waren eher auf ein moderates Miteinander gemünzt und nicht auf den agonalen Raum, den ich mit der Zwischenkriegszeit betrat. Auch wusste ich damals nicht, dass ich Graciáns Maximen mit meiner Lesart einer zeitgemäßen Transformation unterzog und damit eine alte, politisch verdächtige Stelle in der mäandernden Wirkungsgeschichte des *Handorakels* einnahm, in der Gumbrechts Übersetzung im Jahre 2020 einen vorläufigen Endpunkt markiert.

Wellen der Translation

Nach dreieinhalb Jahrhunderten Wirkungsgeschichte ergibt sich auf den ersten Blick folgendes Strömungsbild vom Schicksal Graciáns in sich wandelnden kulturellen Milieus: Als »Machiavellismus der Lebenskunst« wird das *Handorakel* mit seinen vielen Auflagen und Übersetzungen in acht europäische Sprachen im 17. Jahrhundert in die »Kriegslisten« der Zeit hineingerissen. Graciáns Regeln blühen in der Sonne Machiavellis. Der im Machtgefälle dieses Jahrhunderts reißende Strom der Translationen versickert im 18. Jahrhundert mit der theoretischen Ächtung Machiavellis, der untergründig weiterhin die Praxis der Kriegslisten auf den Schlachtfeldern anleitet. Jetzt scheint Castigliones *Cortegiano* mit seiner Ferne zur Kälte der Idee des Staats und in seiner Nähe zu Autoren der französischen Moralistik wie Montesquieu oder La Rochefoucauld zeitgemäßer.[95] Die klassische Lehre vom politischen Habitus der Höflichkeit löst sich von der »Anwesenheitsgesellschaft« der Höfe. Die Ablösung des öffentlich Politischen von den Kampfplätzen des Hofes führt zu einer Verschiebung in eine Sphäre, in die neue Gruppierungen des Bürgertums einbezogen werden. Man ist bemüht, den sozialen Austausch von gewaltförmigen Auseinandersetzungen zu reinigen. Im »Raum des Spiels«, so Jean Starobinski, »wo nach gemeinsamer Einigung die Partner darauf verzichten, einander zu schaden und einander anzugreifen«, wird die Aggressivität, die »auf allen menschlichen Beziehungen naturgemäß lastet«, im Schein des Zivilen sublimiert.[96] Im fragilen Raum zivilen Umgangs hatte Gracián nichts mehr verloren. Seine aristokratischen Techniken der Verstellung erleiden in den *Gefährlichen Liebschaften* von Choderlos de Laclos ebenso spektakulär wie schmerzhaft Schiffbruch. Das »Endspiel der höfischen Intrige« (Peter von Matt) bedeutete auch den vorläufigen Untergang des *Handorakels*.[97]

Im 19. Jahrhundert sind die militanten Elemente der aristokratischen Verhaltensrituale im Raum der Bürger zwar als ferner Horizont noch vorhanden, aber das *Handorakel* kann kein Ratgeber für den Bürger mehr sein, weil Gracián die Bastionen der Moral, hinter denen sich der Kaufmann vor den Wildheiten des Konkurrenzkampfs zu verbergen sucht, geschleift hat. Der Bürger verstellt sich nicht, sondern umhüllt sich mit einer Moral, die ihn davor bewahrt, die Konsequenzen seiner eigenen Erfolgsgrundlagen zu erkennen.

Graciáns Ratschläge nehmen im 20. Jahrhundert Nietzsches Farben des gefährlichen Lebens an. Die Allianz mit Machiavelli wird verstärkt wahrgenommen. So landet ein Exemplar des *Handorakels* im November 1920 in der Militär-Turnanstalt Wünsdorf bei Hannover, wo Ernst Jünger sich, nach dem obligatorischen eiskalten Bad frühmorgens, bei der Formulierung der Heeresdienstvorschriften u. a. von der Lektüre der spanischen Verhaltenslehre inspirieren lässt. Gracián dient dem Attitüdentraining des Frontsoldaten in Wartestellung (offiziell ist für die deutsche Armee nach dem Vertrag von Versaille eine Pause angesagt).

Carl Schmitts Idee vom Kampfplatz des Politischen (sein *Begriff des Politischen* erscheint zum ersten Mal 1927) rückt Gracián dann stärker in die Nähe von Thomas Hobbes' *Leviathan.* Diese Verschärfung von Graciáns Lebenslehre beeinflusst 1943 den Romanisten Werner Krauss. Jetzt befindet sich der Text buchstäblich auf des Messers Schneide. 1942 als Mitglied oder Roten Kapelle verhaftet und bald darauf zum Tod verurteilt, »verkürzt« Krauss sich, wie er schreibt, mit seiner Arbeit »einige schreckliche Stunden« in Erwartung des Fallbeils, das schon seine Freundin getötet hat. In der Verhaltenslehre des Jesuiten erkannte er eine Herausforderung zum intellektuellen Training im »Grenzgebiet zwischen Humanismus und Barbarei«, einen Ratgeber auf dem verminten Gelände der NS-Zeit. Moral gab in dieser Situation keinen Kompass an die Hand. Inmitten allgemeiner Bedrohtheit reduzierte sich die Moral auf taktische Regeln.

Als das Buch dann 1947 erschien, bemerkte ein Rezensent betroffen: »Einem Marxisten müßte die Lektüre Graciáns zweifellos Vergnügen machen, schon darum, weil gewisse Formulierungen Graciáns ihn geradezu einlüden, seine Lebenslehre aus ihrer ›mystischen‹ Hülle zu befreien und ihren ›nützlichen‹ Kern herauszustellen, wie der Prophet selbst es getan hat mit Hegels Dialektik.«[98] Gracián war endgültig im kalten Krieg der Moderne angekommen. Dieser Lesart habe ich mich in den neunziger Jahren angeschlossen.

Auf dem Sammelplatz des gefährlichen Lebens

Der Gracián-Kick des 20. Jahrhunderts[99] hängt damit zusammen, dass das *Handorakel* im Rahmen der Denkfiguren der politischen Philosophie der ersten Jahrzehnte aus der Sphäre der Höflichkeitslehre getrennt wird. Nur Helmuth Plessner versuchte 1924 in seiner Grenz-Schrift, die Grazie des Hofmanns mit dem kriegerischen Gracián-Machiavelli-Komplex zu kombinieren und als studierter Zoologe beide mit einem Fundament in der Natur des Menschen zu versehen.

Den italienische *Cortegiano* konnte man dagegen auch als ein Handbrevier für den zivilen Umgang auch mit der mondänen Frau lesen. In diesen Ruf ist Graciáns *Handorakel* nie geraten. Die Frau führt darin eine marginale Existenz: Reden sind weiblich, Taten männlich.[100] Im Gegensatz zum Hofmann der Spätrenaissance geht dem spanischen Militärberater »alle arkadische Stimmung [...] fühlbar auf die Nerven«.[101] Überhaupt sollte das endlose Palaver unterbrochen werden. Dafür sei in Kampfarenen kein Platz, so Werner Krauss 1943 im skeptischen Rückblick auf seine Gelehrtenlaufbahn.

Nach dem Krieg, in der DDR, ging Krauss auf Distanz zu seinem Gracián-Buch. Vielleicht hatte er erkannt, wie stark seine Lektüre von Carl Schmitts *Begriff des Politischen* gefärbt war (was ich nicht beweisen kann). Aus diesem Gesichtspunkt wird der Rückblick des Romanisten auf seine akademische Sozialisation in der Zwischenkriegszeit unheimlich: »Wenn man bedenkt, wie die Schwergewichte über einem Lebenslauf verteilt sind, daß man z. B. die Hälfte des Lebens mit Gesprächen zubringt, so stellt sich von selbst das Verlangen ein, diese bisher übersehenen Gebiete in eine grundsätzliche *Entscheidung* zu versetzen.«[102] In der Maske eines Gracián-Zitats dekretiert Krauss im Geist des Dezisionismus: »Wer die Dinge nur im Begriff hat, und nicht auch im Griff, *›wer sie nur weiß und nicht auch tätigt, ist nicht ein Philosoph, sondern lediglich ein Grammatikus‹*.« Damit glaubte Krauss »die charakteristische Wendung Machiavellis von der Theorie zum Tatwissen« benannt zu haben:[103] Die Arena des Kampfes liegt jenseits von Gut und Böse, das Politische bestimmt den Intensitätsgrad der Auseinandersetzung, durchdringt alle Sphären und lehrt überall den gefährlichen Konkurrenten als Feind zu begreifen. Wie bei Carl Schmitt heißt es: »Distinguo ergo sum«, beide radikalisieren einen Wahlspruch höfischen Verhaltens. Das »Politische« ist nicht mehr an Staatlichkeit gebunden. Es ist vielmehr »Sammelplatz des gefährlichen Lebens« und »das reizvolle Versuchsfeld, auf dem die Weisheit dem Ansturm der Praxis sich aussetzt«.[104] Das ist der Gracián-Kick, den das 20. Jahrhundert der spanischen Verhaltenslehre im Zeichen Nietzsches und Machiavellis versetzte und dem ich in meinem Buch folgte.

Die schon im 17. Jahrhundert zu beobachtende Verschmelzung mit Machiavelli versteht sich dabei keinesfalls von selbst. Der *Principe* stand (übrigens im Gegensatz zu den *Discorsi*) in Spanien auf dem Index. Aber auf dem Index standen bekanntermaßen Bücher, deren starke Präsenz eingedämmt werden sollte. Dieses Verbot hatte offensichtlich Auswirkungen auf Gracián: In seinem *Kritikon* wird Machiavelli nur einmal als »Adler des Fluges und der Schau«[105] namentlich positiv erwähnt, ansonsten als »Tacitus« getarnt und gar als böser Einflüsterer amoralischer Devisen kaltgestellt. Die Hauptfigur des *Kritikon*, der Zivilisationstyp Critilo, warnt den Naturzögling Andrenio ausdrücklich vor den verderblichen Lehren Machiavellis. Das sei ein »windiger Politiker«, der Ahnungslosen seine Grundsätze eintrichtern wolle,[106] indem er die Staatsräson auf das Hofleben übertrage und alle Tugend dynastischen Interessen und Karriereplänen unterwerfe.

Da für Gracián die Tugend einen außermoralischen Sinn hat, bleibt rätselhaft, warum er sich gerade in diesem Punkt von Machiavelli unterscheiden will. Um das Militärische und das Höfische zu entmischen? Der Übersetzer des *Kritikon*, Hartmut Köhler, weist darauf hin, dass nach dem Erscheinen des *Principe* im Jahre 1532 sehr schnell die Verfemung des Autors Machiavelli einsetzte, die Denkweise des Florentiners aber in Graciáns Schriften mannigfache Spuren hinterlassen habe.[107] Gracián beteiligte sich an der »polemischen Verzerrung« des *Principe* und machte Machiavellis Staatslehre mitverantwortlich für den »Niedergang der Zeiten«.[108] Dessen Schrift zeuge, so Gracián, von der »Schlechtigkeit der Epoche«.[109] Kommt in diesem Urteil etwa eine verdeckte Anerkennung des »Realismus« zum Ausdruck, mit dem Machiavelli das Machtgefüge seiner Zeit beschrieb? Gracián bleibt mit den Kriegslisten des Gegenspielers verhakt. Er folgt, indem er verfolgt.

Aus dem Spannungsgefüge wird im Zeichen eines modernen Begriffs des Politischen, wie ihn Carl Schmitt Ende der zwanziger Jahre konzipierte, eine Einheit. Die Widersprüche von Gracián und Machiavelli geraten in Vergessenheit. Das wird noch in der Version von Werner Krauss erkennbar. »Das ›Politische‹«, sagt er, »ist das Werkzeug – der Hof der Schauort, die Geschichte das Experimentierfeld menschlicher Kräfte«; Politik als »angewandtes Wissen vom Menschen« umfasst nun alle Beziehungsgesetze einer Sozietät.[110]

Offenbar fühlen Menschen, die fürchten, auseinanderzufallen und ihre äußere Kontur zu verlieren, eine besondere Nähe zu Graciáns Maximen. Ferne und Berührung schließen sich nicht aus.

Das Schwierigste beim Gehen ist das Stillestehn

In Brechts Bibliothek entdeckte Erdmut Wizisla vom Brecht-Archiv die Ausgabe des *Handorakels*, die der Insel Verlag 1931 herausgegeben hatte.[111] Das Buch ist Teil eines Supplements von

Brechts Nachlassbibliothek, einem Bestand von 100 Büchern, die 1940 keinen Platz in Brechts Fluchtgepäck nach Finnland fanden. Auf der Titelseite ist eine Widmung in mikroskopisch kleiner Schrift zu erkennen. Mit schwarzer Tinte schrieb Walter Benjamin eine Zeile aus dem »Lied von der Unzulänglichkeit menschlichen Strebens« aus der *Dreigroschenoper* darauf: »Denn für dieses Leben ist der Mensch nicht schlau genug.« Warnte Benjamins Geschenk Brecht zu einem Zeitpunkt, an dem der radikale Freund am Ende seines politischen Lateins war, vor einem Schicksal, das in dessen kommunistischem Projekt nicht vorgesehen war? Sollte ihn die Widmung daran erinnern, dass ihn sein eigener Satz von der Unzulänglichkeit des Großen Plans eingeholt hatte?

Immerhin fand Brecht im *Handorakel* den imaginären Bewegungsraum, den er im *Lesebuch für Städtebewohner* für seine Stadtnomaden entworfen hatte. Und als hätte er sich damals schon nach den Verhaltenslehren des spanischen Jesuiten gerichtet, hatte er seine Figuren mit Ratschlägen mobilisiert, die er nun in Benjamins Geschenk wiederfinden konnte: Suche Distanz; betrachte Unterkünfte als Provisorien; meide arkadische Stimmungen; trenne dich von der Kohorte; ziehe den Hut tief in die Stirn; empöre dich nicht allzu sehr; zerschneide die Familienbande; falle nicht durch Individualisierung auf und heule, wenn nötig, mit den Wölfen!

Brecht zog die Maximen des Jesuiten zu Rate. Er versah 26 der 300 Verhaltenslehren mit Unterstreichungen. An den Beginn der Gracián'schen Maxime »Nie, aus Mitleid gegen den Unglücklichen, sein Schicksal auch sich zuziehn« (die ein Motiv berührt, das ihm als Nietzsche-Leser allzu vertraut geklungen haben mag, und an die er sich in manchem Lehrstück gehalten hatte) setzt er jetzt ein Fragezeichen. Neben den Satz: »denn nicht nur mit Worten, sondern auch mit Werken wird gelogen« ein Ausrufezeichen.

Auffällig ist, dass er die grelleren und amoralisch klingenden Maximen übergeht. Es sind eher die gedämpften, defensiven, die Ökonomie der Zeit in Rechnung stellenden Aphorismen, die Brecht markiert, oder sogar die paradoxen wie: »Denn das Schwierigste beim Laufen ist das Stillestehn.« In Zeiten humanistischer Anwandlungen im Exil dämpft Brecht – jetzt ohne die Möglichkeit, direkt in den politischen deutschen Handlungsraum einzugreifen – das jesuitische Brevier zu einer Anleitung der Meditation über den erzwungenen Stillstand herab. Gumbrechts Übersetzung korrigiert Schopenhauers paradoxe Maxime des »Stillestehns«: »Denn das Schwerste am Rennen liegt im Anhalten.«[112] Die Befolgung eines anderen Ratschlags hätte Brecht ebenfalls gutgetan: »Es ist nötig, langsam zu gehen, wenn man große Tiefen befürchtet: dann wird sich der scharfe Blick nach vorne tasten und vorsichtig den Grund erobern.«[113]

*Im Delta des Nach*kriegs

In der deutschen Nachkriegszeit beruhigt sich der reißende Strom der Translationen der spanischen Lebenslehre in einem Delta ausdifferenzierten Gebrauchs. Nur Carl Schmitt und Guy Debord lesen sie weiterhin im Licht Machiavellis. Andere wie Hans Blumenberg, Lionel Trilling, Richard Sennet, Aleida Assmann, Otmar Ette oder die Schriftstellerin Sibylle Lewitscharoff erkennen jetzt im *Handorakel* eine entmilitarisierte, privatisierende Form der Reflexion. Daneben taucht Gracián zuweilen in den USA bei Managertrainings auf, die etwa unter dem Titel *Hidden Persuasion in Business and Politics* durchgeführt werden. Ist damit das Original endgültig im Wellenschlag der Translationen untergegangen?

Romanisten bemängeln, dass in den *Verhaltenslehren der Kälte* die »Polyvalenz« der Maximen zugunsten unterkomplexer Handlungsanweisungen gelöscht und die Paradoxien der concettistischen Stilfiguren nicht gewürdigt worden seien. Die Philologie gebiete, das »Wahrheitsspiel«, das man in Graciáns Gebrauchstexten beobachten könne, im Schriftraum der Reflexionen zu belassen. Ihre subversive Kraft bestehe in der Erkenntnis, dass gnadenlose Selbstbeobachtung den Wahrheitsanspruch seiner Maximen unentwegt »korrodieren« lasse. Trockenes Fazit: Die einzige Pragmatik seiner Ratschläge bestehe darin, die Ungewissheit des Handlungsraums, den sie evozieren, »auszuhalten«.[114] Indem Gracián »mannhaft« die »Einsamkeit des denkenden Geistes inmitten einer verständnislosen und feindseligen Umwelt« ertrug, folgte er offenbar, so hat man das wohl zu verstehen, dem Beispiel Schopenhauers.[115] Der Philologeneinspruch spiegelt das Klima der Handlungslähmung, der sich diese Disziplin verpflichtet glaubt. Last exit Melancholie? Sind wir dem Urtext umso näher, je weniger aktuelle Handlungsoptionen er ausstrahlt?

Ein Vorbild der Selbstverbergung

Die Attraktion Graciáns für die Generation nach dem Krieg lässt sich am Beispiel eines Gelehrten zeigen, dessen Verwandtschaft mit Gracián ich nicht vermutet hatte. Hans Blumenberg entdeckt in seinem 1982 erschienenen Buch *Die Lesbarkeit der Welt* Gracián als ein Vorbild der Selbstverbergung. An die »Epoche des verborgenen Gottes« habe sich mit Graciáns Lehre eine Anthropologie des »verborgenen Menschen« angeschlossen: »Nicht mehr die Gottheit verbirgt sich vor ihren Geschöpfen in der Natur, sondern diese verbergen sich voreinander in ihrer Kultur.«[116] Gegen den Trend zur Selbstoffenbarung und die Diskursrituale der Klage in den siebziger und achtziger Jahren bieten Graciáns Kulturtechniken der Distanz die Wohltat der Verbergung. Blumenberg sucht das Kältebad der reflexiven Distanz, des Rückzugs aus der Geselligkeit in einen hermetischen Schriftraum, wenn er mit dem Pathos anthropologischer Geltung dekretiert: »Die Menschen ertragen den Realismus ihrer Gegenseitigkeit nicht. Sie machen sich füreinander unleserlich, um dieser Unerträglichkeit abzuhelfen«;[117] sie nützen ihre symbolischen Praktiken, um eine beinah undurchdringliche Mauer zwischen sich und der »Naturwelt« zu errichten,[118] verbergen sich in der »Vieldeutigkeit des Scheins des sozialen Austauschs«, wenn sie Austausch überhaupt anstreben. »Mittelbarkeit ist für die Menschen überlebensnotwendig: die Fähigkeit zur *actio per distans*«, so Patrick Bahners.[119] Es ist die Tugend des Einsamen. Verrätselung der Welt im Medium der Kultur. Darum hat man Graciáns »Anweisungen zum Machiavellismus der Lebenskunst« bitter nötig.

Im Februar 2011 erschien ein Interview mit Marc Fumaroli – Mitglied der Académie francaise, Experte für Rhetorik im Europa des 16. und 17. Jahrhunderts, Kommandeur der Ehrenlegion –, der soeben Graciáns *Handorakel* neu herausgegeben und mit einem Vorwort versehen hatte. Das Interview trug die Überschrift »Gracián ou l'art de se gouverner soi-même« (»Gracián und die Kunst der Selbstregierung«). Auf die Frage, ob Gracián ein »Machiavelli der Lebenspraxis« sei, erwidert Fumaroli:

> Gracián nahm an, dass sich der säkulare Mensch der Moderne, der aus einer gefährlichen urbanen und mehrdeutigen Welt hervorging, nicht

in eine naive Transparenz oder sentimentale Einfalt zurückziehen kann. Gracián ist insofern ein Machiavelli der privaten Moral, als er einräumt, dass das Gute auf Techniken der Dissimulation und List zurückgreifen könne. [...] Wenn nötig, muss der Verfechter des Guten das Schlechte in homöopathischen Dosen nachahmen, um sich selbst in den Griff zu bekommen.[120]

Dass Gracián in das Brevier der Situationisten, in Guy Debords antikapitalistisches Manifest *Die Gesellschaft des Spektakels* aus dem Jahr 1967 geraten konnte, beruhte Fumaroli zufolge auf einem Missverständnis. Als in den sechziger Jahren des 20. Jahrhunderts die Kommunikation des »globalen Dorfes« im Zeichen des Individualismus zu einem Massenphänomen geworden sei,

suchte man bei Gracián einen Verhaltenskodex, der die persönliche Singularität und Freiheit des Ich aus dieser erstickenden Klammer hätte befreien können. [...] Der revolutionäre und situationistische Gracián des Quartier latin fand seinen Widerpart in einem ins Amerikanische übersetzten ›neoliberalen‹ Gracián, der zum Bestseller bei den Tycoons der Wall Street wurde. [...] Losgelöst von der Theologie, konnte sein Werk in unserer Zeit genauso gut als Handbuch des antikapitalistischen Terrors wie eines finanziellen ›Raubrittertums‹ für zynische Megalomanen durchgehen.[121]

Fumaroli erkennt in Graciáns *Handorakel* ein Amalgam aus Castigliones humanistischem Brevier und Grundsätzen aus Machiavellis *Principe*. Darauf weist schon der Titel seiner Gracián-Übersetzung (*L'homme de cour*) hin, der auf den *Cortegiano* anspielt,[122] und seine Charakterisierung der Verhaltenslehre als »Machiavelli der privaten Moral«. Gracián selbst empfiehlt Castiglione als Autorität in Sachen der Kunst des wendigen Hofmanns.[123] Während aber der *Cortegiano* des frühen 16. Jahrhunderts im kriegerischen 17. aus der Mode kam, weil das Buch, verstanden als »Sammlung von Tricks für aufstiegsorientierte Hofleute«, nicht martialisch, sondern eher feminin gestimmt war, reüssierte der Spanier, weil er den Hof realistischer als Kampfplatz des Politischen (Krauss) begriff.

Dem *Cortegiano* widerfuhr dagegen Ende des 19. Jahrhunderts das Glück, als Verhaltensideal für Männer der englischen Oberschicht wiederzukehren: Im *Dandy*, der sich durch Kleidung in ein Kunstwerk zu verwandeln sucht und seine Identität über

Künstlichkeit definiert, um dem romantischen Kult der Aufrichtigkeit wenn nicht die Stirn zu bieten, so doch eine Attitüde entgegenzusetzen.[124] Später wird die Figur in berühmten Hochstaplerromanen wie dem *Felix Krull* von Thomas Mann oder im *Handbrevier für Hochstapler* von Walter Serner wiederkehren. Schein zivilisiert? Schein hat einmal zivilisiert!

Ein Infamer in der Schuldkultur

Gegen Ende des 20. Jahrhunderts rückt das *Handorakel* in Deutschland in das Spannungsfeld von Scham- und Schuldkultur. Aleida Assmann liest Gracián im Jahre 2002 in einer »Sphäre, in der das Gesetz gegenseitiger Überwachung« herrscht, Techniken der *Selbstabschirmung* in Konkurrenz zu puritanischen der *Selbstoffenbarung* treten und – wie der Fall Blumenberg zeigt – nur der »Schriftraum einen Ort geschützter Introspektion« bietet, in dem das »Selbstverhältnis des Menschen neu vermessen werden kann«.[125] Gegen den »Kult des Expressiven« biete Gracián Masken an, die zugleich Austausch und Verstummen ermöglichen. Nun taucht Aleida Assmann den spanischen Text in die »traumatische« Sphäre der Holocausterfahrung und verknüpft ihn mit der Haltung des kommunikativen Beschweigens, die, Hermann Lübbe zufolge, einen »Funktionsmodus zur Integration der Nachkriegsbevölkerung in die Staatsbürger der neuen Republik« gebildet habe.[126] Die »Heroisierung des Schweigens«, für die Gracián jetzt steht, bedeute zugleich den Rückzug aus der politischen Öffentlichkeit, die sich für Gracián noch am Hof verdichtet hatte. So schirmt Carl Schmitt – für Aleida Assmann wie Martin Heidegger ein »Geheimnisgenerator« ersten Ranges – mit Regeln des Beschweigens seinen »undurchdringlichen Persönlichkeitskern« ab, der auch durch Psychotherapie nicht aufzulösen ist.[127]

Wenn Aleida Assmann Schmitts Lesart von Gracián auch zugutehält, dass dieser als »Resistenzpunkt gegen rückhaltlose Veröffentlichungswut« des modernen Medienspektakels auch von Nutzen sein könnte, so sieht sie doch die Gefahr, ihn als Komplizen des Verschweigens der Verbrechen der Vätergeneration zu instrumentalisieren. So kann ihr Schlussurteil nicht überraschen: Gracián ist zum Teil eines »katholisch grundierten demokratiefeindlichen Diskurses« geworden, der die »Sicherung von Werten wie Wahrheit, Ernst und Persönlichkeit an den Entzug von Öffentlichkeit band«.[128] Später wird Aleida Assmann diesen Verdacht an die *Verhaltenslehren* heften.

IV. Der Generalstaatsanwalt Gottes

Die Tatsache, dass Carl Schmitt, der »Kronjurist des Dritten Reichs«, in den *Verhaltenslehren* zwar nicht im Zentrum steht, aber als ernstzunehmender Kombattant auftritt, hat die Kritik von Anfang an verschärft. Ulrich Raulff bestimmte die Funktion, die Schmitt im Ensemble der Akteure einnimmt, ohne skandalisierenden Tonfall:

Der Theoretiker des Politischen, der mit dem Freund-Feind-Schema jenes absolute Distinktionskriterium geliefert hatte, nach dem die Kältedenker der zwanziger Jahre suchten, der Gelehrte, der wie kein anderer dem Gestus der »Sachlichkeit«, mit dem Teufel zu pokern, gefrönt hatte, kann sich nachträglich nicht mit der Banalität des Bösen abfinden. In seinem »Glossarium« aus den Nachkriegsjahren beschwört er immer wieder die alte Haltung des kalt Distanzierten, um doch im nächsten Augenblick dem Diskursritual der Klage zu verfallen: Unrecht sei ihm geschehen.[129]

1994 endete mein Schmitt-Kapitel »Kalte persona – im Bauche des Fisches« mit den Sätzen:

Für Carl Schmitt war es ein Grund allen Unheils, daß die Menschheit keinen Vater mehr als Quelle der Autorität akzeptierte, sondern daß an seine Stelle die »Sachlichkeit« des Gesetzes getreten war. Darin lagen für ihn die *Schande* der Novemberrevolution und das Versagen eines Großteils der Rechtsgelehrten der Weimarer Republik: »Der Gesetzespositivismus«, so dekretiert er im Tagebuch, »tötet seinen Vater und verspeist seine Kinder.« Die schlimmste Form des »Vaterfraßes« fand er jedoch im *»Amerikanismus«*, zuerst im neusachlichen Jahrzehnt der Weimarer Republik und später in der BRD.
Als Kinder dieses Amerikanismus versuchen wir seit drei Jahrzehnten einer politischen Romantik Paroli zu bieten, die, wie Paul Tillich formuliert hatte, antritt, um »vom Sohn her die Mutter zu schaffen und den Vater aus dem Nichts zu rufen«. Darum stimmt es nicht traurig, wenn die akustischen Bedingungen für den Ruf nach dem Vater zu unseren Lebzeiten herzlich schlecht bleiben. (233f.)

Es war gewagt, schon 1994 von »unseren Lebzeiten« zu reden. Sprach daraus nicht das Grundvertrauen der »Kinder dieses Amerikanismus«, dass es – durch keine Zukunft begrenzt – so weitergehen werde? War der Protest gegen die USA vergessen, die in Vietnam den Kolonialkrieg unter anderem Vorzeichen und mit Napalm fortgeführt hatten? Ein Vierteljahrhundert später erscheint das Verhältnis zu den Kreuzzügen der USA in einem anderen Licht. Ende August 2021 eröffnet Navid Kermani, Friedenspreisträger des deutschen Buchhandels, seinen Kommentar zum Debakel in Afghanistan mit den Sätzen: »Unter den vielen Lügen, die den Einsatz des Westens in Afghanistan begleiteten, ist die größte wahrscheinlich diese: Es gehe um die Freiheit der Afghanen. Nein, es geht um Interesse und darum ging es von Anfang an.«[130] Unter den deutschen Intellektuellen brach sich diese Einsicht nur zögernd Bahn.

Wir Kinder des Amerikanismus

Am 25. Februar 2003 veröffentlichte die *tageszeitung* einen Artikel der Historikerin Ute Frevert, in dem sie die Haltung der Schröder-Regierung zur Möglichkeit einer militärischen Intervention im Irak problematisierte. Ute Frevert wurde 1991 mit dem Buch *Ehrenmänner. Das Duell in der bürgerlichen Gesellschaft* bekannt, eine Analyse des noblen Verhaltens in »kalten« Regelwerken; eine der Vorgeschichten der *Verhaltenslehren*. Der Grundtenor ihres Artikels traf mich wie ein Schlag. Sie war gerade aus Princeton, wo sie als Professorin gelehrt hatte, zurückgekommen. Vielleicht war ihre Polemik gegen die »pazifistische« Haltung der Außenpolitiker der BRD ein Nachklang ihrer Erfahrung in den USA. Jedenfalls formulierte sie einen Gedanken, der mir im Traum nicht eingefallen wäre: Die deutsche Politik gefalle sich im Habitus der Ohnmacht, und diese Einstellung könne nicht in selbstbewusste Politik übersetzt werden. Es sei zweifellos eine große kulturgeschichtliche Leistung gewesen, dass in Deutschland die Tradition des bellizistischen Habitus nach 1945 gebrochen worden sei. Während in der Zwischenkriegszeit die meisten Kriegsdenkmäler noch unter dem Motto »Klagt nicht, kämpft« die Überlebenden für den nächsten Waffengang mobilisieren sollten, habe das Militär in Deutschland nach 1945 seine kulturelle und politische Prägekraft verloren. Allerdings sei die Frage, ob sich die Kultivierung des Habitus der Ohnmacht nicht der Unfähigkeit verdanke, Krieg zu führen. Deutschland müsse aufhören, die Rolle des »jammernden Zahlmeisters« amerikanischer Militärinterventionen zu spielen. Es komme auf selbstbewusste europäische Politik an, d.h. auf die Bereitschaft, wenn nötig, Gewaltmittel einzusetzen. Diese Sätze aus dem Jahr 2003 klingen heute unheimlich aktuell.

Unter den politischen Intellektuellen stand Ute Frevert mit diesen Überlegungen lange allein da. Viel später erst fand sie sich in unverhoffter Gesellschaft. Gefährten der sechziger und siebziger Jahre, Peter Sloterdijk und Rüdiger Safranski, schlossen sich ihrem Urteil an. Deutschland trage, so Sloterdijk 2008, seine totale Abhängigkeit von der militärischen Schutzfunktion anderer wie eine moralische Leistung vor sich her: »Die Deutschen neigen zu der Überzeugung, sie hätten aufgrund ihrer vergangenen Verbrechen einen höheren Anspruch darauf erworben, in einer Welt zu leben, in der es keine Kriege gibt. Hieraus ist ein Syndrom der anmaßenden Schwäche entstanden, das kommenden Prüfungen nicht standhalten kann.«[131] Kürzlich stellte der Militärhistoriker Sönke Neitzel fest, man müsse sich von der in der BRD liebgewordenen Vorstellung vom deutschen Soldaten als *social global worker* verabschieden: »Die reale oder potentielle Erfahrung vom Kämpfen, Töten und Sterben unterscheidet die Streitkräfte fundamental von anderen gesellschaftlichen Gruppen.«[132] Mit der »blutigen Enthaltung« im Syrienkrieg sei Deutschland wieder einmal »Vorreiter der moralischen Entrüstung und des Einforderns von Einsätzen, die andere ausführen sollten«.[133] Und am 10. April 2021 lese ich in einem Gespräch mit Christoph Ransmayer: »Das Töten wird von uns zwar stets mit dem Bösen, Satanischen verbunden, ist in anderem Kontext aber völlig legalisiert. Man muss nicht erst an die Vereinigten Staaten, das Flaggschiff des Westens, denken, an die unzähligen Kriege, die dieses Land seit dem letzten Weltkrieg geführt hat, und an seine Abertausende Todesurteile und Hinrichtungen.«[134] Die Beiläufigkeit der Bemerkung zeigt, dass sich die naive Nachkriegshaltung gegenüber dem Superfriedensstifter USA gewandelt hat.

Die Redaktion der *tageszeitung* versah Freverts Artikel mit einem Foto von Josef Darchinger, das den Ursprung und das Nachleben der pazifistischen Haltung dokumentiert. Es hätte gut in mein Kapitel über »Die Kreatur« gepasst, ein Kapitel, das ein Gegengewicht zu den Bildern der gepanzerten Persona bilden sollte und in der Rezeption des Buches, wie gesagt, übersehen wurde. Das Foto zeigt Kriegsversehrte 1964 beim Reha-Training: Sieben Beinamputierte am Rande des Schwimmbeckens mit ihrer Physiotherapeutin beobachten einen achten im Wasser. Acht Kriegsveteranen, zum damaligen Zeitpunkt schätzungsweise Mitte vierzig, also um 1920 geboren. Repräsentanten der »Stalingrad-Generation«? Diese Männer genießen den Ruf, schweigende Väter zu sein. Wir erblicken sie folgerichtig nicht bei einer *talking cure.* Für Pragmatiker des Schweigens ist Physiotherapie der Königsweg aus der Schuldkultur. Wir beobachten die acht mit ihrer androgynen Therapeutin in einer Situation, die in bellizistischen Zeiten des wilhelminischen Reiches, der Weimarer Republik und des NS-Staates nicht unbedingt als repräsentationswürdig gegolten hätte: Damals hätten sie sich eher gescheut, als defekte Krieger fotografiert zu werden. Für eine Verhaltenslehre der Kälte eignen sie sich nur als Negativfolie. Jetzt dürfen wir ihnen beim Training der Integration in die Zivilgesellschaft zusehen. Die Schnittstellen der Amputation sind 1964 keine Flächen der Scham, die verborgen werden müssten. Sie leben nicht mehr im Horizont einer »satisfaktionsfähigen Gesellschaft«, wie Norbert Elias die Eliten des wilhelminischen Reiches einmal nannte, die der Republik ihren Stempel aufgedrückt hatten. Sollte es wirklich zwei Kulturen im Nachkriegsdeutschland gegeben haben, eine »von Schuld geprägte Öffentlichkeitskultur und eine von Paradigmen der Scham geprägte Kultur des Schweigens«,[135] so sehen wir hier eine Brüderhorde in den Lücken, die die Geschichtswissenschaft ihnen gelassen hat. Abends werden sie sich um das »elektrische Lagerfeuer« ihrer Generation versammeln – ARD oder ZDF –, um, wie alle in dieser kriegsversehrten Nation, ihre Physiotherapie der Genesung der Nation im Medium der Sportberichterstattung fortzusetzen. Mit diesen Veteranen war zwar wenig Staat zu machen, aber sie kurbelten die deutsche Wirtschaft an. Auch sie bringen sich in Form – die sich allerdings vom soldatischen Habitus weit entfernt hat. Die »gepanzerte Berührungsfurcht«, die Dolf Sternberger zufolge die Charaktere der Zwischenkriegszeit kennzeichnete und die ich in den *Verhaltenslehren* wieder aufleben ließ, wird im Wirtschaftswunderland buchstäblich wegkonsumiert.[136]

1994 schlug ich mich auf die Seite des »Amerikanismus«; um die Kritik an Carl Schmitt polemisch zuzuspitzen, billigte ich den

USA Friedfertigkeit zu. Insofern blieb ich ein westdeutsches Kind der vierziger und fünfziger Jahre, war jedoch mit dieser Ahnungslosigkeit nicht verwaist. In diesen Jahrzehnten gelang es auch einer großen Denkerin wie Hannah Arendt, die aggressive Seite der amerikanischen Militärinterventionen auszublenden, um ihr Bild von der Demokratie der USA nicht zu beschädigen.[137] Auch nach diesen Desillusionierungen erscheint allerdings Schmitts Staats-Fetischismus nicht in einem besseren Licht.

Schmitt in unseren Köpfen

Durch die *Verhaltenslehren* geistert Carl Schmitt als »luziferische Gestalt«. In der Weimarer Republik ist er ein Katholik der spanisch-kalten Sorte, der – wie ein Großinquisitor – mit der Fackel des Begriffs in die verdunkelten Zonen des Liberalismus eindringt. Seine Entwicklung zum NS-Apologeten hat Ernst Niekisch – wie der Staatsrechtler ehemals Kombattant der Konservativen Revolution – in seinem 1953 veröffentlichten Buch *Das Reich der niederen Dämonen* nachgezeichnet: Schmitt habe früh erkannt, dass alle philosophischen und politischen Begriffe »Bürgerkriegswaffen« seien. Immer habe er eine überraschende Seite der Dinge sichtbar gemacht, wie »ein Jäger, der von der Pirsch gewöhnlich ein seltenes Wild nach Hause brachte«. Doch während Schmitt in den zwanziger Jahren noch »mit der Geschmeidigkeit, Behendigkeit und Grazie des Raubtiers auf selbstgebahnten Pfaden« schweifte, habe er sich im NS-Staat daran gewöhnt, »als ein Haustier des nationalsozialistischen Dogmas« an die Kette gelegt zu werden, und sei »als scharfgemachter nationalsozialistischer Weltanschauungsspürhund in den Bau der juristischen Wissenschaft« gekrochen, »um das jüdische Ungetüm darin aufzuscheuchen«.[138] Nachhallende Faszination war in Niekischs vernichtendem Urteil immer noch zu spüren.

In den *Verhaltenslehren der Kälte* hatte ich Schmitts »Phonomanie« aufgezeigt (S. 222-230): In seinem akustischen Raum ging es um die Stimme des Souveräns, die ohne Entstellung durch das Medium der Gesetzesschrift die Untertanen erreichen soll; Menschen begegnet er nur in ihren akustischen Masken. Durch diese Entdeckung hatte ich mir Schmitt auf Distanz gebracht und glaubte mich in kritischer Ruhestellung geschützt. Umso größer war die Entgeisterung, als mir kurz nach der Veröffentlichung der *Verhaltensleh-*

ren klargemacht wurde, dass Schmitts Denkfiguren schon in einem Artikel von mir aus dem Jahre 1967 aufgespürt werden konnten. Da ich diesen Schock ausführlich beschrieben habe,[139] in Kürze Folgendes: Als Antwort auf das Schmitt-Kapitel in den *Verhaltenslehren* sandte mir 1994 Professor Piet Tommissen aus Grimbergen in Belgien eine Kopie jenes Artikels »Zur materialistischen Kunsttheorie Benjamins« zu, den ich 27 Jahre zuvor in der Benjamin-Nummer der Zeitschrift *Alternative* publiziert hatte. Wir Berliner Redakteure hatten darin Adorno der Fälschung von Texten unseres Idols bezichtigt. Das hatte damals einen Leser in Plettenberg begeistert. Wie seine Anstreichungen bewiesen, hatte Schmitt sich über meinen Beitrag gefreut, in dem ich Benjamin als »Verräter seiner Ursprungsklasse« gepriesen und das Verdikt der Frankfurter gegen den radikaleren Freund mit dem Satz begründet hatte: »Wer zu den Ausgeschlossenen überlief, weil nur Kampf das Kontinuum hätte sprengen können, brauchte für Ächtung nicht zu sorgen.«[140] Die Berliner Rebellen hatten noch eine Ahnung von »Ächtung« und »Verrat« – das war nach Schmitts Geschmack.

Meine anfängliche Begeisterung über den prominenten Leser meines Jugendartikels von 1967 wich dem Erschrecken. Der Anschluss hatte sich aus Schlüsselbegriffen unserer Sprache ergeben. Die Rebellion in Hildegard Brenners Atelier in der Düsseldorfer Straße kreiste immer noch um Kernbegriffe einer heroischen Schamkultur. Im Übrigen hatte Schmitt alle Stellen unterstrichen, in denen Benjamins Denken in unheimlicher Nachbarschaft zu seiner politischen Theologie erschien. Zum ersten Mal wurde mir bewusst: Esoterik und Terror sind Geschwister. Beide eliminieren die Ausgleichssphäre der bürgerlichen Kultur. In ihrem Verhältnis zur parlamentarischen Demokratie fühlten sich Schmitt und Benjamin offenbar verwandt. Schmitts Buch *Die Diktatur. Von den Anfängen des modernen Souveränitätsdenkens bis zum proletarischen Klassenkampf* (1921) hat Benjamin wahrscheinlich bei der Arbeit an seinem Trauerspielbuch inspiriert. Aber wer von unseren Idolen hatte sich zur parlamentarischen Demokratie der Republik vor 1933 bekannt? Sie blieben im Bann von Georges Sorels Diktum, dass sich hinter den Kulissen der Demokratie nackte Gewalt (des Kapitals, des Militärs, der Bourgeoisie, des Krieges, des Markts) verberge. Hatten sie nicht alle auf verschiedene Weise gegen die »metaphysische Feigheit des diskutierenden Liberalismus« Front gemacht?[141] Und waren sie damit nicht der von Schmitt vorgetragenen schwarzen Anthropologie gefolgt, mit der er seine Unterscheidung von Freund und Feind begründete?

Helmuth Plessner, dem das Bild »des riskanten Menschen« vertraut war und der an diesem Punkt auch seine Affinität zu Schmitt erkannte, wies in *Macht und menschliche Natur* darauf hin, dass die »Linksparteien« eine solche Anthropologie als »Desillusionierungsmittel« für »die Forderung politischer Aufklärung« verstanden und sich von ihr eine »Zivilisierung der Kampfsitten« erhofften, während den »Rechtsparteien« der »Gedanke einer Zurückführbarkeit des Politischen auf das Anthropologische« im Sinne einer »Demaskierung«, die »das wahre Antlitz des Menschen in seiner nackten Bestialität enthüllt«, willkommen sei: Den »Verfechtern der reinen Machtpolitik« werde Anthropologie zur Drohkulisse, um den starken Staat mit seinem Monopol physischer Gewaltanwendung gleichsam biologisch zu legitimieren.[142]

Die schwarze Anthropologie

In meinem Buch *Die Staatsräte* schenke ich Schmitt einen großen Auftritt.[143] Vor exquisitem Publikum – der Intendant Gründgens, der Chirurg Sauerbruch und der Dirigent Furtwängler sind anwesend – lasse ich ihn in Görings Carinhall seine Anthropologie in einer langen Suada erläutern: Alle echten politischen Theorien gehen davon aus, dass der Mensch von Natur ein gefährliches Wesen sei. Man habe zu lange in einer liberalen Kultur gelebt, deren Zweck darin bestehe, uns selbst über unsere Tendenz zur Destruktion zu täuschen. Es gelte daher, Licht in die Tabuzonen des Liberalismus, in das zum Verschwinden gebrachte, im Hintergrund der Demokratie befindliche Kriegs- und Bürgerkriegsfeld von Freund und Feind zu bringen! Diese Unterscheidung habe *existenzielle* Bedeutung. Der Feind sei einer, der in einer konkreten Situation durch sein Anderssein die eigene Existenz bedrohe. Die Bestimmung des Feindes enthalte darum im Ernstfall immer auch die Möglichkeit seiner physischen Tötung.

Als Bürger lebe man in einer Pluralität von Treueverpflichtungen und Loyalitäten, ohne dass man von einer dieser Verbindungen sagen könnte, sie sei unbedingt maßgebend. Derartige Pluralismen seien im liberalen Rechtsstaat möglich. Im Konfliktfall, im Krieg, jedoch schaffe erst die Möglichkeit der Gruppierung von

Freund und Feind eine maßgebende politische Einheit, die *existenziell tiefer* reiche und allen anderen Assoziationen in Verbänden und Glaubensgemeinschaften überlegen sei.

Gustav Gründgens, dem ich meine Einwände in den Mund lege, wirft ein, Schmitt habe zwar die Kategorie des ›Feindes‹ scharf umrissen, aber es bleibe schleierhaft, in welcher Gestalt der ›Freund‹ erscheine; Freundschaft sei ein weißer Rabe in Schmitts ansonsten rabenschwarzen Feindestheorie.[144] (Schmitt habe keine Freunde, bemerkte sein jüdischer Freund Bernhard Georg Eisler ihm gegenüber einmal, »sondern immer nur liebste Feinde«.[145]) Solle man etwa, wie Gründgens höhnt, eine so artifizielle Konstruktion wie die »Volksgemeinschaft« als ursprüngliche Vertrauenssphäre begreifen? Davon sei der Herr Professor doch wohl meilenweit entfernt. Schmitts Tagebücher zeigen andere Dimensionen des Infamen.

So etwas gibt es also: ein genialer Kopf, getrieben von ordinärem Opportunismus, machtgeil und besessen von dem Wunsch, juristischer Souffleur im Ohr des Machthabers oder wie Luzifer »Generalstaatsanwalt Gottes« zu werden. Am 15. November 1933 die Verbeugung des Rechtsgelehrten vor dem Reichskommissar für das NS-Rechtswesen Hans Frank (»ich bin ihr Gefolgsmann«[146] – das ist mehr als erzwungener Gehorsam); bis 1936 Wanderprediger an dessen Seite, die juristischen Institutionen, Fakultäten und Bibliotheken von ›jüdischem Personal‹ und ›jüdischem Gedankengut‹ säubernd. Am 1. Mai 1933 hatte er mit rheinischen Gauleitern das Horst-Wessel-Lied gegrölt (und gleich darauf seine Angst vor der »chthonischen Brutalität und Wucht« der Nazi-Hymne protokolliert[147]), das war Tuchfühlung mit dem Volk genug.

Die schwarzen Messen der gepanzerten Person

Schmitts politische Untaten sind bekannt. Sie brauchen hier nicht wiederholt zu werden. Noch nach seinem Sturz aus der Ämterhierarchie des NS-Staats 1936 legitimierte er Hitlers Großraumpolitik. Daneben oder darunter war er ein Mann vom Holz wilhelminischer Männlichkeit, ein Professor Unrat, machtgeschützt. Hätten die Kritiker, die in den *Verhaltenslehren* »Psychologie« vermissten, diese Einblicke in die Triebwelt einer »kalten persona« für möglich gehalten?

Als ich die *Verhaltenslehren* schrieb, kannte ich von den Tagebüchern nur das *Glossarium*. In den früheren Aufzeichnungen, die zum Teil noch nicht herausgegeben waren, hatte Schmitt eine unbekannte Dimension seiner Existenz festgehalten. Man konnte nun ergänzen, was meine Kritiker dringlich gefordert hatten: die Psyche einer »kalten persona«.

Aufgrund der Tagebucheintragungen ließe sich ein Diagramm der sexuellen Obsessionen zeichnen, das Schmitts Bewegungen im Berlin der zwanziger und dreißiger Jahre vergegenwärtigt. Es werden enorm viele Kilometer abgelaufen oder abgefahren. Sein Credo in den Jahren der Entscheidung lautet: »Solange einer rennt, ist er gerettet.«[148]

Auf seinen Tagestouren folgt er den Stößen einer unsichtbaren Hand. Vom Zentralpostamt treibt es ihn ins Finanzministerium, zum Potsdamer Platz, zurück in die Vorlesung, zu Gesprächen mit Ministerialen, von dort nach Haus, wo er sich für die Abendgesellschaft umkleidet, um sich spätnachts am Potsdamer Platz noch auf die Jagd nach einer Prostituierten zu begeben. Wie die Kugel eines Flipperautomaten prallt der kleine Staatsrat auf juristische Konkurrenten wie Hans Kelsen, Erich Kaufmann oder Rudolf Smend, wird von ihnen abgestoßen, um seinen Freund Popitz, seine Frau Duschka oder seine Sekretärin Fräulein Büttner zu treffen, der er schnell Passagen eines neuen Artikels, womöglich die Legitimierung des »Röhmputsches« (»Der Führer schützt das Recht«) diktiert. Immer wieder bestimmen unerwartete Impulse seine Bahn, verschafft ein Zusammenprall ihm neue Energie. Oft sind es »physiologische Erleuchtungen«. Als wäre Lust kein Vermögen seines Willens, sondern bräche wie ein endogenes Gewitter über ihn herein.[149] Von einer Urvertrautheit mit sich selbst kann keine Rede sein. So entstehen Situationen, in denen der Staatsrechtler wie ein Henry Miller in Gabelsberger-Kurzschrift auftritt.

Am 1. Februar 1933, zwei Tage nach Hitlers Ernennung zum Reichskanzler, überfällt es ihn erneut: »In der Stadtbahn neben einer Frau. Plötzlich wieder der elektrische Schlag. Wie hypnotisiert hinter ihr hergelaufen. Auf einmal war sie verschwunden.«[150] Wenige Tage später: »Mittags nach dem Essen weggegangen, herumgelaufen, eine schwarze Frau gesehen im Kino [...], lief noch etwas hinterher, bis sie in ein Haus hineinging, auf dem Schild stand Erich Kaufmann [ein jüdischer Rechtskollege, den Schmitt als Rivalen betrachtet]. Sehe den Finger Gottes. [...] Aufgelöst im Taxi nach Hause.«[151]

Alptraum oder Ereignis? Zuweilen ähneln die Aufzeichnungen Traumprotokollen, die zeigen, dass beim Staatsrat etwas im Unreinen ist. Während er in den Routinen der öffentlichen Person derart verklammert ist, dass diese nicht aus dem Leim geht, fällt in seinen privaten Eskapaden die formvollendete Gestalt des *little fellow* auseinander, und die Rüstungsstücke zeigen, wie abgeworfene Krebsschalen, ihre Innenseiten, liegen halb zerbrochen und zerstört in einem fremden Licht.[152]

Schon in seinen Selbstauslotungstexten der frühen zwanziger Jahre hatte Schmitt das Banale seiner bürgerlichen Existenz begriffen. Der Wille zu gepanzerter Form einerseits und die Sehnsucht, sich in Abgründe zu stürzen, sind schwer zu kombinieren: »Das ist, als wollte jemand den Genuss des Schwimmens haben, wenn er in einem eisernen Panzer ist. Er kann sich nicht darein sehen, er muss froh sein, wenn es ihm gelingt, von einer seichten Stelle zur anderen zu waten. Das ist unsere Erkenntnis. Grauenhaft.«[153] Ein glänzender Aphoristiker blieb Schmitt sein Leben lang. Der physiologischen Einfälle kann er sich einfach nicht erwehren: »Warum erschüttert es […] mein ganzes Wesen, wenn ich eine Kokotte sehe? […] Ich zittere, bin vernichtet, ein Nervenbündel, das […] konvulsivisch zuckt, wenn eine Stelle eines Reizes darauf fällt. Das schreckliche Schicksal von Baudelaire. Die Passivität des Sich-selbst-vernichten-Lassens […].«[154]

In der Zeit der Hyperinflation scheint er jeden Halt zu verlieren. Am 20. August 1923 heißt es:

Bis ½ 9, ziemlich gut geschlafen, aber trotzdem nicht frei und frisch. Stumpfsinn und Langeweile, unterbrochen durch Lektüre von Lukacs über Klassenbewusstsein und Proletariat, die mich aufreizte. Um 12 kam Rick, ich aß zu Bett und er las mir französische Gedichte vor. Er sagte von meinem Aufsatz über Parlamentarismus, manches zeige, dass ich sehr müde sei. Das deprimierte mich. Ich fühle, dass ich am Ende bin. Durch die Frauen heruntergekommen. Es ist nichts mehr mit mir, ich kann nicht einmal mehr ein Buch schreiben über die politische Romantik. Deprimiert herumgelegen, geschlafen. Um 3 gebadet, Kaffee getrunken. Um 5 kam Agnes von der Pension Strassberger, geil, ich musste über 10 Millionen Mark bezahlen.[155]

Ein Katarakt des Wertzerfalls. Hyperinflation an allen Fronten. Wohin zielt sein Leben? »Hinter Huren her – Sehnsucht nach dem sozialen Nichts.«[156] Aus Trägheiten Elan zu schöpfen, ist Schmitts

Kunst. Dem »todmüde«, mit denen seine Eintragungen oft beginnen, folgen rasante Aktivitäten.

Je näher die Entscheidung rückt, desto heftiger wird jene Sehnsucht nach dem Nichts. »Nachher über die Friedrichstraße, Sissi Paul, nett, wie Hella slawisch weich, deutsch-anarchisch, deutsche Unfähigkeit zur sexuellen Scham«; »dann auf die Hohe Straße, eine Schranze französischen Stils, eine arme blonde Kölnerin, Gerda Kornig, traurige Sache«; später »ein blondes Mädchen mit grünem Kleid, geil aber ohne Elan«, die Schwedin Karin, Lieschen aus Schönewalde, Renate und wieder »Renate, armes Huhn, hat Sehnsucht nach dem Westen, schöner Koitus«.[157] Ein Berliner Reigen.

Schon im August 1923 hatte Schmitt erkannt, dass die »Wiener Kroskopiker« – sein Begriff für Psychoanalytiker der Freud-Schule – ihm keine Hilfe bieten können: »Was nützt alles Geschwätz und Gewitzel der Psychoanalysten. Plötzlich überkommt mich die dunkle Wolke, plötzlich, in der schönsten Linie ruhigen Arbeitens dieser hiatus irrationalis. Mein Leben ist voll von solchen Hiaten.«[158]

Schmitt konstruiert in seinen intimen Journalen, die er lebenslang führt, ein Tableau von Empfindungen, das sich mit seinem Begriffsfeld des Politischen verschränkt. Während sich dort das Triebleben als tief im Kult des politisch Bösen verwurzelt präsentiert, bleiben beide Sphären öffentlich fein säuberlich getrennt. Feindselige Treffen beschwingen ihn. Selbstgewissheit und Esprit werden immer dann erschüttert, wenn Schmitt in ein Milieu gerät, das auf ihn wie ein »Enthemmungsring« (Heideggers Begriff für die Umwelt der Tiere, die keine »Welt« haben) wirkt. »Sich in Form bringen!« – darauf kam es an. Und die »Form der Form« war im Politischen die Diktatur. Sie schützte vor dem »Wolfsgesicht des Lebens«, das ihm nur allzu vertraut war.[159] In der Diktatur sollte die Nervosität kaltgestellt werden. Aber selbst sein Traum der Formvollendung in der Diktatur wird, wie er bekennt, vom »Sexualismus« durchbrochen. Denn von Zeit zu Zeit hat der Staatsrat die Häresie der Formlosigkeit nötig. Verzweifelt grübelt er über die Gründe seiner Fallsucht, glaubt zu wissen, dass seine sexuelle Obsession im Grunde »proletarischer«, »anarchistischer« oder – nach eigener Einschätzung schlimmer noch – »jüdischer« Natur ist. Es handelt sich, wie er annimmt, um »eine objektlose Sehnsucht, deren Grund die Objektlosigkeit ist«.[160] Aber man sollte, wie Heimito von Doderer einmal bemerkte, »nie glauben, daß man im reinigenden Bad des Chaos zu tief untertauchen könnte; getrost; leider getrost; die uns umschließende Korkweste falscher Ordnung treibt uns bald wieder an die Oberfläche«.[161] Das dürfte auch Schmitt vertraut gewesen sein. Immerhin rettete die Korkweste den Juristen als Staatsrat, als öffentliche Amtsperson.

Man hat die »flackernde Atmosphäre« von Schmitts Notaten schon an den frühen Tagebüchern festgestellt.[162] Als Jurist ist er darauf trainiert, Sachverhalte im Protokollstil zu erfassen. In »betäubter Sprache« registriert er seine Stürze. *Schwarze Hefte* wie der Freiburger Philosoph braucht er in den Jahren der Entscheidung nicht zu führen. Was er politisch in dieser Zeit verbricht, zeigt er im Tageslicht der Presse, der *Neuen Juristen Zeitung*, in Kampfbroschüren über den totalen Staat, in Reden von der Tribüne des Rechtswahrerbundes oder vom Vorlesungspult im Hörsaal. Seine politische Nachtseite ist publik, sie hat in diesen Jahren keine subversive Kehrseite rechtsstaatlicher Bedenken, tiefsitzender Skepsis oder Spuren des Bewusstseins, dass er bis 1936 ein leicht handhabbares Instrument der NS-Elite ist.

Schmitts Notate sind Zeitspeicher der Entleerung. Am 2. Juni 1930 notiert er: »Wahrheit: Entleerung«. Er wiederholt, wie die Herausgeber anmerken, das Wort »Entleerung« noch einmal in Langschrift. Dann: »kurzer Schwindel. Der Teufel isoliert.«[163]

Das Rätsel der Tagebucheintragungen besteht in ihrem Gestus der Geheimnislosigkeit. Schmitt frönt heimlich dem Laster des »romantischen Occasionalismus«, das er 1919 in seinem Buch über die *Politische Romantik* verteufelte. Aus immer neuen Gelegenheiten entsteht für den Occasionalisten eine neue Welt, »ohne Substanz und ohne funktionelle Bindung, ohne feste Führung, ohne Konklusion und ohne Definition, ohne Entscheidung, ohne letztes Gericht, unendlich weitergehend, geführt nur von der magischen Hand des Zufalls«.[164]

Schmitts Aufzeichnungen dokumentieren einen Kampf an zwei Fronten, der immer wieder ergebnislos abgebrochen wird: einerseits die rettungslos formlose Verfallenheit an den »unreinen familiären Code«,[165] andererseits der Hang zur teuflischen Präsenz des politisch Formbewussten. Die »Häresie der Formlosigkeit« (Martin Mosebach) sitzt ihm als Triebschicksal im Nacken. Dagegen stemmt sich sein Formtrieb, verknüpft mit dem Kampf um Prestige in den Reihen der NS-Juristen.[166]

Der starke Staat ist der Erfüllungsgehilfe seines Formwillens. Er soll die anarchische Kraft des Naturzustandes niederhalten.

Schwarze Messen im Politischen wie im Sexuellen; viel Fin-du-Siècle-Décadence im Kronjuristen, bestenfalls als »orphischer Zynismus an der Grenze des Jovialen« (Gottfried Benn)[167] erkenntnisschockierend und ästhetisch reizvoll. Gehört diese dunkle, gegen Schmerz immunisierende Seite des Zynismus notwendig zur Verhaltenslehre der Kälte? Und wie groß ist der Anteil des ästhetischen Reizes an der nachhaltigen Wirkung des bis heute einflussreichen Rechtstheoretikers? Das Recht hat bei Schmitt die Funktion der Raumaufteilung, daraus ergibt sich seine moralfreie Diktion.

Als Voegelin dem »Luziferischen« – der »satanischen Substanz« des Bösen im Nationalsozialismus – eine anziehende Kraft zuschrieb, ging es ihm darum zu zeigen, dass man dieser nur mit »einer gleich starken religiös guten Kraft« entgegentreten könne.[168] Einem solchen manichäischen Kampf wich der konservative Revoluzzer der zwanziger Jahre aus; Schmitt legte sich stattdessen selber an die Kette. Merkwürdigerweise hatte er das Schicksal seiner Unterwerfung schon 1923 in seiner Broschüre »Römischer Katholizismus und politische Form« vorweggenommen: »Dostojewskis Großinquisitor bekennt, den Versuchungen des Satans gefolgt zu sein, in vollem Bewußtsein, weil er weiß, daß der Mensch von Natur böse und niedrig ist, ein feiger Rebell, der eines Herren bedarf [...].«[169]

Es ist mir ein Rätsel, warum Staatsrat Schmitt, eine der abgründig schillerndsten Gestalten der NS-Zeit, im Gegensatz zu anderen prominenten Kollaborateuren (Gründgens, Sauerbruch, Furtwängler) es nicht zur Filmfigur gebracht hat. Nicht nach dem Modell »Dr. Jekyll und Mr. Hyde«. Denn im Gegensatz zu diesen macht der Staatsrat als Dr. Jekyll seine Untaten publik, während er sich als Mr. Hyde im geheimen Tagebuch als Opfer seiner Triebwelt offenbart. Christoph Waltz könnte ihn spielen, Daniel Brühl oder Udo Samel.

V. Variationen der gleichen Melodie

»Oftmals neue Bücher«, bemerkte die Wissenschaftsjournalistin Ulrike Baureithel einmal spöttisch mit Blick auf meine Publikationen, »aber immer die gleiche Melodie!«[170]

Nach der Veröffentlichung der *Verhaltenslehren* schrieb ich zwölf Jahre kein Buch. Ich verzettelte mich, vertiefte mich in die Geschichte der Physiognomie, hatte alle Hände voll zu tun, die Angriffe der Plessner-Forschung zu parieren und die Grundsätze von Plessners »politischer Anthropologie« unter dem Titel »Anleitung zur Schlaflosigkeit« für mich zu klären.[171] Für das Internationale Zentrum für Kulturwissenschaften in Wien, das ich seit Herbst 2007 leitete, organisierte ich den Schwerpunkt »Kulturen der Evidenz«. »Evident ist, was einleuchtet, weil es ausstrahlt«, war die Devise, unter der ich meine kleine Offensive gegen die Herrschaft des Konstruktivismus führte, für den alle Phänomene nur als kognitiv »adressierte« bestanden. Später gab ich die Reihe »Schauplätze der Evidenz« im Campus Verlag heraus, die 2015 mit dem Band *Schwarz/Weiß als Evidenz. »With black and white you can keep more of a distance«* (mit der fabelhaften Kunsthistorikerin Monika Wagner) eröffnet wurde. Unter dem Titel »Bildarchiv und Traumaphilie« beschrieb ich die Schrecksekunden der Kulturwissenschaften nach dem 11. September 2001.[172] In dem Essay-Band *Unheimliche Nachbarschaften* ließ ich den alten Essay von 1987 »Lob der Kälte. Ein Motiv der historischen Avantgarde« wieder abdrucken.[173] Darin – und nicht in den *Verhaltenslehren* – hatte ich den deutschen Topos der »Kälte« im 19. und 20. Jahrhundert untersucht.

Im Sommer 2005 war es mir endlich gelungen, das schon 1998 Alexander Fest vertraglich zugesicherte Versprechen, eine Benn-Biographie zu verfassen, für den Rowohlt Berlin Verlag einzulösen.

Biographien schreiben bedeute, »Löcher mit Bindfäden« verknüpfen, schrieb Julian Barnes in seinem Buch *Der Mann im roten Rock* über den Dandy-Arzt Samuel Pozzi im Paris des Fin de Siècle.[174] Das ist die Technik der Rhapsoden. Ich versuchte, das Problem der »Löcher« zu bewältigen, indem ich »Ruheplätze« (etwa Benn im Zeitalter der Nervosität oder Benn und die Ethnologie) mit Kalenderstrecken verband. Damit wollte ich mich an Siegfried Kracauers Erkenntnis halten, man könne in der Geschichtsschreibung im besten Fall Episoden von hinlänglicher Kohärenz zustandebringen, die man durch »Korridore der Zeit« schleusen müsse.

Den *Sound der Väter* schrieb ich in sechs Monaten.[175] Der Titel fiel mir in Rostock – gegen die Rippen des Heizkörpers mit Blick auf die Augustenstraße gelehnt – ein. Mit Buchtiteln hatte ich meist Glück. Die fabelhafte historisch-kritische Ausgabe von Benns *Sämtlichen Werken* genügte mir als Fundament; Archive zu besuchen hatte ich keine Zeit.

Im Rückblick habe ich den Eindruck, dass es durch dieses Buch wie Hechtsuppe zieht. Es kommt mir wie ein Campingplatz vor, auf dem Zelte rasch aufgestellt und schnell wieder abgebaut werden können, kurz: Ich liebe das Buch, eins meiner besten. Es untergrub mit Lust Denkfiguren der *Verhaltenslehren*, wandte sich der verschwiegenen Leibseite der »kalten persona« zu. Dabei war Gottfried Benn auf den ersten Blick kein Garant für die Dimension des Leibseins der Person.

Kreatürliche »Entblößung« hielt Benn für eine Geste der Generation der Expressionisten, zu der auch er gehörte und deren Diskursrituale der Klage Plessner nicht ausstehen konnte. Der Hang zum Kreatürlichen war nur ein Pol von Benns Dichtung. Er spielte den Pol der Panzerung (»Das Denken muss kalt sein, sonst wird es familiär«!) zu intensiv durch, um sich später noch ganz mit den jungen Rebellen des Expressionismus, von denen kaum einer überlebte, zu identifizieren. Wie andere Denker und Dichter des Extrems beteiligte er sich gegen Ende der Republik am »Kult des Bösen«. Auch Walter Benjamin pries die Schreibweise der französischen Surrealisten als »Desinfektions- und Isolierungsapparat« gegen die moralischen Konventionen des Bürgertums.[176] Und wie Benjamin schrieb er gegen das »liberale moralisch-humanistisch verkalkte Freiheitsideal«.[177] Schließlich erlag auch Benn dem luziferischen Reiz, der 1933 vom Rausch der Dezision ausging, den die Männer der Konservativen Revolution mit erzeugt hatten und dem sie sich dann ergaben, als sei er ein über sie verhängtes Schicksal. Noch in den letzten Jahren seines Lebens huldigte Benn dem Gedanken, das menschliche Wesen sei so eingerichtet, dass es sich »von Zèit zu Zeit in kriminellen Aktionen realisieren muss, um zu einer neuen Stufe der Sublimiertheit zu gelangen«.[178]

Ein paar Jahre, etwa von 1930 bis 1934, übertrug er seine Sehnsucht nach der »kalten Formenwelt« aus dem Reich der Kunst in das der Politik, das war seine Verhaltenslehre der Kälte. Aber

Benns Dichtung war ein Pulsschlag vorgegeben, dem er fast immer treu blieb: »Der menschliche Leib«, wiederholt er ein Jahr vor seinem Tod, »ist ein metaphysisches Massiv, aus ihm steigen die Geheimnisse, ohne ihn keine Freiheit und kein Fluidum, ohne ihn keine Erkenntnis. In ihm allein entwickelt der Tod sein Feld.«[179] Diese Erkenntnis bildet ein Widerlager gegen die Hybris der heroischen Moderne, welche die Welt ihrer Verfügungsgewalt unterstellen will. Die Verhaltenslehre, die vorschrieb, wie man das Leben »führen« sollte, um das Projekt der Modernisierung in den Griff zu bekommen, hatte den Begriff des Schicksals abgeschafft. Ihre Akteure wurden dann vom Schicksal mitgeschleift.

Der Sound der Väter gab einen Blick auf die Rückseiten der *Verhaltenslehren der Kälte* frei, die das Leibsein der gepanzerten Gestalten im Dunkeln gelassen und ihm nur ein kleines, unbeachtetes Kapitel mit dem Titel »Die Kreatur« sozusagen als Naturreservat zugewiesen hatten. Unter dem Einfluss von Gottfried Benn, der meinen Blick auf die Kehrseite der gepanzerten Person lenkte, änderte sich auch meine Haltung zu den Kriegsschriften Ernst Jüngers.

Ernst Jünger und die pathische Evidenz des Krieges[180]

Der Weltkriegskämpfer Ernst Jünger galt in den zwanziger Jahren als Inbegriff des Gepanzerten, als Kontrastgestalt zum nervösen Bürger/Künstler der wilhelminischen Ära. Am 22. September 1918 war er »als rücksichtslos tapferer Führer« mit dem höchsten preußischen Militärorden Pour le mérite ausgezeichnet worden. Man kannte die literarischen Verarbeitungen seiner Kriegserfahrungen in den verschiedenen Fassungen von *In Stahlgewittern* (1920), *Der Kampf als inneres Erlebnis* (1922) oder *Feuer und Blut* (1925). Weitgehend unbekannt waren die Originalaufzeichnungen seiner Kriegstagebücher; ihre Veröffentlichung war lange ersehnt worden. In ihnen erwartete man den »Rohstoff«, der in den Fassungen der *Stahlgewitter* und späteren Publikationen hinter dem Gitter stilistischer Finessen und politischer Rhetorik verdunkelt worden war.

Nachdem die 15 Notizbücher umfassenden Kriegstagebücher 2010 erschienen waren,[181] wurde der Fall Jünger neu aufgerollt. Denn einerseits geben die Tagebücher das Bild eines chaotischen Krieges durch die Augen eines jungen Leutnants wieder, der sich als »Archetyp des Kriegers fühlt«,[182] andererseits machten sie deutlich, dass Jünger »Frontkämpfer und Aufzeichnungssystem zugleich« war.[183] Als »Monstrosität« der Tagebücher wird ihre »Parallelaktion« begriffen: Während der wagemutige Stoßtruppführer, der den Kampf Mann gegen Mann sucht, seine militärischen Aktionen notiert, will sich der Tagebuchschreiber zugleich mit jedem Eintrag durch die »Sachlichkeit« seiner Notizen, durch die völlige Abwesenheit von Patriotismus oder Hass auf den Feind auszeichnen.

Die Notizen zeigen einen jungen Soldaten, der am 1. Januar mit seinem Regiment in Orainville mit Grabendienst beginnt, im April die Schlacht von Les Eparges mitmacht und zum ersten Mal verwundet wird, vom September 1915 bis August 1916 den Grabenkrieg kennenlernt, im Juni Patrouillen läuft, an der Somme-Schlacht teilnimmt, erneut ins Lazarett kommt, im Oktober südöstlich von Verdun kämpft, im November zum dritten Mal verletzt wird. Es klärt wenig, die jeweiligen Abschnitte der Westfront, an der er Dienst tut, zu benennen. Sie sind in der Regel flach, von unregelmäßigen Grabensystemen durchzogen, von tagelangem Regen aufgeweicht. Oft weiß der Soldat nicht, in welcher Himmelsrichtung sich Freund oder Feind befindet.

Der Beginn der Aufzeichnungen ist von Monotonie und Schlaflosigkeit geprägt. Die Eintragungen der ersten Wochen an der Front lassen vermuten, dass erst horrender Schlafentzug die notwendige Gleichgültigkeit gegenüber den Gefahren erzeugt. Obwohl dieser Mann als einzig ernsthaften Zweck die Tötung von Feinden auf überschaubarem Spielfeld verfolgt, bewegt er sich in einem Handlungsraum, in dem das Gesetz des Zufalls – der »eiserne Würfel des Krieges« – herrscht und jede Aktion neue Zufälle erzeugt. Dass er so oft verloren übers Schlachtfeld irrt, hat sicherlich auch damit zu tun, dass dieser Held von der modernen Informationstechnologie weitgehend ausgeschlossen ist. Während den Kommandozentralen bereits klar ist, dass nur die Telegraphie dem Feldherrn die Möglichkeit bietet, das Schlachtfeld zu übersehen, dreht sich Jünger als Ilias-Krieger um die eigene Achse. In den Tagebüchern ist die Informationstechnologie von Siemens und Halske noch weit entfernt. Darum Jüngers verzweifelte Versuche, kleine Ordnungszellen zu schaffen, Laboranordnungen, in denen das undefinierbare Rauschen der Zufallsmächte, Minen, Granaten, Gas, Verschüttungen und Delirien, kurz die Kontingenzen der

Materialschlacht stillgestellt werden, darum sein panisches Bannen des Zufalls im Format des Tagebuchs. »Der Begriff Schützenlinie war illusorisch. Es gab nur noch Kampfhaufen.« Oft erfährt er erst nachträglich, was er bewirkt hat. Am 21. März 1918 notiert er: »Übrigens las ich am Nachmittag im Heeresbericht, dass der gewaltige Vorstoß der Engländer am Stenbach aufgehalten wäre. Dies Verdienst darf ich wohl zum großen Teile mir zuschreiben.«[184]

Die strategischen Rahmenbedingungen des Kriegstheaters wölben sich wie ein leerer Himmel über dem »Kraftfeld« der Schlacht. Jünger beschreibt eine Raserei auf tödlichem Schauplatz, auf dem er als Akteur weiß, dass er töten und überleben will. Er folgt einem Jagdinstinkt, den er nicht mit der Rhetorik des Nationalen umhüllt. Im Chaos der Schlacht versucht er, auf kleinen Papierseiten im Format 11 × 17 cm oder in kleineren Heften im Format 8,5 × 14,5 cm Ordnungszellen zu schaffen, mit einem Vokabular, das ihm aus der Pathologie, der Physik oder Chemie vertraut ist.

Im Bann somatischer Landschaften

Die Notizen aus dem Schützengraben sind Aufzeichnungen eines Akteurs, der das Schlachtfeld als seinen Handwerksraum betrachtet. Atmosphären, die den Elan bremsen, Reflexionen, die Überlebenstechniken blockieren, moralische Bedenken, die kampfunlustig machen, sind in handlungsarme Zonen – Tage im Lazarett oder längere Gefechtspausen – ausgelagert.

1922 erscheint *Der Kampf als inneres Erlebnis.* Hier findet man nicht mehr die Registraturmaschine der Kriegstagebücher. Es ist das Dokument einer Lebenskrise.[185] Darin lässt sich sowohl der Furor beobachten, mit dem der Krieg als eine »höhere Bewegung« beschworen wird, in deren »erhabene Zwecklosigkeit« man sich »versenken« kann »wie in ein Kunstwerk oder wie in den gestirnten Himmel«,[186] als auch das Scheitern eines solchen Sinngebungsversuchs. Vor allem aber liegt nun der Krieg in der Vergangenheit, »schwarz und unheimlich wie ein Wald, zur Nacht durchschritten«.[187]

Nachdem der Aktionsraum des Krieges weggefallen ist und das Aufzeichnungssystem nicht mehr als Medium der Überlebenstechnik dient, darf eindringen, was im Handwerksraum des Kriegers weggefiltert war: das Soma der tödlichen Landschaft, die Atmosphäre der Todesangst, die Sehnsucht nach Heimat. In den Fiktionen, die in der Erlebnisschrift die Protokollsätze des Krieges überwuchern, verschafft sich Imaginäres Geltung, das in der Situation des Kampfes ausgeschaltet war. (»Was mochte das Dunkel der Keller verbergen? Eine Frauenleiche mit strähnigem Haar, auf schwarzen Grundwassern treibend?«[188]) Mitten in einer Situation des Angriffs werden Kinderängste wach.

Jetzt spricht der Krieger vom »Wahnsinn des äußern Geschehens«[189] – und von der Notwendigkeit, *im* Wahnsinn Sinn zu suchen. Wie kann man aus einem Trauma einen Funken Sinn gewinnen? »Wir sind reine Vergeß-Maschinen«,[190] weiß die Schrift von 1922 – und lässt doch die Wiederkehr des Vergessenen, Symptome der »Feldneurasthenie«, die in den Notizbüchern überdeckt waren, offen zutage treten. Jetzt spielen die Schilderungen des geologischen Terrains, der physischen Beschaffenheit des Schlachtfelds an der Westfront, das aufgeweicht ist und die Soldaten in den Boden hineinzuziehen droht, eine finstere Rolle. Jetzt wird die »depressive Färbung«, die der Neurastheniker an seiner Umwelt wahrnimmt, und sein Umgang mit deren »weichmütigen Entladungen«, d.h. der Sehnsucht nach »Heimat«, die von der Landschaft ausgelöst wird, deutlich. Jetzt zeigt sich, dass die Nerven aus Stahl einer Willensanstrengung entstammen, während er »fröstelnd« auf den Angriff wartet. Jetzt wird das »Grauen« des Niemandslands sichtbar, von dem sich Jünger eingekesselt fühlt. Gleichzeitig geht es um die politische Rhetorik, mit der er nachträglich die Angstphänomene in Schach halten will.

Die Kriegslandschaften, die Jünger in der Schrift von 1922 zeichnet, sind Dokument einer »pathischen Evidenz«.

Bei der *evidentia* lässt sich eine aktive von einer passiven Form unterscheiden: Bei der *aktiven* Form wird etwas mit Mitteln der Rhetorik vor Augen gestellt; sie konstruiert ihren Gegenstand. Bei der *passiven*, »pathischen« Form dagegen geht der Impuls vom wahrgenommenen Objekt aus. Während sich die Jünger-Forschung oft ideologiekritisch auf die Analyse der rhetorischen Struktur der Bilder oder ihren sexuellen Subtext konzentriert hat, lenkt die Aufmerksamkeit für die pathische Evidenz seiner Texte den Blick auf Jüngers Fähigkeit, passiv Ausstrahlungen der Landschaft, der Gestalt der Feinde und Kameraden aufzunehmen und mimetisch nachzubilden.

Der Raum, den er so wahrnimmt, ist vom Geruch der Verwesung erfüllt, der Boden lehmig, organisch, sumpfig. Die genagelten Stiefel sinken in den Grund, wenn er auf die Rippen einer Leiche tritt. Die Farbe des Raums ist Grau. Grau ist die Farbe seiner Desillusion. Als er den ersten Toten sieht, erlischt die Farbigkeit seiner Kriegsrhetorik – »alles zerschellte an dieser grauen Gestalt am Wegrand, auf deren schmutzigem Gesicht schon die ersten blauen Fliegen spielten«.[191]

Der bleierne Raum der Landschaft ist somatisch mit dem Körperempfinden des Soldaten verschmolzen. So erklärt sich sein rätselhafter Satz: »Die Landschaft hat Nerven«;[192] in diesem Handlungsraum liegen die Nerven, »bisher isoliert und gepolstert mit allen Sicherungen, welche die Gemeinschaft bieten konnte«, blank.[193] Es ist ein Ort des »Grauens«, das den Sturmtruppführer in der Erkenntnis frösteln lässt, »wie wenig man in sich zu Hause ist. Tief auf dem Grunde Schlummerndes, von rastlosen Tagewerken Überdröhntes steigt empor und zerfließt, noch ehe es sich gestaltet, in dumpfe Traurigkeit.«[194] Gleich einer Endmoräne des Zeitalters der Nervosität reicht das Grauen, das an den Nerven zerrt, in dieses Niemandsland hinein. Es ist wie bei Kindern, die mit der Angst umzugehen lernen: Die nebulöse Stimmung, die den Ängstlichen umhüllt, muss Gestalt annehmen: »Der Anblick des Gegners bringt neben letztem Grauen auch Erlösung«,[195] und in der Tötung des Feindes wird dieses »Grauen zur Strecke gebracht«.[196]

Das ist nicht einfach, denn der Feind entzieht sich gerade der Anschaulichkeit. Die Gründe dafür sind bekannt. Da die Artillerie im Vorfeld einer Offensive die Angegriffenen in ihren Stellungen »festnagelte«, traf die Infanterie im Sturmlauf auf das Feuer der Maschinengewehre und erst in den Gräben auf den Feind. Allenfalls gespensterhaft unkonkret wird dieser sichtbar: »Jenseits der Drähte tauchten Gestalten auf in langen gelben Mänteln, sich kaum vom Hintergrund der lehmigen Einöde abzeichnend.«[197] Angst ist für die Krieger ein Raumphänomen. Sie entlasten sich davon, indem sie Feinde magnetisch anzuziehen versuchen, die sie vernichten können.

Als Gegenbild zu diesen grau-gelb gemalten *organischen* Feinden konstruiert Jünger 1922 den Typus des *Landsknechts* als neue *Rasse.* Er versieht die Angehörigen dieser Funktionselite mit Gesichtern, die »im Schatten des Stahlhelms liegen«. Sie sind »scharf, kühn und klug. Es sind Stahlgestalten.«[198] Als »verkörperte Energie« auf dem »Kraftfeld« der Aktionen haben sie »markante Gesichter, Augen in tausend Schrecken unterm Helm versteinert«.[199] Halb dem Tierreich verhaftet, funktionieren sie in der Formation des Sturmtrupps wie eine restlos technifizierte Einheit: »Ein Stoßtrupp erscheint, ein Rudel stämmiger Gladiatoren, an die Arbeit mit Messer und Sprengstoff gewöhnt. Lautlos springen sie heran, von Schulterwehr zu Schulterwehr, nur die Handgranaten klappern in den Sandsäcken. Diese Männer sind in der Mechanik des Grabenkampfes geschult: Wurf – Achtung – los! Wurf – Achtung – los! Das klappt motorisch ineinander, ohne den Gedanken einen Raum zu lassen«.[200] Ihr Motiv, auch in aussichtsloser Lage ins Feuer vorzurücken, erklärt Jünger einmal nach dem Modell der Tierverhaltensforschung: »Was diese kleinen Trupps zusammenhält, das ist nur noch ein instinktiver Drang, wie er in einem Schwarm Zugvögel herrscht«.[201] Dann wieder entdeckt er im Vorwärtsdrang die »kinetische« Umsetzung einer Idee, für die sie sich, ohne es zu wissen, »verbrennen« lassen.[202]

Die klassizistisch geschlossene Kontur einer »Stahlgestalt«, die in seinen späteren Schriften auftaucht, ist ein Nachkriegsprodukt; in seinen Tagebüchern ist sie noch nicht zu finden. Die Originalnotizen wimmeln vielmehr von grotesken Körperbildern mit ihren Öffnungen für Ausscheidungen und Ausdünstungen. Kaffee aus dem lehmigen Wasser eines Granattrichters nennt er »Leichenbrühe«.[203] Der Tod ist auch der Nahrungskette inhärent. Im Tagebuch ist das Bild der »Landsknechte« noch nicht durch den Druck der Typologie geprägt. »Leute, die so oft in Lebensgefahr gestanden haben und morgen wieder stehen werden, sind im Allgemeinen ziemlich wurstig veranlagt«.[204] Auch ihre »Sexualpathologie« bleibt nicht ausgespart. Ein Bordell unter militärischer Leitung gehört ganz selbstverständlich zur Ökonomie der Regeneration der Krieger. Solche Beobachtungen werden nach dem Krieg ausradiert. Sie fanden eher in Magnus Hirschfelds psychoanalytisch gefärbter *Sittengeschichte des Weltkriegs* ihren Ort, in der das Bild der Stahlgestalt des Kriegers der Erosion der Beschämung ausgeliefert ist.

Für die desolate Verfassung, die dem Frontoffizier vier Jahre nach dem Krieg offenbar zu schaffen macht (»Mein Weltbild besitzt nicht mehr jene Sicherheit«[205]), sprechen verschiedene Erfahrungen, die er nur schwer einordnen kann: die leere, somatisch wirkende Landschaft des Schlachtfelds, das Gespenst des Feindes und die mal metallische, dann wieder organische Konstitution der

Sturmtruppen. Das Grauen des Niemandslandes verdichtet sich im Geruch. Die Landschaft absorbiert die Helden. Rhetorik hat ausgedient – pathische Evidenz in Reinkultur: »Haare fielen in Büscheln von Schädeln wie fahles Laub von herbstlichen Bäumen. Manche zergingen in grünliches Fischfleisch, das nachts durch zerrissene Uniformen glänzte. Trat man auf sie, so hinterließ der Fuß phosphorische Spuren.«[206]

Jüngers Bilder pathischer Evidenz fundieren seine Erfahrung des »Wahnsinns« des Krieges. In seinen Trichterbildern sind Einbrüche der Erfahrung aufzuspüren, die nicht durch den Filter heroischen Sinns (»Nicht einer ist umsonst gefallen!«) präpariert wurden. Sind es Brandstellen, an denen der heroische Diskurs zu Asche zerfällt?

Aber diese pathischen Elemente dürfen sich nur in der Nachbarschaft zur rabiaten Kriegsrhetorik entfalten. Es führt in die Irre, in der pathischen Dimension nur Trägheit, Depression und Handlungslähmung zu erkennen, während die Aggressionen in der nationalen Rhetorik ihren Ausdruck findet. Jünger versucht in dem Schwellentext von 1922 vielmehr, aus der Trägheit des Somatischen die Schwungmasse zu gewinnen, die der Dynamik seiner Rhetorik erst den Anschein des Realen geben und ihre Durchschlagskraft verbürgen soll. Wahnsinn, Realitätssinn und Hetze bilden eine Einheit.

Am 8. November 1925 schreibt Jünger als politischer Publizist im »Wochenblatt des Bundes der Frontsoldaten« *Die Standarte*, es gelte abzurücken von dem »ekelhaften Unrat«, dass »alles umsonst gewesen sei«.[207] Am 6. Mai 1926 macht er aus diesem Vorsatz ein Diktat: »Wir müssen an einen höheren Sinn glauben als an den, den wir dem Geschehen zu geben imstande sind [...]. Sonst wird uns der Grund und Boden, auf dem wir stehen, mit einem Ruck unter den Füßen fortgerissen und wir taumeln in einer sinnlosen, chaotischen, zufälligen Welt [...]. Wir *müssen* glauben, daß alles sinnvoll geordnet ist ...«[208]

Seine politische Rhetorik ist Arbeit an einem Abgrund, deren pathische Bilder er seit 1924 ausblendet. Ausgelöscht werden die somatischen Landschaften des Niemandslands, der Feind erscheint nicht länger als graues Gespenst, mit dem sich der Kämpfer verschmelzen will.

Die *Verhaltenslehren der Kälte* zeigten eher den Jünger im Kristallgitter des *Arbeiters*. Gleich den anderen Akteuren des Buches war er dem Sumpf des Somatischen entstiegen, hatte den Körper galvanisiert und mit einer Stahlhaut überzogen.

Auf dem Weg zum Schatten des Fotografen

In seinem »Lebensweg eines Intellektualisten« (1934) hat Benn die Atmosphäre seiner militärärztlichen Ausbildung beschrieben. Sie hatte ihn in die Technik mikroskopischen Sehens, der experimentellen Beobachtung und statistischen Auswertung eingeübt. Den Geist, der ihn hier sozialisieren sollte, hat er nicht ohne Angstlust charakterisiert: »Es sammelte sich noch einmal in diesen Jahren die ganze Summe der induktiven Epoche, ihre Methoden, Gesinnungen, ihr Jargon. [...] Kälte des Denkens, Nüchternheit, letzte Schärfe des Begriffs, [...] vor allem aber die tiefe Skepsis, die Stil schafft, das wuchs hier.«[209]

Das waren Denkfiguren der »Sachlichkeit«, die aus dem langen 19. Jahrhundert stammten, in dem die Herrschaft der Apparate (von der Gerätekultur bis zum Parteiapparat) Einzug hielt und die Kulturen der Evidenz bestimmte. Die Konsequenzen dieses Denkens untersuchte ich in *Der Schatten des Fotografen* (2014). Dort verfolgte ich Wege des Fotoapparats, der uns mit unwahrscheinlichen Informationen über die »Verlassenheit« des Menschen in vielen Situationen versieht – bis zu den Bildern der knipsenden Landser an der Ostfront des Zweiten Weltkriegs. Ein großer Teil der Konzentration des Fotografen galt hier – wie Dieter Reifarth und Viktoria Schmidt-Linsenhoff in ihrem Aufsatz über »Die Kamera der Henker« gezeigt haben – der Aufgabe, die Wirklichkeit des Augenblicks in Bilder zu verwandeln, wobei der Apparat ihn vom Geschehen distanzierte, das er sich nach der Entwicklung des Negativs aber gleichsam hautnah wieder vergegenwärtigen konnte: »Die Abtrennung des Sehvorgangs als eines rein optischen Vorgangs von den übrigen Sinneswahrnehmungen und vom Gefühlsleben befähigt den fotografierenden SS-Mann zu jener ›Härte gegen sich selbst‹, die das höchste Tugend- und Erziehungsideal der SS-Elite war.«[210] So kehrte die Verhaltenslehre der Kälte auch an mörderischen Orten wieder.

Seit 1990 kreisen meine Bücher um den Satz aus Georg Büchners *Dantons Tod*: »Geht einmal euren Phrasen nach bis zu dem Punkt, wo sie verkörpert werden.« Das ruft Rhetorik-Professor Mercier, schon lange vor Danton eingekerkert, diesem entgegen, als der sich über die schlimmen Zustände im Gefängnis entgeistert zeigt. Dantons radikale Parolen hatten viele Anti-Revolutionäre und Revolutionäre zur Hinrichtung geführt. Hans-Thies Lehmann hatte mir diesen Satz 1976 in einer Situation, in der mein Kopf noch von radikalen Phrasen wimmelte, eingeschärft.

In zwei Büchern habe ich versucht, diesen Prozess der »Verkörperung« am eigenen Leib und fremden Leibern durchzuspielen. In der *Suche nach dem Handorakel* (2010) zeigte ich, in welchen grotesken Situationen einer ML-Partei ich die Kältelehre unwissentlich durchexerzierte. Einen freieren, d.h. fiktiven Experimentierraum bot das Buch *Die Staatsräte* (2018).

Ein Liebhaber der *Verhaltenslehren* kommentierte das Buch über die edlen Staatsräte Gründgens, Schmitt, Sauerbruch und Furtwängler nicht ohne Schrecken:

Wer eine Faszination für Gründgens oder Schmitt hegt, sollte die *Staatsräte* nicht lesen. Denn was wir dort zu sehen bekommen, mag alles mögliche sein – schön ist es nicht. Lethen stattet die gepanzerten Charakterköpfe der amoralischen Genies mit Beinen aus, die sich vor schnüffelnden Hunden scheuen, mit Schweißdrüsen, mit Müdigkeit, mit allen Arten des Unwohlsein, vor allem aber – und das ist viel schlimmer für sie – mit Gedanken und Gefühlen, die sie schamhaft vor ihrer Umwelt verbergen müssen. Was dabei entsteht, ist ein Bühnenstück, in dem die vier Staatsräte, während sie voreinander renommieren, füreinander zur Hölle werden. Literarisch hat das durchaus seinen Reiz – bis zu dem Moment, in dem der Leser kapiert, dass er Zeuge eines Mordversuchs wird. Wie Schuppen fällt es ihm von den Augen: So schreibt ein Autor, der seine Figuren loswerden will![211]

Doch an anderer Stelle heißt es: Wo der Autor der *Verhaltenslehren der Kälte* vor 25 Jahren »die maskenhafte Souveränität der Weimarer Republik in schillernder Ambivalenz mal als Anpassung, mal als Kompensation, mal als Experiment, mal als Erstarrung, mal als Innovation, mal als Regression präsentierte, da entblößt er sie nun in den gut ausgepolsterten Nischen des Nationalsozialismus als lächerliche Pose«.[212] Das täuscht. Ohne Faszination des Bösen hätte ich das brillante Quartett der Staatsräte von Görings Gnaden nicht beschreiben können. Und es ist doch ein grausamer Zug des Stoizismus, wenn ich im letzten Kapitel alle zwielichtigen Akteure des Buchs zusammen mit den widerständigen Werner Krauss, Marianne Feuersenger, Felix Hartlaub und Ullrich von Hassel ins Geräusch einer »Zwitschermaschine« untergehen lasse, um zu bezeugen, dass ich als Historiker keine Urteile als letzte moralische Instanz fällen will.

In meiner Autobiographie[213] habe ich mich wieder ganz auf den Bewegungsapparat des Lebens konzentriert. Mit der Überschrift einer Rezension »Einsicht in die Hydraulik sozialer Gefühle« fühlte ich mich verstanden. Treffend fand ich auch den Titel einer anderen Besprechung: »Die Kunst, sich selbst ein Rätsel zu bleiben«. Aber auch das könnte eine Finte gewesen sein. Walter Serners *Handbrevier für Hochstapler und solche, die es werden wollen* (1920/27) wirft einen Schatten auf jedes Pathos.[214]

Wien, Oktober 2021

1 Jean Paul, *Hesperus oder 45 Hundposttage*, hg. von Norbert Miller, München 1987, S. 15.
2 Wolfgang Eßbach, »Verabschieden oder Retten? Helmut Lethens Lektüre von Helmuth Plessners ›Grenzen der Gemeinschaft‹«, in: *Plessners »Grenzen der Gemeinschaft«. Eine Debatte*, hg. v. Wolfgang Eßbach, Joachim Fischer und Helmut Lethen, Frankfurt am Main 2002, S. 63-79, hier S. 67.
3 Ebd., S. 67.
4 Aleida Assmann auf einer Konferenz über Jacob Taubes und Carl Schmitt im »Einstein-Forum«, Potsdam 2019.
5 Thomas Mann, *Doktor Faustus. Das Leben des deutschen Tonsetzers Adrian Leverkühn erzählt von einem Freunde*, Frankfurt am Main 1960, S. 397, 399.
6 Ebd., S. 332.
7 Ebd., S. 10.
8 Ebd., S. 494.
9 Rainer Metzger, »Relektüren. Folge 36«, in: *Kunstforum International* 242 (2016).
10 Ebd.
11 Gerd Koenen, *Vesper, Ensslin, Baader. Urszenen des deutschen Terrorismus*, Frankfurt am Main 2011, S. 322.
12 Bernward Vesper, *Die Reise*, Frankfurt am Main 1978, S. 34.
13 Koenen, *Vesper, Ensslin, Baader*, S. 238-241.
14 Ebd., S. 241.
15 Ebd., S. 314.

16 Vgl. das Kapitel »Der Jesuit am Küchentisch«, in: Helmut Lethen, *Denn für dieses Leben ist der Mensch nicht schlau genug*, Berlin 2020, S. 249-260.

17 Klaus Naumann, »Die Kälte der Moderne«, in: *Die Zeit* (5. August 1994).

18 Karim Saab, »Maler Anselm Kiefer träumte sich nach Brandenburg«, in: *Märkische Allgemeine* (5. März 2018), online verfügbar unter: {https://www.maz-online.de/Nachrichten/Kultur/Warum-traeumte-sich-der-Maler-Anselm-Kiefer-nach-Brandenburg} (Stand: September 2021).

19 Ulrich Raulff, »Der Mensch lebt nur, wenn er ein Leben führt«, (*Frankfurter Allgemeine Zeitung*, 23. März 1994).

20 Thomas Assheuer, »Autonomie als Selbstzerstörung«, in: *Frankfurter Rundschau* (21. Mai 1994).

21 Marcel Proust, *Auf der Suche nach der verlorenen Zeit*, Band 3: Guermantes, übersetzt von Eva Rechel-Mertens, Frankfurt am Main 1996, S. 622.

22 Ebd., S. 628.

23 Klaus Naumann, »Die Kälte der Moderne«, in : *Die Zeit* (5. August 1994).

24 Ludger Heidbrink, »Schiffbruch im Eismeer«, in: *Neue Zürcher Zeitung* (26. April 1994).

25 Entstanden ist sie für *Future-Kill* (1985) von Ronald W. Moore.

26 Für diesen Hinweis danke ich Bernd Klöckener.

27 Bernd Hüppauf, »Literatur und kalte Anthropologie. Zu Helmut Lethen: Verhaltenslehren der Kälte. Lebensversuche zwischen den Kriegen«, in: *Zeitschrift für Germanistik*, NF 5/2 (1995), S. 396-401, hier S. 398.

28 Ebd.

29 Assheuer, »Autonomie als Selbstzerstörung«, a. a. O.

30 Raulff, »Der Mensch lebt nur, wenn er ein Leben führt«, a. a. O.

31 Armin Adam, »Lebenskunst der Entfremdung«, in: *Süddeutsche Zeitung* (25. März 1994).

32 Max Weber, *Politik als Beruf* (1919), Stuttgart 2017, S. 82.

33 Raulff, »Der Mensch lebt nur, wenn er ein Leben führt«, a. a. O.

34 Gesammelt in dem Debattenband *Plessners »Grenzen der Gemeinschaft«*, a. a. O.

35 Eßbach, »Verabschieden oder Retten?«, a. a. O., S. 64.

36 Rüdiger Kramme, *Helmuth Plessner und Carl Schmitt. Eine historische Fallstudie zum Verhältnis von Anthropologie und Politik in der deutschen Philosophie der zwanziger Jahre*, Berlin 1989.

37 Max Scheler, *Der Mensch im Zeitalter des Ausgleichs* (1927), in: M. Scheler, *Gesammelte Werke*, Bd. 9: *Späte Schriften*, hg. v. Manfred S. Frings, Bern/München 1976, S. 145-170.

38 Vgl. Helmut Lethen, »Anleitung zur Schlaflosigkeit. Über den Formzwang in der Politischen Anthropologie von Helmuth Plessner und Arnold Gehlen«, in: Helmut Lethen, *Unheimliche Nachbarschaften*, Freiburg 2009, S. 215-234.

39 Helmuth Plessner, *Grenzen der Gemeinschaft. Eine Kritik des sozialen Radikalismus* (1924), in: H. Plessner, *Gesammelte Schriften*, Bd. V., Frankfurt am Main 1981, S. 7-133, hier S. 82.

40 Helmuth Plessner, *Macht und menschliche Natur. Ein Versuch zur Anthropologie der geschichtlichen Weltansicht* (1931), in: H. Plessner, *Gesammelte Schriften*, Bd. V, Frankfurt am Main 1981, S. 135-234, hier S. 147.

41 Plessner, *Grenzen der Gemeinschaft*, a.a.O., S. 102.

42 Plessner, *Macht und menschliche Natur*, a.a.O., S. 225.

43 Ebd., S. 227.

44 Ebd., S. 226f.

45 Plessner, *Grenzen der Gemeinschaft*, a.a.O., S. 63. – Vgl. Claudia Schmölders, »Das Gesicht der Würde. Helmuth Plessners Physiognomik zweiten Grades«, in: *Plessners »Grenzen der Gemeinschaft«. Eine Debatte*, a.a.O., S. 203-206.

46 Fischer, »Panzer oder Maske. ›Verhaltenslehre der Kälte‹ oder Sozialtheorie der ›Grenze‹«, in: *Plessners »Grenzen der Gemeinschaft«. Eine Debatte*, a.a.O., S. 88.

47 Ernst Jünger, *Der Arbeiter. Herrschaft und Gestalt* (1941), in: Ernst Jünger, *Sämtliche Werke*, Bd. II/8, Stuttgart 1981, S. 42.

48 Ebd., S. 36.

49 Eßbach, »Verabschieden oder Retten?«, a.a.O., S. 66f.

50 Axel Honneth, »Plessner und Schmitt. Ein Kommentar zur Entdeckung ihrer Affinität«, in: *Plessners »Grenzen der Gemeinschaft«. Eine Debatte*, a.a.O., S. 21-28, hier S. 21. (Es handelt sich um den Wiederabdruck einer Rezension aus dem Jahr 1991.)

51 Eßbach, »Verabschieden oder Retten?«, a.a.O., S. 76.

52 Honneth, »Plessner und Schmitt«, a.a.O., S. 22.

53 Ebd., S. 23.

54 Plessner, *Macht und menschliche Natur*, a.a.O., S. 192.

55 Ebd., S. 219.

56 Honneth, »Plessner und Schmitt«, S. 27.

57 Ebd., S. 28.

58 Eßbach, »Verabschieden oder Retten?«, a.a.O., S. 65.

59 Fischer, »Panzer oder Maske«, a.a.O., S. 80-102, hier S. 86.

60 Plessner, *Macht und menschliche Natur*, a.a.O., S. 219.

61 Ebd., S. 194.

62 Ebd., S. 193.

63 Ein Einwurf, den mein Lektor Bernd Klöckener stark macht.

64 Eric Voegelin, *Die politischen Religionen* (1938), München 1993, S. 6.

65 Den Prozess der Revision meiner Lesart von »Grenzen der Gemeinschaft« habe ich zuerst in der Autobiographie *Denn für dieses Leben ist der Mensch nicht schlau genug* (Berlin 2020), S. 260-266, beschrieben.
66 Plessner, *Grenzen der Gemeinschaft*, a.a.O., S. 115.
67 Zu diesen Überlegungen hat mich das Buch von Dorothee Kimmich, *Leeres Land. Niemandsländer in der Literatur*, Göttingen 2021, animiert. Jochen Schimmang machte mich durch seine Rezension in der *FAZ* vom 8. April 2021 darauf aufmerksam. Ich begriff es als einen Nachklang der *Verhaltenslehren der Kälte* – aus vermutlich rein narzisstischem Beweggrund.
68 Ebd., S. 221.
69 Plessner, *Grenzen der Gemeinschaft*, a.a.O., S. 114.
70 Ebd., S. 113.
71 Ebd., S. 116.
72 Mit Argumenten, die denen von Aleida Assmann in ihrem Buch *Die Wiedererfindung der Nation. Warum wir sie fürchten und warum wir sie brauchen*, München 2020, ähneln.
73 Plessner, *Grenzen der Gemeinschaft*, a.a.O., S. 114.
74 Ebd., S. 113.
75 Helmuth Plessner, *Die verspätete Nation*, Frankfurt am Main 1989, S. 101.
76 Plessner, *Grenzen der Gemeinschaft*, a.a.O., S. 41.
77 Fischer, »Panzer oder Maske«, a.a.O., S. 89.
78 Plessner, *Grenzen der Gemeinschaft*, a.a.O., S. 94.
79 Fischer, »Panzer oder Maske«, a.a.O., S. 88.
80 Bruno Accarino, »Spuren des Hofstaats in Plessners ›Grenzen der Gemeinschaft‹«, in: *Plessners »Grenzen der Gemeinschaft«. Eine Debatte*, a.a.O., S. 131-159, hier S. 142, 141.
81 Fischer, »Panzer oder Maske«, a.a.O., S. 82.
82 Karl-Siegbert Rehberg, »Positionalität und Figuration gegen jede Gemeinschafts-Verschmelzung. Soziologisch-anthropologische Theorieverschränkungen bei Helmuth Plessner und Norbert Elias«, in: *Plessners »Grenzen der Gemeinschaft«. Eine Debatte*, a.a.O., S. 213-274, hier S. 220.
83 Accarino, »Spuren des Hofstaats in Plessners ›Grenzen der Gemeinschaft‹«, a.a.O., S. 159.
84 Rehberg, »Positionalität und Figuration«, a.a.O., S. 244.
85 Dorothee Kimmich, »Moralistik und Neue Sachlichkeit. Ein Kommentar zu Helmuth Plessners ›Grenzen der Gemeinschaft‹«, in: *Plessners »Grenzen der Gemeinschaft«. Eine Debatte*, a.a.O., S. 160-182, hier S. 162f.
86 Ebd., S. 176 und 178.
87 Baltasar Gracián, *Handorakel und Kunst der Weltklugheit*, übersetzt von Hans Ulrich Gumbrecht, Stuttgart 2020.

88 Hans Ulrich Gumbrecht, »Baltasar Graciáns Denk-Raum. Über die Faszination einer kühlen Konkretheit«, in: Gracián, *Handorakel* (Gumbrecht), a. a. O., S. 172-214, hier S. 214.

89 Ebd., S. 213.

90 Gumbrecht, »Zur Lektüre der Übersetzung von Baltasar Graciáns *Oráculo Manual y Arte de Prudencia*«, in: Gracián, *Handorakel* (Gumbrecht), a. a. O., S. 7-9, hier S. 8.

91 Hans-Thies Lehmann, »Das Schwimmgedicht (*Vom Schwimmen in Seen und Flüssen*)«, in: *Bertolt Brechts »Hauspostille«. Text und kollektives Leben*, hg. v. Hans-Thies Lehmann und Helmut Lethen, Stuttgart 1978, S. 146-172, hier S. 161. – In diesem Band, vor allem in dem Beitrag »Hauspostille und politische Lyrik«, S. 250-288, wird auch klar, dass es Hans-Thies Lehmann war, der mir die Aufwertung der »Kälte« bei Nietzsche und in Kreisen der Historischen Avantgarde nahebrachte. Darauf fußte mein Artikel »Lob der Kälte. Ein Motiv der historischen Avantgarden«, in: Dietmar Kamper/Willem van Reijen (Hg.), *Die unvollendete Vernunft. Moderne versus Postmoderne*, Frankfurt am Main 1987, S. 282-325.

92 Erving Goffman, *Das Individuum im öffentlichen Austausch. Mikrostudien zur öffentlichen Ordnung*, Frankfurt am Main 1982.

93 Ebd., S. 61.

94 Ebd., S. 152, 154.

95 Vgl. Peter Burke, *Die Geschichte des Hofmanns*, Berlin 1996.

96 Jean Starobinski, »Über Schmeichelei«, in: Ders., *Das Rettende in der Gefahr. Kunstgriffe der Aufklärung*, Frankfurt am Main 1992, S. 65.

97 Peter von Matt, *Die Intrige. Theorie und Praxis der Hinterlist*, München/Wien 2006, S. 396-408.

98 Ludwig Flachskamp, »Werner Krauss. Graciáns Lebenslehre«, in: *Romanische Forschungen* 62 (1950), Heft 2/3, S. 263.

99 Ausführlicher in: Helmut Lethen, »Der Gracián-Kick im 20. Jahrhundert«, in: *Zeitschrift für Ideengeschichte* VII/3 (2013), S. 59-77.

100 »Die Worte sind Schatten der Taten: jene sind die Frauen und diese die Männer«, Gracián, *Handorakel* (Gumbrecht), a. a. O., S. 119.

101 Krauss, *Graciáns Lebenslehre*, a. a. O., S. 86.

102 Ebd., S. 83; Hervorhebung von mir.

103 Ebd.

104 Ebd., S. 80.

105 Baltasar Gracián, *Das Kritikon*, Frankfurt am Main 2004, S. 752.

106 Ebd., S. 114.

107 Ebd., S. 130, Anm. 38.

108 Ebd., S. 752 (Anmerkung des Übersetzers).

109 Ebd., S. 400.

110 Krauss, *Graciáns Lebenslehre*, a. a. O., S. 97 und S. 79.

111 Vgl. Helmut Lethen/Erdmut Wizisla, »›Das Schwierigste beim Gehen ist das Stillestehn‹. Benjamin schenkt Brecht Gracián. Ein Hinweis«, in: Marc Silberman et al. (Hg.), *Drive b: Brecht* 100 (1997), S. 142-146.

112 Gracián, *Handorakel* (Gumbrecht), a.a.O., S. 94.

113 Ebd., S. 52.

114 So der Gracián-Spezialist Werner Teuber, München, unterstützt von Reinhard Poppenberg, Heidelberg, auf der Gracián-Tagung in München, Dezember 2012.

115 Werner von Koppenfels, »Graciáns (Über)Lebenslehre«, in: Balthasar Gracián, *Handorakel und Kunst der Weltklugheit*, hg. v. Werner von Koppenfels, München [4]2013, S. 169, zitiert nach: Gumbrecht, »Baltasar Graciáns Denk-Raum«, a.a.O., S. 181.

116 Hans Blumenberg, *Die Lesbarkeit der Welt*, Frankfurt am Main 1982, S. 111.

117 Ebd., S. 114.

118 Ebd., S. 117.

119 Patrick Bahners, »Zu große Nähe kann alles zerstören«, in: *Frankfurter Allgemeine Zeitung* (5. Oktober 2011).

120 Marc Fumaroli/Thomas Mahler: »Gracián ou l'art de se gouverner soi-même. Entretien«, in: *Le Point* (14. Februar 2011), online verfügbar unter: {http://www.lepoint.fr/grands-entretiens/gracian-ou-l-art-de-se-gouverner-soi-meme-14-02-2011-1295220_326.php} (Stand: 10. Januar 2022), meine Übersetzung.

121 Ebd.

122 Die Titel der Übersetzungen des Graciáns bis ins 18. Jahrhundert – italienisch *L'uomo di corte* – suggerieren oft die Nähe zum humanistischen Vorbild.

123 Burke, *Die Geschichte des Hofmanns*, a.a.O., S. 147.

124 Ebd., S. 156.

125 Aleida Assmann: »Masken – Schweigen – Geheimnis«, in: *Zeitsprünge. Forschungen zur Frühen Neuzeit* 6 (2002), Heft 1-4, S. 43-58.

126 Ebd., S. 49.

127 Ebd., S. 52.

128 Ebd., S. 56.

129 Raulff, »Der Mensch lebt nur, wenn er ein Leben führt«, a.a.O.

130 Navid Kermani, »Für drei Dollar am Tag«, in: *Frankfurter Allgemeine Zeitung* (26. August 2021).

131 Peter Sloterdijk, *Theorie der Nachkriegszeiten. Bemerkungen zu den deutsch-französischen Beziehungen seit 1945*, Frankfurt am Main 2008, S. 61.

132 Sönke Neitzel, *Der deutsche Krieger. Vom Kaiserreich zur Berliner Republik – eine Militärgeschichte*, Berlin 2020, S. 12.

133 Sönke Neitzel/Bastian Matteo Scianna, *Blutige Enthaltung. Deutschlands Rolle im Syrienkrieg*, Freiburg 2021, S. 42.

134 Andreas Platthaus, »›Töten ist unser Leben‹. Gespräch mit Christoph Ransmayr«, in: *Frankfurter Allgemeine Zeitung* (10. April 2021).
135 Aleida Assmann/Ute Frevert, *Geschichtsvergessenheit, Geschichtsbesessenheit. Vom Umgang mit deutschen Vergangenheiten nach 1945*, Stuttgart 1999, S. 111.
136 Dolf Sternberger, »Aspekte des bürgerlichen Charakters«, in: *Die Wandlung* 4 (1949), S. 474-486, S. 481. Zit. n. Assmann/Frevert, *Geschichtsvergessenheit*, a. a. O., S. 107.
137 Vgl. Klaus Theweleit, *Pocahontas III. Warum Cortés wirklich siegte*, Berlin 2020, S. 573 ff.
138 Ernst Niekisch, *Das Reich der niederen Dämonen*, Hamburg 1953. Über Schmitt vor allem S. 198-205, hier S. 200 f.
139 Vgl. Helmut Lethen, »Unheimliche Nähe: Carl Schmitt liest Walter Benjamin«, in: *Frankfurter Allgemeine Zeitung* (16. September 1999).
140 Helmut Lethen, »Zur materialistischen Kunsttheorie Benjamins«, in: *Alternative* 56/57 (1967), S. 225-234.
141 Carl Schmitt, *Positionen und Begriffe im Kampf mit Weimar-Genf-Versailles 1923-1939* [1940], 4. Auflage, Berlin 2014, S. 14.
142 Plessner, *Macht und menschliche Natur*, a. a. O., S. 145 f.
143 Helmut Lethen, *Die Staatsräte. Elite im Dritten Reich: Gründgens, Furtwängler, Sauerbruch, Schmitt*, Berlin 2018, S. 130-142.
144 Vgl. ebd., S. 134.
145 Schmitt, *Tagebücher 1930 bis 1934*, hg. von Wolfgang Schuller/Gerd Giesler, Berlin 2010, S. 233.
146 Ebd., S. 310.
147 Ebd., S. 288.
148 Aus den seinerzeit noch unveröffentlichten TB-Notizen, mitgeteilt von Gerd Giesler.
149 Peter Sloterdijk, *Das Schelling-Projekt*, Frankfurt am Main 2016, S. 135.
150 Schmitt, *Tagebücher 1930-1934*, a. a. O., S. 258.
151 Ebd., S. 259.
152 In Anlehnung an Heimito von Doderer, *Repertorium. Ein Begreifbuch von höheren und niederen Lebens-Sachen*, München 1996, S. 245.
153 Schmitt, *Tagebücher 1930-1934*, a. a. O., S. 77.
154 Carl Schmitt, *Der Schatten Gottes. Introspektionen, Tagebücher und Briefe 1921 bis 1924*, hg. von Gerd Giesler/Ernst Hüsmert/Wolfgang H. Spindler, Berlin 2014, a. a. O., S. 462.
155 Ebd., S. 238.
156 Schmitt, *Tagebücher 1930-1934*, a. a. O., S. 449.
157 Ebd., S. 209, 227, 230, 253, 261, 264, 269.
158 Schmitt, *Der Schatten Gottes*, a. a. O., S. 475.
159 Ebd., S. 431.
160 Ebd., S. 176.

161 Doderer, *Repertorium*, a.a.O., S. 43.
162 Henning Ritter, »Der Körper, mein erster Feind«, in: *Frankfurter Allgemeine Zeitung* (8. Dezember 2008).
163 Schmitt, *Tagebücher 1930-1934*, a.a.O., S. 450.
164 Schmitt, *Politische Romantik*, 4. Auflage, Berlin 1982, S. 25.
165 Manfred Schneider, *Die erkaltete Herzensschrift. Der autobiographische Text im 20. Jahrhundert*, München 1995, S. 191. Schneider kommentiert hier den Schreibhabitus von Sartres Autobiographie.
166 Ebd., S. 191.
167 Ein Urteil Gottfried Benns über den Biologen und Insektenspezialisten Jakob von Uexküll, in: Gottfried Benn, *Sämtliche Werke*, Bd. 4, hg. von Gerhard Schuster in Verbindung mit Ilse Benn, Stuttgart 1989, S. 350.
168 Voegelin, *Die politischen Religionen*, a.a.O., S. 6f.
169 Carl Schmitt, *Römischer Katholizismus und politische Form* (1923), Stuttgart 2008, S. 54.
170 Mündliche Bemerkung.
171 Helmut Lethen, »Anleitung zur Schlaflosigkeit. Über den Formzwang in der Politischen Anthropologie von Helmuth Plessner und Arnold Gehlen«, in: Joachim Fischer/Hans Joas (Hg.), *Kunst, Macht und Institution. Studien zur Philosophischen Anthropologie, soziologischen Theorie und Kultursoziologie der Moderne*, Frankfurt am Main/New York 2003, S. 89-103.
172 Helmut Lethen, »Bildarchiv und Traumaphilie. Schrecksekunden der Kulturwissenschaften nach dem 11.9.2001«, in: Moritz Csáky/Wolfgang Müller-Funk/Klaus R. Scherpe (Hg.), *Kultur – Herrschaft – Differenz*, Bd. 5, Tübingen 2003, S. 3-14.
173 *Unheimliche Nachbarschaften. Essays zum Kälte-Kult und der Schlaflosigkeit der Philosophischen Anthropologie*, Freiburg/Berlin/Wien 2009, S. 171-187.
174 Julian Barnes, *Der Mann im roten Rock*, Köln 2021, S. 127ff.
175 Helmut Lethen, *Der Sound der Väter. Gottfried Benn und seine Zeit*, Berlin 2006.
176 Eine Formel, mit der Walter Benjamin Verfahren der französischen Surrealisten bezeichnete. Vgl. Walter Benjamin, »Der Sürrealismus. Die letzte Momentaufnahme der europäischen Intelligenz« (1929), in: Walter Benjamin, *Gesammelte Schriften*, hg. von Rolf Tiedemann/Hermann Schweppenhäuser, Frankfurt am Main 1980, Band II/1, S. 295-310, hier S. 304.
177 Ebd., S. 306.
178 Benn, *Sämtliche Werke*, a.a.O., Band 7/2, S. 155.
179 Gottfried Benn, Vorbemerkung zu »Frühe Lyrik und Dramen«, in: Benn, *Sämtliche Werke*, a.a.O., Bd. 6, S. 71.
180 Ausführlich habe ich diesen Aspekt 2015 beschrieben in dem Essay

»Die Nerven und das Phantom der ›Stahlgestalt‹. Ernst Jüngers Kriegserfahrungen«, in: Michael Geyer/Helmut Lethen/Lutz Musner (Hg.), *Zeitalter der Gewalt. Zur Geopolitik und Psychopolitik des Ersten Weltkriegs*, Frankfurt/New York 2015, S. 239-254.

181 Ernst Jünger, *Kriegstagebuch 1914-1918*, hg. von Helmut Kiesel, Stuttgart 2010.

182 Kurt Kister, »Im Meer der Bewegungslosigkeit«, in: *Süddeutsche Zeitung* (22. September 2010).

183 Lothar Müller, »Heut nachmittag fand ich zwei Finger- und Mittelhandknochen«, in: *Süddeutsche Zeitung* (22. September 2010).

184 Jünger, *Kriegstagebuch 1914-1918*, a.a.O., S. 303.

185 Diesen Aspekt betont hat Hans-Harald Müller, »›Im Grunde erlebt jeder seinen eigenen Krieg‹. Zur Bedeutung des Kriegserlebnisses im Frühwerk Ernst Jüngers«, in: Hans-Harald Müller/Harro Segeberg (Hg.), *Ernst Jünger im 20. Jahrhundert*, München 1995, S. 13-39.

186 Ernst Jünger, »Der Kampf als inneres Erlebnis«, in: Ernst Jünger, *Sämtliche Werke*, Bd. 7, Stuttgart 1980, S. 9-103, hier S. 103.

187 Ebd., S. 13.

188 Ebd., S. 23.

189 Ebd., S. 100.

190 Ebd., S. 80.

191 Ebd., S. 19.

192 Ebd., S. 92.

193 Ebd., S. 15.

194 Ebd., S. 72.

195 Ebd., S. 17.

196 Ebd., S. 96.

197 Ebd., S. 96.

198 Ebd., S. 72.

199 Ebd., S. 37.

200 Ebd., S. 94.

201 Ebd., S. 81.

202 Ebd., S. 81.

203 Jünger, *Kriegstagebuch 1914-1918*, a.a.O., S. 226.

204 Ebd., S. 110.

205 Jünger, »Der Kampf als inneres Erlebnis«, a.a.O., S. 71.

206 Ebd., S. 22.

207 Zit. nach Sven Olaf Bergötz, *Ernst Jünger: Politische Publizistik 1919 bis 1933*, Stuttgart 2001, S. 126.

208 Ebd., S. 201.

209 Gottfried Benn, »Lebensweg eines Intellektualisten«, in: Benn, *Sämtliche Werke*, Bd. 4, a.a.O., S. 154-192, hier: S. 162.

210 Dieter Reifarth/Viktoria Schmidt-Linsenhoff, »Die Kamera der Täter«, in: Hannes Heer/Klaus Naumann (Hg.), *Vernichtungskrieg. Ver-*

brechen der Wehrmacht 1941-1944, Hamburg 1995, S. 473-503, hier S. 497, zitiert nach: Lethen, *Der Schatten des Fotografen*, a. a. O., S. 186.

211 Per Leo, »VdK revisited«. Vortrag in der Evangelischen Akademie Tutzing am 12. Januar 2019.

212 Ebd.

213 Lethen, *Denn für dieses Leben*, a. a. O.

214 Walter Serner, *Letzte Lockerung. manifest dada*, Hannover/Leipzig/Wien/Zürich 1920, neu hg. v. Andreas Puff-Trojan, Zürich 2007.

edition suhrkamp
Eine Auswahl

Bini Adamczak. Beziehungsweise Revolution. 1917, 1968 und kommende. es 2721. 313 Seiten

Giorgio Agamben et al. Demokratie? Eine Debatte. es 2611. 137 Seiten

Perry Anderson. Hegemonie. Konjunkturen eines Begriffs. es 2724. 249 Seiten

Scott Anderson. Zerbrochene Länder. Wie die arabische Welt aus den Fugen geriet. es-Sonderdruck. 263 Seiten

Wolfgang Bauer
- Bruchzone. Krisenreportagen. es-Sonderdruck. 349 Seiten
- Über das Meer. Mit Syrern auf der Flucht nach Europa. es-Sonderdruck. 133 Seiten

Zygmunt Bauman
- Die Angst vor den anderen. Ein Essay über Migration und Panikmache. es-Sonderdruck. 124 Seiten
- Retrotopia. es-Sonderdruck. 220 Seiten

Michael Butter. »Nichts ist, wie es scheint«. Über Verschwörungstheorien. es-Sonderdruck. 270 Seiten

Colin Crouch
- Gig Economy. Prekäre Arbeit im Zeitalter von Uber, Minijobs & Co. es 2742. 135 Seiten
- Postdemokratie. es 2540. 159 Seiten

NF 383/1/3.22

Didier Eribon
- Gesellschaft als Urteil. Klassen, Identitäten, Wege. es-Sonderdruck. 264 Seiten
- Rückkehr nach Reims. es-Sonderdruck. 237 Seiten

Heiner Flassbeck / Paul Steinhardt. Gescheiterte Globalisierung. Ungleichheit, Geld und die Renaissance des Staates. es 2722. 410 Seiten

Heinrich Geiselberger (Hg.). Die große Regression. Eine internationale Debatte über die geistige Situation der Zeit. es-Sonderdruck. 318 Seiten

Kristen R. Ghodsee. Warum Frauen im Sozialismus besseren Sex haben. Und andere Argumente für ökonomische Unabhängigkeit. es-Sonderdruck. 275 Seiten

Mark Greif. Bluescreen. Essays. es 2629. 231 Seiten

Jürgen Habermas. Im Sog der Technokratie. Kleine politische Schriften XII. es 2671. 193 Seiten

Lea Haller. Transithandel. Geld- und Warenströme im globalen Kapitalismus. es 2731. 512 Seiten

David Harvey. Rebellische Städte. es 2657. 283 Seiten

Wilhelm Heitmeyer. Autoritäre Versuchungen. Signaturen der Bedrohung 1. es 2717. 394 Seiten

Eva Illouz. Israel. Soziologische Essays. es 2683. 228 Seiten

Dirk Jörke. Die Größe der Demokratie. Über die räumliche Dimension von Herrschaft und Partizipation. es 2739. 280 Seiten

NF 383/2/3.22

François Jullien. Es gibt keine kulturelle Identität. es 2718. 95 Seiten

Artur Klinau. Acht Tage Revolution. Ein dokumentarisches Journal aus Minsk. es 2772. 265 Seiten

Ivan Krastev. Europadämmerung. Ein Essay. es 2712. 143 Seiten

Benjamin Kunkel. Utopie oder Untergang. Ein Wegweiser für die gegenwärtige Krise. es 2687. 245 Seiten

Bruno Latour. Wo bin ich? Lektionen aus dem Lockdown. es 2771.199 Seiten

Philipp Lepenies. Verbot und Verzicht. Politik aus dem Geiste des Unterlassens. es 2787. 266 Seiten

Enis Maci. Eiscafé Europa. Essays. es 2726. 240 Seiten

Philip Manow
- Die Politische Ökonomie des Populismus. es 2728. 160 Seiten
- (Ent-)Demokratisierung der Demokratie. 160 Seiten

Lorenzo Marsili/Niccolò Milanese. Wir heimatlosen Weltbürger. es 2736. 280 Seiten

Steffen Mau. Das metrische Wir. Über die Quantifizierung des Sozialen. es-Sonderdruck. 307 Seiten

Christoph Möllers. Freiheitsgrade. Elemente einer liberalen politischen Mechanik. es. 2755. 343 Seiten

Chantal Mouffe. Für einen linken Populismus. es 2729. 111 Seiten

NF 383/3/3.22

Jan-Werner Müller
- Furcht und Freiheit. Für einen anderen Liberalismus. es-Sonderdruck. 170 Seiten
- Was ist Populismus? Ein Essay. es-Sonderdruck. 159 Seiten

Oliver Nachtwey/Nicole Mayer-Ahuja. Verkannte Leistungsträger:innen. Berichte aus der Klassengesellschaft. es-Sonderdruck. 567 Seiten

Miltiadis Oulios. Blackbox Abschiebung. Geschichte, Theorie und Praxis der deutschen Migrationspolitik. es-Sonderdruck. 483 Seiten

Volker Perthes. Das Ende des Nahen Ostens, wie wir ihn kennen. es-Sonderdruck. 143 Seiten

Heribert Prantl. Trotz alledem! Europa muss man einfach lieben. es-Sonderdruck. 93 Seiten

Katharina Raabe/Manfred Sapper (Hg.). Testfall Ukraine. Europa und seine Werte. es-Sonderdruck. 256 Seiten

Hanno Rauterberg
- Die Kunst der Zukunft. Über den Traum von der kreativen Maschine. es 2775. 195 Seiten
- Wie frei ist die Kunst? Der neue Kulturkampf und die Krise des Liberalismus. es 2725. 141 Seiten

César Rendueles
- Kanaillen-Kapitalismus. Eine literarische Reise durch die Geschichte der freien Marktwirtschaft. es 2737. 300 Seiten
- Soziophobie. Politischer Wandel im Zeitalter der Utopie. es 2690. 262 Seiten

NF 383/4/3.22

Ulrich Schmid. Technologien der Seele. Vom Verfertigen der Wahrheit in der russischen Gegenwartskultur. es 2702. 386 Seiten

Michel Serres. Das Verbindende. Ein Essay über Religion. es-Sonderdruck. 240 Seiten

Carlo Strenger
- Abenteuer Freiheit. Ein Wegweiser für unsichere Zeiten. es-Sonderdruck. 122 Seiten
- Diese verdammten liberalen Eliten. Wer sie sind und warum wir sie brauchen. es-Sonderdruck. 172 Seiten

Natascha Strobl. Radikalisierter Konservatismus. Eine Analyse. es 2782. 192 Seiten.

Kate Tempest
- Running Upon The Wires / Vibrationen. Gedichte. es 2760. 120 Seiten
- Let Them Eat Chaos. Sollen sie doch Chaos fressen. es 2754. 154 Seiten

Philipp Ther. Das andere Ende der Geschichte. Über die Große Transformation. es 2744. 199 Seiten

David Van Reybrouck. Zink. es-Sonderdruck. 86 Seiten

Slavoj Žižek. Auf verlorenem Posten. es 2562. 319 Seiten

Gabriel Zucman. Steueroasen. Wo der Wohlstand der Natio nen versteckt wird. es-Sonderdruck. 118 Seiten

NF 383/5/3.22